权威·前沿·原创

皮书系列为
“十二五”“十三五”国家重点图书出版规划项目

中国社会科学院创新工程学术出版资助项目

世界能源蓝皮书

BLUE BOOK OF WORLD ENERGY

世界能源发展报告（2018）

ANNUAL DEVELOPMENT REPORT ON WORLD ENERGY (2018)

中国社会科学院研究生院国际能源安全研究中心
主　编／黄晓勇
副主编／王能全

社会科学文献出版社
SOCIAL SCIENCES ACADEMIC PRESS (CHINA)

图书在版编目(CIP)数据

世界能源发展报告.2018 / 黄晓勇主编. --北京：社会科学文献出版社，2018.7
（世界能源蓝皮书）
ISBN 978-7-5201-2856-8

Ⅰ.①世… Ⅱ.①黄… Ⅲ.①能源工业-研究报告-世界-2018 Ⅳ.①F416.2

中国版本图书馆CIP数据核字（2018）第115600号

世界能源蓝皮书
世界能源发展报告（2018）

主　　编 / 黄晓勇
副 主 编 / 王能全

出 版 人 / 谢寿光
项目统筹 / 祝得彬　王晓卿
责任编辑 / 王晓卿　李秀梅　李　博

出　　版 / 社会科学文献出版社·当代世界出版分社（010）59367004
地址：北京市北三环中路甲29号院华龙大厦　邮编：100029
网址：www.ssap.com.cn
发　　行 / 市场营销中心（010）59367081　59367018
印　　装 / 三河市龙林印务有限公司

规　　格 / 开 本：787mm×1092mm　1/16
印 张：24　字 数：359千字
版　　次 / 2018年7月第1版　2018年7月第1次印刷
书　　号 / ISBN 978-7-5201-2856-8
定　　价 / 99.00元

皮书序列号 / PSN B-2013-349-1/1

世界能源蓝皮书编委会

主编简介

黄晓勇　1956年出生，1982年毕业于中国人民大学世界经济专业。国务院政府特殊津贴专家，国家社科基金、国家出版基金评审专家。现任中国社会科学院研究生院院长，教授、博士生导师，兼任全国日本经济学会副会长、中国城市发展研究会副理事长、中国社会科学院研究生院国际能源安全研究中心主任等职。主要研究领域为日本企业经营战略与日本的产业政策、日美经济贸易及中日经济比较与合作、世界能源经济、能源安全等问题。2016年8月，在国内首先提出“天然气人民币”理论，并出版《天然气人民币》一书，阐述了天然气人民币的概念可行性与必行性，受到广泛关注。近期主要成果有《世界能源发展报告》(《世界能源蓝皮书》)、《中国能源论丛》(《中国的能源安全》《中国的能源困境与出路》)、《能源博弈论集》等，主持国家级课题多项，并在《人民日报》《经济日报》《人民论坛》等报刊发表论文、文章多篇。

王能全　2010年7月获聘国家能源委员会专家咨询委员会委员，享受国务院政府特殊津贴，众多石油行业专家委员会、学术委员会专家或委员。一直从事国际石油问题的观察、实践与研究，出版两部专著、一部译著和大量专业文章。1993年1月时事出版社出版的《石油与当代国际经济政治》，是我国第一本研究国际石油市场和石油价格问题的专著。约100万字的《石油的时代》，2018年6月由中信出版集团出版，完整叙述了动荡的国际石油市场的历史，从经济学理论的角度诠释了国际石油价格大幅度波动的深层次逻辑。

1994年以来，一直作为核心成员参与国家石油储备研究和推动工作。2003年6月以来，参与国家发展和改革委员会、国家能源局若干石油天然气行业规划起草工作，参与国家重大能源政策和工程项目的分析及研究工作。

摘 要

总报告分行业回顾了2017年世界能源行业的发展状况，并对影响市场走向的经济形势、政策、地缘政治等因素进行了分析。在此基础上，预测了2018年能源行业走势。总报告还结合中国实际提出了中国相关领域的发展战略。

“市场篇”继续分行业对2017年全球的石油、天然气、煤炭及其清洁利用、可再生能源、电力及世界能源互联网等市场进行了分析。“市场篇”以定量和定性相结合的方法，深入分析了各行业、各区域的供给、需求、价格走势等情况。

“热点篇”全面回顾了2017年全球能源行业中的多个热点话题，包括全球天然气贸易的变化、全球天然气交易中心的建设以及日本核电利用的现状和未来等。

“前沿探讨”部分对页岩气、煤层气、生物制气等非常规天然气的储量、开发利用情况进行了梳理总结，并做出了趋势性判断。

“业界创新探索”围绕能源行业相关的创新，包括新能源汽车、能源互联网和天然气交易中心等话题进行了探讨，并分析了其对能源生产、消费和贸易方式带来的影响。

关键词：世界能源　供给　需求　价格

前　言

回顾2017年，全球经济在2016年复苏的基础上继续向好，发达经济体增长势头良好，新兴经济体和发展中国家经济也企稳回升，全球贸易和投资继续回暖。展望2018年，据国际货币基金年初的预测，全球经济增长将达创纪录的3.8%，或为10年来最大增幅。在良好的全球经济基本面带动下，全球能源供需失衡的状态有所改善，石油、天然气等大宗商品价格趋于回升。

受原油需求回暖影响，2017年国际油价震荡上行。2017年全球石油需求高于预期，有效缓解了全球库存过剩以及北美页岩油气增产和部分石油生产国未如约实现减产等问题的影响。美国WTI原油价格从年初的52美元/桶上升至年末的近60美元/桶。2018年以来，受美国退出伊核协议等地缘政治影响，截至2018年5月末，国际油价持续上涨至68美元/桶。在2018年全球贸易争端与摩擦加剧、贸易保护主义升温的背景下，市场上对包括中国等新兴经济体在内的主要国家和地区经济增速的乐观情绪受到影响。而同时，全球经济还面临增长乏力、债务高企、金融杠杆率过高等金融风险隐患。国际油价的持续升高进一步加重了人们对经济前景的担忧。

在中国，石油消费量不断增长与产量有所萎缩的情况，使人们对中国石油供给安全产生了一定的担忧。2017年中国原油产量1.91亿吨，比上年下降4.1%。2017年中国原油表观消费量6.1亿吨，同比增长6.1%，对外依存度上升至67.4%。随着原油需求和对外依存度持续攀升，未来数年内，中国原油对外依存度可能超过70%，甚至80%。作为全球第二大经济体，如此规模庞大的消费量加上畸高的对外依存度，难免会引发对石油供给安全的担忧。但我们也要看到，全球石油供给与市场的基本面并没有改变，即供给相对宽松的市场格局短期内不会显著改变。全球石油市场在较长时间内似仍将处于买方市场，中国甚至逐渐成为各油气主要出口国进一步争夺的重要市场，因此，对中国石油安全及全球石油供给稳定的担忧似可缓解。

2017 年的全球天然气市场也格外值得关注，天然气消费量和价格均呈现企稳回升之势。2017 年全球天然气消费量约 3.62 万亿立方米，增速为 2.2%，高于 2016 年的 1.8%，回到过去十年的平均水平。2017 年全球天然气产量约 3.7 万亿立方米，增速为 2.7%；俄罗斯天然气产量增长尤为明显。2017 年俄罗斯天然气产量 6700 亿立方米，比 2016 年增长 4.7%。与此同时，全球 LNG 贸易量持续提升，2017 年，全球天然气液化能力增至 3.53 亿吨/年，比 2016 年增长 13.8%，创下 2011 年以来的最高增幅。随着新兴项目的不断投产，澳大利亚和美国成为近两年 LNG 出口增加最多的国家，2017 年这两个国家的出口增量占全球 LNG 贸易增量的 70% 以上。2018 年，预计全球天然气市场供给继续宽松。全球天然气需求有望增至 3.67 万亿立方米，比 2017 年增长 1.7%。在供应方面，预计全球天然气产量为 3.78 万亿立方米，增长 2%，全球 LNG 供应过剩将扩大至 6000 万 ~ 8000 万吨/年。受天然气供给持续宽松影响，全球 LNG 贸易合同向“更短”“更小”方向发展，合同期限越来越短，年度合同量越来越小。2017 年，全球 LNG 贸易新签订合同的平均期限不到 8 年，合同年度交易量不到 100 万吨。全球天然气贸易方式更趋灵活，定价机制也在悄然发生变化。

在全球天然气供应总体过剩的格局下，中国在 2017 年冬天却遭遇了较以往更为严重的“气荒”，这不得不令我们更深入地思考国内天然气行业的发展与改革需求。尽管这次“气荒”存在中亚进口气减少和国内天然气需求猛增等“意外事件”影响，但我们也要看到，所谓“意外”因素其实是恒常性存在的，只是不同条件下会呈现不同的外在表现罢了。而需要重点探讨的是，目前国内油气行业在上中下游各个环节都存在不同程度的垄断与分割状况，定价机制扭曲的问题仍然严重，这些因素在很大程度上阻碍了国内天然气的有效供给。对国内“气荒”问题的反思，更加坚定了我对天然气人民币方案的思考。推进东北亚地区天然气市场的一体化、建立区域性天然气交易中心、实现区域内基础设施的互联互通，应是解决中国乃至东北亚地区天然气供给安全的重要路径。

纵观全球油气市场，随着美国“能源独立”政策的推行，其能源进口逐步缩减而出口不断扩大，将对全球油气供应和消费格局产生深远影响，这一点尤其值得关注。2017 年，中美经济合作“百日计划”提出，美国放松对华天然气出口的管制。2017 年美国总统特朗普访华期间，中美签署了双边经贸合作史上创纪录的大单——金额高达 2535 亿美元的大单，其中能源相关协议占一半以上。2018 年 5 月 19 日，中美两国发布的《中美就经贸磋商发表联合声明》指出，双方同意有意识地增加美国农产品和能源出口。

这一系列举动说明，美国正逐步由天然气净进口国转变为净出口国，这个巨大变化正在深刻地改变着全球能源生产和贸易格局，包括中国在内的东亚乃至整个亚洲将成为美俄天然气出口的主要角力场。俄罗斯以及中东在内的国家都开始调整油气出口方向，并增加对华油气出口。随着未来中俄天然气管道东线及亚玛尔等大型 LNG 项目的完成，中国从俄罗斯进口的天然气量也将显著增加。预计 2018 年冬开始俄罗斯输往中国的天然气将迎来爆发式增长。在全球天然气生产西移而消费东移的格局下，中国的天然气进口来源将更趋多元化，或许正为实施天然气人民币方案创造难得的历史性契机。

对中国而言，由美国“能源独立”引致的能源进口的进一步多元化，对实现天然气供应安全、降低天然气利用成本十分有利。目前，中国 LNG 进口主要来自卡塔尔和澳大利亚，两家合计占 2/3。未来从美国的进口将使中国的 LNG 进口来源更加多元，并将与卡塔尔、澳大利亚、印尼等国 LNG 对华出口形成竞争，而国际气源竞争形成的气价波动也将为进口商提供更多价格选择。在国际 LNG 市场总体供应宽松情况下，中国作为买方或将获得更多灵活性和选择权。

美国对华油气出口的增长，还将有利于双方贸易平衡。中美贸易逆差持续时间长，且目前占美国整体贸易逆差额的一半左右。中美 LNG 贸易的增长将在一定程度上改善中美贸易平衡，预计未来中美贸易逆差将因此每年减少70亿美元左右。

除传统的油气之外，全球可再生能源和核能的发展也值得关注。太阳能发电成本的大幅下降和政策的支持，推动了光伏市场的蓬勃发展。2016 年可再生能源发电占全球净新增电力容量的近 2/3，其中太阳能光伏发电增长了 50%，首次超过了煤电的净增长。太阳能电力容量增加超过了 74 吉瓦，其中近一半来自中国。

在全球核电市场方面，中国核电的发展稳步推进，带来了全球核电装机容量的可观增长。在欧洲，随着老化核电站逐渐退役以及几乎为零的新投资，核电装机容量持续下降。据预测，未来 20 年中国核电将以年均增速 11%、1100 太瓦时的速度快速增长，将占据全球新增核电发电量近 3/4 的江山，相当于每三个月中国就有一个新的反应堆启动。

中国经济的稳定发展带来了能源需求的强劲增长，不仅推动了中国能源产业的巨大发展和结构的转型，也使中国新能源产业走在了世界前列。同时，中国经济社会的发展使人们对生态环境的改善有了更迫切的诉求，2017 年底“污染防治”被列未来三年三大攻坚战之一。这种需求也极大地推动了中国的能源消费革命，使中国政府更加着力加快能源消费机构的转型发展。随着对外开放的进一步扩大以及“一带一路”倡议的实施，中国势将更加广泛深入地参与全球经济治理的进程。我们有理由相信，中国在世界经济发展和国际能源市场中将发挥更加积极的、更加重要的作用，为全球经济治理和发展注入更多鲜活动力。

6 年来我和我的团队成员们一起努力，向着实现将本报告打造成国内最专业、最权威和有影响力的能源行业研究报告的目标不断迈进。在《世界能源报告（2018）》付梓之际，谨以此文求教于各位能源学界、业界和能源主管部门的同仁们，希望更多地聆听社会各界对本报告的意见和建议。

同时，也衷心感谢我们团队的成员们，正是这样一大群富有朝气、才华横溢的年轻学者们的卓越努力，让本报告能够如期与读者见面，并希望能够通过本报告为研究界、业界和相关工作者提供富有建设性的参考。

目前局势也值得密切关注，中美之间、美国与欧盟主要国家之间，以及美国与俄日及其他一些国家之间的贸易纠纷与摩擦，有不断升温和扩大化、深刻化的倾向，今后会如何发展，对世界经济和国际关系甚至能源供需将带来哪些重要影响，希望有更多机会与诸位读者同仁进行探讨。

中国社会科学院研究生院院长
国际能源安全研究中心主任
黄晓勇
2018 年 6 月 20 日于北京

目录

Ⅰ 总报告

B.1 世界能源发展现状、未来趋势及中国的
能源发展战略…………………………………… 总报告撰写组 / 001

Ⅱ 市场篇

B.2 世界石油市场回顾与展望：反弹和平衡……… 周伊敏　王永中 / 085
B.3 世界天然气市场：价格与供需………………………… 姜　勇 / 106
B.4 中国电力发展：全球能源互联网的挑战与展望
………………………………………………… 丛　威　李龙飞 / 132
B.5 世界可再生能源市场：消费、投资与趋势 ……………… 李　贺 / 151
B.6 世界煤炭市场：供给、价格与煤炭清洁高效利用 ……… 宋　梅 / 172

Ⅲ 热点篇

B.7 国际天然气贸易区域、全球市场关联、交易
机制现状与改革…………………………………………… 钟飞腾 / 194
B.8 全球能源贸易相关金融体系：现状与政策建议………… 李圣刚 / 221

B.9 中国与“一带一路”沿线国家能源合作
回顾与展望 …………………………………………… 张　岩 / 239
B.10 日本的核电发展现状和未来走向 ………………… 李　贺 / 253

Ⅳ　前沿探讨

B.11 非常规天然气的全球开发利用与经验借鉴 …………… 白　桦 / 268
B.12 可燃冰的试采挑战与影响 ………………………… 张茂荣 / 281

Ⅴ　业界创新探索

B.13 新能源汽车的发展：步入快车道 ………………… 张　然 / 295
B.14 能源互联网、物联网、区块链革命 ……………… 余家豪 / 318
B.15 亚洲天然气定价中心如何诞生 …………………… 黄　庆 / 330

Ⅵ　附录

B.16 能源大事记 ……………………………………… 贾　潇 / 342

B.17 后记 …………………………………………………… / 350

Abstract ………………………………………………………… / 353
Contents ………………………………………………………… / 354

总 报 告

General Report

B.1
世界能源发展现状、未来趋势及中国的能源发展战略

总报告撰写组*

摘　要： 本文首先对2017年世界石油、天然气、煤炭、可再生能源和电力的整体发展状况进行了回顾，围绕着世界能源领域的重点事件和重点区域分析了相关的影响因素。然后，对2018年的世界能源走势进行了预测。最后，对中国能源发展现状进行了分析，并在此基础上提出了相应的发展战略。

关键词： 世界能源市场　化石能源　可再生能源　中国的能源发展战略

* 总报告撰写组成员：黄晓勇，中国社会科学院研究生院院长、教授、博士生导师，中国社会科学院研究生院国际能源安全研究中心主任；王炜，中国社会科学院研究生院国际合作与交流处处长、副教授，中国社会科学院研究生院国际能源安全研究中心秘书长；任朝旺，中国社会科学院研究生院副教授、硕士生导师，中国社会科学院研究生院国际能源安全研究中心副秘书长；李圣刚，经济学博士、博士后；梁灵俊，中国社会科学院研究生院博士后；刘媛媛，中国社会科学院研究生院博士后；左腾达，中国社会科学院研究生院博士生。

2017 年世界经济增长势头良好，发达经济体和新兴经济体都交出了一份较为满意的答卷，但美国总统特朗普上任以来引发的贸易保护主义和逆全球化的风潮，以及欧美与俄罗斯在焦点事件上的冲突不断升温，为世界经济的未来发展带来了很大的不确定性。在这种情况下，中国提出的建设人类命运共同体的战略构想无疑为世界经济的稳定繁荣和互利共赢提供了可行的实现路径。但是，2018 年刚刚开始不久，世界上最大的两个经济体中国和美国就爆发了贸易战，这为世界经济的下一步走势蒙上了一层阴影。大国对待全球化的不同态度会不会引发全球经济震荡，从而波及世界能源市场？地区之间的冲突会对全球能源供需状况带来什么样的影响？面对云谲波诡的世界能源局势，中国应该采取哪些战略？对上述这一系列问题的回答构成了本报告的核心内容。

一　2017年世界能源发展概况

（一）石油

2017 年，世界石油市场供需趋于平衡，但供需平衡仍较为脆弱。全球石油并购明显回暖，国际大石油公司参与程度提高，但石油交易仍处于窗口期。对于中国市场，2017 年，中国石油表观消费量增速回升，石油表观消费量约为 5.88 亿吨，增速为 5.9%。全国原油产量继续下降，为 1.92 亿吨。中国成品油净出口结束 5 年的高增长，增速呈现出断崖式回落，降至 6.8%，而过去 5 年成品油净出口平均增速高达 50% 左右。2017 年，中国炼油能力重回增长，达 7.7 亿吨/年。2018 年，中国石油表观消费量将首次突破 6 亿吨，对外依存度将逼近 70%；成品油需求增速将放缓，成品油产量增速将提高，净出口将恢复较快增长；地炼原油配额将大幅增长，成品油资源过剩，业内竞争将加剧，市场化改革将进一步推进；中国炼油能力将首次突破 8 亿吨/年，炼油产能过剩问题将更趋严重。

1. 国际石油能源格局正在酝酿重大调整

石油输出国组织（OPEC，以下简称“欧佩克”）和俄罗斯、墨西哥等产油国联合减产协议履约率2017年创下20年来的新高，推动全球原油价格企稳回升。随着技术的进步和页岩气革命的深化，美国页岩油产量飙升，成为国际石油市场上的重要卖家。中国超越美国成为全球最大的一次能源消费国，2017年中国原油进口量首次超过美国，成为全球最大的原油进口国，对全球原油贸易格局产生了深远影响，引领原油贸易重心加速东移。

（1）美国跻身重要原油出口国

从2016年初起，欧佩克与非欧佩克产油国开始执行减产协议。在沙特阿拉伯大规模减产的带动下，2017年欧佩克参与减产的11个产油国平均原油产量为2977万桶/日，较减产基数下降120万桶/日，减产履约率高达100%，个别月份甚至实现超额减产，可谓20多年来欧佩克产油国执行减产效果最好的一次。与此同时，俄罗斯、哈萨克斯坦、墨西哥等非欧佩克产油国协同减产，实际产量下降幅度超过30万桶/日。减产协议的有效执行，推动了国际油价整体上扬。

国际油价的上升，使美国页岩油生产企业的盈利空间增大。业内专家对有代表性的石油公司的经营情况进行综合分析后认为，当前美国页岩油的生产成本，包括矿权购置成本，钻井、完井、油田基础设施和运营成本，以及股东分红、融资利息等在内的完全成本约为55美元/桶。

在国际油价高企和政府鼓励的背景下，美国各石油公司开足马力大幅增产。埃克森美孚和雪佛龙等美国主要石油生产商10年前将重点业务转至国外油田，留下规模较小的生产商开发美国页岩油。如今，这些石油巨头开始回国收购页岩企业和矿权，将更多的投资转回国内，从事油气生产。美国油田服务公司贝克休斯的统计数据显示，截至2017年底，美国石油活跃钻井数已攀升至751座，是上年低点316座的一倍多。同时，技术进步也使油气勘探开采的效率大为提升。几年前，一所油井的钻探周期长达1个月，如今可缩短至1周。

美国能源信息署（EIA）的统计显示，2017 年 12 月美国的页岩油产量为 631.4 万桶/日，为有史以来页岩油月度产量峰值，比 15 个月前的 515.4 万桶/日大幅增加了 116 万桶/日。二叠盆地、伊格尔福特和巴肯是美国页岩油产量增长的重点地区。其中，二叠盆地是美国第一大页岩油产区，其产量占全美页岩油总产量的 40% 强，也是本轮低油价以来全美唯一一个产量持续增长的页岩油产区。统计数据显示，2017 年美国原油产量比上年攀升 15%，达到 971 万桶/日，超过了美国历史上 1970 年 960 万桶/天的历史峰值。美国政府预计，到 2019 年底，美国日均产油量将达到 1100 万桶，或登顶全球最大产油国。

随着原油产量的回升和出口基础设施的不断改善，美国的原油出口不断增长，跻身世界主要原油出口国行列。数据显示，2016 年美国原油出口量为 52 万桶/日，比上年增长 6.2 万桶/日。到 2017 年，美国原油出口量翻番，迅速飙升至 105 万桶/日。如今，美国已成为美洲地区第五大原油出口国。

（2）全球油气勘探走出低谷

2014 年油价下跌以来，为了应对低油价，全球主要石油公司普遍采取向核心业务聚焦的策略，大幅削减投资，作业钻机数量明显下降。2017 年，随着油价逐渐回升，全球油气勘探走出低谷，作业钻机数量“止跌回升”。统计显示，2017 年全球从事油气钻探作业的钻机总数平均超过 2000 台，较上年出现较大幅度增长。2017 年美国页岩油气并购金额达到 220 亿美元。勘探作业量和并购金额的增长，表明全球油气勘探迎来了新的春天。业内预计，2018 年全球油气上游投资将实现增长，有望超过 4000 亿美元。

但是，目前常规油气发现量面临下滑。在作业钻机数量和勘探作业量大幅降低的影响下，近几年全球常规油气发现的新增储量大幅减少。美国能源调查公司雷斯塔能源发布的最新报告显示，2017 年全球新发现常规油气储量只有不到 70 亿桶油当量，再创新低。据估算，2017 年全球常规油气储量替代率已降至 11%。也就是说，2017 年全球新增探明可采储量仅为当年开采消耗储量的约 1/9。2012 年时，全球常规油气储量替代率还能达到 50%，2006 年时曾为 100%，早些时候更是高于 100%。由此可见，全球常规油气剩余储量已从 10 多年前的越采越多转变为越采越少。而且，不仅总量在减少，新发现的常规油气田规模也在变小。数据显示，2017 年海洋油气平均发现规模为 1 亿桶油当量，2012 年时这一数字为 1.5 亿桶油当量。2017 年新发现的 70 亿桶油当量常规油气储量中，有约 10 亿桶油当量在可预见的未来难以实现商业生产。

与常规油气形成鲜明对比的是，非常规油气勘探开发持续推进。目前，美国境内的油气钻探活动仍旧由页岩油气主导。以 2017 年 12 月为例，美国境内从事油气钻探活动的作业钻机数量为 930 台，同比增加了约 45%。其中，从事页岩油气钻探的作业钻机数量占比超过 80%，达 757 台，同比增幅超过 50%。页岩油气钻机数量的增加带来了油气勘探作业量的回升。目前，美国的页岩油、页岩气产量在全美油气总产量中的占比分别达到了 62% 和 73%。

此外，在阿根廷，被业界公认为是近 10 年来最具开发潜力的瓦卡穆尔塔页岩区的勘探工作顺利推进。目前，该区内 1/3 的区域已经验证，预计拥有近 30 亿桶页岩油和 95 亿桶油当量的页岩气资源，另外 2/3 区域的资源潜力仍有待进一步验证。在中国，南方地区页岩气的勘探开发工作逐步推进，涪陵页岩气田已有 200 多口气井投产，“可燃冰”开发在南海神狐海域取得了重要突破。

（3）原油贸易重心加速东移

作为全球最大的一次能源消费国，中国的能源消费结构不断优化，对石油天然气的需求不断提升。2017 年，随着炼油能力的扩张，加之中石油云南炼厂和中海油惠州二期项目投产、山东民营企业进口原油使用权增加，中国原油进口量维持了过去几年的高增长态势，同比增长 10.1%，攀升至 4.2 亿吨，折合 850 万桶/日。中国原油对外依存度进一步攀升至 68.5%，创历史最高水平。同期，美国原油进口量 793 万桶/日，中国正式超越美国成为全球最大的原油进口国，引领全球原油贸易重心加速东移。

在国际油气合作方面，2017 年，中国从中东进口原油连续四年下降，中东原油占中国进口原油总量的比例为 43%，较上年下降了 4.7 个百分点。中国从美洲和欧亚地区进口的原油则呈现快速增长态势。俄罗斯连续两年成为中国最大的原油进口来源国，占进口总量的 14%。随着中美两国能源领域合作的深化，未来中美之间的原油贸易合作还将再上一个台阶，美洲将取代非洲成为亚太以及中国第二大原油进口来源地。

2. 中国在国际石油市场的定价权得到加强

2018 年 3 月 26 日，中国首个国际化期货品种——上海期货交易所原油期货（SC 原油期货）正式上市交易，使中国在国际石油市场的定价权得到加强。石油被称为工业的血液，原油期货几乎占据着全球商品期货 30% 的交易量。目前，在欧洲有伦敦国际石油交易所的北海布伦特原油（BRENT）、在美洲有美国纽约商业交易所（NYMEX）的轻质低硫原油等两大基准原油，二者均为美元计价。石油美元体系令世界对美元产生了无限需求，使美元在国际经济中一直处于主导地位。以人民币计价的中国版原油期货将对石油美元的主导地位构成冲击。此前，日本、迪拜、印度、新加坡等国家也都推出过原油期货合约，但目前都没有形成影响力。其原因很多，有本币国际化结算问题，也有缺乏石油资源等因素。

2017 年，中国进口原油约为 4.2 亿吨，跻身世界第一大原油消费国和进口国，对外依存度超过 65%。国际油价出现大幅上涨或下跌，中石油、中石化、中海油等严重依赖进口的中游加工企业都会遭受损失。美国主宰全球原油市场，既是消费大国，也是生产大国。美国的页岩气革命已经悄然改变全球能源的格局，其进口石油依存度现在已经降到 20% 以下。由于页岩气革命，美国原油产量激增，美国从全球原油进口国变为举足轻重的原油生产和出口国。目前，美国原油产量超过了沙特阿拉伯，有望超过世界第一产油国俄罗斯。现货决定期货，而不是期货决定现货。做原油期货的投资者一般比较聪明，对现货有预见性，往往油价跌的时候原油期货先跌，油价涨的时候原油期货先涨，但不是原油期货决定油价的涨跌，不是原油期货下跌拉着油价下跌。

中国版原油期货缺乏真正的定价权，因此世界主要的石油资源掌握在以美国、沙特阿拉伯为首的利益集团手中。原油期货的上市，全球资本即便要操控亚洲地区的油价，也要通过人民币进行结算和买卖，从而中国在国际石油市场的定价权得到加强。

（二）天然气

1. 国际天然气能源结构出现调整

2011 年 3 月 11 日，日本发生了里氏 9.0 级大地震，地震诱发的海啸造成了严重的核泄漏事件。由于日本核泄漏事件引起的“核恐慌”，德国和日本先后出台了“弃核”计划，这一计划的出台势必会引起世界能源格局的重大变动。日本最主要的能源结构便是核能源和天然气能源，在日本宣布“弃核”之后，其对天然气的需求肯定会激增，进而影响世界的能源格局。

中国的能源结构仍然以煤炭作为主要能源，天然气的需求量虽大，但真正的用气人数不足总人口的 18%，这也就是说，在中国，有将近 80% 的居民是用不上天然气的。因此，中国能源转型的关键就在于整改煤炭等结构，增加天然气的能源储备量。中国在天然气的竞争方面有着十分强大的优势，中国处于中亚天然气供应和东北天然气消费准枢纽地位，在构建跨国天然气管网方面具有明显的地理优势。中国现在正在修建中亚天然气管道、中缅天然气管道和中俄天然气管道，这几条通道一旦建成，将会增加近 2000 亿立方米的天然气输送，能够大大解决中国的天然气需求。近几年，中国和一些中亚国家不断进行商谈和往来，就是希望能够构建东亚、中亚的天然气输送体系，为各国的天然气贸易送去便利。2006 年，中国还与土库曼斯坦签订了协议，使中国的中石油公司获得世界上最大的油田——位于土库曼斯坦阿姆河的巨型气田的钻探权。中国在 2008 年又与土方签订了天然气 30 年的供气合约，也就是说，经过中土双方的合作，中国未来 30 年在西气东输工程上所用到的天然气将会由这些中亚国家提供。另外，中国还与俄罗斯签订了输送协议，2014 年中俄双方商定，俄罗斯对华输气包括西线与东线两种方案，其中西线年供气量约为300亿立方米，东线方向约为380亿立方米，俄罗斯今后每年将向中国输送680亿立方米天然气。通过与中亚国家俄罗斯的通力合作，能够使天然气的供应量满足中国目前基本的能源需求，对完成中国的能源结构调整具有非常重大的意义。

2. 以天然气为载体推进人民币国际化

随着中国国际实力的不断增强、国际地位的不断提高，人民币的国际化进程也在不断加快。天然气作为未来的清洁能源，在中国能源结构中的比重和在全球化的能源消费中的比重不断上升。所以，将天然气与人民币相结合能够将天然气变成未来国际社会中最重要的商品之一，反过来又能够提高人民币的地位，推进人民币的国际化进程。

中国天然气的商品化进程面临着机遇和挑战，分别为国内和国际两个方面。国内方面：中国的天然气就自身来看产量不足，没有办法满足居民日益增长的需求，并且中国的天然气基础设施也不完善。在与国外的天然气进口贸易中，中国国内对天然气的需求不稳定，导致在进行交易的过程中没有稳定的交易量和价格进行参考，不能反映出真实的国内天然气市场，因此天然气的价格没有办法成为区域性或全球性的基准定价。中国政府对天然气的基础设施建设不够完善，对天然气的相关政策落实不到位，都会导致中国的天然气市场没有办法形成开放、稳定的局面，没有办法挖掘国内对天然气需求的潜力。中国人口众多，在市场方面潜力充足，但由于发展规模和经济实力不相匹配等原因，导致中国现阶段的天然气市场无法真正满足人们的需求。另外，要将国内潜在的天然气市场、资源和地理优势转化为现实生产力和竞争力仍面临不少困境。其面临的困境主要表现在三个方面，即上游方面，国内天然气勘探开发能力不足，进口市场主体过于单一；中游方面，中国的天然气管道仍被三大石油公司垄断，天然气储备能力严重不足；下游方面，天然气供应尚不能满足需求，价格机制不合理，监管体制不健全，调峰问题突出。

国际方面：中国拥有众多邻国，与周围的邻国都建立了外交关系，但是，中国与东北亚国家之间由于一些原因，政治上信任不足，经济上不能兼顾各方的利益。要想促进中国天然气的良好发展，就需要积极地与东北亚国家进行交流沟通，建立起与东北亚共同的交易市场。再有便是，中国的天然气市场容易受到美国和一些天然气出口国的影响，推行天然气的人民币化会将人民币的位置抬高，而抬高人民币的地位就自然会影响美元在国际上的地位，也会危及美国的大国地位，从而会对中国的天然气发展造成阻碍。天然气的其他出口国也不愿意让中国成为天然气的主导国家从而危及本国的利益，一旦一方处于垄断地位，就会引起各国的反对和抵制。我们首先要做的应当是克服这一情况，与世界各国进行经济交流，互利互惠，从而最终建立起天然气人民币的国际地位。

3. 中国年底出现天然气“气荒”

国家统计局发布的流通领域重要生产资料市场价格变动情况显示，2017年12月中旬，液化天然气（LNG）价格为7409.8元/吨，比11月中旬上涨了68.7%，比2017年1月中旬上涨了1.3倍。从各地天然气市场行情看，部分省份的涨价幅度更大。例如，2017年12月22日，山东省的LNG价格达到11100元/吨，达到了近期来的高点，较11月15日上涨了1.27倍。由此可以看出中国的天然气产量存在严重的不足。

根据国家能源局发表的数据，截至2017年底，中国已建成地下储气库12座，天然气储存量仅占全国天然气年消费量的3.6%，储气水平远低于国际平均水平的15%。根据这些数据来看，中国天然气不足的主要原因是中国在天然气的供给体制和供给基础设施建设方面存在着诸多不足，尤其是在天然气的储备方面。虽然上海的天然气储备量已经达到15天左右，但中国其他二三线城市地区的天然气储备量仅能做到2～3天，这种差距对于我国居民的需求量来说是远远不够的。这就要求我们必须加强天然气的储备能力，开拓国外市场，通过天然气的自给和进口满足中国对天然气的需求。企业应当做到加强天然气的勘探和开发，国家应当做到加强天然气运输管道等基础设施的建设，为天然气的输送创造良好的条件，形成重要的天然气战略储备体系。

近几年来，中国的南北方都出现了不同程度的天然气供给不足现象，这是因为中国的社会发展水平不断提高，居民对天然气的需求量与实际的天然气储备量之间存在较大的差距。天然气作为一种清洁能源，符合中国社会绿色可持续发展的理念，能够实现社会的稳定可持续发展。中国天然气基础设施的扩展和完善能够扩大管道天然气的覆盖率，提高居民的生活质量。但目前中国的天然气储备不足，并且在全国范围内很难实现全面便捷的调配，确保南北的储备量满足居民的日常生活需求。

（三）煤炭

受中国市场影响，全球煤炭市场在经历了 2015 年需求大幅下滑以及 2016 年需求大幅回升后，2017 年全球煤炭消费趋于平稳，但其占能源需求增长的份额在不断下滑，仅为 13%，而过去 25 年则超过 40%。特别是中国的煤炭消费量不断下降，与过去 20 年煤炭作为推动中国快速工业化主要能源的情况形成了鲜明对比，中国的煤炭消费量似乎已经达到顶峰。相比之下，印度和其他亚洲新兴国家的煤炭份额基本没有变化。煤炭将继续作为支撑印度经济的主要能源，其占能源需求增长约 45% 的份额，随着印度试图为全民提供电力，煤炭消费增长的 70% 以上将用于电力行业。同时，煤炭仍然是亚洲其他地区发电的主要能源来源，也将占这些地区发电量增长的绝大部分。因此，世界经济尤其是发展中经济体增长仍将高度依赖煤炭。

首先，从已探明储量来看，WIND 统计数据显示，2016 年世界煤炭已探明储量约为 1139331 亿吨，图 1、图 2 分别显示了世界 1996、2006、2016 年煤炭已探明储量的主要地区分布和这些地区在 2016 年的储采比。从图中可以看出，亚太地区近年来煤炭已探明储量有了较高的增长，已接近世界总量的一半左右，但由于开采量过大，导致其储采比仅高于中东和非洲地区，但也达到了 100 年左右。中东和非洲地区一方面由于近年来煤炭消费量增长较快，另一方面由于本身储量较低，成为储采比最低的地区。拉美地区虽然煤炭储量不大，但该地区具有丰富的油气资源，

其煤炭采储比在 100 年以上。而北美和欧洲等发达地区不仅煤炭储量丰富，而且其能源结构中煤炭所占份额较低，因此其储采比分别达到了 350 年和 300 年左右。

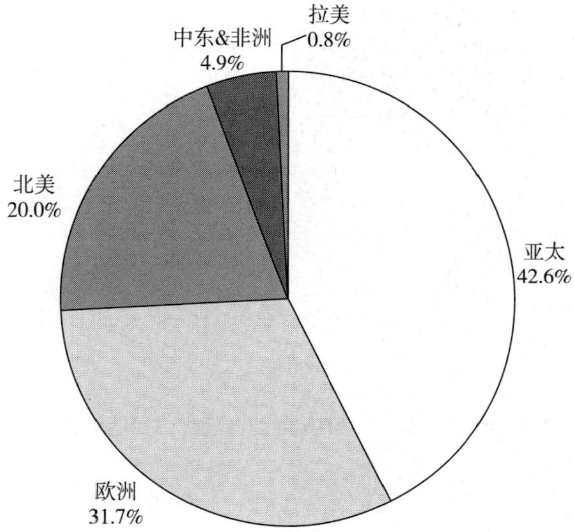

1996年

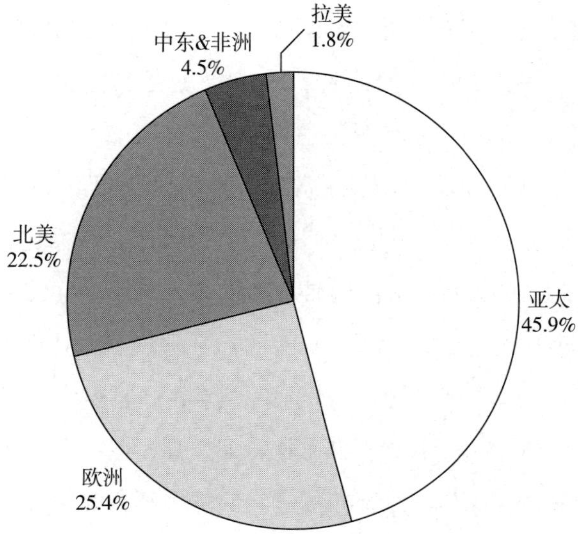

2006年

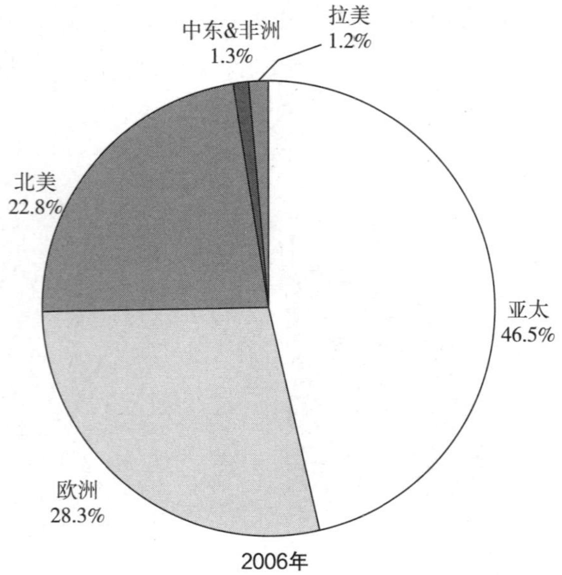

图 1　1996 年、2006 年、2016 年世界煤炭已探明储量地区分布

数据来源：WIND。

从具体国家和地区来看，表 1 提供了 2016 年底世界煤炭已探明储量的主要国家和地区分布情况。从表中可以看出，在北美地区，美国作为世界上煤炭储量最丰富的国家，占据了世界总储量的 22.1%，加之其能源结构中煤炭所占份额较低，使其拥有了 381 年的储采比；在拉美地区，虽然总体储量并不丰富，仅占世界总储量的 1.2%，但由于其他能源较为丰富，如巴西的生物质能、委内瑞拉的石油等，除哥伦比亚外，其他国家都有超过 500 年的储采比；与北美地区相同，欧洲和欧亚地区的煤炭储量占世界总储量的 28.3%，总体储采比也达到了 284 年，德国在近年来“弃核”后煤电比例的上升使其储采比有所下降，而俄罗斯、哈萨克斯坦、乌克兰等国家本身煤炭储量丰富，且能源密集型产业在其经济结构中不占主要地位，使其煤炭储采比普遍较高；在中东和非洲，作为该地区煤炭资源最丰富的国家之一，南非的煤炭储量因其能源需求较大有了快速的下降，其储采比仅为 39 年，中东地区虽然仅有 0.1% 的份额，但丰富的油气资源使其储采比达到了 500 年以上；亚太地区近年来煤炭已探明储量有了很大的增

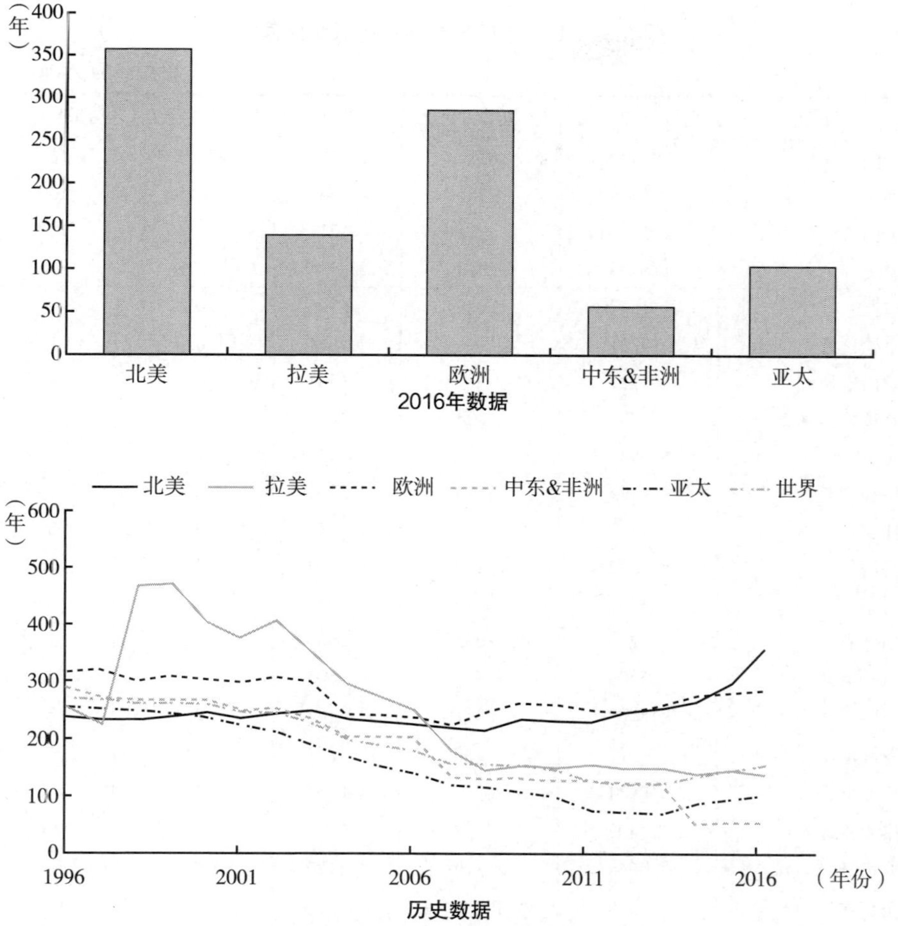

图 2　世界各地区煤炭储藏/生产比率

数据来源：WIND。

加，从而在一定程度上提高了储采比，尤其是中国、印度等国家，不仅储量较为丰富，分别占到世界总储量的 21.4%、8.3%，而且储采比也有了一定的提升，分别达到 72 年和 137 年。而澳大利亚作为世界上最大的煤炭出口国，其储采比已经达到了 294 年。值得一提的是日本，虽然其煤炭储量较低，但由于开采量小、多依赖进口，其储采比达到了 261 年。总体来看，发达经济体如经济合作与发展组织（OECD）国家由于较早实现了经济转型和能源结构调整，其储采比普遍较高，达到了 291 年，而非 OECD 国家则仍重度依赖煤炭，其储采比仅为 112 年。

表 1　2016 年底世界煤炭已探明储量

单位：百万吨

地区	无烟煤和烟煤	亚烟煤和褐煤	总计	所占份额(%)	储采比(年)
美国	221400	30182	251582	22. 1	381
加拿大	4346	2236	6582	0. 6	109
墨西哥	1160	51	1211	0. 1	151
北美	226906	32469	259375	22. 8	356
巴西	1547	5049	6596	0. 6	*
哥伦比亚	4881	—	4881	0. 4	54
委内瑞拉	731	—	731	0. 1	*
其他拉美国家	1784	24	1808	0. 2	*
拉美	8943	5073	14016	1. 2	138
保加利亚	192	2174	2366	0. 2	75
捷克	1103	2573	3676	0. 3	80
德国	12	36200	36212	3. 2	206
希腊	—	2876	2876	0. 3	87
匈牙利	276	2633	2909	0. 3	311
哈萨克斯坦	25605	—	25605	2. 2	250
波兰	18700	5461	24161	2. 1	184
罗马尼亚	11	280	291	◆	13
俄罗斯	69634	90730	160364	14. 1	417
塞尔维亚	402	7112	7514	0. 7	196
西班牙	868	319	1187	0. 1	*
土耳其	378	10975	11353	1. 0	163
乌克兰	32039	2336	34375	3. 0	*
英国	70	—	70	◆	17
乌兹别克斯坦	1375	—	1375	0. 1	355
其他欧洲和欧亚国家	2618	5172	7790	0. 7	201
欧洲和欧亚地区	153283	168841	322124	28. 3	284
南非	9893	—	9893	0. 9	39
津巴布韦	502	—	502	◆	186
其他非洲国家	2756	66	2822	0. 2	276
中东	1203	—	1203	0. 1	*
中东和非洲	14354	66	14420	1. 3	54
澳大利亚	68310	76508	144818	12. 7	294
中国	230004	14006	244010	21. 4	72

续表

地区	无烟煤和烟煤	亚烟煤和褐煤	总计	所占份额(%)	储采比
印度	89782	4987	94769	8.3	137
印度尼西亚	17326	8247	25573	2.2	59
日本	340	10	350	◆	261
蒙古	1170	1350	2520	0.2	66
新西兰	825	6750	7575	0.7	*
巴基斯坦	207	2857	3064	0.3	*
韩国	326	—	326	◆	189
泰国	—	1063	1063	0.1	63
越南	3116	244	3360	0.3	85
其他亚太地区	1322	646	1968	0.2	29
亚太	412728	116668	529396	46.5	102
世界	816214	323117	1139331	100.0	153
OECD 国家	319878	177264	497142	43.6	291
非 OECD 国家	496336	145853	642189	56.4	112
欧盟	21813	53006	74819	6.6	162
独联体	130162	93066	223228	19.6	417

注："—"表示无数据，"*"表示超过 500 年，"◆"表示低于 0.05%。

数据来源：WIND。

其次，从生产和消费的角度来看，WIND 统计数据显示，2016 年世界煤炭产量和消费量都维持了近年来不断下降的趋势，其中生产总量为 3656.4 百万吨油当量，比 2015 年下降了 6.2%；消费总量为 3732 百万吨油当量，比 2015 年下降了 1.7%。图 3 显示了 1991 ~2016 年世界主要地区煤炭生产、消费情况。从图中可以看出，世界煤炭生产和消费的地区分布基本处于均衡状态，亚太地区自 2000 年以后无论在煤炭的生产、消费总量还是增速上都成为全球煤炭市场最主要的力量，欧洲和北美地区由于煤炭在其能源结构中的地位逐渐下降，因此煤炭生产和消费都在逐渐降低；中东、非洲和拉美地区由于资源禀赋和经济结构因素，导致这些地区煤炭的生产和消费量在全球的份额较低。

从具体国家和地区来看，表 2 显示了 2010 ~2016 年世界主要国家和地区煤炭生产情况。从表中可以看出，多数国家在 2016 年产量都有所下降，

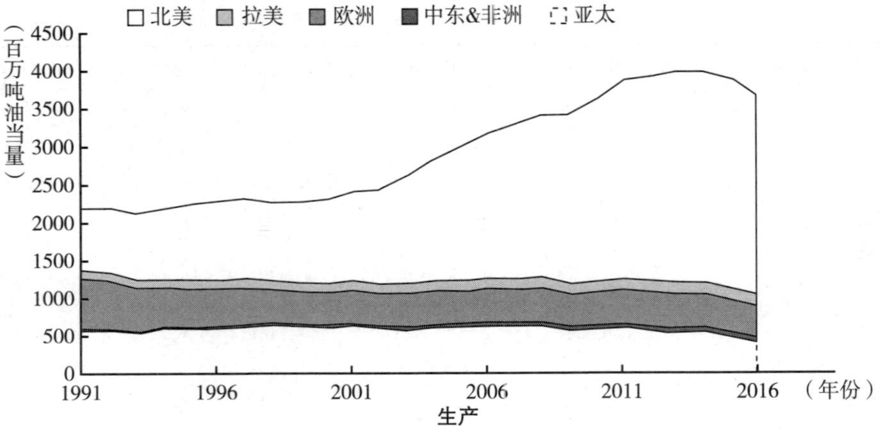

生产

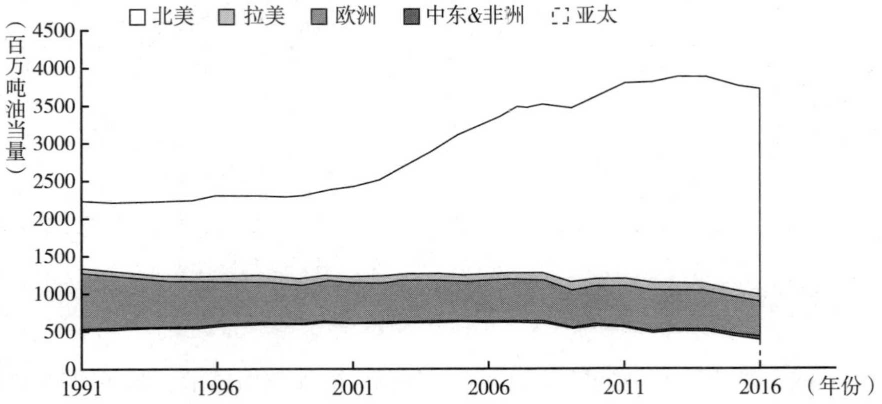

消费

图3　1991～2016年世界煤炭生产、消费地区分布

数据来源：WIND。

其中，在北美地区，美国以364.8百万吨油当量的煤炭产量成为2016年煤炭减产量第二多的国家（仅次于中国），但仍以10%的份额占据世界第二大煤炭生产国的地位，而北美地区也以18.1%的降幅成为煤炭减产幅度最大的地区，其排名也被欧洲和欧亚地区超过，以11%的份额排在各地区煤炭产量第三的位置。

拉美地区2016年煤炭产量为67.6百万吨油当量，比2015年上升了3.9%，所占份额仅为1.8%，对世界煤炭市场的影响有限。欧洲和欧亚地

表 2　世界煤炭生产

单位：百万吨油当量

国家和地区	2010 年	2011 年	2012 年	2013 年	2014 年	2015 年	2016 年	年均增长率(%)		所占份额(2016 年)(%)
								2016 年	2005 ~ 2015 年	
美国	551.2	556.1	517.8	500.9	507.7	449.3	364.8	-19.0	-2.5	10.0
加拿大	35.4	35.5	35.6	36.4	35.6	31.9	31.4	-1.8	-1.0	0.9
墨西哥	7.3	9.4	7.4	7.2	7.3	6.9	4.5	-34.8	1.2	0.1
北美	594.0	600.9	560.9	544.5	550.5	488.1	400.7	-18.1	-2.4	11.0
巴西	2.3	2.4	2.9	3.7	3.4	3.5	3.5	—	2.3	0.1
哥伦比亚	51.3	59.2	61.5	59.0	61.1	59.0	62.5	5.5	3.7	1.7
委内瑞拉	1.9	1.9	1.4	0.9	0.6	0.6	0.2	-66.4	-19.7	◆
其他拉美国家	0.4	0.4	0.5	1.7	2.4	1.9	1.5	-18.3	16.3	◆
拉美	55.9	63.9	66.3	65.3	67.5	64.9	67.6	3.9	2.7	1.8
保加利亚	4.9	6.2	5.6	4.8	5.1	5.8	5.1	-12.5	3.4	0.2
捷克	20.7	20.9	20.1	17.7	16.8	16.8	16.3	-3.4	-3.3	0.4
德国	45.9	46.7	47.8	45.1	44.1	42.9	39.9	-7.2	-2.7	1.1
希腊	7.3	7.5	8.0	6.7	6.4	5.7	4.1	-28.7	-4.0	0.1
匈牙利	1.6	1.6	1.6	1.6	1.6	1.5	1.5	0.6	-1.4	◆
哈萨克斯坦	47.5	49.8	51.6	51.4	48.9	46.2	44.1	-4.9	2.2	1.2
波兰	55.4	55.7	57.8	57.2	54.0	53.0	52.3	-1.5	-2.7	1.4
罗马尼亚	5.9	6.7	6.3	4.7	4.4	4.7	4.3	-9.2	-2.0	0.1

续表

国家和地区	2010年	2011年	2012年	2013年	2014年	2015年	2016年	年均增长率(%)		所占份额(2016年)(%)
								2016年	2005~2015年	
俄罗斯	151.0	157.6	168.3	173.1	176.6	186.4	192.8	3.1	3.2	5.3
塞尔维亚	7.2	7.8	7.3	7.7	5.7	7.2	7.4	1.4	—	0.2
西班牙	3.3	2.6	2.5	1.8	1.6	1.2	0.7	-43.3	-15.7	◆
土耳其	17.5	17.9	17.0	15.5	16.4	12.8	15.2	18.7	1.3	0.4
乌克兰	31.8	36.3	38.0	36.6	25.9	16.4	17.1	4.3	-7.3	0.5
英国	11.4	11.5	10.6	8.0	7.3	5.4	2.6	-51.5	-8.2	0.1
乌兹别克斯坦	1.0	1.1	1.2	1.1	1.2	1.1	1.1	-1.8	2.3	◆
其他欧洲和欧亚国家	16.9	17.1	15.6	18.0	17.0	15.3	14.9	-3.1	-4.0	0.4
欧洲和欧亚地区	429.3	446.9	459.4	450.9	433.2	422.5	419.4	-1.0	-0.2	11.5
中东	0.7	0.7	0.7	0.7	0.6	0.7	0.7	—	-3.3	◆
南非	144.1	143.2	146.6	145.3	148.2	142.9	142.4	-0.6	0.3	3.9
津巴布韦	1.7	1.7	1.0	2.0	3.7	2.8	1.7	-37.9	2.6	◆
其他非洲国家	0.9	1.1	4.4	5.1	5.5	6.0	6.3	5.5	20.6	0.2
非洲	146.8	146.0	152.0	152.3	157.5	151.7	150.5	-1.0	0.7	4.1
澳大利亚	250.6	245.1	265.9	285.8	305.7	305.8	299.3	-2.4	3.6	8.2
中国	1665.3	1851.7	1873.5	1894.6	1864.2	1825.6	1685.7	-7.9	3.9	46.1
印度	252.4	250.8	255.0	255.7	269.5	280.9	288.5	2.4	4.0	7.9

续表

国家和地区	2010 年	2011 年	2012 年	2013 年	2014 年	2015 年	2016 年	年均增长率(%)		所占份额(2016 年)(%)
								2016 年	2005 ~ 2015 年	
印度尼西亚	162.1	208.2	227.4	279.7	269.9	272.0	255.7	-6.2	11.7	7.0
日本	0.5	0.7	0.7	0.7	0.7	0.6	0.7	14.2	0.5	◆
蒙古	15.2	19.9	18.1	18.0	14.8	14.5	22.8	57.0	14.8	0.6
新西兰	3.3	3.1	3.0	2.8	2.5	2.0	1.7	-15.4	-4.8	◆
巴基斯坦	1.5	1.4	1.4	1.3	1.5	1.5	1.8	19.5	-0.5	◆
韩国	1.0	1.0	1.0	0.8	0.8	0.8	0.8	-2.4	-4.4	◆
泰国	5.0	6.0	4.8	4.9	4.8	3.9	4.3	10.6	-4.5	0.1
越南	25.1	26.1	23.6	23.0	23.0	23.2	22.0	-5.4	2.0	0.6
其他亚太地区	24.7	24.9	25.3	25.1	25.7	28.6	33.9	18.3	2.6	0.9
亚太	2406.7	2638.8	2699.7	2792.5	2783.1	2759.4	2617.4	-5.4	4.4	71.6
世界	3633.3	3897.3	3938.9	4006.1	3992.4	3887.3	3656.4	-6.2	2.5	100.0
OECD 国家	1023.4	1025.5	1005.7	1000.7	1020.9	946.6	844.8	-11.0	-1.0	23.1
非 OECD 国家	2609.9	2871.8	2933.1	3005.5	2971.4	2940.7	2811.6	-4.7	3.9	76.9
欧盟	165.7	168.5	168.1	157.3	150.6	144.6	133.6	-7.9	-3.1	3.7
独联体	232.0	245.7	260.3	263.5	254.0	251.5	256.8	1.8	1.9	7.0

注："◆"表示低于 0.05%。

数据来源：WIND。

区的主要国家除俄罗斯、乌克兰、土耳其等国外，煤炭产量都有所下降，与2015年相比下降了1%，该地区以419.4百万吨油当量的产量占据了世界11.5%的份额，成为煤炭产量排名第二的地区。中东地区的煤炭产量近年来变化不大，一直维持在0.7百万吨油当量左右。非洲地区出现了小幅的减产，2016年煤炭产量为150.5百万吨油当量，与2015年相比下降了1%。受中国影响，亚太地区总体上煤炭产量继续下降，2016年为2617.4百万吨油当量，比2015年下降了5.4%，但仍是世界最主要的煤炭生产地区，其份额达到了71.6%。其中，印度仍维持了较高速度的增长，其288.5百万吨油当量的煤炭产量也成为世界上煤炭增产量最多的国家之一，增产幅度高达2.4%，其占世界总产量的份额也高达7.9%，仅次于中国、美国和澳大利亚；中国则连续三年出现减产，其1685.7百万吨油当量的产量比2015年下降了7.9%，但仍以46.1%的份额牢牢占据着世界第一大煤炭生产国的地位；受中国需求下降影响，作为主要煤炭出口国的澳大利亚在2016年产量为299.3百万吨油当量，比2015年下降了2.4%，同时以8.2%的份额成为世界第三大煤炭生产国。以OECD为代表的发达经济体在2016年产量为844.8百万吨油当量，比2015年大幅下降了11%，仅占世界总产量不到1/4的份额，而广大发展中经济体虽然产量下降了4.7%，但仍以2811.6百万吨油当量占据了世界总产量3/4的份额。

消费端的情况与生产端基本相同，表3显示了2010～2016年世界主要国家和地区煤炭消费情况。从表中可以看出，北美地区2016年煤炭消费量为386.9百万吨油当量，比2015年下降了9%，其占世界总消费量的份额也降至10.4%，其中美国消费量大幅下降了8.8%，成为世界上煤炭消费量下降第二多的国家（仅次于中国），其占世界的份额也继续位于中国、印度之后列世界第三。拉美地区下降了3.7%，占世界的份额进一步下滑至0.9%。欧洲和欧亚地区消费量下降了4.5%，为451.6百万吨油当量，其以占世界12.1%的份额继续保持第二大煤炭消费地区的地位。中东和非洲地区分别为9.3百万吨油当量和95.9百万吨油当量，前者比2015年大幅下降了9.5%，而后者则小幅上升了0.4%，所占世界份额分别为0.2%和2.6%。亚太地区

表 3　世界煤炭消费

单位：百万吨油当量

国家和地区	2010 年	2011 年	2012 年	2013 年	2014 年	2015 年	2016 年	年均增长率(%)		所占份额(2016 年)(%)
								2016 年	2005 ~ 2015 年	
美国	525.0	495.4	437.9	454.6	453.5	391.8	358.4	-8.8	-3.8	9.6
加拿大	24.8	21.8	21.0	20.8	19.7	19.6	18.7	-5.2	-4.2	0.5
墨西哥	12.7	14.7	12.8	12.7	12.7	12.7	9.8	-22.9	1.0	0.3
北美	562.5	531.9	471.8	488.1	486.0	424.2	386.9	-9.0	-3.7	10.4
阿根廷	1.3	1.5	1.3	1.3	1.5	1.4	1.1	-22.5	1.9	◆
巴西	14.5	15.4	15.3	16.5	17.5	17.7	16.5	-6.8	3.1	0.4
智利	4.5	5.8	6.7	7.5	7.6	7.3	8.2	12.3	10.2	0.2
哥伦比亚	4.7	3.7	4.6	5.0	5.2	5.3	4.6	-14.0	14.8	0.1
秘鲁	0.8	0.8	0.9	0.9	0.9	0.8	0.8	—	-1.3	◆
委内瑞拉	0.2	0.2	0.2	0.2	0.2	0.2	0.1	-66.4	18.4	◆
其他拉美国家	2.2	2.7	2.7	2.9	3.2	3.2	3.4	5.4	4.9	0.1
拉美	28.1	30.2	31.7	34.2	36.1	35.9	34.7	-3.7	5.4	0.9
奥地利	3.4	3.5	3.2	3.3	3.0	3.2	3.2	-2.3	-2.1	0.1
白俄罗斯	0.6	0.8	0.8	0.9	0.8	0.7	0.8	16.5	-0.3	◆
比利时	3.8	3.5	3.2	3.3	3.3	3.2	3.0	-6.7	-4.7	0.1
保加利亚	6.9	8.1	6.9	5.9	6.4	6.6	5.7	-13.5	-0.4	0.2
捷克	18.8	18.4	17.4	17.2	16.0	16.6	16.9	1.7	-2.0	0.5
丹麦	3.8	3.2	2.5	3.2	2.6	1.7	2.1	20.8	-7.3	0.1

续表

国家和地区	2010 年	2011 年	2012 年	2013 年	2014 年	2015 年	2016 年	年均增长率(%)		所占份额(2016 年)(%)
								2016 年	2005～2015 年	
芬兰	6.8	5.5	4.5	5.0	4.5	3.8	4.1	8.0	-2.2	0.1
法国	11.5	9.8	11.1	11.6	8.6	8.4	8.3	-1.1	-4.6	0.2
德国	77.1	78.3	80.5	82.8	79.6	78.5	75.3	-4.3	-0.4	2.0
希腊	7.9	7.9	8.1	7.0	6.7	5.6	4.7	-16.7	-4.6	0.1
匈牙利	2.7	2.7	2.6	2.3	2.2	2.4	2.3	-3.6	-2.5	0.1
爱尔兰	2.0	1.9	2.3	2.0	2.0	2.2	2.2	-0.7	-2.0	0.1
意大利	13.7	15.4	15.7	13.5	13.1	12.3	10.9	-11.9	-2.9	0.3
哈萨克斯坦	33.4	36.3	36.5	36.3	41.0	35.8	35.6	-0.8	2.9	1.0
立陶宛	0.2	0.2	0.2	0.3	0.2	0.2	0.2	4.8	-0.1	◆
荷兰	7.5	7.5	8.2	8.2	9.1	11.0	10.3	7.0	3.1	0.3
挪威	0.8	0.8	0.8	0.8	0.9	0.8	0.8	-0.1	1.3	◆
波兰	55.1	55.0	51.2	53.4	49.4	48.7	48.8	◆	-1.2	1.3
葡萄牙	1.6	2.2	2.9	2.7	2.7	3.3	2.9	-11.9	-0.2	0.1
罗马尼亚	7.0	8.2	7.6	5.8	5.7	5.9	5.4	-8.9	-3.9	0.1
俄罗斯	90.5	94.0	98.4	90.5	87.6	92.2	87.3	-5.5	-0.3	2.3
斯洛伐克	3.9	3.7	3.5	3.5	3.4	3.3	3.1	-5.0	-2.5	0.1
西班牙	6.9	12.8	15.5	11.4	11.6	13.7	10.4	-23.9	-4.0	0.3
瑞典	2.5	2.5	2.2	2.2	2.1	2.1	2.2	6.0	-2.1	0.1
瑞士	0.1	0.1	0.1	0.1	0.1	0.1	0.1	—	-1.1	◆
土耳其	31.4	33.9	36.5	31.6	36.1	34.7	38.4	10.3	4.6	1.0

续表

国家和地区	2010 年	2011 年	2012 年	2013 年	2014 年	2015 年	2016 年	年均增长率(%)		所占份额(2016 年)(%)
								2016 年	2005 ~ 2015 年	
乌克兰	38.3	41.5	42.5	41.6	35.6	27.3	31.5	14.9	-3.1	0.8
英国	30.9	31.4	39.0	36.8	29.7	23.0	11.0	-52.5	-4.7	0.3
乌兹别克斯坦	0.9	1.1	1.2	1.1	1.2	1.1	1.0	-10.1	1.9	◆
其他欧洲和欧亚国家	22.5	24.6	22.9	23.8	21.9	23.0	23.0	-0.1	1.1	0.6
欧洲和欧亚地区	492.5	514.9	528.1	508.1	487.3	471.3	451.6	-4.5	-0.9	12.1
伊朗	1.3	1.4	1.1	1.4	1.6	1.6	1.7	4.3	0.5	◆
以色列	7.7	7.9	8.8	7.4	6.9	6.7	5.7	-15.5	-1.6	0.2
沙特阿拉伯	0.1	0.1	0.1	0.1	0.1	0.1	0.1	—	13.5	◆
阿联酋	0.7	1.3	1.7	1.4	1.5	1.3	1.3	—	24.1	◆
其他中东国家	0.3	0.4	0.6	0.5	0.7	0.5	0.5	◆	13.2	◆
中东	10.1	11.2	12.3	10.9	10.8	10.2	9.3	-9.5	0.4	0.2
阿尔及利亚	0.3	0.3	0.3	0.2	0.2	0.1	0.1	—	-13.2	◆
埃及	0.5	0.4	0.4	0.4	0.4	0.4	0.4	4.3	-7.0	◆
南非	92.8	90.5	88.3	88.6	89.8	83.4	85.1	1.8	0.4	2.3
其他非洲国家	6.5	7.2	7.0	8.3	11.9	11.4	10.3	-10.3	3.8	0.3
非洲	100.1	98.5	96.1	97.5	102.3	95.3	95.9	0.4	0.7	2.6
澳大利亚	49.4	48.1	45.1	43.0	42.6	44.1	43.8	0.9	-1.6	1.2
孟加拉国	0.8	0.7	0.9	1.0	0.8	0.7	0.8	17.0	3.7	◆
中国	1748.9	1903.9	1927.8	1969.1	1954.5	1913.6	1887.6	-1.6	3.7	50.6
中国香港	6.2	7.4	7.3	7.8	8.1	6.7	6.7	-0.3	-0.2	0.2

续表

国家和地区	2010年	2011年	2012年	2013年	2014年	2015年	2016年	年均增长率(%)		所占份额(2016年)(%)
								2016年	2005~2015年	
印度	290.4	304.8	330.0	352.8	387.5	396.6	411.9	3.6	6.5	11.0
印度尼西亚	39.5	46.9	53.0	57.0	45.1	51.2	62.7	22.2	7.7	1.7
日本	115.7	109.6	115.8	121.2	119.1	119.9	119.9	-0.2	0.5	3.2
马来西亚	14.8	14.8	15.9	15.1	15.4	16.9	19.9	17.6	9.4	0.5
新西兰	1.4	1.4	1.7	1.5	1.5	1.4	1.2	-15.4	-4.5	◆
巴基斯坦	4.6	4.0	4.0	3.2	4.7	4.7	5.4	15.1	2.2	0.1
菲律宾	7.0	7.7	8.1	10.0	10.6	11.6	13.5	16.0	9.7	0.4
新加坡	†	†	†	0.3	0.4	0.4	0.4	-6.5	47.4	◆
韩国	75.9	83.6	81.0	81.9	84.6	85.5	81.6	-4.8	4.6	2.2
中国台湾	37.6	38.9	38.0	38.6	39.0	37.8	38.6	1.7	0.7	1.0
泰国	15.5	15.8	16.5	16.3	17.9	17.6	17.7	0.7	4.3	0.5
越南	14.0	16.5	15.0	15.8	18.9	22.3	21.3	-4.4	9.5	0.6
其他亚太地区	20.4	16.5	17.2	13.8	16.0	16.9	20.6	21.3	-2.3	0.6
亚太	2442.3	2620.6	2677.4	2748.3	2767.0	2747.7	2753.6	-0.1	3.9	73.8
世界	3635.6	3807.2	3817.3	3887.0	3889.4	3784.7	3732.0	-1.7	1.9	100.0
OECD 国家	1114.8	1094.1	1047.3	1058.4	1040.9	972.7	913.3	-6.4	-1.9	24.5
非 OECD 国家	2520.8	2713.1	2770.0	2828.5	2848.5	2812.0	2818.7	◆	3.7	75.5
欧盟	280.2	288.1	294.3	288.0	268.4	261.1	238.4	-8.9	-1.9	6.4
独联体	164.7	174.7	180.7	171.8	167.8	158.9	157.9	-0.9	-0.2	4.2

注："†"表示低于0.05，"◆"表示低于0.05%。

数据来源：WIND。

基本维持了此前的消费量，2016 年消费量为 2753. 6 百万吨油当量，同时以 73. 8% 的份额继续占据着世界最大煤炭消费市场的地位，其中印度是消费增量最大的国家，达到 411. 9 百万吨油当量，同时以 11% 的份额成为世界第二大煤炭消费国；印尼、马来西亚、菲律宾等东盟国家保持了高速增长，增速分别为 22. 2% 、17. 6% 、16% 。中国则出现了较大幅度的下滑，2016 年消费量为 1887. 6 百万吨油当量，比 2015 年下降了 1. 6% ，但仍以 50. 6% 的绝对优势份额占据着世界最大煤炭消费国的位置。与生产端相似，以 OECD 为代表的发达经济体在 2016 年消费量为 913. 3 百万吨油当量，比 2015 年大幅下降了 6. 4% ，约占世界 1/4 的份额，而广大发展中经济体的消费量与 2015 年相比略有上升，并以 2818. 7 百万吨油当量占据了世界 3/4 左右的份额。

再次，从煤炭价格的角度来看，2011 年以后，受中国市场需求持续下降以及世界整体产能过剩影响，煤炭价格逐渐走低。表 4 显示了 1996 ~ 2016 年世界主要市场煤炭价格走势。从表中可以看出，进入 2016 年之后，煤炭价格一改近年来不断下跌的趋势，有了小幅反弹。

表 4　1996 ~ 2016 年世界煤炭价格走势

单位：美元/吨

年份	西北欧市场价格	美国中央阿巴拉契亚煤炭现货价格指数	日本汽煤进口到岸价	中国秦皇岛港口价格
1996	41. 25	29. 86	—	—
1997	38. 92	29. 76	—	—
1998	32. 00	31. 00	—	—
1999	28. 79	31. 29	—	—
2000	35. 99	29. 90	—	27. 52
2001	39. 03	50. 15	37. 69	31. 78
2002	31. 65	33. 20	31. 47	33. 19
2003	43. 60	38. 52	39. 61	31. 74
2004	72. 08	64. 90	74. 22	42. 76
2005	60. 54	70. 12	64. 62	51. 34
2006	64. 11	62. 96	65. 22	53. 53

续表

年份	西北欧市场价格	美国中央阿巴拉契亚煤炭现货价格指数	日本汽煤进口到岸价	中国秦皇岛港口价格
2007	88.79	51.16	95.59	61.23
2008	147.67	118.79	157.88	104.97
2009	70.66	68.08	83.59	87.86
2010	92.50	71.63	108.47	110.08
2011	121.52	87.38	126.13	127.27
2012	92.50	72.06	100.30	111.89
2013	81.69	71.39	90.07	95.42
2014	75.38	69.00	76.13	84.12
2015	56.79	53.59	60.10	67.53
2016	59.87	53.56	71.66	71.35

数据来源：WIND。

图 4　主要出口国煤炭价格走势（2012 年 1 月至 2017 年 12 月）

数据来源：WIND。

受中国市场需求增加影响，世界煤炭价格在 2016 年第三季度开始出现大幅上扬并在 2017 年出现了较大的波动。图 4 显示了 2012 年 1 月至 2017 年 12 月主要出口国煤炭价格走势。从图中可以明显看出，2016 年，澳大利亚动力煤现货离岸价和印尼煤炭销售基准价格指数一改 5 年来不断下跌的颓势，在年底已经回升至2012年的价格水平，此后价格有所下降，但又迅速实现了反弹。

最后，从进出口情况来看，世界煤炭贸易近年来基本平稳。从图5可以看出，自2012年之后，世界动力煤和炼焦煤进出口量一改之前增速较快的势头，总体上呈现出稳中有降的趋势。

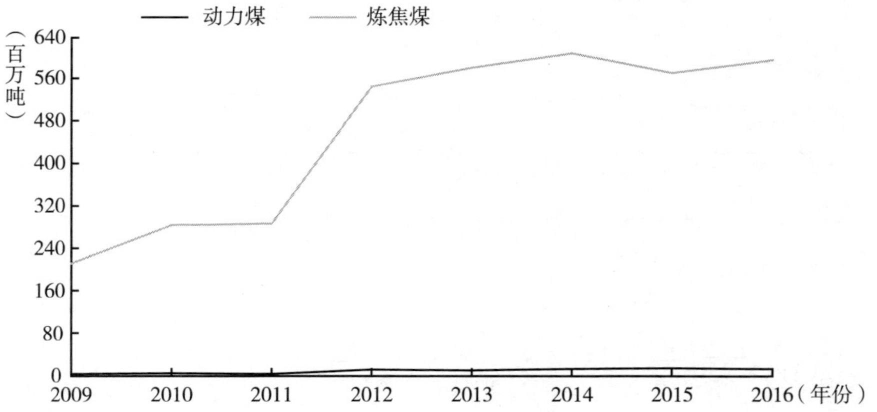

图5　世界动力煤和炼焦煤进出口情况（2009～2016年）

数据来源：WIND。

从主要进出口国家的情况来看，图6反映了主要煤炭出口国煤炭出口量的变化情况。从图中可以看出，除印度尼西亚和美国的煤炭出口量出现了较为明显的一增一减外，澳大利亚、俄罗斯等国的煤炭出口量均保持了稳定。图7反映了主要煤炭进口国煤炭进口量的变化情况，从中可以看出，除中国外近年来这些国家的煤炭进口量都有所下降，主要是受到了国内市场波动的影响。中国在2016年煤炭进口量增长幅度巨大，从而超越印度再次成为世界最大的煤炭进口国。

（四）可再生能源

2015年联合国巴黎气候变化大会后，向清洁能源转型逐渐成为世界各国能源发展的主流方向，可再生能源也日渐成为世界各国不断推动

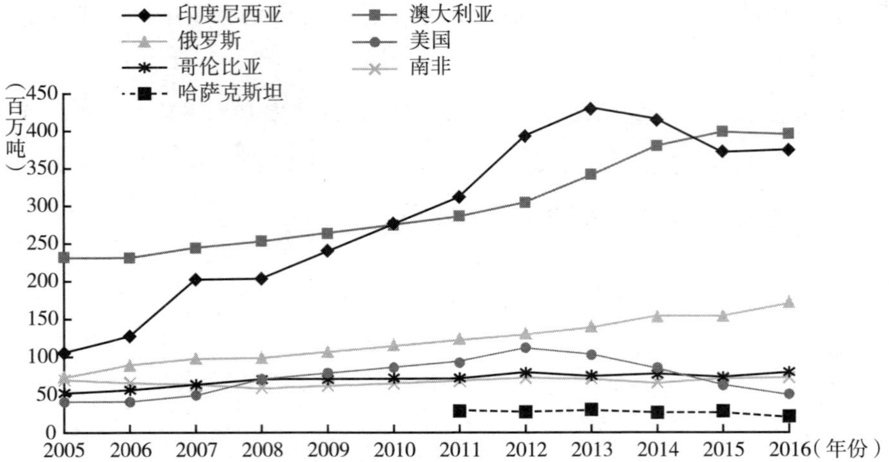

图 6　主要煤炭出口国煤炭出口量（2005～2016 年）

数据来源：WIND。

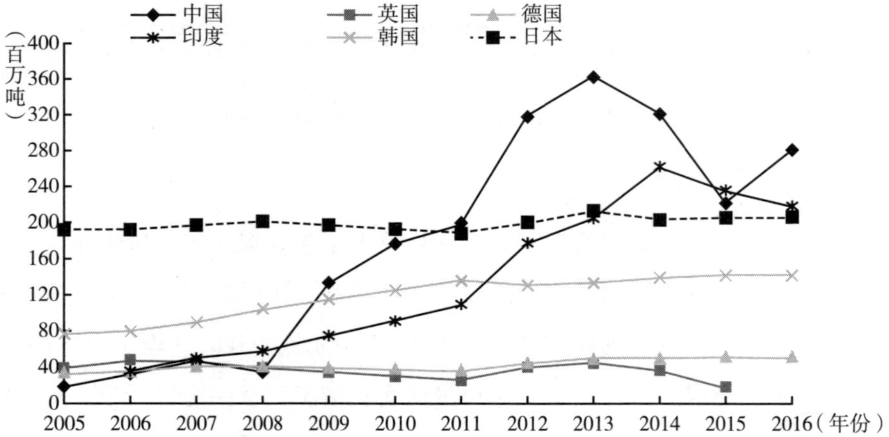

图 7　主要煤炭进口国煤炭进口量（2005～2016 年）

数据来源：WIND。

的新兴能源。一般来说，可再生能源主要包括太阳能、风能、水能、生物质能、地热能等，其常常被应用于发电、交通运输及供热等领域。近些年来，可再生能源在不断发展的过程中对发电领域的贡献也越来越大。

1. 全球可再生能源市场发展概况

（1）可再生能源发电装机容量增速明显

2016 年，全球可再生能源发电量占全球总发电量的 24.5%，较 2015 年增长了 1%，其中风能、生物质能及太阳能发电分别占全球总发电量的 4.0%、2.0% 和 1.5%，风能和太阳能发电较 2015 年分别增长了 0.3 个百分点，而生物质能发电较为平稳。除去水力发电，风能、太阳能等可再生能源发电占全球总发电量的 8%，较 2015 年增长了近 40%①，正在成为全球发电装机的主力。

近年来，全球可再生能源市场发电装机容量增长态势明显。2016 年，全球可再生能源每年新增发电装机容量 1.61 亿千瓦，占全部新增发电装机容量的 62%，累计装机容量达到 20.2 亿千瓦，较 2015 年增长了 9%②，创下了可再生能源装机容量新纪录。具体详见表 5。同时，可再生能源发电装机容量连续两年超过化石能源发电装机容量。由此可以看出，可再生能源发电越来越成为全球发电不可忽视的重要力量，也表明电力系统结构的转变正在实现。

从各可再生能源发电装机容量看，2016 年，太阳能光伏发电新增装机容量创造了新的纪录。REN21（21 世纪可再生能源政策网络）报告数据显示，2016 年，太阳能光伏发电装机容量达到 3.03 亿千瓦，较 2015 年增长了 7600 万千瓦，占全部新增可再生能源装机容量的 47%，累计装机容量达到 3 亿千瓦。就世界各国可再生能源新增装机的情况看，目前，中国、美国和日本是新增装机最为集中的国家。③ 相较于太阳能光伏发电装机，风能和生物质能发电装机发展较为平稳。2016 年，风能发电装机容量新增 5400 万千瓦，全球风能累计装机容量已达 4.87 亿千瓦，而全球生物质能累计装机容量 1.12 亿千瓦，新增发电装机容量为 600 万千瓦，增速约为 5.7%，增速较为平稳。

---

① 数据来源于 BP，详见 https：//www.bp.com/en/global/corporate/energy - economics/statistical - review - of - world - energy/renewable - energy.html。

② 数据来源于 REN21，REN21《2017 年全球可再生能源现状报告》。

③ 国家可再生能源中心等编《国际可再生能源发展报告 2017》，中国环境出版社，2017，第 3 页。

表 5　全球可再生能源装机容量

单位：GW

年份	2004	2010	2011	2012	2013	2014	2015	2016
可再生能源装机容量（不含水力）	85	315	395	480	560	657	785	921
可再生能源装机容量（含水力）	800	1250	1355	1470	1560	1712	1849	2017
水力发电装机容量	715	935	960	990	1000	1055	1064	1096
生物质能发电装机容量	<36	—	—	—	88	93	106	112
地热装机容量	8.9	—	—	—	12	12.8	13.2	13.5
光伏联网装机容量	2.6	40	71	100	139	177	227	303
太阳能聚热发电装机容量	0.4	1.1	1.6	2.5	3.4	4.4	4.8	4.8
风电场装机容量	48	198	238	283	318	370	433	487

注：1GW = 1000MW = 10^6KW。

资料来源：REN21《2017 全球可再生能源现状报告》，参见 http：//www.ren21.net/future - of - renewables/global - futures - report/。

（2）全球对可再生能源的消费需求不断提升

目前，北美地区、欧洲和欧亚地区及亚洲地区是可再生能源消费的主要区域。BP 数据显示，2016 年，北美、欧洲和欧亚及亚洲地区的可再生能源消费占全球总消费的比重分别为23.1%、34.3%和34.4%，这三大地区的可再生能源消费占比近92%，具体详见图 8 和表 6。从世界各地区可再生能源消费来看，亚洲地区是目前全球可再生能源最大的消费区域，2016 年消费量高达 638.6 太瓦时，较 2015 年增长了 27.9%，且 2005～2015 年 10 年间平均增速 21.1%；欧洲和欧亚地区是全球第二大可再生能源消费区域，2016 年共消费可再生能源 636.6 太瓦时，较 2015 年增长了 1.5%，2005～2015 年年均消费增速 15%；北美地区是全球第三大可再生能源消费区域，2005～2015 年年平均增长率为 12.9%。

分国别来看，BP 数据显示，除去水力发电，2016 年在全球可再生能源消费国中，中国可再生能源消费排在世界第一位，占全球总消费的 20.5%；其次是美国，其可再生能源消费占全球总消费的 20%；排在第三位的是德国，占全球总消费的 9%。[①] 若包含水力在内，世界各国可再生能源消费情况则如表 7 所示。

① 基本数据来源于 *BP Statistical Review of World Energy*, June 2017。

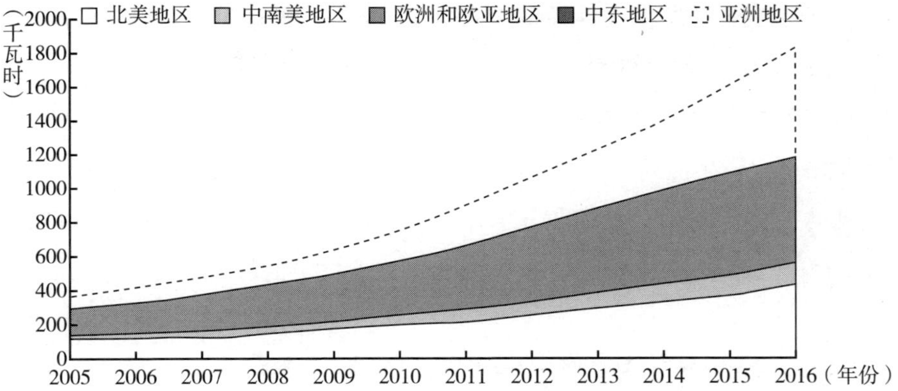

图 8　世界各地区可再生能源消费情况

数据来源：BP，*BP Statistical Review of World Energy*，2017，具体参见 https：//www. bp. com/en/global/corporate/energy - economics/statistical - review - of - world - energy/renewable - energy. html。

表 6　世界各地区可再生能源消费及增长率

单位：Twh（太瓦时）

地区	2005 年	2006 年	2007 年	2008 年	2009 年	2010 年	2011 年	2012 年
北美地区	109. 8	119. 3	129. 8	150. 6	173. 2	201. 1	231. 8	263. 2
中南美地区	22. 9	25. 1	30. 6	34. 2	39. 6	49. 3	54. 1	62. 2
欧洲和欧亚地区	154. 1	178. 7	212. 4	240. 5	270. 6	313. 6	378. 7	448. 5
中东地区	0. 1	0. 1	0. 2	0. 2	0. 3	0. 3	0. 5	0. 7
亚洲地区	73. 6	84. 7	97. 0	115. 7	147. 3	181. 6	228. 5	273. 2

地区	2013 年	2014 年	2015 年	2016 年	2016 年增长率(%)	2005 ~ 2015 年平均年增长率(%)	2016 年各地区占市场份额(%)
北美地区	306. 1	341. 3	369. 7	428. 9	15. 7	12. 9	23. 1
中南美地区	72. 4	89. 2	106. 1	124. 6	17. 1	16. 6	6. 7
欧洲和欧亚地区	504. 2	547. 2	625. 7	636. 6	1. 5	15. 0	34. 3
中东地区	1. 1	1. 7	2. 3	3. 3	42. 0	38. 4	0. 2
亚洲地区	349. 3	410. 9	498. 1	638. 6	27. 9	21. 1	34. 4

数据来源：BP，*BP Statistical Review of World Energy*，2017。

世界主要国家可再生能源消费情况具体如下：第一，可再生能源消费占比稳步提升。随着能源转型及世界各国对可再生能源支持力度的增强，可再生能源消费在各国所占比重将会持续增加。美国能源信息署对世界各国可再生能源消费做出预测，截至 2050 年，中国可再生能源消费占比将达到 38.7%，美国占比将达 16.2%，印度占比将达 12.4% 等，增长迅速。第二，新兴经济体可再生能源消费增速超过发达国家，新兴经济体逐渐成为可再生能源消费的主要市场。表7 的数据显示，中国、印度、巴西及俄罗斯这四大新兴经济体 2050 年可再生能源消费占比将近 65%，是最主要的可再生能源消费市场。

表 7　世界各国可再生能源（含水力）消费占比

单位：%

国家＼年份	2006	2007	2008	2009	2010	2011	2012	2015	2020	2025	2030	2035	2040	2045	2050
美国	6.40	6.20	7.00	6.88	7.03	7.93	7.71	8.40	10.40	12.50	13.00	13.50	14.40	15.40	16.20
加拿大	3.70	3.90	4.00	4.18	4.02	4.32	4.23	4.40	4.50	4.50	4.60	4.80	5.00	5.20	5.30
澳大利亚和新西兰	0.70	0.70	0.70	0.68	0.71	0.73	0.73	0.90	1.20	1.50	1.70	1.90	2.10	2.40	2.70
墨西哥	0.60	0.60	0.70	0.84	0.87	0.90	1.00	1.20	1.10	1.10	1.40	1.80	2.00	2.10	2.30
日本	1.20	1.10	1.10	1.33	1.46	1.58	1.59	2.00	1.90	2.40	2.40	2.50	2.50	2.50	2.50
韩国	0.10	0.10	0.10	0.13	0.15	0.17	0.17	0.20	0.20	0.50	0.90	0.90	1.00	1.00	1.10
巴西	5.50	5.90	6.00	6.36	6.78	6.96	6.83	6.60	6.60	7.60	8.20	8.80	9.50	10.00	10.50
中国	4.70	5.30	6.40	6.58	8.05	8.85	11.39	14.20	21.30	24.50	27.30	30.10	33.00	35.80	38.70
印度	2.40	2.50	2.40	2.44	2.57	3.35	3.28	4.00	4.90	6.00	7.10	8.30	9.80	11.20	12.40
俄罗斯联邦	1.90	1.90	1.70	1.82	1.75	1.74	1.71	1.80	1.80	1.80	2.20	2.30	2.30	2.30	2.30

数据来源：CEIC 数据库。

（3）可再生能源正成为全球“能源转型”的核心

进入 21 世纪以来，世界各地区及各国对能源安全、气候变化及生态环境等可持续发展问题的重视程度不断增强，加快开发可再生能源及提高利用效率也成为普遍共识。目前，全球能源发展进入新阶段，以高效、清洁、多元化为主要特征的能源转型进程加快推进，全球能源供需格局也在进行深刻调整。2016 年底，联合国摩洛哥气候变化大会召开，100 多个国家宣布加入《巴黎协定》，承诺通过能源领域控制碳排放及脱碳行动实现可持续发展，其中 47 个最易受气候变化影响的国家提出要完全实现（100% 实现）可再生能源市场化改革的目标，承诺争取在 2030 ~ 2050 年完全实现可再生能源供给，进而助力全球实现温控目标。截至目前，几乎所有的发达国家及发展中国家都已经提出大力发展可再生能源的相关政策。尽管许多国家或地区的传统化石能源十分丰富且储备充足，如加拿大、澳大利亚及中东、北非地区，但其对推动可再生能源的发展仍十分重视，并付诸实践。目前为止，世界各国对可再生能源的发展主要聚集在太阳能、风能及生物质能（除水力）等方面，以此加快能源转型进程、提高能源安全及减少对化石能源的依赖。近年来，欧美国家每年 60% 以上的新增发电装机来自可再生能源。截至 2016 年底，已有 176 个国家设定了可再生能源发展目标，并就重点扶持领域做出了合理规划，世界主要地区和国家可再生能源规划情况具体见表 8。

美国可再生能源发展在“动荡”中前行。首先，美国可再生能源政策面临新的不确定性。特朗普担任美国总统后，便将能源重心放到了化石能源的发展上，旨在通过重振美国化石能源提高本国的经济水平及增加就业。为了更多支持扩大化石能源贸易，特朗普提出退出《巴黎协定》，同时与日本、中国等国家签订天然气贸易出口协定，提高化石能源贸易水平。美国气候政策的变化和能源发展政策的相对变化为美国可再生能源发展带来了一定的不确定性。其次，贸易保护和税收政策一定程度上限制了来自国际的投资。国际货币基金组织（IMF）的数据显示，美国 2018 年和 2019 年经济预期增长率分别为 2.3% 和 2.2%，经济预期增长率一定程度的降低会限制国际投资数量。最后，美国缺乏可再生能源发展目标。美国于 2015 年通过了《清洁电力计划》，要求美国电力部门到 2030 年碳排放量较 2005 年减少 32%。美国最重要的可再生能源扶持政策是基于联邦层面的生产税抵免（PTC）、投资税抵免（ITC）以及 2009 年经济刺激法案中的现金补贴政策。2015 年，美国国会将现有政策延续至 2022 年，这为继续推动美国太阳能光伏、风力等可再生能源发电打下了坚实的基础。

美国可再生能源发展虽然面临一定程度的波动性和不稳定性，但其增长率仍处于上升趋势。如图 9 所示，EIA 数据表明，截至 2017 年，风力发电是美国可再生能源最主要的发电来源，净发电量 2542.5 亿千瓦时，其次是生物质能发电和太阳能光伏发电。从可再生能源发展及增长形势看，风力发电和太阳能光伏发电是美国可再生能源中最具潜力的发电方式。

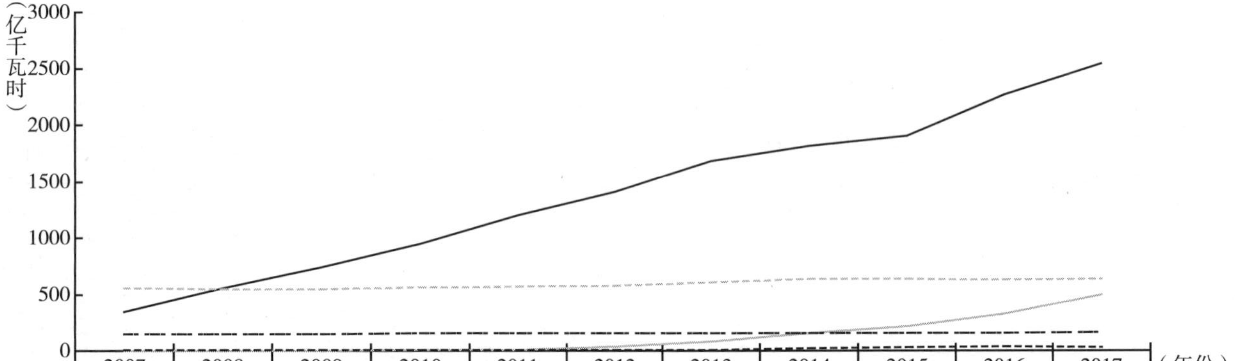

	2007	2008	2009	2010	2011	2012	2013	2014	2015	2016	2017
风力	344.5	553.63	738.86	946.52	1201.77	1408.22	1678.4	1816.55	1907.19	2269.93	2542.54
太阳能光伏	0.16	0.76	1.57	4.23	10.12	34.51	81.21	152.5	216.66	326.7	496.88
太阳能热	5.96	7.88	7.35	7.89	8.06	8.76	9.15	24.41	32.27	33.84	32.69
生物质能	555.39	550.34	544.93	560.89	566.71	576.22	608.58	639.9	636.32	627.61	640.57
地热	146.37	148.4	150.09	152.19	153.16	155.62	157.75	158.77	159.18	158.26	159.76

图 9　美国 2007～2017 年可再生能源净发电量

数据来源：EIA，*Net Generation from Renewable Sources*：*Total*（*All Sectors*），*2007 – December 2017*，Feb. 2018，https：//www. eia. gov/electricity/monthly/epm_ table_ grapher. php？ t = epmt_1_01_ a。

欧盟引领全球可再生能源发展趋势。欧盟一直是引领世界建设低碳、清洁和可持续的能源体系的先锋。为了加快能源转型和可再生能源发展进程，欧盟及欧盟各国制定了一系列政策目标。自 2007 年，欧盟开始将能源和气候变化政策整合在一起。欧盟于 2010 年、2011 年、2014 年先后出台了《2020 能源战略》、《2050 能源战略路线图》和《2030 能源和气候政策框架绿皮书》。2015 年，欧盟委员会发布了“能源联盟战略框架”，目的主要在于建立安全而稳定的能源发展路径，同时为欧洲创建一个统一的天然气官方采购机构，希望可以减少欧盟整体能源对外依存度，保证天然气供应安全和价格稳定。[①] 欧盟以能源安全、可再生能源、能效、内部市场及研发五个领域为支点，计划在 2020 年之前实现 10% 的电网互联，2030 年温室气体排放较 1990 年减少 40%。同时，欧盟制定了 2020 年、2030 年可再生能源消费占比分别达到 20% 和 27% 的发展目标，并通过指标约束推动欧盟各国可再生能源的发展。但根据国际可再生能源署（IRENA）的分析报告，随着技术的不断改进和可再生能源发电成本的不断降低，尤其是太阳能及陆上风力发电成本的降低，欧盟 2030 年可再生能源消费占比应达到 34% 左右，从而可以创造更多就业、提升经济竞争力和带动技术灵活性等。[②]

德国是全球能源转型及可再生能源发展过程中的里程碑。2016 年 7 月，德国联邦议会发布了新版《可再生能源法》，就可再生能源上网电价政策方面做出较大调整，即可再生能源补贴将采用市场溢价机制，这大大推动了德国可再生能源及电力市场的发展。而在政策方面，德国在能源发展战略中提出，到 2050 年，可再生能源在能源消费中的占比要达到 60%，电力消费占比要达到 80%。德国能源机构 Agora Energiewende 的数据显示，风力发电量的大幅增长推动了德国全年中可再生能源的比重。数据显示，2018 年 1 月 1 日，德国当日风力发电占可再生能源消费的比重或贡献率达到 36.1%，较

① Donald Tusk, “An United Eruope Can End Russia’s Energy Stranglehold”, Financial Times, 21 April 2014.

② EUobserver, “Bigger Renewable Energy Targets Feasible, Says Study”, Feb. 2018, https://euobserver.com/environment/141046.

2016 年上升了 3.8 个百分点。风力发电等可再生能源发电正在逐步超过煤炭及核电等发电，成为减排及保护环境的重要推动力。

新兴经济体国家正在加快发展可再生能源。随着世界能源向清洁化转型，加快可再生能源发展已然提上中国、印度、巴西、南非等新兴经济体国家的重要日程。国际能源署（IEA）预测，在今后发展的 25 年间，全球能源需求的增长将主要来自新兴经济体和发展中国家，这也意味着新兴经济体和发展中国家将成为未来可再生能源发展的主力。

中国可再生能源产业已进入全面规模化阶段。截至 2017 年底，中国可再生能源发电装机达到 6.5 亿千瓦，同比增长 14%。在发展过程中，不仅可再生能源发电装机容量持续增长，其能源利用率也在不断提高。数据显示，2017 年可再生能源发电量达到 1.7 万亿千瓦时，同比增加 1500 亿千瓦时，占全部发电量的 26.4%。为了加快可再生能源发展进程，“十三五”规划提出了中国可再生能源发展的基本目标，即 2020 年中国非化石能源占一次能源消费的比重达到 15%，2030 年达到 20%。为了进一步促进可再生能源开发及提高利用普及率，规定 2020 年中国可再生能源利用程度应相当于 7.3 亿吨标准煤，而其发电装机总量应达到 6.8 亿千瓦，即全部发电量的 27%。同时，到 2020 年，中国风电项目电价可与当地燃煤电价相抗衡，具备更大的同台竞争力，光伏项目电价可与电网销售电价相当。[①]

印度可再生能源消费占比不断提高。2015 年，印度政府上调了可再生能源发展目标，将 2022 年可再生能源发电装机容量目标提升为 1.75 亿千瓦，其中，太阳能光伏、风能、生物质能发电装机容量分别为 1 亿千瓦、6000 万千瓦和 1000 万千瓦。为了推动可再生能源发展，印度实行了可再生能源固定电价及可再生配额制政策（RPS）。数据显示，2013 年，印度可再生能源发电量占比为 5%，2015 年为 6.26%，2016 年提高到约 6.3%，其占比正在不断提高。

巴西长期以来能源供应主要以水电及油气为主。水电消费占总消费的 28%，占电力消费的 64%。为了实现能源供给安全及可持续发展，巴西近

① 国家发展和改革委员会：《可再生能源发展“十三五”规划》，2016 年 12 月。

年来大力支持可再生能源建设，实施可再生能源竞标机制、电力购买协议拍卖计划，推动开发风能、太阳能等绿色新能源。目前，巴西风能发电装机容量超过 1000 万千瓦，并开始着力开发建设一批太阳能发电项目。

对于其他一些新兴经济体和发展中国家，各国对清洁低碳的可再生能源的推动作用也日益明显，越来越重视绿色、低碳、清洁环境的发展，也越来越将发展可再生能源计划置于《巴黎协定》框架之下，展开国际清洁能源领域的合作。

2. 全球可再生能源发展的影响因素

（1）全球能源政策积极转型

在新科技革命、气候变化和绿色低碳发展的大背景下，国际能源体系正在经历深刻变革。全球主要国家不约而同地加快了“低碳化”或“去碳化”能源体系发展的步伐，同时也加大了对清洁能源的投资力度。欧盟、德国、英国、美国等发达国家先后提出了明确的能源转型计划、转型目标及推进措施，具体详见表 8。

表 8　世界主要地区和国家可再生能源发展目标及推进措施

	可再生能源发展目标	重点领域及改革措施
欧盟	成立欧洲“能源联盟”，计划到 2020 年可再生能源占到能源消费总量的 20%，2030 年达到 27%，2050 年达到 50%	推进太阳能、风能及生物质能等的发展，推进碳排放交易体系（ETS）的改革，为制造业者设定一定的条件，推动进入气候友好的经济转型
德国	到 2020 年、2030 年、2040 年、2050 年，可再生能源消费占比分别达到 18%、30%、45% 和 60%，可再生能源电力消费占比分别达到 35%、50%、65% 和 80%	推动太阳能光伏发电、风能发电等，扩大输电管网建设及能源储存能力；进行上网电价调整及溢价补贴
英国	到 2020 年，可再生能源消费占比达到 15%，其中绿色低碳发电占比 40%	积极推动风能发电及生物质能发电，积极推动智能电表和需求侧输电技术发展等
美国	EIA 规定 2030 年电力部门二氧化碳（CO_2）排放量较 2005 年削减 30%	推动风电、太阳能发电、生物质能及电网建设；实行生产税抵免（PTC）和投资税抵免（ITC），30 多个州实行可再生能源配额制政策
中国	2020 年和 2030 年非化石能源消费占比分别达到 15% 和 20%	积极推动水电、风电、太阳能发电等可再生能源发电；新能源发电的固定上网电价，分布式光伏发电补贴等

资料来源：国家可再生能源中心等编《国际可再生能源发展报告 2017》，中国环境出版社，2017，第 8 页。

（2）发电成本不断下降

要加快能源技术和能源系统的一体化融合，促进清洁能源的发电成本更加接近传统化石燃料的发电成本。IRENA 的数据显示，未来两年内，包括生物质能、水力等在内的可再生能源发电成本将会与化石燃料发电成本几近持平，而发电成本的下降也是世界能源发展进入新时代的重要信号。

IRENA 的研究表明，2010～2017 年，常规太阳能光伏发电、陆上风力发电、聚焦式太阳能热发电[①]和海上风力发电等可再生能源发电的能量平摊成本（Levelized cost of energy，LCOE）已呈现出明显下降的趋势。就常规太阳能光伏发电而言，其发电成本下降最为明显，2010～2017 年，其成本从 0.36 美元/千瓦时下降至 0.10 美元/千瓦时，下降幅度高达 73%。聚焦式太阳能热发电 2010～2017 年成本从 0.33 美元/千瓦时下降至 0.22 美元/千瓦时，下降幅度也达到 34%。其他可再生能源发电，如生物质能、海上风力和陆上风力，2017 年的发电成本分别为 0.07 美元/千瓦时、0.14 美元/千瓦时和 0.06 美元/千瓦时。相比之下，化石燃料发电成本一般维持在 0.05～0.17 美元/千瓦时。根据 GTM 最新发布的《全球太阳能需求监测报告》，2017 年四个季度，墨西哥常规太阳能光伏发电成本低至 0.03 美元/千瓦时，日本为 0.15 美元/千瓦时。[②]可以看出，随着技术及创新能力的不断提高，可再生能源发电成本已然与化石燃料发电成本相抗衡乃至更具有竞争力。同时，IRENA 的报告指出，若降低其竞标价格，那么，未来两年内，全球太阳能光伏平均发电价格将降低至 0.06 美元/千瓦时，而海上风力平均发电价格可降低至 0.05 美元/千瓦时。

而相较于化石燃料而言，发电成本的降低和能源效率的日益提高是推动

---

① 聚焦式太阳能热发电（Concentrating Solar Power）又称太阳能热发电，主要通过大量反射镜以聚焦的方式将太阳能直射光聚集起来，加热工质，产生高温高压的蒸汽，蒸汽驱动汽轮机发电。2013 年，太阳能热发电的技术路线主要有四类：技术相对成熟、目前应用最广泛的抛物面槽式，效率提升与成本下降潜力最大的集热塔式，适合以低造价构建小型系统的线性非涅尔式，效率最高、便于模块化部署的抛物面碟式。

② GTM，“IRENA：Global Renewable Energy Prices Will Be Competitive with Fossil Fuels by 2020”，Jan. 2018，https：//www. greentechmedia. com/articles/read/irena－renewable－energy－competitive－fossil－fuels－2020#gs. XlOEer0.

可再生能源不断发展的重要动力。

（3）能源投资重心向绿色清洁化能源转移

气候变化及《巴黎协定》的签订加快了全球能源转型的进程，更使可再生能源长期前景更加确定、投资风险降低、投资规模连续 7 年超过 2000 亿美元。彭博新能源财经的数据显示，2016 年，全球可再生能源发电装机再创纪录的同时，新增投资下滑至 2416 亿美元，同比下降 23%。[①] 究其原因，主要在于三个方面：第一，太阳能光伏发电、风力发电等成本显著下降；第二，欧美地区及新兴经济体国家的投资趋势放缓；第三，可再生能源的应用普及率提高。

从目前国际可再生能源投资形势看，风力和太阳能光伏发电是可再生能源投资的两个主要领域。自 2006 年以来，太阳能发电投资保持了较快增速，年均增长率高达 18%，而风力发电年均增长率也达到 11%。随着世界经济的稳步复苏、产业结构的不断优化调整及发电成本的不断下降，海上风电投资成为风电新增投资的主要来源。自 2006 年以来，全球风电投资从 2006 年的 397 亿美元增加到 2015 年的 1242 亿美元，太阳能发电投资从 2006 年的 219 亿美元增加到 2015 年的 1717 亿美元。由于发电成本及各国和各地区投资放缓等原因，2016 年全球可再生能源投资有些许下滑。

就世界各地区可再生能源投资情况看，可再生能源投资区域重心正在逐渐“东移”，即可再生能源已不再是欧美发达国家投资的主角，具体情况见图 10。以中国、印度、巴西为代表的新兴经济体的可再生能源投资基本处于稳定投资趋势，2006～2015 年，新兴经济体（主要指中国、印度、巴西）清洁能源投资年均增长率近 52.4%，其他发展中国家投资年均增长率为 38.9%，发达国家投资年均增长率为 6.3%。可以看出，全球可再生能源投资呈不断增加的趋势。

（4）产业结构和能源消费结构进一步优化调整

国际经验表明，产业结构与能源消费结构变动存在一定程度的相互影

① 数据来源：国家可再生能源中心等编《国际可再生能源发展报告 2017》，中国环境出版社，2017，第 5 页。

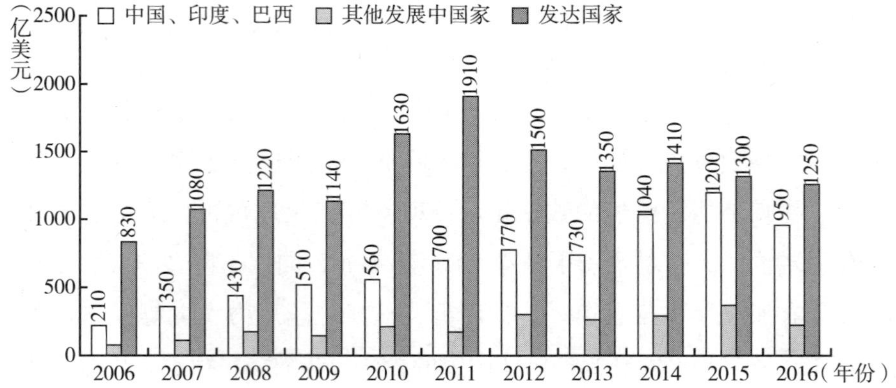

图 10　世界各地区清洁能源投资情况

数据来源：国家可再生能源中心等编《国际可再生能源发展报告 2017》，中国环境出版社，2017。

响。一般来说，在产业结构中，工业/制造业对能源消费结构的影响最大。若一国以工业或制造业为发展主导，那么其化石燃料如煤炭、石油、天然气等消费占比则相对较高。若一国主要以服务业为发展主导，则对电力需求更为敏感。随着经济发展、技术进步、新产业结构优化调整及对可再生能源的推广，产业结构和能源消费结构将得到一定程度的调整。而产业结构和能源消费结构要素的优化配置对未来可再生能源的发展起到一定的推动作用。

（5）人工智能加速可再生能源发展进程

新工业革命的爆发将人工智能与能源体系进行了充分融合。随着迈入新的科技革命时代，人工智能技术成为电网发展的必然选择，也是当今能源电力转型发展的重要战略支撑。在电网向能源互联网演进和向高电压大电网广域互联发展的背景下，人工智能与电网应用技术融合将有效提升驾驭复杂电网的能力、提高电网运营的安全性、变革经营服务模式，最终以打造能源电力系统的“AlphaGo”和实现能源电力系统的自动驾驶为人工智能在能源电力领域应用的终极目标。

（6）世界各国对可再生能源的积极促进

美国聚焦式太阳能热发电（Concentrating Solar Power，CSP）成为应对

美国电网需求的重要元素，而不断推进的太阳能热发电技术和深层创新是保证低成本满足消费者能源需求的关键。①

（五）电力

电力行业是关乎国计民生的基础能源产业。随着全球经济的稳步发展及人民生活水平的逐步提高，各国对电力的需求急速增加，要求各国持续加大电力基础设施投资力度，从而带动电网建设。

1. 全球电力发展整体形势及特点

BP 数据显示，2016 年全球发电量增长率为 2. 2%，较 2015 年发电量增长率高出 0. 6 个百分点。同时，2016 年发电量增长率高出一次能源 1 个百分点（全球发电量 10 年平均增长率为 2. 8%）。从全球发电量看，非 OECD 国家发电量增长较快，而 OECD 国家发电量处于持续停滞状态，非 OECD 国家发电量增长率从 2015 年的 2. 6% 提高到 2016 年的 6. 6%，其中新兴经济体发电量增长速度带动率更高，如中国增长 5. 4%、印度增长 6. 8%。OECD 一些国家发电量存在明显的下降，如日本为 -3. 2%。具体如图 11 所示。可以看出，非 OECD 国家或新兴经济体国家对电力的需求更大。

从全球各产业部门电力消耗情况看，EIA 数据显示，工业/制造业仍是全球电力消费的主要领域。2015 年，全球工业领域电力消耗约 34 万亿英热，民用领域消耗 20 万亿英热，商业领域消耗约 27 万亿英热，交通领域消耗约 2 万亿英热，具体详见图 12。但从各产业部门电力消费潜力及速度看，工业/制造业电力消费增速放缓，民用领域和商业领域将成为未来电力消费的重要动力，其增速将更加凸显。究其原因，主要有以下三个方面：第一，产业结构的不断演进加速了全球能源结构演进乃至优化的进程。工业/制造业国内生产总值（GDP）占比不断下降的同时，不断演进发展的服务业加大了对非化石能源或者电力的需求；第二，环保意识和能源安全意识的不断

① Office of Energy Efficiency & Renewable Energy, "Concentrating Solar Power Could Provide the Flexibility and Reliability the U. S. Electric Grid Needs", Nov. 2017.

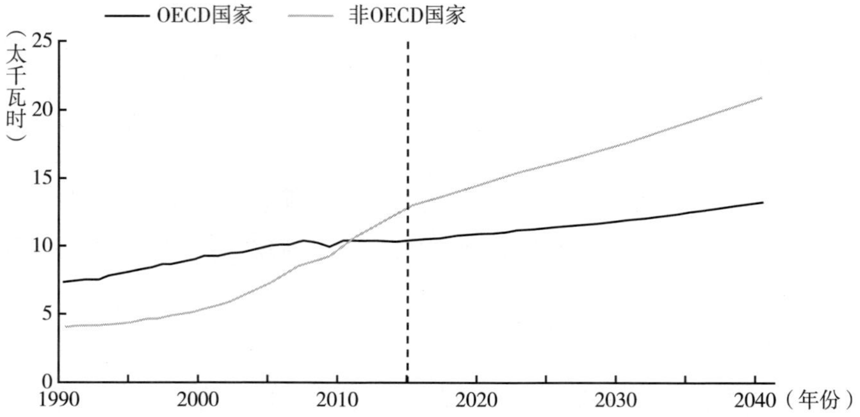

图 11　OECD 国家与非 OECD 国家净发电量

数据来源：EIA，*International Energy Outlook 2017*，https：//www. eia. gov/outlooks/ieo/。

增强使世界各国加速推进向低碳清洁化能源转型的进程，同时，联合国气候变化大会后，世界各国更加有意识地推动电力行业的改革发展；第三，能源技术的提高和发电成本的大幅降低在推动清洁化能源和电力发展的同时，也进一步优化了能源结构。

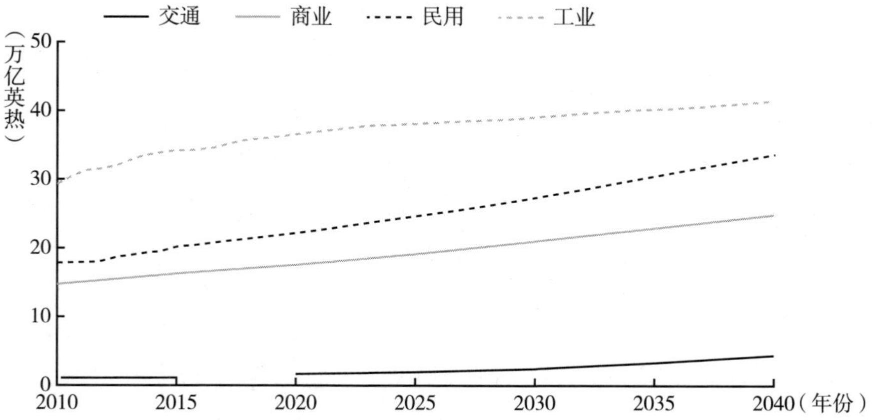

图 12　全球各产业部门电力消耗

数据来源：EIA，*International Energy Outlook 2017*，https：//www. eia. gov/outlooks/ieo/。

从全球电力发展整体形势看，电力行业主要呈现出以下五个特点。

第一，全球电力需求增速加快。随着全球宏观经济的稳步复苏，世界经济发展越发呈现出乐观稳定的态势。这可以降低金融风险、稳定投资环境、加大消费需求等，进而推动能源体系改革，加大电力需求。

第二，全球发电量将持续增长。数据显示，2050 年全球发电量将增长到 40.7 万亿千瓦时，较 2017 年全球发电量增加近 26 万亿千瓦时，年均增长 1.4%。发电量增长速度是全球一次能源消费增速的一倍以上。

第三，全球发电结构越来越呈现出清洁化特征。在世界经济发展中，虽然化石能源仍然是最主要的消费能源，但随着进入能源转型新阶段，对电力的需求也在不断增加。多元、低碳、清洁、高效、安全是未来能源发展的必然趋势。

第四，电力行业面临结构加速转型。目前，中国煤炭发电占比高达近 75%，而清洁能源的主要利用方式是发电。相较之下，发达国家清洁能源发电占比更高。然而，世界各国家经济发展过程中往往面临这样的问题，即日益增长的电力需求与依靠绿色、低碳、清洁能源仍然无法满足其需要之间的矛盾。因问题得不到合理解决，许多国家出现了“弃风、弃光、弃水”和限电现象，且比例较高。这不仅会造成清洁安全能源资源的浪费，更会“腐蚀”能源结构，进而加大全球电力结构改革的难度。

第五，智能电网成为全球电力能源输配电环节的必然选择。随着世界经济的稳步发展及人民生活水平的不断提高，新能源技术、智能技术、信息技术和网络技术不断突破创新，智能电网成为全球电力能源输配电环节必不可少的选择。智能电表和用电信息采集系统产品作为智能电网建设的关键终端产品之一，对于电网实现信息化、自动化、互动化具有重要的支撑作用，随着智能电网投资的快速增长，其市场和盈利空间亦快速拓展。

2. 美国电力行业发展情况

EIA 预计，2018 年美国天然气发电占比将较 2017 年提高 2 个百分点，从 2017 年的 32% 提高到 34%；煤炭发电占比将同比下降 1 个百分点，从2017年的30%下降到29%；核能发电预计涨幅不大，甚至会有小幅跌落，发电占比可能继续维持在20%左右，2019年为19%。EIA预测，2018年美国水力发电占比可能降至7%以下，而太阳能、风力等其他可再生能源发电会有所提升，其占总发电的比重将从10%提高到11%。

美国发电向清洁化转型，化石能源发电稳步下降。图13是美国1990～2016年按燃料划分的净电力生产情况，可以看出，近年来，美国化石能源如煤炭、油气发电一直处于下降趋势，而更加倾向于清洁化的能源如天然气、核能及可再生能源发电则处于稳定增速发展趋势，其中，天然气发电和可再生能源发电的增速最凸显。

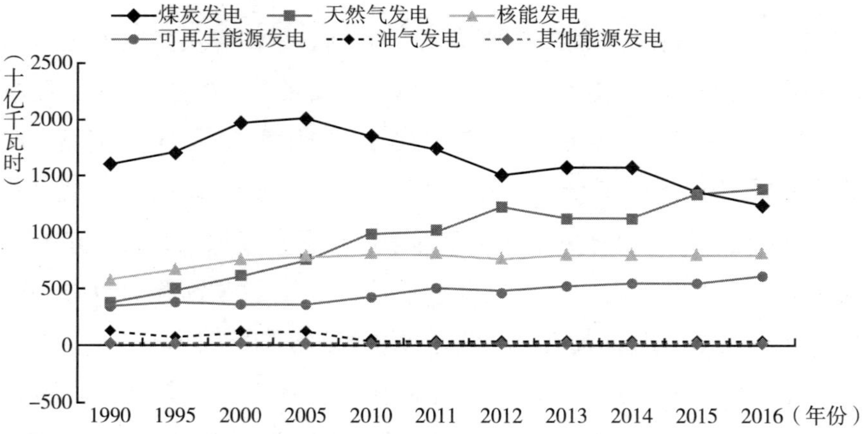

图13　美国1990～2016年净电力生产（按燃料划分）

数据来源：The Statistics Portal，https：//www.statista.com/statistics/220174/total－us－electricity－net－generation－by－fuel/。

风力发电是美国最主要的电力生产方式。EIA数据显示，2017年，EIA预计美国风力日均电力生产大约为697000兆瓦，占国家总发电量的8%，其发电能力高于其他能源。自2007年以来，风力发电近200吉瓦，占比约1/3。美国风力发电日益增长主要得益于四个方面，即风电技术的提高、积极的全球能源转型政策、国家层面的可再生能源配额制度、税收抵免和现金补助政策。①

美国太阳能发电低速发展。太阳能发电一般分为光伏发电和太阳能热发电，而光伏发电占主导地位。EIA 数据显示，2017 年美国第一季度、第二季度、第三季度和第四季度的太阳能发电总量分别为 9081 千兆瓦、16793 千兆瓦、16074 千兆瓦和 11010 千兆瓦②，较 2016 年四个季度的太阳能发电分别增长 43.1%、71.7%、39.2% 和 31.3%。可以看出，太阳能发电呈现出增速放缓趋势，或呈低速增长。2017 年美国太阳能日均电力生产约为 211 千兆瓦，预计 2018 年和 2019 年日均电力生产将分别达到 246 千兆瓦和 294 千兆瓦。③

根据美国目前的太阳能发电形势，包括光伏发电和太阳能热发电，预计未来美国在太阳能发电方面会趋于低速稳定发展。

3. 欧盟电力行业发展

欧盟是电力改革的先行者，具备可借鉴性的电力改革经验。自 20 世纪 90 年代以来，欧盟一直致力于电力市场的改革，不仅推动成员国进行电力改革，更是大力推进电力行业一体化建设，强化欧盟能源市场的开放融合程度。2007 年，欧盟委员会在有关电力和天然气市场化改革的指令草案中指出，将供电和发电从电网经营活动中有效分离，同时建立各国监管机构合作机制，设立能源监管合作机构，从规则到实践，尽力保证欧盟及各成员国电力市场化改革的成功。

对于欧盟来说，电力市场化改革的目标是建设统一的欧洲能源市场。为

---

① EIA, "Wind Turbines Provide 8% of U. S. Generating Capacity, More Than Any Other Renewable Source", May 2017, https://www.eia.gov/todayinenergy/detail.php?id=31032. 税收抵免和现金补助政策是美国目前最重要的可再生能源扶持政策。1992 年 7 月，美国发布《能源政策法案》，制定了生产税抵免（PTC）政策，对一定技术范围内的企业给予每度电 1.5 美分补贴，补贴水平则依据当下的通货膨胀率进行调整。2005 年，美国制定了投资税收抵免（ITC）政策，规定项目投资额的 30% 可在所得税中抵免，该政策对推动可再生能源、分布式和联网式太阳能发电技术的应用发挥了重要作用。

② 数据来源于 EIA, "Net Electricity Generation for All Sectors, Quarterly"。

③ EIA, "Electric Power Monthly with Data for November 2017", Jan. 2018, 具体详见 https://www.eia.gov/electricity/monthly/pdf/epm.pdf。

了实现此目标，欧盟主要采取的措施包括以下几个方面：首先，放宽电力市场指令，加强电力市场竞争，降低电价，强调部分放开、适度监管和厂网分开。其次，加速开放和市场融合。各成员国应建立独立的电力监管机构，重视公共服务，维护消费者的利益。同时，在遵循法律法规的基础上，实现电网运行与发电、供电分离。最后，真正实现发电和供电从电网经营活动中特别是产权上有效分离，建立各国监管机构合作机制。

4. 全球电力行业发展的影响因素

第一，电价是电力市场的重要影响因子。欧美可再生能源和电力发展经验表明，固定电价是开启电力市场或可再生能源市场的“金钥匙”，而招标竞价是推动电力价格和可再生能源发电价格走向平价的巨大引擎。与传统化石能源定价不同的是，风电、光伏等在发展之初无法与传统能源展开价格竞争。适当的经济激励措施如固定电价，是欧美等发达国家广泛采用的措施。德国在实施了十多年固定电价激励后，通过跟踪可再生能源尤其是光伏和风电的技术进步和成本下降，对可再生能源进行了更加准确的把握，进而在推行招标定价制度时采用了保险金制度。

第二，积极推进电力市场改革，建立碳交易市场。联合国气候变化大会后，世界各国纷纷加入《巴黎协定》，并积极推进能源转型和降低碳排放。碳交易市场在遵循法律法规的条件下，倡导各国降低碳排放量。碳交易市场可分为强制交易市场和自愿交易市场。通过政府法律明确规定温室气体排放总量，并据此确定纳入减排规划中各企业的具体排放量，为了避免超额排放带来的经济处罚，那些排放配额不足的企业就需要向那些拥有多余配额的企业购买排放权，这种为了达到法律强制减排要求而产生的市场就称为强制交易市场。而基于社会责任、品牌建设、对未来环保政策变动等考虑，一些企业通过内部协议，相互约定温室气体排放量，在此基础上建立的碳市场就是自愿碳交易市场。

第三，可再生能源发展进程影响电力系统的灵活性。高比例的可再生能源会推动电力体系的改革，释放电力系统的灵活性。可再生能源并网是全球电力发展的一大挑战，也会对国际能源合作产生一定的影响。经验表明，清洁能源增长将导致电力结构中火电（主要是煤电）消费占比被进一步压缩，但其幅度的大小最终取决于能源电力需求增速。通过调整和优化能源结构，可以一定程度上影响电力行业资源禀赋的分配和电力系统的灵活性。

第四，政府的合理监督和能源体系变革。电力监管问题是电力市场化改革中的关键性问题。尤其对于中国等新兴经济体国家，缺乏成熟完整的电力监管体系制约着其电力市场的发展。如何使电力监管机构在建立公平竞争、规范有序的电力市场中发挥重要作用，如何充分协调政府、监管机构与行业协会之间的发展关系，是能源体系变革及电力市场化改革的关键。

二 2018年世界能源发展趋势展望

（一）石油

国家高端智库中国石油经济技术研究院发布的《2017 年国内外油气行业发展报告》预测，2018 年世界石油市场将进一步走向再平衡，国际油价将进一步上涨，预计 2018 年均价升至每桶 60 美元至 65 美元，行业景气程度将继续提高；世界油品供给总体仍将宽松，成品油贸易规模将进一步扩张，亚太地区成品油出口市场竞争将更趋激烈。

国际油价小幅上涨，2018 年的第一天国际油价就突破了两年来新高。利好油价的主要因素呈良性发展趋势，油价稳中有进的态势极可能在 2018 年继续。沙特阿拉伯需要更高的油价辅助阿美石油公司的上市，其他 OPEC 国家、俄罗斯也需要更高的油价改善紧张的经济状况。对于美国页岩油生产商而言，获取利润也是第一要务。

经历了三年多的博弈，美国石油生产商和 OPEC 的关系有所缓和，都表达过对油价上涨的期待，所以双方出现非理性举动的可能性极小。预测在 2018 年，布伦特原油年均价 65 美元/桶，最高价将达到 75 美元/桶。

2018 年石油业智能化升温，石油行业几家顶级油服公司同信息科技公司战略携手，引发了业内对石油业智能化发展的关注。在全球智能化浪潮四起的时代，石油行业的智能化属自然之势。

提高石油开采、运输、炼制乃至销售的自动化程度，以降低作业成本，这是在油价低迷、新能源产业快速发展的时代下，传统石油行业发展的内在需求。诸如无人机巡检、无人加油站、钻井机器人、数字油田等技术，目前已在石油行业有一定规模的应用。随着石油企业和信息科技公司合作的步步深入，2018 年石油行业可能出现更多的智能化技术产品服务。同时，也会有更多的石油企业进行这一方向上的尝试。

美国页岩油产量的增长速度依旧是 2018 年最受关注的市场因素，因为页岩油在很大程度上决定了油价的上限。特朗普政府正在积极推进美国本土油气资源的开发。在美国临近能源独立之际，油气产量继续提高显得势不可当。但美国页岩油投资商也逐渐趋于理性，更加注重投资回报，而不是油价一涨就增产。EIA 预测，2018 年美国石油产量将约为 1000 万桶/日。较为激进的 Rystad 公司则预测，这一数字可达到 1100 万桶/日。

中国石油产量继续下降，2015 年中国国内石油产量达到 430 万桶/日的历史最高峰，2016 年开始出现下降，2017 年再次出现下降。这一趋势预计在 2018 年仍将延续。

尽管油价有所回升，但目前来看还不足以拉动中国国内油田的大幅增产。从各大油田目前公布的战略来看，较活跃的大型油田主要以“稳油增气”为主，而一些老油田则会不可避免地出现产量持续下降的情况。

中国油企掀出海热潮。过去 10 年间，中国国内的石油企业发展迅猛，技术产品日趋成熟，在国内对许多国外公司的技术产品已形成替代，已具备成熟的外闯条件。2017 年，三大石油、中国华信等企业在俄罗斯、中东、南美有大型项目斩获，这将有望带动中国整个油气产业链上的企业加速外闯。

石油公司加速投资新能源，2017 年，英国石油公司（BP）斥资 2 亿美元收购欧洲最大的太阳能公司四成股份，壳牌广建电动车充电站，道达尔花费 2.4 亿欧元收购可再生能源公司股份以扩大光伏产业布局，埃克森美孚宣布新能源技术有大进展……主流石油公司加速布局新能源产业。2018 年，可能会有越来越多的石油公司开始加速布局新能源产业。从单纯的化石能源公司转型成综合性能源公司，这或是传统石油公司的未来。

（二）天然气

每逢冬季采暖期，都是天然气供应最紧张的时期。2017 年入冬以后，国内天然气“气荒”现象似乎更加明显。国家统计局发布的流通领域重要生产资料市场价格变动情况显示，2017 年 12 月中旬，LNG 价格为 7409. 8 元/吨，比 11 月中旬上涨了 68. 7%，比 2017 年 1 月中旬上涨了 1. 3 倍。天然气供给一下子成为大家关注的焦点，甚至名不见经传的贵州燃气股票也一飞冲天，连续多次涨停。

与此同时，国际天然气价格却一直在 3 美元上下徘徊，美国天然气库存量也在 2017 年 11 月底创下历史新高。天然气这种内热外冷的局面使 2018 年天然气市场更加显得扑朔迷离。下面我们从几个维度进行分析，总结不同组织对 2018 年天然气走势的预测。

天然气是一种用途广泛的燃料，占全球能源消耗的 22%。它占据了近 1/4 的发电量，并在工业原料方面扮演着重要角色。天然气燃烧产生的空气污染物和二氧化碳比同等热量的煤炭和石油要少得多。天然气的清洁性使其得以在美国广泛应用，并成为美国发电和车辆运输的重要燃料。总部位于巴黎的 IEA 于 2017 年 11 月发布了最新一期《世界能源展望》，报告指出，尽管全球能源需求将比过去增长得慢，但预计到 2040 年，能源需求仍将增长 30%。这相当于在今天的全球需求中增加了另一个中国和印度。为了满足未来全球能源需求，天然气、可再生能源将会在未来 10 年快速发展，成为能源发展的主导。

未来 5 年，由于价格低廉、供应充足，以及在减少空气污染和其他排放方面的作用，天然气的增长速度将超过石油和煤炭。2017 ~ 2022 年天然气需求预计将以每年 1. 6% 的速度增长。

在美国，天然气的现货价格是由多个地区中心报告的。这些中心通常位于主要管道系统的汇集点，天然气的定价基准通常是路易斯安那州的亨利中心（Henry Hub）。

在2017年12月发布的短期能源展望中，EIA预计美国2018年天然气出口和国内天然气消费量的增长将使Henry Hub天然气现货价格从2017年的3.01美元/百万英热单位上升到2018年的3.12美元/百万英热单位。

一些国家如加拿大、法国和英国，计划逐步淘汰燃煤发电。其他一些国家则优先考虑向以天然气为基础的经济发展。国际石油公司，如BP、雪佛龙、埃克森美孚、壳牌和道达尔都表示有意增加其石油储量中的天然气比重。最明显的一个例子就是壳牌对英国天然气集团（BG）的收购。

石油公司正在研究成本效益的解决方案，以提高天然气的盈利空间，并研究各种技术，将生产的天然气从偏远的海上气田输送出来。天然气使用量的增长将导致天然气供应链在短期和长期内的投资增加。

1. 天然气供给安全

由于天然气市场正在从地区性向全球性转变，全球不同地区的供应商和消费者之间相互依赖，因此尽管目前天然气市场供应充足，但并非没有挑战。IEA《全球天然气安全评估报告》提供了对近期天然气平衡问题和风险与供应安全相关政策进展的广泛分析。

2017年发生的事件也表明，尽管天然气供应环境总体宽松，但天然气供应不能想当然地认为是理所当然的，所以天然气供应仍然是一个问题。

2017年1月，一场寒流和LNG运输延迟导致了南欧的天然气供应危机。

2017年4月，澳大利亚政府宣布引入国内天然气安全机制，与某些LNG出口国有关。

2017年6月，几个邻国中断了与卡塔尔的外交关系。卡塔尔目前是全球最大的LNG出口国。

2017年8月，飓风“哈维”袭击了德克萨斯州，造成了石油和天然气产能关闭的主要风险，以及对LNG出口的相关威胁。

2. 美国将成为最大的液化天然气出口国

国际能源咨询机构伍德麦肯兹（Wood Mackenzie）指出，由于页岩气产量富足和LNG贸易的增加，全球天然气市场正在扩大。LNG提供了天然气储量实现货币化交易的一种途径，使撒哈拉以南非洲等偏远地区的大型气田能够实现盈利。这些地区附近没有大的天然气消费市场，而且与现有需求中心的连接通道有限。

壳牌指出，LNG 正迅速在能源组合中扮演更重要的角色，预计其市场将以每年 5% 左右的速度增长。全球 LNG 需求可能会从目前的每年约 2. 4 亿吨增加到 2025 年的 4. 3 亿吨。LNG 交易正在发生变化，以满足买家不断变化的需求，包括短期和小额量的合同。

在北美，页岩气革命确立了美国作为世界领先的天然气生产国的地位。到 21 世纪 20 年代中期，预计美国将超过卡塔尔，成为全球最大的 LNG 出口国。

3. 中国将成为第一大天然气进口国

中国的天然气需求是市场关注的焦点。由于种种原因，中国天然气在能源消费中的比重一直低于世界平均水平，目前中国政府大力治理污染、用天然气淘汰煤炭的举措大大刺激了天然气消费。中国海关总署的数据显示，包括管道进口及油轮运送的 LNG 在内，2017 年 12 月天然气进口达到 789 万吨，较 11 月创下的前纪录高点 655 万吨跳升 20% 。2017 年全年进口较上年增加 27% ，达创纪录的 6857 万吨。据报道，目前中国的三大液化天然气供应国分别为澳大利亚、卡塔尔与马来西亚，管道天然气则主要进口自中亚以及缅甸。同时，一条连接中国与俄罗斯的天然气管道也正在建设当中。

据悉，目前中国在天然气进口量方面仍然低于日本。日本的年进口量维持在 8350 万吨左右，且全部为 LNG。但是从政府公布的数据以及船运信息来看，2017 年 9 月与 11 月，中国的天然气进口总量都超过了日本。分析人士认为，按照这个趋势，中国 2018 年全年天然气进口量超过日本可以说没有悬念。“未来几年，中国的液化天然气和管道天然气进口量将会持续增长，我们预计中国 2018 年将取代日本成为全球第一大天然气进口国，”伍德麦肯兹咨询公司的亚洲天然气和液化天然气高级经理黄妙茹（Miaoru Huang）表示，“但日本将会继续维持第一大液化天然气进口国的位置，直到 2028 年前后为止。”

4. 推进天然气人民币战略的条件进一步成熟

前几年，世界各个国家和地区的天然气产量均呈现出增长的态势，仅在2015年一年，全球范围内天然气产量就达到35386亿立方米，这也就意味着天然气在全球能源结构中占据的比重非常高。有调查统计显示，目前，天然气消费比重达到23.8%，而石油和煤炭分别占32.9%和29.8%，这也就是说天然气消费与石油、煤炭形成了三足鼎立的态势，那么，我们由此可以大胆地预测，在未来的十几年，天然气在能源结构中的消费比重将会赶超煤炭和石油在能源结构中的消费比重，从而在能源消费市场占据主导地位。中国要在2018年抓住天然气这一战略机遇，让中国成为在新兴市场能源经济体中的主要力量。

发展LNG，提升天然气运输能力，让天然气贸易更加便利化，能够使其具备全球化贸易的条件。目前，全球天然气市场主要分为三个：北美市场、欧洲市场和亚太市场。中国作为亚太市场中最为关键的一个环节，应当积极发展以北美、欧洲运输管道为主，以LNG运输贸易为辅的天然气贸易，目前，国际天然气市场还是主要以管道天然气贸易为主的，但是对于中国而言LNG的市场潜力巨大，国际天然气市场会实现由以管道为主的区域性市场发展为以LNG为主的全球性市场。

发挥中国的地理环境优势，为全球化的贸易中心提供优越的地理条件。在LNG进口方面，澳大利亚、印度尼西亚、马来西亚都是新兴的天然气供给大国，与中国东南沿海地区空间距离较近，便于海上运输。近年来国际天然气价格持续下跌，亚洲主要LNG进口国的需求下降，加上目前全球在建和投产的大量LNG生产线，未来国际市场上LNG供应能力将相当可观。这对于中国来说是相当好的机遇，能够为天然气的全球性贸易提供条件和保障。

（三）煤炭

可以看到，全球煤炭消费增长相对于过去大幅放缓，这种放缓的大部分是由中国推动的，另外，油气价格的走低、可再生能源的发展以及能源效率的提高都抑制了煤炭消费的增长。据 BP 预测，中国在未来 10 年左右煤炭消费大致持平，之后将出现明显下降。即便如此，中国仍将是全球最大的煤炭消费市场，在 2040 年仍将占全球煤炭需求量的 40%。而 OECD 内的煤炭需求下降主要是受环境政策推动，但在美国，低成本天然气的供应是驱赶煤炭的主要因素。相比之下，印度和其他亚洲新兴经济体的煤炭需求有所增加，因为这些经济体需要继续推动工业化和电力化经济，但这些经济体增加的煤炭需求无法弥补中国和主要发达经济体煤炭需求的大幅降低。其中，印度是煤炭需求增长最大的市场，据 BP 预测，其全球煤炭需求份额将从 2016 年的略高于 10% 翻番至 2040 年的 1/4 左右。另外，根据 IEA 发布的《煤炭市场报告 2017》预测，2022 年全球煤炭需求将约为 55.3 亿吨标准煤，略高于当前水平，同时其占全球能源总量的份额将从 2016 年的 27% 下降至 2022 年的 26%，其占发电能源结构的份额也将降到 36% 以下，这意味着煤炭消费已基本进入停滞阶段。图 14 为 IEA 做出的 2022 年前全球煤炭需求预测，从中可以明显看出煤炭消费的停滞趋势。

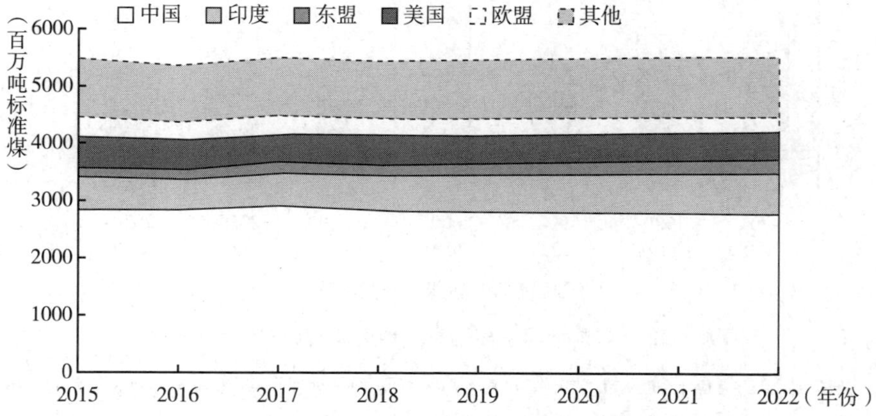

图 14　全球煤炭需求预测

资料来源：国际能源署（IEA），http：//www. iea. org/topics/coal/。

同时，图 15 显示了 BP 预测的 2040 年之前世界主要国家和地区煤炭消费总量和增速历史及预测数据。从图中可以看出，除印度和其他非 OECD 亚洲国家仍将保持较快的增速以外，中国和 OECD 国家的消费量和消费增速都在不断下降。

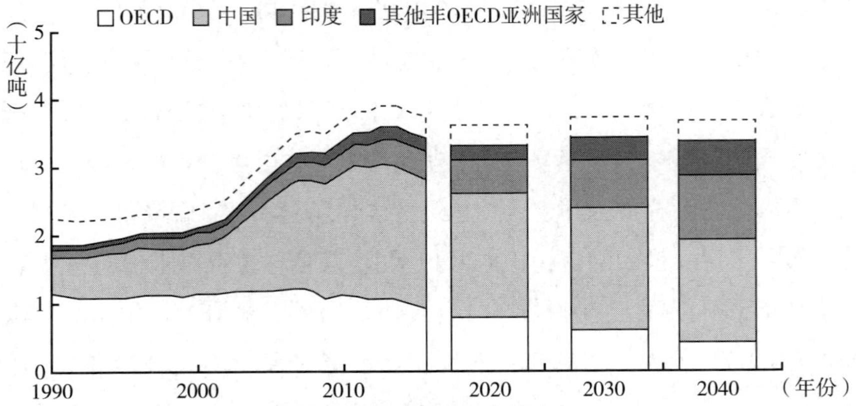

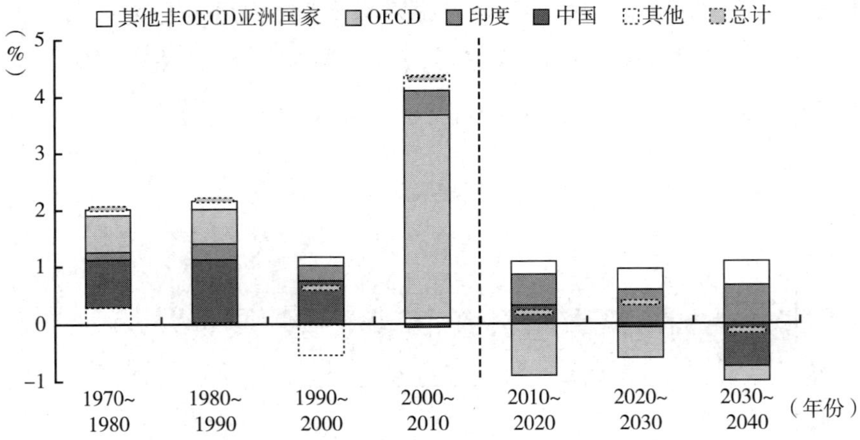

图 15　2040 年前世界主要国家和地区煤炭消费量增长情况

资料来源：英国石油公司（BP），http：//www. bp. com/en/global/corporate/energy – economics/statistical – review – of – world – energy/coal – review – by – energy – type. html。

分区域来看，表 9 显示了世界主要国家和地区煤炭产量历史及预测数据。从表中可以看出，北美和欧洲地区的煤炭产量已经进入负增长阶段，而亚太地区作为最大的煤炭生产地区仍将保持相对较高的增速和较大的绝对产量，另外，拉美、非洲等地区的煤炭产量也会有较快速度的增长。

表 9　世界主要国家和地区煤炭产量历史及预测数据

单位：百万吨油当量

年份	1990	1995	2000	2005	2010	2016	2020	2025	2030	2035	2040	1990～2016(%)	2016～2040(%)
北美	609	602	615	622	594	401	392	361	313	272	210	-1.6	-2.7
美国	566	555	570	580	551	365	361	333	290	250	189	-1.7	-2.7
拉美	20	25	36	50	56	68	64	65	68	69	70	4.8	0.1
巴西	2	2	3	3	2	3	4	3	3	3	2	1.6	-1.5
欧洲	403	303	241	223	197	163	133	106	89	72	62	-3.4	-3.9
欧盟	375	280	217	198	166	134	104	77	59	44	34	-3.9	-5.5
独联体	323	200	191	209	232	257	247	243	244	242	241	-0.9	-0.3
俄罗斯	186	125	121	136	151	193	189	189	192	191	191	0.1	0.0
中东	1	1	1	1	1	1	1	0	0	0	0	1.1	-4.0
非洲	105	122	131	141	147	151	152	158	169	185	206	1.4	1.3
亚太	819	1016	1116	1794	2407	2652	2800	2847	2873	2953	2986	4.6	0.5
中国	540	680	707	1242	1665	1720	1786	1767	1728	1688	1605	4.6	-0.3
印度	106	133	152	190	252	289	373	445	518	638	734	3.9	4.0
其他地区	44	57	79	142	234	341	337	332	316	305	303	8.2	-0.5
世界	2279	2267	2329	3040	3633	3691	3788	3781	3755	3794	3775	1.9	0.1
OECD	1141	1050	1033	1064	1047	866	828	771	714	666	615	-1.1	-1.4
非 OECD	1139	1217	1296	1975	2587	2825	2959	3010	3041	3128	3160	3.6	0.5

资料来源：英国石油公司（BP），http：//www.bp.com/en/global/corporate/energy－economics/statistical－review－of－world－energy/coal－review－by－energy－type.html。

在消费领域，表10显示了世界主要国家和地区煤炭消费量历史及预测数据。从表中可以看出，与生产领域的情况相似，北美和欧洲地区的煤炭消费也进入了负增长阶段，而亚太地区在未来一段时间仍将保持全球最大煤炭消费地区的地位，另外，中东、非洲等地区的煤炭消费也会维持一定程度的增长。

（四）可再生能源

伴随世界经济逐步稳中向好，可再生能源的未来发展前景将更加乐观。IMF数据显示，2017年世界经济增长率为3.7%，较2016年增长了0.5个百分点。据IMF预测，2018年和2019年世界经济增长率将基本维持在3.9%左右，较2017年增长0.2个百分点。① 稳定乐观的宏观经济形势会为未来可再生能源发展提供重要保障。同时，新工业革命的爆发和世界各国对可再生能源的积极推进，使可再生能源未来的发展更具灵活性和可靠性。

可再生能源日渐发展壮大主要得益于几个方面的因素，即科技水平的提高、发电成本的降低、政策的激励支持、愈加便利的融资渠道、环保及能源安全意识的提高及能源需求的增加等。在这些因素的推动下，未来世界可再生能源的主要发展趋势呈现在以下四个方面。

第一，可再生能源是未来全球能源转型的主要方向。

世界能源变革主要有三大目标，即：优化能源布局，推动可再生能源可持续发展；大力推进天然气的消费和生产；培育壮大以“互联网+”智慧能源工程为代表的新能源。虽然可再生能源仍无法对整个能源行业构成很大的影响力，但在电力领域，可再生能源已经开始对现有的经济和能源体系秩序产生深刻的颠覆性影响。EIA报告预测，在未来5年里，可再生能源将持续增长，其主要的领域集中在太阳能发电和风力发电，并对水力发电产生实

---

① IMF，“World Economic Outlook Update”，Jan. 2018，具体详见 http：//www. imf. org/en/Publications/WEO/Issues/2018/01/11/world－economic－outlook－update－january－2018。

表 10　世界主要地区煤炭消费量历史及预测数据

单位：百万吨油当量

年份	1990	1995	2000	2005	2010	2016	2020	2025	2030	2035	2040	1990～2016(%)	2016～2040(%)
北美	514	538	606	616	563	387	332	278	239	186	121	-1.1	-4.7
美国	483	506	569	574	525	358	313	261	223	173	112	-1.1	-4.7
拉美	16	19	21	21	28	35	28	29	29	28	28	3.1	-0.8
巴西	10	12	13	13	14	17	13	15	15	15	15	2.1	-0.5
欧洲	492	392	358	354	328	294	260	231	181	169	144	-2.0	-2.9
欧盟	457	363	321	317	280	238	204	171	121	108	85	-2.5	-4.2
独联体	306	192	165	161	165	158	144	136	125	114	107	-2.5	-1.6
俄罗斯	182	119	106	95	91	87	79	75	70	63	59	-2.8	-1.6
中东	3	5	8	10	10	9	11	11	11	11	11	4.3	0.6
非洲	76	79	83	89	100	96	102	111	120	134	154	0.9	2.0
亚太	840	1025	1144	1883	2442	2754	2819	3032	3116	3158	3197	4.7	0.6
中国	527	665	706	1325	1749	1888	1870	1923	1841	1715	1552	5.0	-0.8
印度	110	140	164	211	290	412	485	593	710	824	955	5.2	3.6
其他地区	61	64	86	124	161	208	238	309	371	441	522	4.8	3.9
世界	2246	2250	2385	3134	3636	3732	3697	3829	3821	3801	3762	2.0	0.0
OECD	1147	1085	1152	1193	1133	927	818	716	614	533	433	-0.8	-3.1
非 OECD	1099	1165	1233	1942	2503	2805	2879	3113	3207	3268	3329	3.7	0.7

资料来源：英国石油公司（BP），http：//www. bp. com/en/global/corporate/energy - economics/statistical - review - of - world - energy/coal - review - by - energy - type. html。

质性的补充作用。同时，到2022年，持续增长的可再生能源将有可能拿下全球电力市场的30%，发电装机容量增加总量可达920吉瓦，增速逾40%。[①]

伴随产业结构的调整及消费需求的增长，国际社会对电力的需求也会不断增加，而新增的低成本发电来源和储能技术的不断进步使风力发电及太阳能发电等可再生能源越来越具备与化石能源竞争的能力。

第二，未来全球能源增长较为缓慢。

埃克森美孚指出，未来能源效率的提高、技术的不断创新和发电成本的下降将有效降低能源消费需求。世界能源理事会（WEC）认为，未来全球一次能源消费会在2030年之前达到峰值，而其增速将会趋缓。BP在《世界能源展望2017》中预测，2015～2035年，全球能源需求年均增长率为1.3%，总计增长30%。该报告预计，可再生能源将成为全球能源中增速最快的能源，年均增速约7.1%。相比之下，化石能源的供给和消费需求会存在一定程度的增速放缓。

第三，可再生能源技术成本将会大幅降低，能源系统占比将大幅增加。

WEC预测，未来可再生能源中，风能和太阳能将呈现持续增长态势。随着可再生能源技术水平的提高，尤其是风能及太阳能利用技术和发电效率的提高，预计到2060年可再生能源发电成本将下降70%。而到2060年，太阳能发电占总发电量的比重将达到20%～39%，风电和光伏发电占比将至少达到20%。在此背景下，届时，大型储能技术将被广泛应用，进而可以应对波动性的分布式能源发展。

第四，未来可再生能源发展需要国际合作、持续的经济增长和不断的技术创新。

向绿色、低碳、清洁能源转型是世界各地区/各国发展到现阶段极为重要的目标。但在实现能源转型和大力发展可再生能源的过程中，世界各国及

① 尼克·巴特勒：《可再生能源的颠覆威力》，FT中文网，2017年11月14日，详见http://www.ftchinese.com/story/001075049?archive。

各地区会面临一系列问题，如国际政治经济局势的动荡不安、美国页岩油/页岩气产量的波动、新兴经济体经济的发展及能源消耗的大幅度增加及可再生能源发展中面临的挑战等，这些矛盾或问题的出现单凭一国或单个地区很难得到根本性解决。实现可再生能源国际合作，一方面可以突破投资或融资下滑的瓶颈，另一方面可以通过国际上的技术合作，实现技术创新和资源要素的优化配置，从而可以进一步优化原有的能源结构，实现可再生能源的可持续发展。

（五）电力

1. 电力在能源系统中的地位将更加凸显

电力在最终的能源消耗增长中将占据越来越高的比重。在电力行业，新增可再生能源及核能满足了大部分新增电力需求。从需求侧看，创新型交通运输技术蓬勃发展，加之民用领域和商业领域对清洁能源的要求提高，未来电力需求必将呈现上涨趋势。经推测，未来可再生能源（包括水力）发电将从2014 年占全球发电量的22. 4% 提高到2035 年的30. 6% 和2050 年的33. 7% ，占全球发电量增长的一半，成为电力行业最主要的发电来源，具体详见图 16。

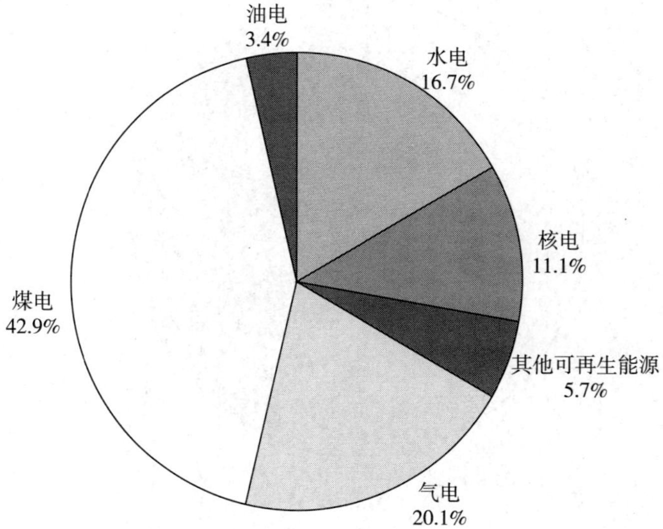

2014年

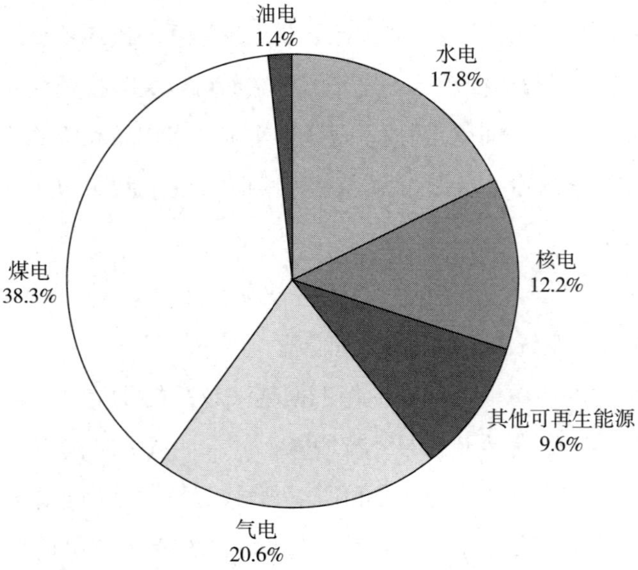
油电
1.4%
水电
17.8%
核电
12.2%
其他可再生能源
9.6%
气电
20.6%
煤电
38.3%

2025年

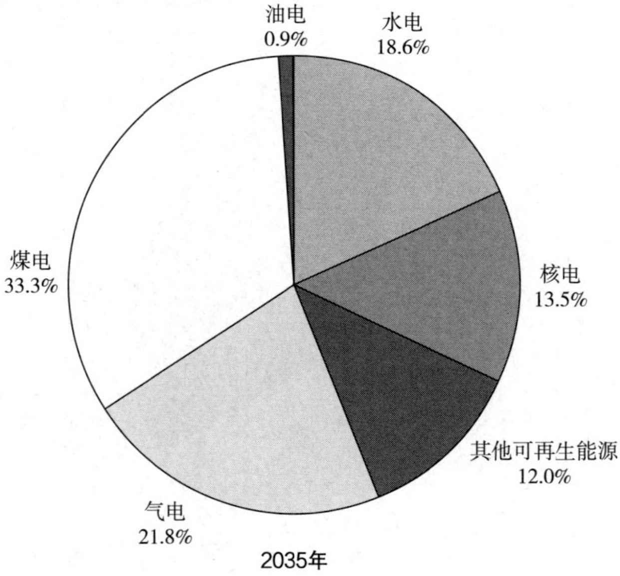
油电
0.9%
水电
18.6%
核电
13.5%
其他可再生能源
12.0%
气电
21.8%
煤电
33.3%

2035年

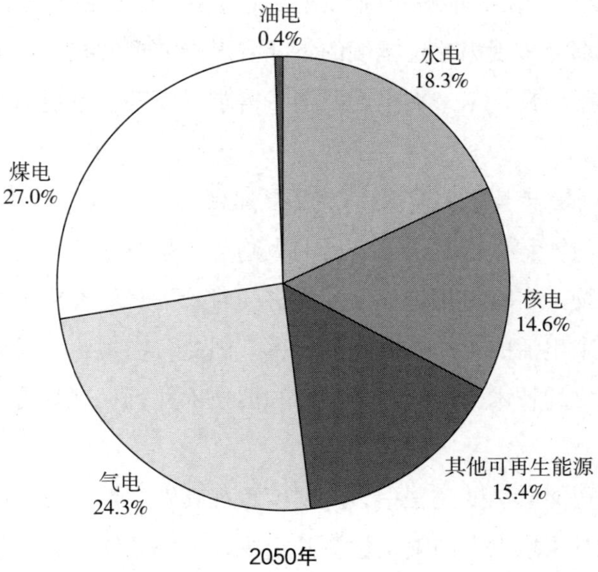

图 16　全球能源发电结构

资料来源：中国石油经济技术研究院：《2050 年世界与中国能源展望》。

Enterdata 数据预估显示，2040 年电动汽车市场份额将达到 44%，2050 年将超过 50%。按照该比例推测，未来去碳化进展将更加顺利，全球气温升高幅度将被控制在 2℃左右。[①] 汽车行业的电力化改革也是建立于电力在能源系统中的地位更加稳定的基础之上。

2. 全球能源发电结构呈现出明显的清洁化特征

随着世界能源转型及能源结构优化调整进程的不断推进，全球能源发电结构日益呈现出清洁化特征。IEA 数据显示，到 2035 年，全球可再生能源发电将占全球发电量增长的一半，且其发电占比将达到 30.6%，发电结构更加倾向于可再生能源。预测显示，到 2040 年，全球电动汽车数量将会超过 1.5 亿辆，相应的，全球每日将减少 130 万桶原油的使用，进而减少对石

① Enterdata，"Up to 50% of the Global Car Fleet Could Be Electric in 2050"，Feb. 2018，https：//www. enerdata. net/publications/executive－briefing/half－car－fleet－electric－2050. html.

油的依赖。[①] 同时，随着能源不断向清洁化转型，煤炭在生产供给、消费需求及出口方面都会呈现出一定幅度的下降。煤炭需求的减少也缩减了煤炭在电力部门的应用，预计未来在生产及消费需求方面都会呈现出不断下降的趋势。

3. 智能电网是未来智慧城市建设的重要基础

智能电网与智慧城市是未来发展的大趋势，是技术革新与技术整合的高科技时代的产物。在城市化进程不断推进的背景下，更加集约式的生存方式将有力提高未来生活的生产率和生活效率。因此，在集约模式的背景下，提供的却是分布式的技术，同时最新技术和旧技术并行，这就需要智能化加以协调。

但在发展智能电网的过程中，应高度重视其安全性。美国由于出现过电网事故，因此对国家电网的安全性极其重视。一个系统大到一定程度、复杂到一定程度以及智能到一定程度的时候，反而会很脆弱。在美国那样发达和成熟的技术条件下都可能发生的情况，逻辑上，在常规环境下中国也可能会发生类似的安全问题。因此，系统崩塌和蓄意破坏以及容易度等问题也要作为重要考虑的因素。智能电网和智慧城市一定要有备份方案和备份系统，否则一旦发生问题，后果将不堪设想。[②]

三　中国能源发展战略与政策

（一）石油

石油产业是我国经济发展的命脉，石油产业本身包含资源需求量大、资金技术的支持量高和产业之间具有强烈的关联性等特点，这些特点使得石油对于中国经济的发展和产业结构的转型升级具有十分重要的影响。同时，中

---

① 国家可再生能源中心等编《国际可再生能源发展报告 2017》，中国环境出版社，2017，第 22 页。

② 洪钟：《电力在我国能源中的战略地位》，《中国经贸导刊》2014 年第 13 期。

国的石油行业在发展的过程中也积累了众多的问题。首先从石油本身来看，石油作为一种高能耗、高污染的行业，对中国的环境产生了不可逆转的影响，雾霾的出现就是石油行业对中国经济产生影响的最直接的体现。以石油为主导的产业发展结构，在中国的发展模式中并不合理，产业布局比较分散，大型化、一体化、集约化发展程度偏低，自主创新能力下降，新型产业培育和传统产业提升步伐缓慢，资源环境制约力加大，行业发展在很大程度上仍依赖物质资源的大量投入。

1. 中国争取石油定价权战略

《世界能源中国展望》的报告分析认为，中国市场对能源的需求将会成为全球范围内能源结构调整的最大帮助力量，在 2011 ~ 2035 年，中国的能源需求量将会不断地上涨，现阶段，中国能源的需求年增长速度还保持在 2. 33% 左右，但随着中国社会的不断发展和经济需求的不断增加，中国对于能源的需求还会不断上升，将成为同时期能源需求大国，并且能够对世界能源的供需产生重大的影响。

就目前中国经济发展的趋势来看，虽然中国对石油的需求和消费量非常高，市场潜力巨大，但中国在石油定价权方面的影响力却非常有限。对于石油这样的大宗商品，中国要紧紧抓住定价权，并且要有这方面的决心。因此，就目前来说，石油定价权的取得对中国的长期稳定发展十分的重要。

中国对于石油的定价发展，可以用三个事件来进行概括：1928 年的阿克纳卡里协定、1973 年 OPEC 单方面宣布收回石油定价权、1986 年美国纽交所推出 WTI 原油期货合约。依据这三个事件可以把石油的定价权分为：自由竞争阶段、“石油七姐妹”的利好阶段、OPEC 阶段和指数阶段。中国如何取得石油定价权，将成为现代中国进行石油竞争的重中之重。交易规模是中国取得石油定价权的关键因素，要想取得定价权就要放开石油交易规模。石油是大宗商品，加强石油的人民币化趋势，让石油的交易能够通过人民币来进行结算和买卖，打开石油的市场，能够提高人民币的国际化趋势。

石油交易规模扩大以及其与人民币相结合的同时还面临人民币贬值的风险。面对这样的风险制约，要在形成一定的市场交易规模后，再形成一个比较完备的货币管理体系，使人民币汇率能够实现小幅度的波动。同时，也要求中国要坚持改革开放的步伐，稳中求进，尽量发挥集约优势，少绕远路和浪费；但也不能把自己绑得太死，在改革过程中发现有好的办法和道路，要及时地调整，做到又好又快地发展。

2. 进一步调整石油能源结构

2017 年下半年以来，中国石油加工的低端产品产能过剩，而高端专用化学品和化工新材料等大量依赖进口，生产能力严重不足，在石油产业的开发和利用上面技术不够专业，而近年来各地盲目投资、重复建设，造成低端产品产能过剩的势头进一步加剧。中国的石油加工如果不进行产业结构的调整，低端产品不加以控制，不断地进行盲目建设和生产，再不从生产技术上做到发展和提升，就会导致中国产品的专用化和精细化率降低，就难以推进产业结构的优化升级，难以提升产业的竞争力和整体水平。

（二）天然气

1. 实施天然气人民币战略

由于天然气运输、储存成本大于开采成本，交易市场建立的选择余地较小，只能在有管道、自然储备库和海上气体输入相交汇之处形成交货体系。就现在的社会发展趋势来看，我国的天然气供应链主要以区域性为主，在全球性的天然气现货和期货交易中存在巨大的潜力需要开发，我国需要紧紧地抓住现代全球化的发展趋势，建立起全球化的天然气供应链条，让我国的天然气续期能够满足中国居民的需要，让天然气与人民币相结合，实现天然气的人民币化，为人民币走向国际化贡献自己的力量。在我国，根据我国现阶段的基本国情，通过建立起全球性的天然气贸易中心，解决天然气的定价垄断问题，真正做到中国能够成为天然气定价的主要力量，让人民币与天然气相结合，从而提升人民币的痼疾市场的交易率，做到让天然气以人民币为重要的衡量和定价手段。这样就可以不断地增强我国的经济实力和中国的国际地位，又能够为人民币“走出去”实现国际化创造良好的发展机遇。

要想实现天然气人民币战略，首先要建立完善的东北亚地区甚至全球的天然气交易中心，在天然气消费量来看，我国的天然气消费能力主要集中在东部沿海地区，这些地区人口众多，经济发展水平也较好，因此要更好地落实和实施“西气东输”工程；从生产能力来看，我国的天然气生产能力仍旧不足，主要的天然气来源是依靠进口，所以进口天然气的管道设施也就变得十分重要，需要建立起东亚乃至全球的管道运输系统，形成全球性的天然气交易中心，推动天然气的市场定价基准以人民币为标准，并且能够更好地形成以人民币为主要的贸易载体。得天独厚的地理条件使我国在构建跨国天然气管网、建立东北亚天然气交易中心方面具有显著的优势。在此基础上推进以人民币计价的天然气跨境结算和交易，将极大地扩展人民币使用的空间和范围，助推人民币国际化进程，并推动国内天然气行业的改革和能源结构的低碳化转型。随着中国和中亚等国之间的石油等传统资源贸易价格的不断上涨，我国需要积极寻求其他方式解决国内的能源需求，这就需要我国加强与周边国家的合作，建立起共同的天然气交易市场，通过与多个国家之间的合作实现对天然气资源的定价权，同时增强中国在国际社会上的话语权。

2. 夯实我国天然气博弈的基本条件

上海石油天然气交易中心正式投入运行之后，为我国与世界建立起天然气交易中心贡献了巨大的力量，未来还将实施推行 LNG 接收站接转能力品种的交易。以亚洲为中心，建立起以人民币为中心的全球化交易市场，有助于亚洲各国形成以人民币为中心的发展战略，积极地建立起完善的全球贸易机制。日本、德国等一些国家陆续宣布将彻底淘汰煤炭和石油等传统的高能耗和高污染资源，以天然气作为主要能源实现经济的可持续发展。最显眼的一个例子就是壳牌对 BG 集团的收购。石油公司正在研究成本效益的解决方案，以提高天然气的盈利空间，并研究各种技术，从偏远的海上气田将生产的天然气输送出来。天然气使用量的增长将导致天然气供应链在短期和长期内的投资增加。

美国是最大的天然气出口国，在天然气开采方面，美国的技术占据着领先地位。随着人们对天然气的需求不断增加，天然气市场也在不断扩大，美国的“页岩气革命”也正在如火如荼地进行中，建立了众多的天然气输送通道，也就是说，预计在不久的将来，美国将成为超过卡塔尔的最大天然气出口国。中国因为人口众多，对天然气的需求也在不断增加，中国海关总署发布的数据显示，中国的管道进口天然气从 2017 年的 789 吨达到现在的 6857 吨，从这个数据来看，中国或将成为最大的天然气进口国，中国的天然气进口渠道主要是澳大利亚、卡塔尔与马来西亚三国之间，现在中国的天然气进口渠道正在不断扩充和建设，预计在未来几年，中国将会超过日本成为世界第一大天然气进口国。

中国天然气运输管道系统的建设已经十分完善，这就为亚太地区的天然气发展创造了良好的物质条件，中国形成了超过 10 万公里的管道运输网，在西北、东北和西南地区分别开设，大大提升了中国管道的运输能力，为中国天然气的发展创造了良好的条件。目前，中国学界普遍希望经中国大庆进口俄罗斯油气，进入中国油气管网后，从山东威海、青岛或者辽宁大连建设通往韩国和日本的海底油气管道，这样的管道设置能够大大地节省管道建设费用和成本，更好、更快地满足国内对天然气的需求。

3. 稳步推进天然气相关机制改革

要解决供气紧张问题，在国内气源生产增量不足的情况下，需要加快海外拓展的步伐；同时还需要理顺国内市场供需关系，为民营企业参与天然气的勘探生产、管道和储罐建设运营创造良好的条件。但从根本上说，还是要建立和发展天然气战略储备体系。而战略储备体系的建立需要我国积极加强推动与俄罗斯等国的运输管道建设，实现互联互通，如果管道建设的选择适当，在天然气的运输和储备过程中就能够大大减少运输成本，提高天然气的运输效率，这样能够促进我国的能源结构调整优化，能够不断地加强我国的国际影响力。需要在天然气方面积极加强国内天然气管道和 LNG 储运设置建设，不断加大天然气的运输，加强各国之间的互联互通。

稳步推进国内天然气行业改革和外汇管理体制改革，我国需要建立起以人民币为中心的计价和结算方式，促进天然气的全球化贸易，建立起天然气金融交易平台。但目前来看，我国的天然气市场主体单一、在政策方面没有有力的法律制度作为保障、合约交易程序和交割安排不完善、人民币无法自由兑换等，都限制了我国天然气交易平台的建立和完善。所以，稳步推进国内天然气行业改革和外汇管理体制改革至关重要。针对目前消费主体单一问题，要积极拓展交易主体，推进交易主体的多元化趋势，作为天然气进口大国，我国要把天然气的进口权完全放开，让更多的交易主体加入我国的天然气贸易市场，以更好地促进我国天然气贸易市场的全球化和多元化，也有利于各国更好地发现天然气价格，打破天然气的垄断性定价，以实现天然气的价格能够适应各国的经济实力，满足各国对天然气的需求。从保障国家能源安全的角度出发，可参照国家石油战略储备模式，统筹考虑，尽快建成一定规模的国家天然气战略储备，形成战略储备和商业储备相结合的天然气储备体系，鼓励各种投资主体参与天然气储备设施建设。同时完善气源供应通道，重视多方向国外管道气及进口 LNG 等多气源“准储备”方式。

我国在“两会”期间提出了绿色能源发展、建设生态文明的言论，也就是说，要积极实现能源结构的转型，从而更好地促进能源健康、可持续发展。推动能源结构转型要从煤炭等资源入手，如何实现煤炭清洁利用，实现经济的可持续发展？首先，要建立起对煤炭资源的清洁和对天然气等绿色资源的使用和协调机制，从而加大对传统的煤炭资源的转型开发和利用；其次，政府要加强对清洁能源的政策支持，为煤炭能源的转型和新型的天然气能源的发展提供坚实的政策保障，建议相关部门尽快建立适合我国实际的天然气战略储备管理模式，比如成立国家天然气储备中心，负责国家天然气储备基地的规划、建设和管理，承担天然气战略储备收储、动用任务。对煤炭资源要进行有效的开发和利用，减少对污染物的排放和对环境的污染。总而言之，要想实现我国能源结构的转型升级，就必须积极对中国的企业进行改革，对中国的产业进行转型，加强各国之间的天然气合作，更好地实现中国社会的可持续发展，使天然气成为中国国际经济领导地位的重要支撑。

（三）煤炭

1. 我国煤炭市场发展概况及主要影响因素

2017 年，在进一步去产能、去库存措施的实施下，我国煤炭行业的供给侧改革得到了有效推行。首先，从生产和消费领域来看，21 世纪以来经历了十几年的高速增长后，我国煤炭无论在生产量还是消费量方面都已经出现明显的下降，图 17 和图 18 反映了 20 世纪 70 年代以来我国煤炭产量和消费量走势，从图中可以明显看到这一变化。图 19 则反映了我国煤炭生产和消费在能源总量中所占的比重，从图中可以明显看出，自 2011 年之后煤炭生产和消费在能源总量中所占的份额均已在历史低点附近。

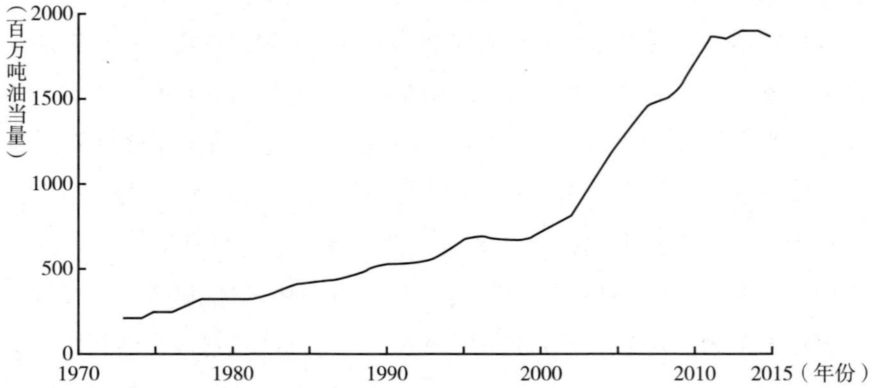

图 17　中国煤炭产量走势

数据来源：国际能源署（IEA），http：//energyatlas. iea. org/#！/tellmap/2020991907。

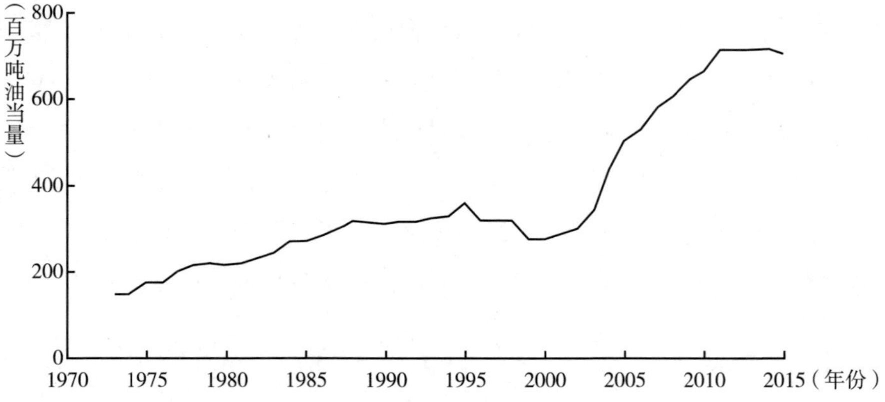

图 18　中国煤炭消费走势（不包括用于发电和其他转换用途的消费）

数据来源：国际能源署（IEA），http：//energyatlas. iea. org/#！/tellmap/2020991907。

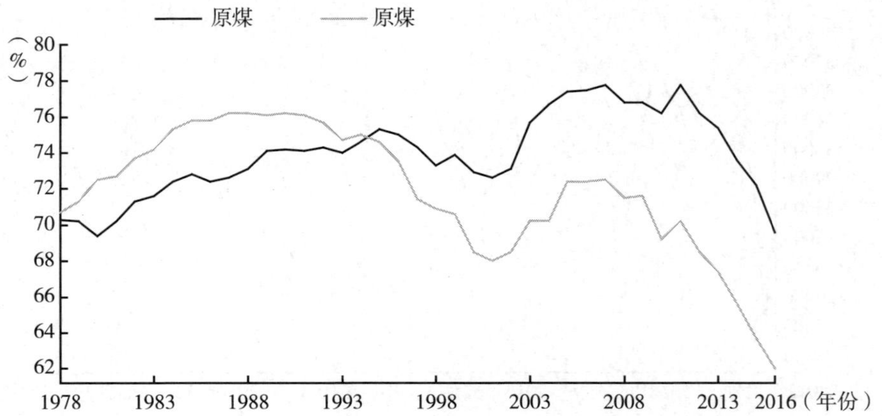

图 19　我国煤炭生产和消费所占能源比重（1978～2016 年）

数据来源：WIND。

2016～2017 年，受一系列去产能政策影响，我国煤炭市场出现了大幅的价格波动。图 20 为我国煤炭价格指数走势情况，从图中可以明显看出，2016 年下半年这一指数在最低的 130 以下一路攀升至 160 左右，2017 年基本上维持在 150～160 区间内。为了维持市场的稳定，政府放开了部分先进产能以加大煤炭供应，从而使我国煤炭产量和销量都有了大幅提高，具体详见图 21。

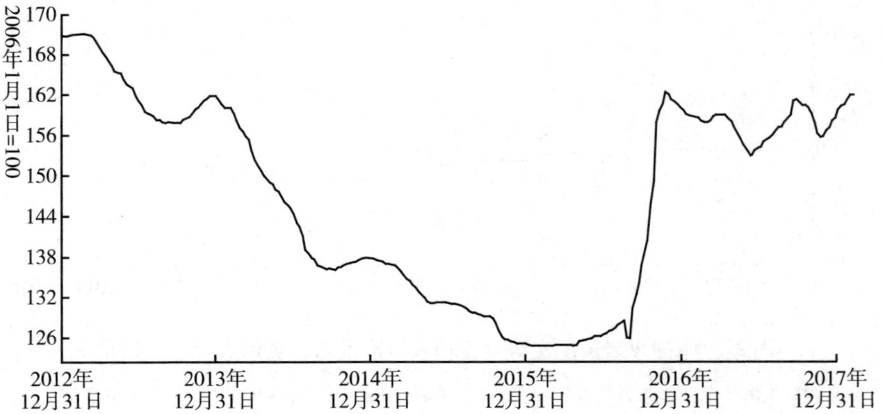

图 20　中国煤炭价格指数（2012 年 12 月 31 日至 2017 年 12 月 31 日）

数据来源：WIND。

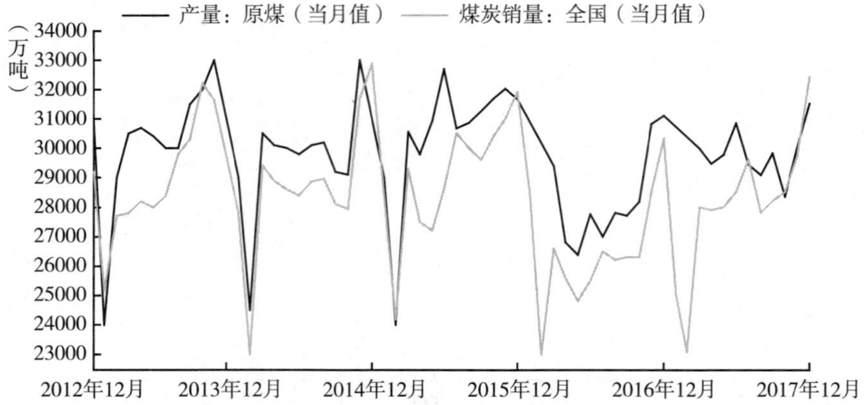

图 21　中国煤炭产销情况（2012 年 12 月至 2017 年 12 月）

数据来源：WIND。

其次，在煤炭贸易方面，自 2008 年前后成为煤炭净进口国后，近年来我国煤炭进口保持了较快的增长，但在 2015 年这一增长有所放缓，图 22 即反映了这一趋势。但在 2017 年，受国内市场供给不足影响，我国煤炭进口又有了较快的增长，具体详见图 23。

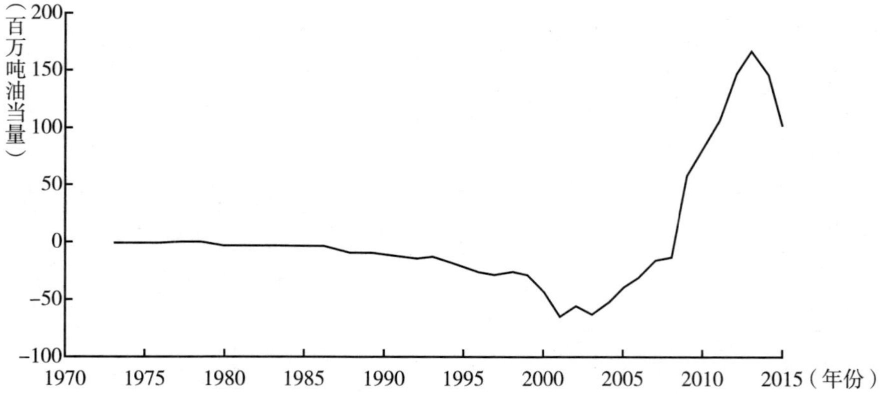

图 22　中国煤炭贸易走势（正值表示净进口，负值表示净出口）

数据来源：国际能源署（IEA），http：//energyatlas. iea. org/#！/tellmap/2020991907。

最后，在电煤比例方面，受近年来国家政策以及环保方面影响，我国电煤占煤炭总消费的比例逐渐趋于平稳，图 24 即反映了这一趋势。

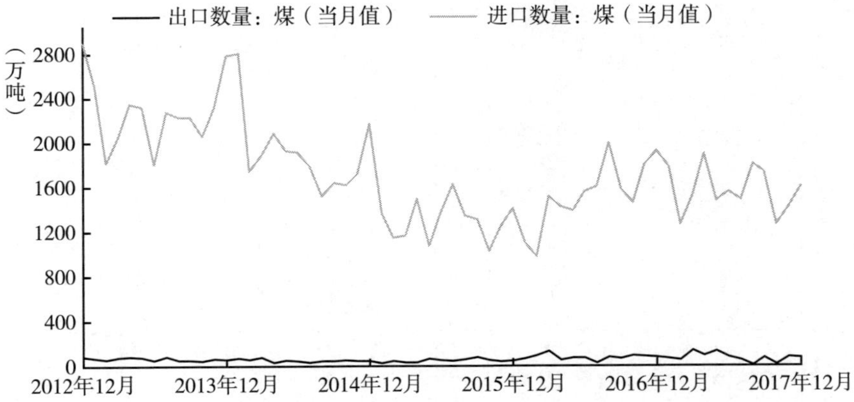

图 23　中国煤炭进出口情况（2012 年 12 月至 2017 年 12 月）

数据来源：WIND。

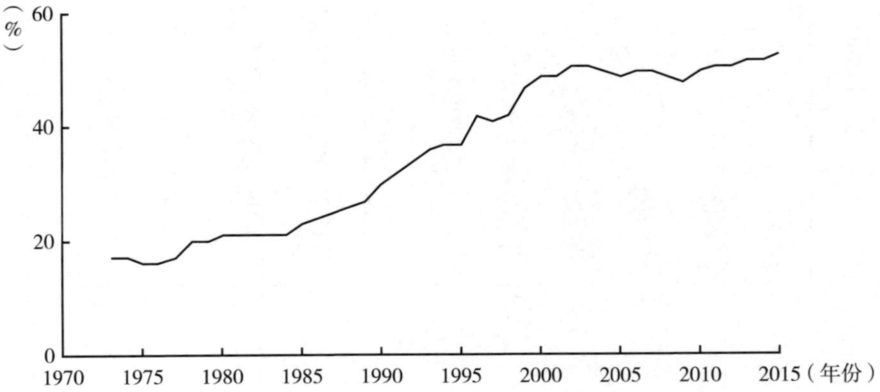

图 24　中国电煤占煤炭总消费的比例

数据来源：国际能源署（IEA）http：//energyatlas. iea. org/#！/tellmap/2020991907。

2. 我国煤炭产业发展的政策建议

随着经济结构的调整，我国的能源需求和结构也在发生变化。图 25 分别反映了 BP 预测的中国一次能源需求增长情况和碳排放来源变化情况，从图中可以明显看出我国能源需求水平的下降以及能源结构的变化。

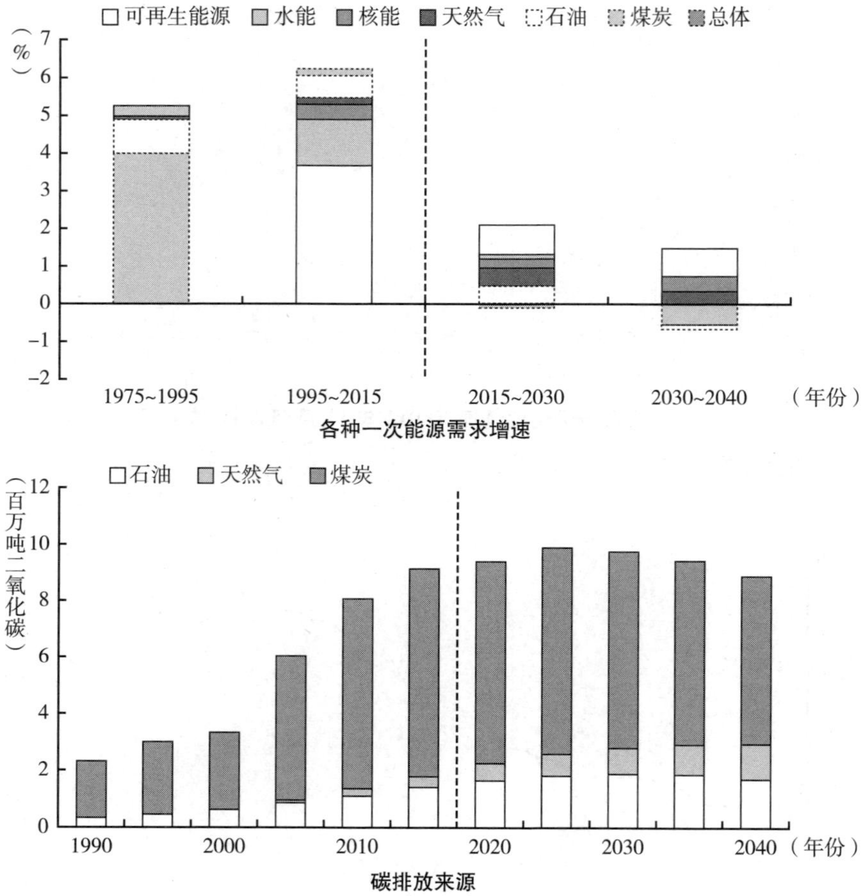

图 25　中国一次能源需求增长情况和碳排放来源变化情况

资料来源：英国石油公司（BP），http：//www.bp.com/en/global/corporate/energy－economics/statistical－review－of－world－energy/coal－review－by－energy－type.html。

在一系列政策的推动下，我国在煤炭行业去产能方面已经取得重大进展。统计显示，2017 年我国全国共计淘汰产能 1.6 亿吨左右。表 11 显示了 2017 年全国各省份（市、自治区）及中企退出煤炭产能情况，从表中可以看出我国在煤炭去产能方面的政策力度较大。

表 11　2017 年各省份（市、自治区）及央企煤炭去产能计划指标及完成情况

	2017 年计划退出产能(万吨)	完成情况(万吨)	数据来源
央企	2473	2388	国务院国有资产监督管理委员会总会计师(2017.10.12)
山东	255	482	山东省煤炭工业局(2017.12.28)
河北	941	1125	河北省发展和改革委员会(2017.12.28)
重庆	264	264	重庆日报(2017.12.18)
甘肃	240	240	甘肃省人民政府网(2017.12.11)
山西	2000	2265	山西省煤炭工业协会(2017.12.07)
河南	2000	2012	河南省工业和信息化委员会(2017.12.04)
新疆	1160	1163	新疆能源局(2017.11.23)
江苏	18	18	新华日报(2017.11.21)
江西	279	333	江西省人民政府网站(2017.11.16)
辽宁	1019	1014	中国经济导报(2017.11.09)
黑龙江	76	—	黑龙江省发展和改革委员会(2017.10.16)
四川	1300	1603	中国煤炭资源网(2017.10.13)
安徽	705	705	安徽省能源局(2018.01.02)
宁夏	450	450	国家能源局(2017.09.01)
陕西	96	96	国家能源局(2017.09.01)
青海	132	132	国家能源局(2017.09.01)
内蒙古	810	810	中国煤炭工业协会(2017.08.18)
北京	180	180	北京市发布会(2017.07)
吉林	314	239	澎湃新闻(2017.10.13)
福建	100	100	中国煤炭资源网(2017.08.18)
湖北	200	—	湖北省第十二届人民代表大会第五次会议(2017.01.16)
湖南	542	542	湖南省煤炭管理局(2017.12.18)
贵州	1500	1749	贵州省能源局(2017.11.17)
云南	169	169	云南省政府(2017.11.16)
广西	237	246	广西壮族自治区工业和信息化委员会(2017.11.08)
合计	14987	15937	

数据来源：中泰证券研究所：《中泰证券 2018 年煤炭行业投资策略报告：供需紧平衡，行业高景气》，2018 年 1 月 15 日。

同时，我国也出台了一系列政策来保障煤炭行业去产能的顺利实施，国家发改委、国家能源局等部委都在 2017 年发布了保障煤炭行业顺利发展的文件，具体详见表 12。

事实上，对于我国这样一个富煤、贫油、少气的发展中大国来说，改变目前以煤炭为主的能源结构不能简单依靠政策推动，必须要发挥市场的基础

表 12　2017 年以来国家发改委等部门关于保障煤炭行业顺利发展的文件汇总

时间	机构	文件名称
2017 - 2 - 17	国家发改委等十六部门	关于利用综合标准依法依规推动落后产能退出的指导意见
2017 - 3 - 21	国家发改委等五部门	关于做好 2017 年化解钢铁煤炭行业过剩产能中职工安置工作的通知
2017 - 4 - 5	国家发改委	关于进一步加快建设煤矿产能置换工作的通知
2017 - 4 - 17	国家发改委等二十三部委	关于做好 2017 年钢铁煤炭行业化解过剩产能实现脱困发展工作的意见
2017 - 5 - 26	国家能源局等四部门	关于大力推进煤矿安全生产标准化建设工作的通知
2017 - 6 - 20	国家能源局	关于完善煤矿产能登记公告制度开展建设煤矿产能公告工作的通知
2017 - 6 - 14	国家发改委	关于做好 2017 年迎峰度夏期间煤电油气运保障工作的通知
2017 - 7 - 19	安监局	关于印发《煤矿安全生产大检查实施方案》的通知
2017 - 7 - 26	国家发改委等十六部委	关于推进供给侧结构性改革，防范化解煤电产能过剩风险的意见
2017 - 9 - 14	国家发改委	关于做好煤电油气运保障工作的通知
2017 - 10 - 23	国家发改委	关于做好迎峰度冬期间煤炭市场价格监管的通知
2017 - 11 - 10	国家发改委	关于推进 2018 年煤炭中长期合同签订履行工作的通知
2017 - 11 - 28	国家发改委和能源局	《关于建立健全煤炭最低库存和最高库存制度的指导意见（试行）》及考核办法的通知
2017 - 12 - 5	国家发改委等十部委	北方地区冬季清洁取暖规划（2017 ~ 2021 年）
2017 - 12 - 19	国家发改委等十二部委	关于进一步推进煤炭企业兼并重组转型升级的意见
2017 - 12 - 25	国家能源局	做好北方地区“煤改电”供暖工作保障群众温暖过冬的通知

资料来源：根据相关网站资料整理。

性决定作用，否则就会受到市场规律的惩罚，这在近几年的煤炭行业发展过程中已经得到了印证。国家发改委在 2017 年 4 月 25 日发布的《能源生产和消费革命战略（2016 ~ 2030）》指出，实现煤炭转型发展是我国能源转型发展的立足点和首要任务，着重提出要推动煤炭清洁高效开发利用。进入 2018 年，我国经济仍然面临诸多困难和不确定性，为了进一步适应供给侧改革对煤炭产业的要求，我国应从以下两个主要方面入手，建设集约、安全、高效、绿色的现代煤炭工业体系。

一是继续化解过剩产能，推动煤炭清洁生产和高效利用。在政府一系列去产能政策的推动下，我国煤炭产量下降趋势明显，虽然期间发生了较大的市场波动，但总体上我国煤炭产业仍处于过剩状态，同时政府也陆续出台了一系列保障供应的措施，使重点煤矿企业的产量和市场占有率又有了一定程度的上升，这就需要我们充分发挥市场在资源配置中的决定性作用。我国应牢固树立绿色发展理念，按照“清洁、低碳、高效、集中”的原则，加强煤炭质量管理，着力解决燃煤污染问题，大力推广煤改气、煤改电工程，坚决依法取缔“散乱污”煤矿，建立健全煤炭行业质量管理体系。

二是加速煤层气、天然气等替代能源的开发利用，实现我国能源生产和消费革命。《能源生产和消费革命战略（2016～2030）》明确提出要统筹煤炭与煤层气开发，推动以清洁能源替代煤炭能源，力争在2021～2030年减少对高碳化石能源的利用，提高对可再生能源、天然气和核能的利用，从而实现能源结构的调整，达到能源革命战略目标。

（四）可再生能源

1. 我国可再生能源基本情况

（1）我国可再生能源整体发电规模持续增加

截至2017年，我国能源发电规模持续增加。国家统计局数据显示，截至2017年12月底，我国能源发电累计62758.2亿千瓦时，其中，2017年11月发电量已达5698.6亿千瓦时。从我国能源发电结构看，火力发电仍是我国当下最主要的发电方式，占总发电量的73.5%，而可再生能源，如风力发电和太阳能发电占比分别为4.3%和1%，较2016年分别增长了25.7%和46.8%，占2017年能源发电总量的5.3%。具体详见表13和图26。

表13　中国2017年一次能源发电结构

	发电量(亿千瓦时)	发电占比(%)	同比增长(%)	累计增长(%)
火力发电量	46114.6	73.5	3.6	4.6
水力发电量	10818.8	17.2	14.0	8.7
核能发电量	2480.7	4.0	3.8	16.3
风力发电量	2695.4	4.3	25.7	24.9
太阳能发电量	647.5	1.0	46.8	38.0
总发电量	62758.2	100.0	6.0	5.7

数据来源：基本数据来源于国家统计局，部分数据由笔者计算所得。

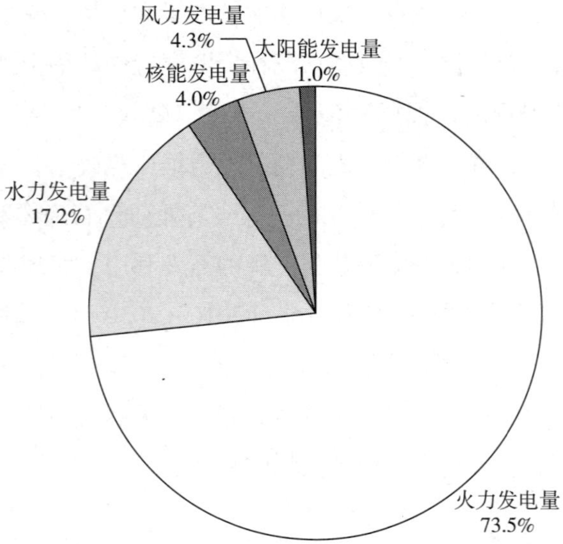

图 26　中国 2017 年一次能源发电占比

数据来源：国家统计局。

可再生能源装机量持续增长，其利用水平也不断提高。国家能源局最新数据显示，2017 年，我国光伏发电、风电等可再生能源装机规模持续扩大，利用水平不断提高，特别是难以解决的弃光、弃风限电等情况已有所好转。截至 2017 年底，我国可再生能源发电装机达到 6.5 亿千瓦，同比增长 14%。发展过程中，不仅可再生能源装机量持续增长，其利用率也在不断提高。数据显示，2017 年可再生能源发电量达到 1.7 万亿千瓦时，同比增加 1500 亿千瓦时，占全部发电量的 26.4%。同时，2017 年，国家出台的解决弃水、弃风、弃光问题的政策效果初显，水电在来水好于上年的情况下，水能利用率达到 96% 左右；全国弃风电量同比减少 78 亿千瓦时，弃风率同比下降 5.2 个百分点；弃光问题严重的新疆和甘肃，弃光率也分别同比下降了 9.3 个百分点和 9.8 个百分点。

（2）我国可再生能源消费占比持续增长

随着我国经济的发展及能源结构的优化转型，我国对绿色、低碳、清洁的可再生能源的消费量不断增加。BP 数据显示，2016 年，我国可再生能源消费量为380.6亿千瓦时，较2015年增长33.4%，成为全球第一大可再生能源消费国。我国不仅成为全球可再生能源消费最多的国家，更是全球消费极具潜力的国家。2005～2015年10年间，我国可再生能源年均消费增速高达44.1%，占全球可再生能源消费份额的20.5%。[①]

（3）我国风力发电快速增长，布局进一步优化

近年来，我国风力发电量呈快速增长趋势。2017年，我国风力发电量累计达到2695.4亿千瓦时，占全部发电量的4.3%，同比增长25.7%，具体情况详见表13。从我国风力发电情况看，我国风力发电是仅次于太阳能发电的第二大可再生能源。截至2016年底，全国风电累计并网装机容量达到14864万千瓦，同比增长15个百分点，其中海上风力发电累计装机容量为148万千瓦，同比增长164%。2016年，我国新增风力发电并网装机容量为1930万千瓦，同比下降41%，较2015年有明显下滑。

就我国风力发电布局看，我国所有省份（市、自治区）均有风电项目分部。从风电项目的分布区域看，我国2016年风电累计并网装机容量超过1000万千瓦的省份（市、自治区）主要有四个，分别为内蒙古、新疆、甘肃和河北。“三北”地区风力发电累计并网装机容量达到11474万千瓦，占全国总容量的77%，同比下降4%。从风力发电新增装机容量看，受“三北”地区弃风限电等因素影响，自2016年以来，我国风电开发更加趋向于向东中部和南方地区转移。

（4）我国光伏发电增速明显

从我国光伏发电情况看，2017年我国光伏发电量为647.5亿千瓦时，同比增长46.8%，其中，集中式光伏发电占比92%左右，而分布式光伏发电占比为8%。近年来，我国光伏发电量增速明显。

从我国光伏发电新增装机容量看，2016年，我国光伏发电新增装机容量创历史新高，全年新增装机容量3424万千瓦，同比增长126%，占全球新增光伏装机市场的46%，居全球第一位。其中，集中式光伏发电新增装

---

① 基本数据来源于 *BP Statistical Review of World Energy*，June 2017。

机容量2998万千瓦，同比增长118%，而分布式光伏发电新增装机容量426万千瓦，同比增长200%。光伏发电在全部发电装机中的占比提高了4.7个百分点。①

2. 我国可再生能源未来发展趋势及面临的挑战

（1）我国可再生能源未来发展展望

中国可再生能源未来发展进程中，虽然达到高比例的发展目标仍有困难，但毋庸置疑的是，发展前景仍十分乐观。

首先，中国产业结构正在不断优化升级，人均GDP不断上升，这为中国可再生能源的未来发展奠定了良好的基础；其次，可再生能源的发展不仅仅局限于环保，更意味着经济发展的主动权和带动经济发展的引擎。在向新能源及可再生能源转型过渡的过程中，要素禀赋的重构以及经济变革等带来的乘数效应会进一步推动可再生能源体系的创立发展。最后，以能源转型为契机推动中国低碳化发展。通过低碳化工业，中国可以将经济发展的基础适当转向清洁可再生能源，进而可以寻求更多新的经济增长点，实现可持续发展。②

中国作为国际社会能源大国，其供给和需求变动程度会对世界的能源结构产生一定程度的影响。城镇化程度的加深、经济水平的提升及产业结构的演进等都成为推动能源结构变动的重要影响因素。目前，中国实现城镇化率57%，能源需求较40年前高出近3倍，占到全球消费总量的1/4。③ 这种发展速度会随着中国经济的趋于成熟和再平衡，对未来可再生能源发展带来极大的推动作用。

（2）我国可再生能源发展面临的挑战

第一，能源转型基础仍相对较弱。与欧美等发达国家相比，中国制造业

① 部分数据来源于《国际可再生能源发展报告2017》。

② 马丽梅、史丹、裴庆冰：《中国能源低碳转型（2015～2050）——可再生能源发展与可行路径》，中国人口《资源与环境》2018年第2期。

③ 尼克·巴特勒：《中国将重塑未来能源市场》，FT中文网，2017年12月，详见http://www.ftchinese.com/story/001075453？archive。

仍是带动本国经济发展的主要动力。随着中国经济增速的放缓，经济结构及产业结构不断优化升级，服务业在得到快速发展的同时，也为我国向低碳清洁型能源转型奠定了良好的基础。但相比之下，发达国家服务业占本国经济发展的80%左右，以服务业为主导的经济发展模式不仅为能源转型，更为可再生能源的发展提供了重要保障。

第二，可再生能源对政策依赖度高。从中国目前可再生能源发展情况看，中国可再生能源相对于传统化石能源来说仍旧存在一些问题，如风力、太阳能等发电成本相对较高；度电补贴强度较高；补贴资金缺口较大；竞争力偏低等。可再生能源发展过程中对我国的政策性扶持具有较强的依赖性，也因此受政策调整影响很大，且受限极多。此外，我国碳排放交易市场仍处于建设阶段，完备的碳排放交易市场仍未建立，故而能源价格尚不能反映各类能源的生态环境成本，没有为可再生能源发展提供公平、公正且透明的市场竞争环境。

第三，可再生能源未能得到有效利用。虽然可再生能源装机容量逐年增长，但是各市场主体在可再生能源利用方面的责任和义务不明确，利用效率不高，“重建设、轻利用”的情况较为突出，供给与需求不平衡、不协调，致使可再生能源可持续发展的潜力未能被充分挖掘，可再生能源占一次能源消费的比重与先进国家相比仍较低。[①]

第四，提高能源效率及能源竞争力是未来能源发展的关键要素。如何提高能源效率而降低能源损耗是目前中国乃至世界面临的一大问题。加快创新性能源发展，建立清洁、安全而高效的能源经济体系，是提高中国能源效率及加快经济发展进程的重中之重。提高可再生能源在能源市场中的竞争力，尤其是电力方面。在实现成本最小化或控制低成本的情况下提高能源储存及使用效率，可以大大提高可再生能源在竞争市场中的竞争力。

第五，传统电力运行机制不再适应新科技革命下的可再生能源规模化发展的需要。要努力实现人工智能与能源电力行业的充分融合。人工智能是推

① 国家发展和改革委员会：《可再生能源发展“十三五”规划》，2016年12月。

动第四次工业革命的核心影响因子，不仅可以优化产业结构及提高生产力和管理能力，更可以与能源各环节及各角色之间形成更充分和更复杂的关联关系。通过形成能源互联网①，将互联网理念与能源及电力充分融合，进而实现能源的可持续发展。一般来说，解决能源可持续发展的技术路径主要在于两个方面，即加大可再生能源的发展力度和节能。通过与人工智能结合，能源领域，或者具体到能源电力领域，可以通过能源和技术两个层面实现能源互联，进而实现能源电力领域的共享化、互联化、高效化和市场化。

就人工智能在电力领域的应用，主要通过以下几个方面进行融合：首先，传统方式向智能化转变。以往的电力管理工作中自动化和智能化程度仍旧偏低，各自的独立性相对较强，未能充分发挥有效的协同作用。人工智能与互联网的充分融合可以极大化发掘现有系统的潜在价值，实现更加优化的管理。其次，关键技术的创新和开拓。能源电力系统虽拥有成熟的发展体系，但其技术水平仍未能得到有效发展。未来的技术合作主要体现在大数据和云技术领域的合作开拓，如需求侧响应、负荷预测、设备管理、信息化管理和电力市场。最后，多元因素的智能化融合。多元主要体现在两个方面，即多能源融合和多技术融合。

总之，优化能源结构、向绿色低碳能源转型，特别是向高比例的可再生能源发展，是中国乃至世界能源革命的核心。十九大报告指出，要推进能源生产和消费革命，构建清洁低碳、安全高效的能源体系。根据我国近3年的煤炭平均消耗量看，我国煤炭消耗已进入下降阶段，这也是我国经济发展新常态下产业结构调整的必然结果。

大力发展可再生能源，是推动能源结构优化的重要手段。2017年底，我国可再生能源发电装机达到6.5亿千瓦，同比增长14%，风电和光伏发

① 能源互联网，即综合利用先进的电子电力技术、信息科学技术和智能管理技术，将大量由分布式能量采集装置、分布式能量储存装置和各种类型负载构成的新型电力网络、石油网络和天然气网络等能源节点互联起来，进而实现能量双向流动的能量对等交换与共享网络。具体来说，能源互联网将具备智能化、自动学习和能进化等特征，可以充分将新能源和互联网结合，产生极大的创新力和商业机会。

电发展迅猛。国际能源署（IEA）表示，随着全球可再生能源市场容量的不断增长，除了技术创新及成本降低因素外，以中国为首的新兴经济体国家的可再生能源发展速度加快，预计未来几年全球可再生能源新增装机容量中，大部分都将来自光伏和风电两个行业。

（五）电力

1. 我国电力发展简况

国家能源局于2016年11月发布的《电力发展“十三五”规划》（以下简称《规划》）指出，“十三五”期间电力发展应完成一系列关键性指标：社会用电量方面，2020年预计应达到6.8万亿~7.2万亿千瓦时，年均增长3.6%~4.8%，人均用电量约为5000瓦，全国发电厂装机容量[①]20亿千瓦，年均增长5.5%，人均装机量突破1.4千瓦。同时，消费电力水平要接近中等发达国家水平，电能占终端能源消费的比重应达到27%。《规划》对能源发电装机也提出了一定程度的要求。2020年，非化石能源消费占一次能源消费的比重应达到15%，其发电装机容量达到7.7亿千瓦，占比达到39%，而煤电装机容量尽力控制在11亿千瓦以内，占比降幅至55%左右。

国家统计局数据显示，2017年，中国累计发电量为6.28万亿千瓦时，平均累计增长5.7%。

从三次产业结构看，我国2010~2017年电力消费结构具体如图27所示。2010~2017年，我国第二产业工业和制造业的电力消耗占我国电力总消耗的70.4%，而第三产业服务业电力消耗占比仅为14%。可以看出，我国各产业电力消费与电力分配之间存在极大的不平衡问题。

2. 我国电力行业发展优势

第一，电力可大规模生产、高效且可以远距离输送。技术的进步不断彰显电力行业的优势，具体表现在：电力在多种能源之间进行相互转换；可进

① 装机容量指的是一个发电厂或一个区域电网具有的汽（水）轮发电机组总容量，即为发电能力，一般以“万千瓦”为单位。

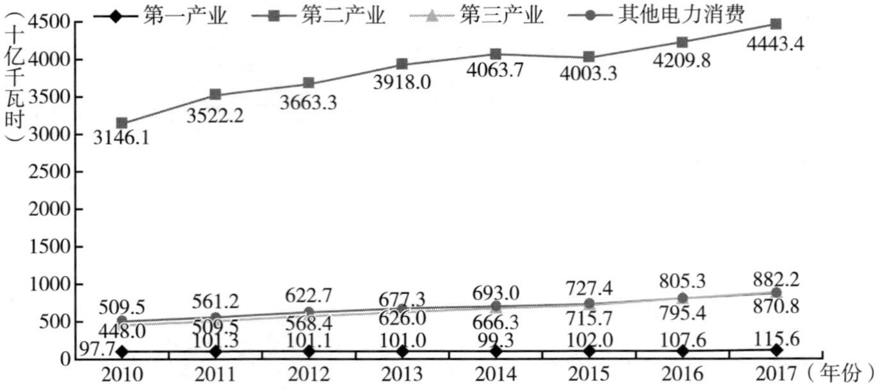

图 27　2010～2017 年中国三次产业电力消费情况

数据来源：国家统计局。

行大规模生产、远距离运输，在智能互联网时代更易于精密控制；能够准确地实现分散、定时、定量且定点使用；电力是最清洁、高效、安全、优质的能源，合理使用电力可以节约一次能源。

中国具备全球领先的变电技术和电力设备。目前中国电力、电网行业的发展正站在全球的领跑线上，尤其是输变电技术和智能电网的发展有着其他国家和地区不具有的技术条件等发展优势。中国在智能电网的关键技术上，比如遥感技术、信息通道技术、自适应技术、自愈功能和平衡匹配峰值等技术，特别是输变电技术和设备制造方面已经取得丰硕的成果。①

中国拥有目前最大的电网基础设施网络。我国电力工业发展已进入大电网、高电压、长距离、大容量阶段，网架结构日益复杂，构成了我国目前最大的基础设施网络，其战略意义因此更加突出。一方面，我国大电网的安全运行控制能力可以充分保障电力供应安全；另一方面，除电力运输功能外，电网还具有传输信息的功能。所谓的“三网融合”、“四网融合”，是指在电力系统加入一根光纤，这个线既可以供电，也可以提供信息服务，包括电话、上网、数字电视及一系列家庭通信和信息服务都可以解决。

① 洪钟：《电力在我国能源中的战略地位》，《中国经贸导刊》2014 年第 7 期。

中国极具潜力的电能消费可以加速推荐电力行业发展。大力推进工业化和城市化是中国未来发展新的驱动力。而随着工业化、城市化深度发展，中东部地区将会加速推进，西部等地区也将逐步跟进。另外，信息化、新农村建设的推进，“大数据”和“云计算”等新兴行业的兴起，也会进一步激励电力的消费。伴随这一进程，电力需求将保持较快的增长速度，我国电气化水平将进一步提高，电力在终端能源消费中的比重将进一步上升。

3. 我国电力发展面临的挑战及战略政策

第一，积极推进电力体制改革及电力转型，释放电力系统灵活性。与欧美等发达国家相比，目前中国仍具有较低的可再生能源发展比例且缺乏完整的电力改革体系。加快推进能源领域改革，放开竞争性电力价格，在形成有效竞争机制的同时，也提高了电力价格的灵活性。对此，一方面应加快推进电力、石油、天然气等领域的市场化改革，打破垄断，引入竞争机制；另一方面尽可能完善光伏、风电等可再生能源的发电并网机制。只有妥善解决这些矛盾和问题，才能缓解部分地区出现的“弃风、弃光、弃水”问题。

第二，实行可再生能源发电配额及电力补贴制，提高可再生能源覆盖范围。可再生能源发电配额（RPS），即要求电力公司供电量的一定比例必须源于可再生能源，如10%，以此推动可再生能源市场的发展20世纪90年代，美国在许多州陆续实施了可再生能源配额制；欧洲国家为尽快实现能源市场一体化，也制定了系列法律法规严格执行可再生能源配额制。

除此之外，为了鼓励使用可再生能源且积极推进电力能源消费，欧盟合理采用“固定电价+招标电价”的方式积极推进可再生能源发展。这种激励措施的目的在于，可再生能源发展之初，通过固定风电和光伏发电价格，充分把握其发展路径，降低发电成本。对可再生能源具备充分的把握之后，推行招标定价制度、保险金制度及电力补贴等，进而提高可再生能源覆盖范围。

第三，适时建立碳交易市场。碳交易市场在遵循法律法规的条件下，倡导各国降低碳排放量。通过法律法规进一步明确规定温室气体排放量限制，并以此确定具体排放量，且将此排放目标纳入各企业的发展规划中。联合国气候变化大会后，我国制定了碳减排目标，到2020年，我国单位GDP二氧化碳排放量较2005年下降40%～45%，非化石能源占一次能源消费的比重达到15%左右。通过建立碳交易体系，制定碳排放考核机制及分配原则，搭建碳排放统计体系等，进一步推进我国电力市场的发展。

第四，适度放缓我国经济增长，合理调整我国产业结构及能源结构。产业结构要素资源配置将直接关系到我国能源的优化分布。尽可能限制高污染、高耗能行业及企业的过快发展，加快淘汰落后行业及生产力，完善促进产业结构调整的政策措施，积极推进能源结构调整，促进服务业和高技术产业加快发展，积极调整产业结构，从根本上调节能源结构。

第五，政府合理监管。政府发挥着调节市场和监管市场健康运行的作用。发达国家电力市场改革的经验表明，尽管市场是实现电力市场改革和资源有效配置的主要力量，但市场运行中一定程度的“失灵”会直接导致资源的浪费和分配不公平。政府适当的调节和监管是修正市场制度缺陷的有力手段。政府的监管作用还在于对电力价格的适当保护和控制，以防电力价格不稳定导致其丧失竞争优势。

市　场　篇

Chapter of Market Studies

B.2

世界石油市场回顾与展望：反弹和平衡

周伊敏　王永中*

摘　要： 2017年世界石油市场出现明显回温。石油价格整体呈现先降后升的走势，且在年末上升至自2015年以来的最高价格，而价格均值水平相较于上一年增长了约24%。中国在经济增长背景下，石油需求增加了60万桶/日，增量为上年的两倍，约占世界石油需求增量的40%，成为推动需求增长的重要力量。2018年全球经济增长加速将导致全球石油需求增长加速，但市场供给弹性空间较大，若减产协议提前中断，美国石油供给加速增长，则市场供需局面可能恢复到减产前的状态，石油价格受挫下行，原油价格有可能下跌至50～60美元；若能延续良好的减产执行，则预计可维持2017年联合减

* 周伊敏，中国社会科学院世界经济与政治研究所助理研究员；王永中，中国社会科学院世界经济与政治研究所世界能源研究室主任、研究员。

产所带来的市场供给收紧局面，油价有望上涨至 60 ~ 70 美元，地缘风险增加，将加剧油价波动，并可能进一步将油价推高至 70 ~ 90 美元。

关键词： 世界石油市场　石油供给　石油需求　石油价格

一　2017年世界石油市场状况回顾

在全球性减产背景下，2017 年世界石油行业开始回温，供过于求的局面大有改善，再加上全球经济增长等需求因素的驱动，逆转了过去 3 年被供应过剩压抑的油价。2017 年的石油市场除去受到石油输出国组织（OPEC，以下简称“欧佩克”）减产调整的持续作用，还要面对一些频发非预期事件的影响，导致对世界石油市场是否进入新常态的判断难度加大。通过对影响油价趋势主要因素的分析可以发现，OPEC 及其他产油国减产执行、全球经济回暖所带来的需求增速是推动本轮油价持续上行的主要因素；美国产油量、能源效率、能源结构调整是减弱油价上涨的主要因素；非计划的短期供给扰动以及金融市场投资是增大油价波动的主要因素；在供给收紧的状态下，美元与本轮油价走势呈现微弱的正相关性，无法撼动石油市场价格的走向，下半场美元持续走低对油价形成推力。

2017 年全球经济增长强劲，石油需求不断走高，同时由于石油市场的供给限制，市场供需、库存等各层面均呈现向好态势，推动石油价格上涨。具体分析如下。

（一）国际原油市场供过于求的状态显著转变

2017 年全球大部分地区的国内生产总值（GDP）都在最近 10 年以来的最广泛周期性上升期间继续加速增长，全球需求增长势头加强。2016 年全球石油需求增长为 130 万桶/日，2017 年全球石油需求增长了 150 万桶/日，相较于 2016 年需求增速为正。而石油市场的供给限制（包括减产执行、非计划性供应减少等问题）则导致供给增幅相对收窄，供给增长为 0.4 万桶/日，与 2016 年持平。根据欧佩克数据，2017 年为 3 年来首次出现全年供给小于需求的情况，供需总量分别为 97.3 万桶/日和 97.8 万桶/日。第一季度市场供给略小于需求，基本达到了供需相抵的状态，第二季度全球原油供给短缺进一步拉大，差值约达到 110 万桶/日，后两个季度原油供给短缺约 50 万桶/日（见图 1）。

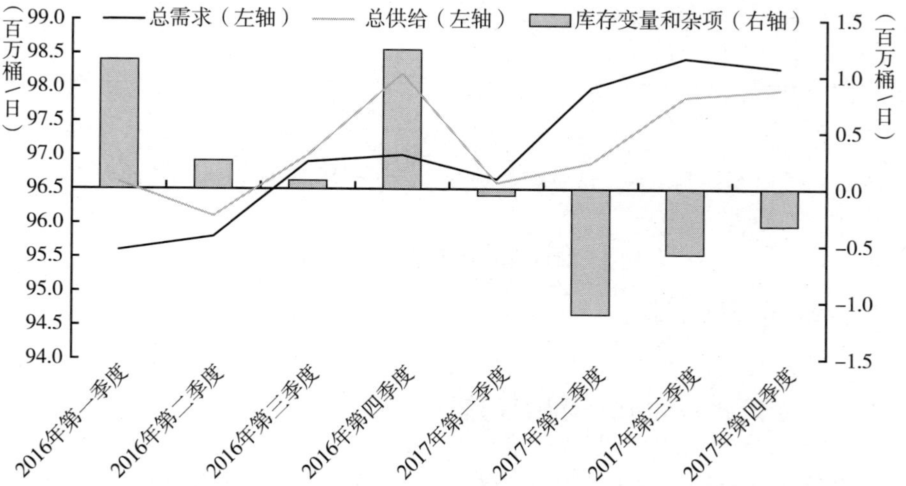

图 1　2016 ~ 2017 年全球石油市场供需以及库存变化

数据来源：国际能源署（IEA）。

（二）原油库存大幅下降

造成库存减少的原因既有过去几年库存水平上升的滞后效应，也有供给减少导致的库存水平下降。不断下降的原油库存对油价形成了较强的支持。截至 2017 年底，经济合作与发展组织（OECD）商业库存跌至 2851 百万桶，且在 12 月减少了 55.6 百万桶，经历了自 2011 年 1 月以来的最大跌幅。美国能源信息署（EIA）公布的原油库存数据显示，自 2017 年 4 月以来，美国原油库存持续下降，由 12.27 亿桶下降到年末的 10.88 亿桶（见图 2）。在非 OECD 国家中，根据新华社石油系列数据，自 8 月以来中国原油库存开始呈现下降趋势，在 10 月底由于原油进口放缓，原油库存在该月首次环比减少幅度达到 9.5%。

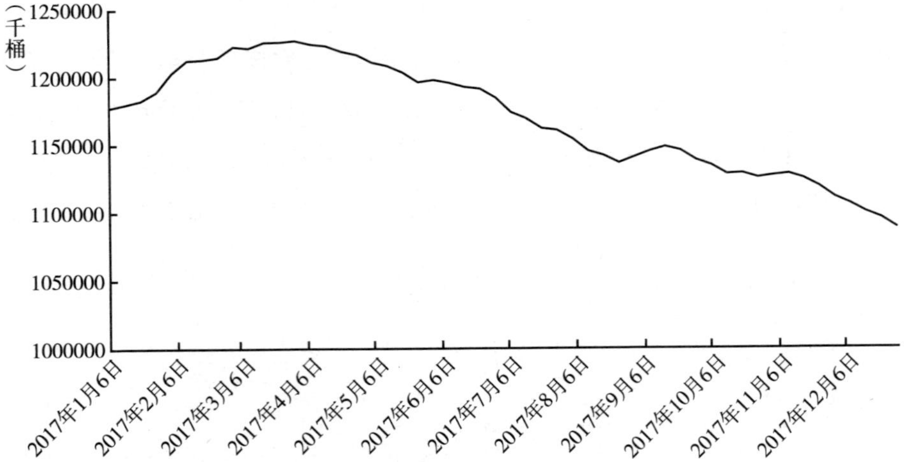

图 2　2017 年美国原油库存周度数据

数据来源：EIA。

（三）世界石油市场开始复苏

世界石油市场的复苏主要表现在两个方面：第一，全球油价上升趋势明显。2017 年布伦特原油现货价格均值达到 54.12 美元/桶，较上年均值水平

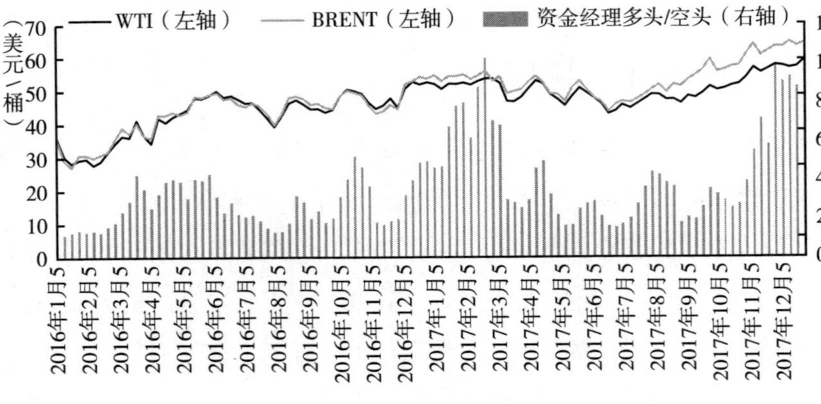

图 3　2016 ~ 2017 年原油现货价格以及期货市场资金经理人头寸

数据来源：CFTC、CME。

上涨了约24%，且超过2015年52.32美元/桶的均值水平（见图3）。第二，原油衍生品市场投资者看多情绪高涨。从期货市场交易数据（CFTC）来看，市场对于油价愈加乐观，从6月到12月原油期货的资金经理的多头/空头人数比由2上涨至11，多头头寸和空头头寸之间的差额甚至在11月底达到最高928百万桶。

二　世界石油价格的影响因素

总体来看，OPEC减产行为和全球经济发展增速对2017年油价走势具有重要的影响：此次减产执行效果十分明显，大幅度改善了过去3年供过于求的市场局面，全球经济发展为石油需求带来增长动力，两者合力为油价上行提供了强势支撑。尽管当前世界石油市场的供给状态得到了比较明显的改善，但这种状态是基于供给压抑，因此具有一定程度的反弹空间。除此之外，本轮油价受到极端气候、地缘政治等诸多短期干扰因素的影响，处于一种弱平衡的状态。

值得注意的是，油价的不确定性很大一部分来源于科技进步，有三个明显的事实：一是美国页岩油产业的发展。尽管页岩油开发受原油价格影响较大，但随着相关技术的进步，其生产成本已经大幅下降，当前油价的波动对页岩油产量的影响已经弱化。页岩油产量的增长大幅度提高了石油供给安全的保障，同时也强化了国际石油市场的竞争度。二是技术发展让可再生能源进入市场。在技术进步的依托下，太阳能和风能等可再生能源发展迅速，一旦技术足够成熟，可再生能源成本低到一定程度，相比于传统化石能源，其环保、可持续的特点更受到市场的欢迎，目前的全球能源结构转型正说明了这一点。三是技术发展促进能源效率的提高，减缓了全球能源需求增速。

现在，我们利用具体数据对影响油价的主要因素进行讨论。

（一）减产执行率良好，改善石油市场供需局面

2017年石油市场的回暖标志着石油市场管理正处于一个新阶段，这很大

程度上得益于OPEC和非OPEC产油国在2016年底所达成的减产协议。国际原油市场自2014年以来存在较为严重的产油过剩问题，2017年油价甚至一度下跌至26美元/桶。该份减产协议是2009年以来最全面的石油产量限制协议，旨在缓解世界石油市场供应过剩的局面，稳定市场预期，以平稳油价波动，加快促进石油市场价格的再平衡。减产协议中除了利比亚和尼日利亚被豁免减产以及伊朗被允许少量增产外，成员国综合减产后产量上限为3250万桶/日。

整体来说，2017年减产执行情况良好，加速了全球油市的再平衡进度。OPEC/非OPEC产油国石油减产监督委员会（JMMC）公布的数据显示，2017年执行减产协议的月平均减产执行率达到了107%。除了利比亚和尼日利亚（两国被豁免减产），其余11个OPEC产油国已经达到了减产目标，并在2017年超额完成了减产任务，减产执行率达到103%；非OPEC产油国的平均减产协议完成率也达到了83%，10月减产执行率甚至超过110%。

委内瑞拉、安哥拉和沙特阿拉伯成为此次减产的主要力量，其减产执行率均超过100%。其中，11月沙特阿拉伯的降幅达到最大，产量降至10百万桶/日以下；安哥拉由于对浮式生产储卸装置进行定期维护，供应量下降了60千桶/日，降至1.62百万桶/日，达到5月以来的最低水平；委内瑞拉受国内经济崩溃、美国制裁、政府腐败和管理不善等多重因素叠加影响，在11月公布了高达239%的减产执行率，成为当月减产贡献最大的OPEC产油国。而事实上，委内瑞拉主要是由经济危机造成的被动减产。委内瑞拉由于原油基础设施缺乏资金投入，原油产量不断下滑。

（二）美国页岩油产量攀升，弱化OPEC减产效果

尽管OPEC产油国严格遵守减产协议，控制生产和限制出口，但美国原油产量的反弹减弱了减产的效果，给油价带来不确定性。全球石油产量在2017年上升了38万桶/日，达到97.33百万桶/日，其中非OPEC产油国贡献了73万桶/日的增量，达到58.09百万桶/日，增量的约86%源于美国产量的提高（增量为63万桶/日）。自2016年11月初以来，美国的钻井活动和完井率回升，22套新的石油钻机投入使用。根据IEA发布的数据，2017

年美国原油产量持续攀升，4 个季度的产量分别为 12.70 百万桶/日、13.00 百万桶/日、13.14 百万桶/日、13.85 百万桶/日（见图4）。继受飓风“哈维”影响后，美国原油产量在第四季度增长幅度高达日均 71 万桶。

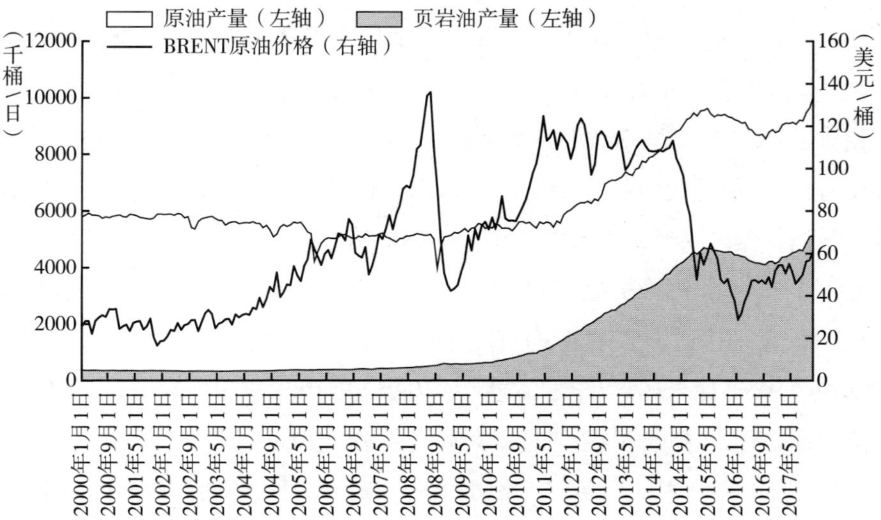

图 4　2000 ~ 2017 美国原油总产量、页岩油产量以及布伦特原油价格

数据来源：EIA。

美国页岩油是 2017 年推动原油产量强势增长的主力。美国能源信息署公布的数据显示，截至 2017 年 11 月，美国原油平均日产量达到 10.04 百万桶，其中页岩油平均日产量达 5.14 百万桶，占美国原油总产量的约 50%，不仅如此，2017 年美国原油总产量日均增长量的约 94% 来源于页岩油产量的增加。

2017 年的石油市场环境为页岩油的发展提供了有利条件。由于受成本限制，页岩油的产量一定程度上受到原油价格的影响，然而随着油价由 2014 年 105 美元/桶降到 2016 年跌破 30 美元/桶，页岩油并没有出现明显的产量骤减。从 2014 年产量最高点（4.56 百万桶/日）至 2016 年最低点（4.11 百万桶/日），页岩油产量降幅不足 10%。页岩油的开采技术在近 10 年发展非常迅速，生产商通过对钻井技术的改进、基础设施和设备的完善、开发效率的提升、对油层地质结构理解的深化，不断改变页岩油开采的成本结构。美国各地区页岩油井口盈亏平衡价格逐年降低，[①] 在 2017 年 OPEC 减产、油价回升等多重有利因素并存的背景下，美国页岩油产量迅速回升。

（三）非预期事件频发，增加油价波动

2017 年是飓风季最为严重的一年，受 8 月底飓风“哈维”影响，美国墨西哥湾已经暂停了部分原油生产。尽管灾情严重，但灾后受影响的石油设施的恢复相对迅速，未出现明显的供应中断。从 9 月的最终数据可发现，美国原油产量环比增长了 230 千桶/日，其恢复进度超出预期。[②] 根据美国能源信息署提供的月度数据，美国原油 9 月的总产量达到 1330 万桶/日，相较于上年同期增长了 110 万桶/日，其中在德克萨斯州的增长尤为强劲，其石油产量比上月增加了 193 千桶/日，达到 3.57 百万桶/日，同期墨西哥和科罗拉多的石油产量也累计增加了 96 千桶/日。“哈维”之后，10 月热带风暴“内特”路径穿越墨西哥湾中部地区，导致墨西哥湾离岸大量钻井平台提前关闭，减产达到约 300 千桶/日，超过 8 月飓风“哈维”来袭时的两倍。11 月，壳牌 Enchilada 平台发生火灾，导致 4 个海上设施关闭。除此之外，12 月英国 Forties 原油管道破裂，严重影响了该月的石油生产。从 IEA 公布的最新数据来看，英国 12 月原油产量仅为 82 万桶/日，较上个月减少了 28 万桶/日。除了气候问题带来的停产之外，伊拉克动乱、沙特政局变动以及美国针对俄罗斯、伊朗和朝鲜发起制裁等政治因素一度加剧了市场对原油供应中断的恐慌情绪，加大了油价的波动幅度。

与过去几年相比，2017 年石油市场受到非计划性供给变化的影响更加明显。这是由于过去几年石油市场一直处于供给过剩较为严重的状态，导致大部分供给变化的影响被过剩的原油供给所消化。然而，在 2017 年供给过剩局面转向供给紧缩的背景下，地缘政治风险对油价造成的影响开始凸显，成为支撑下半年油价上涨的推力之一。这些因素也为油价达到再平衡状态增加了极大的不确定性。

---

① International Energy Agency (IEA), “Oil Market Report”, December 2017.

② International Monetary Fund (IMF), “Brighter Prospects, Optimistic Markets, Challenges Ahead”, World Economic Outlook Update, January 2018.

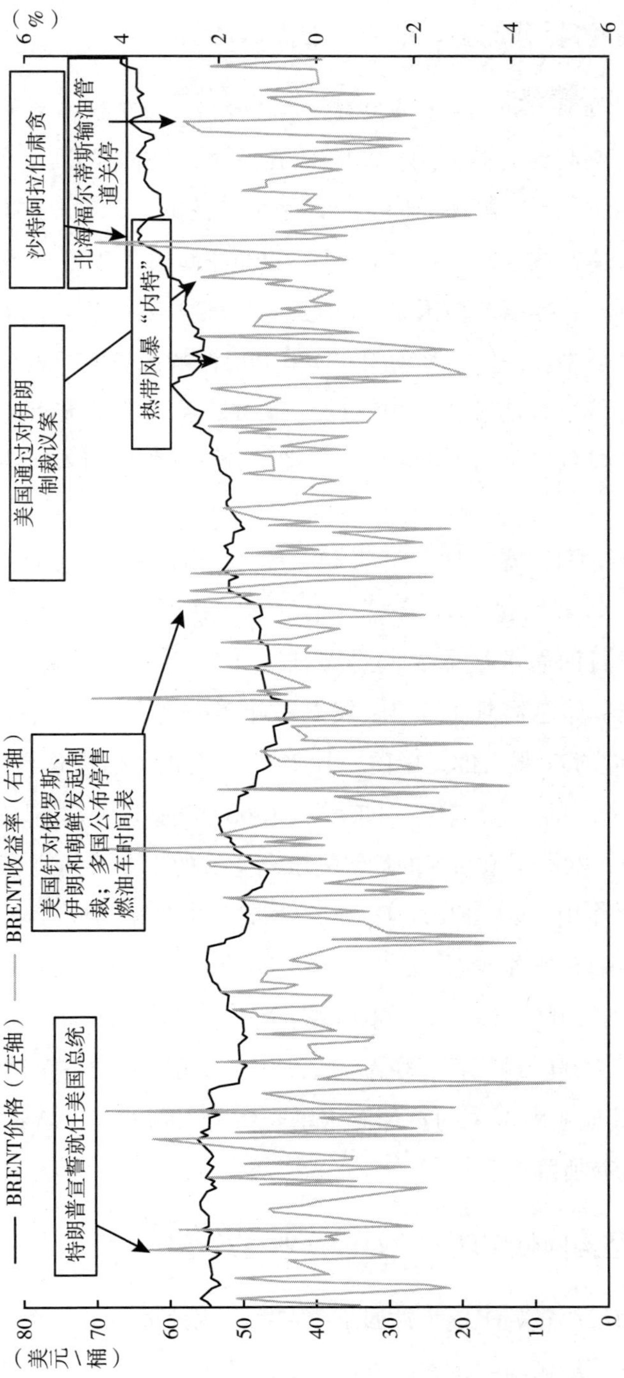

图 5　2017 年 BRENT 原油价格、收益率

数据来源：EIA，路透社。

（四）全球经济复苏加强，带动石油需求增长

需求在石油定价中占据着重要的位置，全球经济复苏加速带动了石油需求增长，对原油价格起到支撑作用。2017 年在发达经济体投资回升和亚洲制造业快速增长的驱动下，出现了近 7 年以来最广泛的全球增长同步上扬，全球约 120 个经济体（占全球 GDP 的 3/4）的经济增速都表现出了加强的趋势。美国、德国、日本以及韩国等发达经济体下半年的经济增速明显加快，新兴市场和发展中经济体中，中国、南非和巴西的经济增长表现则更为突出。随着全球经济增长的改善，2017 年全球石油需求高于预期，有效帮助舒缓了全球库存过剩以及北美页岩油增产和部分石油生产国未如约完成减产指标问题。

2017 年全球石油日均需求增长了约 150 万桶，需求总量达到日均 9780 万桶，增量较上一年日均超出 20 万桶，增量增幅超过 15%。从需求量来看，OECD 国家中石油需求量最大的是美国，其 2017 年石油总需求达到 2480 万桶/日，占全球总需求的 1/4，较上一年增长了约 10 万桶/日。非 OECD 国家中石油需求量最大的是中国，其 2017 年石油总需求达到 1250 万桶/日，占全球总需求的 1/8，较上一年增长了 60 万桶/日。从需求增速来看，OECD 国家中，欧洲国家强劲的运输需求和坚实的工业部门进展对需求增长加速起到主要作用；非 OECD 国家中，亚洲国家成为 2017 年石油需求增长加速的主力，石油需求增长的近一半来自中国市场。2017 年亚洲国家石油日均总需求增长 100 万桶，上一年总需求增长为 80 万桶/日。其中，中国的石油需求增长为 60 万桶/日，增量为 2016 年的两倍，约占全球石油需求增量的 40%；其他亚洲国家的石油需求增长为 40 万桶/日，增量较上一年（50 万桶/日）有所降低。

（五）能源结构向低碳转型，石油产业持续承压

当前全球能源结构正处于逐步转型阶段。在科技进步、环保需求和政策支持的共同推动下，能源结构正在向更加清洁和低碳的能源转型。根据国际

能源机构发布的《2017 可再生能源发展报告》，2016 年可再生能源占 OECD 初级能源供应总量的 9.7%，达到 1990 年以来的最高份额。而从更长的时间维度来看，新能源对传统化石能源的替代使石油产业受到长期转型所带来的持续压力。①

在新能源的发展中，尤其突出的是太阳能光伏市场和新能源汽车的发展。太阳能成本的大幅下降和政策支持，推动了太阳能光伏市场的蓬勃发展。2016 年可再生能源占全球净新增电力容量的近 2/3，其中太阳能光伏发电增长了 50%，首次超过煤炭的净增长。太阳能电力容量增加超过了 74 吉瓦（7.4×10^7 千瓦），近一半来自中国。同时，可再生能源电力协议价格低至 3 美分/度，其中包括印度、阿拉伯联合酋长国、墨西哥和智利在内的许多地区太阳能和风能电力采购协议的合同价格甚至接近或低于新建天然气和煤炭发电厂的发电成本。2017 年 G20（二十国集团）峰会上，一些国家已经拟定对燃油车销售和使用的限制措施，新能源汽车的发展前景备受瞩目。事实上，得益于产业产能、新能源汽车性能的提高以及补贴政策的影响，新能源汽车全球销售在 2014～2016 年已实现了 48% 的年复合增长率，2017 年全球新能源乘用车销量增长了 58%。尽管电动汽车是影响石油需求的一个重要因素，但根据国际能源机构的估计，到 2022 年电动汽车也只能取代有限数量的运输燃料，还有占陆运汽油消耗比例 43% 的货运车尚未得到有效渗透。

虽然目前新能源的发展仍是一个相对缓慢的过程，但石油产业应当警惕能源转型所带来的长期压力。油价的持续高企将会刺激和加速新能源产业的发展，从而反过来影响石油需求，压制油价。

（六）能源效率提升降低石油需求增速

能源效率是用能源密集度，即单位能源创造的 GDP 来衡量的。能源效

① International Renewable Energy Agency（IRENA），"Renewable Energy Statistics 2017"，December 2017.

率的提升能降低对能源的需求，2016 年家庭能源消耗降低了 10% ~30%，工业能源消耗在 2000~2016 年降低了 20%。尤其对于新兴国家而言，高效的能源使用率能有效降低其经济增长过程中所需的能源需求量。能源效率的提升减少了许多国家的能源进口量。以日本为例，能源高效利用在 2016 年为其节约了 20% 的石油进口。

目前，全球能源效率处在持续上升阶段。2010 年至今，能源密集度以每年 2.1% 的速度降低，这相较于前 40 年每年 1.3% 的下降速度有明显进步。从 2017 年 IEA 公布的数据来看，2016 年全球 GDP 增长了 3%，但能源需求仅上涨了 1.1%，能源密集度较上一年降低了 1.8%，反映了在强劲的经济增长下，能源需求的增长在减速。其中中国的成绩最为突出，2016 年其能源密集度降低了约 5.2%。美国和欧盟的能源密集度分别降低了 2.9% 和 1.3%。

作为一种重要的能源资源，石油需求一定程度上会受到能源效率提升的影响，但要形成颠覆性的影响，全球能源效率一年需要提高至少 2.6%，而目前离这个目标还很远。① 再加上近年全球能源效率政策的落实率较低，降低了能源效率提升的速度，弱化了其对石油需求增速的影响。

（七）衍生品市场风险增大油价波动

2017 年衍生品市场规模持续增长，一定程度上增大了油价波动。根据 2017 年美国芝加哥商品交易所的交易数据，原油衍生品市场期货合约未平仓量整体呈现大幅上升的趋势，均值由 2016 年的 181 万份上涨到 2017 年的 228 万份，增幅约 26%。

不仅是规模增长，市场多头头寸比例在 2017 年也创新高。多空头比例反映了原油市场情绪的变化。根据商品期货交易委员会（CFTC）公布的交易者数据，2017 年资金经理在原油期货中建立的多头头寸人数和空头头寸人数比例呈现 U 型，尤其是在 2017 年末原油的月度合约达到 2015 年下半年

① Organization for Economic Co-operation and Development (OECD) and International Energy Agency (IEA), "Energy Efficiency 2017", Energy Efficiency Division of the IEA, 2017.

以来的高点（见图6）。下半年数据显示原油期货价格受到美国钻井平台数据信息的影响有所下跌，而在此之后，中东地缘政治的发展以及减产协议期限的延长又将油价推至两年以来的最高水平，资金经理多头头寸比达到新高。上半年在经历了年初的看多情绪之后便出现大幅下降，由于初期多头仓位的建立与供应基本面脱节，一定程度上使石油市场易受到价格下跌的影响，增大了上半年的油价波动。

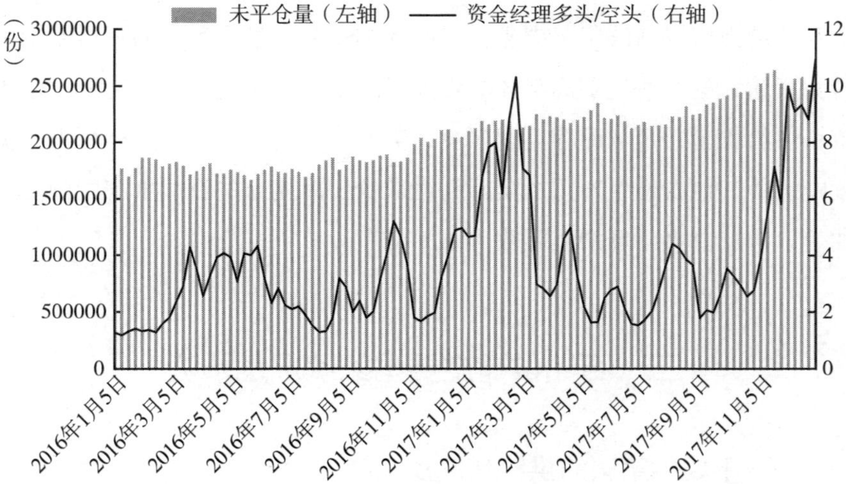

图6　2016～2017年原油期货未平仓量以及资金经理头寸

数据来源：CFTC。

（八）美元贬值助推后半段油价上涨

从2017年上半年原油价格与美元指数的走势来看，两者的负关联较弱，甚至出现了较为明显的同向走势。上半年油价主要受到OPEC和美国页岩油之间的博弈影响，受美元影响相对较弱。在美国页岩油产量大幅上涨之前，以沙特阿拉伯为首的OPEC一直掌握着定价权，对油价的影响最大。随着美国页岩油的崛起，美国石油产量对油价的影响越来越大。美国的石油增产与OPEC减产一直背道而驰，即使在油价低迷时期，美国被迫削减了页岩油产量之后，仍未停止页岩油钻机投入的增加。美国可以通过降低对 OPEC 石油进口的依赖，同时增加出口所占的比重，使石油收入成为美国经济的重要部分。在 OPEC 产油国落实减产协议与美国增产的反复拉锯中，尽管美元指数在持续下行，但市场供给因素占主导地位，美元走势对油价的影响较为微弱，上半年油价呈现波动下滑的走势。

从油价与美元下半年的走势来看，两者表现出明显的负向走势，美元持续贬值对于后半段油价的上涨有一定的助推作用。尽管 2017 年下半年由于经济和劳动力市场的改善美国进行了两次加息，加息后美国的货币政策由宽松转为紧缩，但一些主要经济体的强劲经济表现导致美元持续走低。由于原油市场供给收紧、市场库存逐渐减少，美元贬值给油价增加上行压力，美元持续贬值使其他石油生产国的实际利润减少，因此这些石油生产国倾向于提高油价以维持世界市场的实际收入。

三　石油供需主要国家状况及预测

（一）主要供给国的供给状况及预测

1. 美国

OPEC 对 2017 年美国原油产量的估计上调至 9. 73 百万桶/日，这主要得益于其在飓风灾害后快速的产能恢复。① 2018 年美国原油产量估计将上涨 87 万桶/日，达到 10. 14 百万桶/日。美国常规原油产量在 2016 年、2017 年分别较上一年减少了 29 万桶/日、3 万桶/日，预计在 2018 年将减产 5 万桶/日至 2. 94 百万桶/日。墨西哥湾原油产量在最近两年都保持了稳定的增量，预计 2018 年将增长 7 万桶/日至 1. 73 百万桶/日。美国页岩油产量扭转了 2016 年的下跌趋势，2017 年产量回升至 4. 62 百万桶/日，并预计在 2018

① Organization of the Petroleum Exporting Countries (OPEC), "Monthly Oil Market Report", December 2017.

年增产80万桶/日至5.42百万桶/日。页岩油上游投资对于油价十分敏感，2017年油价回升为页岩油这类高成本资源市场带来了投资增长，而美国由于较低的服务成本、较高的运营效率、通过新技术进步获得的可开发资源以及稳定的监管框架，导致页岩油项目投资回收期缩短，因此这些投资在未来几年将大部分集中于美国。[①] IEA预计，美国将有望超过沙特阿拉伯和俄罗斯成为最大的石油供应国。

2. 俄罗斯

根据IEA的数据，2017年俄罗斯原油产量同比增长5.5万桶/日至10.35百万桶/日。在2016年底的减产协议中，俄罗斯承诺在1160万桶/日的基准上减产幅度为30万桶/日，尽管2017年俄罗斯与OPEC联合实行减产，但其石油产业仍处于扩张状态，原油产量实现了连续攀升。俄罗斯2017年的平均减产执行率约为81%。按照OPEC和非OPEC产油国之间延长到2018年底的减产协议调整水平，预计到2018年，俄罗斯石油供应将减少19.9万桶/日，达到日均10.98百万桶。

（二）部分主要需求国的需求状况及预测

1. 中国

2017年中国石油需求增长了48万桶/日，达到1770万桶/日。随着中国经济增长背景下运输和工业部门对石油的需求增加，11月中国石油需求延续了前几个月的增长势头，同比增加约63万桶/日，增幅达到6%。其中，汽油需求量达2016年3月以来的最高增幅，同比增加20万桶/日，与汽车销售同比增长率保持一致。预计2018年中国石油需求将呈现上涨的趋势，需求量将增加41万桶/日。[②] 这主要源于中国经济增长带来的石油化工产品需求的增长和交通运输燃油需求的增长。石油化工产品是全球石油需求

---

① Organization of the Petroleum Exporting Countries (OPEC), "Monthly Oil Market Report", January 2018.

② U. S. Energy Information Administration (EIA), "Tight Oil Expected to Make Up Most of U. S. Oil Production Increase through 2040", February 13, 2017.

增长的关键驱动，尤其是在美国和中国。经济增长提高了高收入中产家庭的比例，预示着对个人护理用品、食品防腐剂、油漆、汽车和工业用润滑油等这些以石油副产品为原料的产品需求上升。同时，中国工业部门的燃料替代和新能源汽车的推广将为中国的石油需求带来下行的可能。中国现阶段迫切需要解决城市空气污染问题，因此正在加紧布局新能源的使用，部分取代了对石油的需求。

2. 美国

2017 年美国石油需求上涨 23 万桶/日至 24. 97 百万桶/日。2017 年美国 GDP 增长强劲，前 10 个月美国的石油需求与美国经济保持稳定的同步增长，但在第四季度由于燃料替代和天气转暖，美国石油需求增长部分被液化石油气和柴油需求缩减所抵消。从 10 月的数据来看，美国液化石油气和柴油需求分别同比下降了 -0. 2% 和 -0. 5% 。不断改善的劳动力市场以及持续强劲的国内需求将为 2018 年美国经济增长提供动力。此外，美国减税法案（2017 年税收减免和就业法案）也将为 2018 年的经济增长形成支持。考虑到下半年强劲的增长势头以及税收法案的实施，OPEC 将 2018 年美国 GDP 增长预测提升至 2. 6% ，并预计 2018 年美国石油需求将温和增长至 2040 万桶/日。

3. 印度

2017 年印度石油需求为 4. 65 百万桶/日，较上一年上涨了 10 万桶/日。2017 年印度的经济活动有明显改善，第三季度最新 GDP 增长从第二季度的 5. 7% 飙升至 6. 3% ，石油需求由 4. 49 百万桶/日上升至 480 万桶/日。印度制造业采购经理人指数（PMI）也从 11 月的 52. 6 上升至 12 月的 54. 7。印度 2017 年 11 月的增长率看起来非常可观。工业产品和燃料是拉动石油需求增长的主要因素，同比增长达到 16% 。此外，政府公布的公路建设和液化石油气分销系统的扩张项目为石油需求的增长提供了支持。根据 IEA 数据，预计印度 2018 年石油需求将大幅上涨 32 万桶/日，达到 4. 97 百万桶/日。

四　世界石油市场展望

（一）世界石油需求将加速增长

2017 年，全球经济复苏加速，经济增速从 2016 年的 2.2% 提高至 2017 年的 3.7%。根据国际货币基金组织①的预测，未来两年将延续 2017 年强劲的增长势头，全球经济增长率预测为 3.7%，该预测在近期又上调 0.2 个百分点至 3.9%（IMF，2018）。OECD 国家在美国欧元区的支持下，2018 年预计经济增长率为 2.2%，仅略低于 2017 年的 2.3%。非 OECD 国家中，中国经济增长势头预计将在 2018 年略有放缓，由 2017 年的 6.8% 降至 6.5%，而预计印度经济增速将回升，很可能从 2017 年增长缓慢的 6.5% 反弹到 2018 年 7.4% 的增长率。巴西和俄罗斯预计将在 2018 年继续复苏，增长率分别由 2017 年的 0.8% 和 1.4% 增长至 1.5% 和 1.8%（见图 7）。

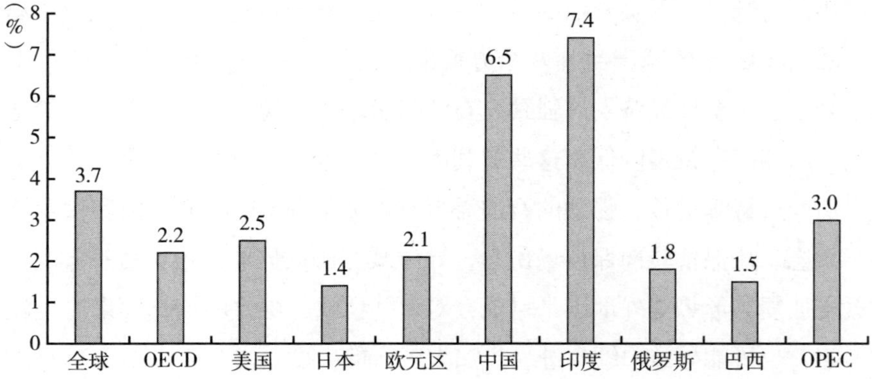

图 7　2018 年全球部分国家实际 GDP 增长率预测

数据来源：OPEC。

① International Monetary Found（IMF），“Brighter Prospects，Optimistic Markets，Challenges Ahead”，World Economic Outlook Update，January 2018.

2018年世界石油需求增长率估计为1.51百万桶/日。石油需求增长来自OECD和非OECD国家工业部门、建筑能源以及运输燃料需求，其中运输部门的扩张将为石油需求贡献大部分的增长量，石油化工部门的石油需求将成为美国、中国、韩国以及中东地区石油需求快速增长的重要方面。未来5年，石油需求将继续上升，2019年将可能超过100百万桶/日。①

（二）OPEC减产协议期限延长面临不确定性

2017年末，OPEC和由俄罗斯牵头的非OPEC产油国协议将减产延续至2018年底，这也造成了2017年末原油价格的加速上涨。延长减产期限协议中，对于OPEC产油国，限制其产量减少120万桶/日，降至3250万桶/日；而非OPEC产油国产量减少55.8万桶/日；此外，延期减产协议中加入了之前豁免的利比亚和尼日利亚。该协议将会通过2018年6月的减产状况评估进行相关的调整。随着油价反弹至60美元/桶的水平，盈利的油田数目正在逐步增加，这也将刺激勘探和原油生产企业的并购活动大幅增加，全球供应或将逐步增加。在此背景下，2018年延续减产协议的策略显得尤为重要。减产协议将继续在与页岩油的博弈中试图支撑石油市场去库存，从而推动价格上涨。2018年的减产面临两个方面的不确定性：一方面是减产执行中止的不确定性。全球经济发展强劲、石油需求增长加速、减产控制下供给增长缓慢、原油库存持续降低，这些有利因素都将推动油价上涨。高油价下美国页岩油产量持续增长，强劲的石油需求有可能削弱OPEC成员国和俄罗斯的减产意愿，从保价转向保市场份额，导致减产协议提前终止。另一方面，美国页岩油复苏形势等外部因素可能会对OPEC减产协议的执行效果产生较大的影响，也可能导致OPEC进一步加大减产的力度。

（三）最大的不确定性来自美国石油产业

2018年非OPEC国家石油供应增长率为0.99百万桶/日，达到

① Organization of the Petroleum Countries (OPEC), "Monthly Oil Market Report", December 2017.

58.81 百万桶/日。其中，美国、加拿大、巴西、哈萨克斯坦、英国、加纳、刚果和澳大利亚预计将是推动供给增长的主要国家，而墨西哥、中国、俄罗斯、哥伦比亚、阿塞拜疆和挪威预计将进一步减少石油供应（见图8）。

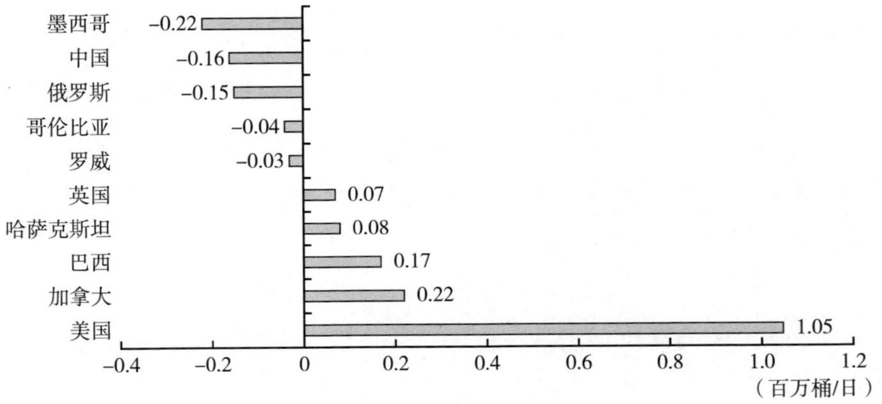

图8　2018年非OPEC国家石油供给变化量预测

数据来源：OPEC。

长期来看，美国产量增加依然是原油市场再平衡的不确定性因素。2017年末，美国原油产量的增长速度已经达到日均846千桶，预计2018年美国石油供应增长将达到日均1.05百万桶。美国未来有望超过沙特阿拉伯和俄罗斯，成为全球最大的石油供应商。尤其是大幅度的成本压缩之后，美国的页岩油将为美国石油产业带来重大机遇。不仅是市场份额扩张，美国石油产业也许将迎来由进口向出口倾斜的重大转变，这将对世界石油市场格局会产生极大的影响。① IEA预计石油新增供应的最大比例来自美国，如果油价保持在60美元/桶左右，美国轻质致密油产量将强劲反弹，到2022年将增长至日均140万桶。由于生产率显著提高，IEA对美国轻质致密油的预期高于

① U. S. Energy Information Administration（EIA），"Tight Oil Expected to Make up Most of U. S. Oil Production Increase through 2040"，February 13，2017.

上年的预期。如果油价进一步上涨至 80 美元/桶，可能加速美国页岩油的生产，美国的长期目标产量将在 5 年内增长至 300 万桶/日。如果价格下跌至每桶 50 美元，美国产量可能会出现下降，但较难出现大幅下降。

（四）委内瑞拉局势将影响石油供给

2017 年委内瑞拉的被动减产对世界石油市场减少供给有显著贡献。委内瑞拉是世界上原油产量最丰富的国家之一，其石油收入约占出口收入的 95%，石油和天然气部门约占 GDP 的 25%。由于委内瑞拉政府管理不善以及内部腐败，加上油价长期低迷，委内瑞拉一直在经济危机中挣扎。2017 年 12 月，由于债务和基础设施问题，委内瑞拉石油产量减少至 161 万桶/日，接近 30 年低点，这帮助油价在 2018 年初突破 70 美元/桶，达到 3 年来的最高水平。委内瑞拉仍然是一个未知数。2018 年委内瑞拉局势恶化将导致石油产量进一步下降。在面临超高通胀、经济衰退、食物短缺、债务违约等问题的背景下，美国正在考虑对委内瑞拉石油产业实施制裁，禁止委内瑞拉对美国的石油出口。而委内瑞拉 2018 年 4 月提前举行的大选可能引发更多的内乱和经济制裁，这将进一步削减石油产量。

（五）突发事件对油价的短期影响增强

过去一年世界石油市场的供给过剩局面已经得到了良好的转变，非预期事件对油价的短期冲击增强。2017 年非预期事件频发，飓风、热带风暴、油管破裂、海上设备火灾、伊拉克动乱、沙特政局变动以及美国针对俄罗斯、伊朗和朝鲜发起制裁等一系列自然灾害和地缘政治事件在短期内均对油价产生了显著的影响。2018 年地缘政治局势紧张，特别是东亚和中东地区，这给石油产业供给带来了不确定性。政治上的不确定性，包括巴西、哥伦比亚、意大利和墨西哥等国家即将举行的选举可能给改革实施带来风险。极端天气事态的发展，包括大西洋飓风等严重气候事件的风险，这些事件给受影响地区造成了不稳定。随着石油市场平衡的进一步深化，突发性事件对油价的影响将进一步增强。

（六）美元升值预期或对油价形成打压

2017 年美元整体呈现走弱趋势，全年贬值约 9.8%，为近 3 年来的最大跌幅。2018 年初美元继续贬值，在国内经济走强、美国税改以及美联储预期加息的背景下，美元仍然延续下降趋势。美元持续贬值有多方原因，主要原因是在全球经济普遍呈现复苏态势的背景下，其他国家的经济相对于美国将有更强劲的发展。其次，2018 年全球货币政策收紧，而美联储“鸽派”的渐进式加息模式导致最终加息落地情况低于预期，在一定程度上影响了美元走势。如果美元持续走低，将配合市场基本面进一步推高原油价格。但后期随着税收改革计划影响的加大，加上潜在的通货膨胀率上升，可能导致加息的速度超过当前预期，如果美元温和升值，将对油价有压制作用，但不会成为油价下跌的主要推手。

综合以上讨论，2018 年全球经济持续向好，带动全球石油需求增长加速，再加上 OPEC 产油国减产协议的期限延长，这都将有利于稳住 2017 年市场调整的成果。但考虑到市场供给弹性空间较大，仍存在诸多不确定性，若减产协议提前中断，美国石油供给加速增长，则市场供需局面可能会恢复到减产前的状态，石油价格受挫下行，原油价格有可能下跌至 50 ~ 60 美元；而石油供给若能得到良好的控制，则预计可以维持市场供给收紧局面，原油价格有望上涨至 60 ~ 70 美元，而地缘政治风险加剧将增大油价波动，并可能进一步将油价推高至 70 ~ 90 美元。

B.3
世界天然气市场：价格与供需

姜 勇*

摘 要： 在新的世界天然气市场环境下，天然气市场的供需关系与贸易规律正在发生复杂的变化。在此背景下，深入分析世界天然气市场的基本情况和发展趋势，包括世界天然气资源储量及产量情况、天然气市场消费现状及需求发展趋势、天然气市场价格体系现状及价格趋势，以及天然气市场营销竞争情况等，有助于了解世界天然气市场的新秩序，推进世界天然气市场的一体化进程。

关键词： 天然气市场　天然气价格　天然气供需关系　天然气储量　天然气产量

中国国家能源局印发的《2018年能源工作指导意见》提出：加快天然气"产供储销"体系建设，将天然气在全国能源消费中的比重提高到7.5%左右。同理，世界天然气市场也就是由"产供储销"体系有机组成的，因为总体来说世界天然气市场是世界商品市场的一种，是全球化天然气交易行为的总称，主要包括天然气的资源生产供应、储存运输、市场营销等。

世界天然气市场通过各国不同的天然气供求关系的信息反馈，启动市场

* 姜勇，2004年河北地质大学毕业进入中石油管道局工作，现任中国石油北京油气调控中心技术处高级主管、地面建设与油气储运专业高级工程师、国家注册一级（最高级别）安全评价师、中国法学会能源法研究会专家会员。

机制完成各异的营销计划——生产多少、储运多少、定价多少，联结商品经济发展过程中的产、供、销各方，为产、供、销各方提供天然气交易的方向指引，以此实现天然气生产方、储运销售方和消费方各自的经济利益，促进世界市场经济的发展。

本文按照世界天然气市场的资源储量和产量、消费供求变化、储运价格趋势、市场营销竞争四个小节概况阐述如下。

一　世界天然气资源储量和产量

（一）世界天然气资源储量和产量

1. 世界天然气储量

全球的天然气资源储量非常丰富，2006 年世界天然气剩余探明可采储量为 158. 2 万亿立方米；2016 年世界天然气剩余探明可采储量达到 186. 6 万亿立方米，较上一年轻微增加了 1. 2 万亿立方米，该储备足以保证全世界多于 50 年的生产生活用气需要（见表 1）。根据普氏能源资讯 2018 年 6 月 7 日伦敦的报道，石油输出国组织（OPEC）在其年度统计公报中公布的最新统计数据显示，2017 年全球探明天然气储量上升了 0. 2% 至 199. 4 万亿立方米。不用担心“资源枯竭论”，随着新气田的发现和勘探开采技术的进步，天然气剩余探明可采储量有进一步上升的空间。

表 1　世界主要国家和地区天然气剩余探明可采储量

单位：万亿立方米

国家	1996 年	2006 年	2016 年	
			储量	占全球比（%）
美国	4. 7	6. 0	8. 7	4. 7
加拿大	1. 9	1. 6	2. 2	1. 2
墨西哥	1. 8	0. 4	0. 2	0. 1
北美洲合计	8. 5	8. 0	11. 1	6. 0
阿根廷	0. 6	0. 4	0. 4	0. 2
委内瑞拉	4. 1	4. 7	5. 7	3. 1

续表

国家	1996年	2006年	2016年	
			储量	占全球比(%)
中南美洲合计	6.0	7.2	7.6	4.1
俄罗斯	30.9	31.2	32.3	17.3
荷兰	1.6	1.2	0.7	0.4
挪威	1.5	2.3	1.9	0.9
欧洲和欧亚大陆合计	39.8	42.8	56.7	30.4
伊朗	23.0	26.9	33.5	18.0
卡塔尔	8.5	25.5	24.3	13.0
阿联酋	5.8	6.4	6.1	3.3
沙特阿拉伯	5.7	7.1	8.4	4.5
伊拉克	3.4	3.2	3.7	2.0
中东合计	49.2	72.6	79.4	42.5
阿尔及利亚	3.7	4.5	4.5	2.4
尼日利亚	3.5	5.2	5.3	2.8
埃及	0.8	2.0	1.8	1.0
非洲合计	10.2	14.4	14.3	7.6
马来西亚	2.4	2.5	1.2	0.6
印度尼西亚	2.0	2.6	2.9	1.5
澳大利亚	1.3	2.3	3.5	1.9
中国	1.2	1.7	4.8	2.9
印度	0.6	1.1	1.2	0.7
亚太地区合计	9.9	13.2	17.5	9.4
世界合计	123.5	158.2	186.6	

数据来源：《BP世界能源统计年鉴2017》。

世界常规天然气资源主要集中在俄罗斯和中东地区。2017年世界天然气探明储量前三位依次是伊朗、俄罗斯、卡塔尔。根据英国石油公司（BP）最新发布的《世界能源展望2018》（中文版）预测，到2030年，非常规天然气资源将占北美地区天然气总产量的63%左右。欧洲地区和亚太地区的非常规天然气产量也会得到进一步的发展。

联合国贸易和发展会议（UNCTAD）最新报告显示：全球可采页岩气总储量约214.5万亿立方米。其中，中国排名世界第一（31.6万亿立方米）、阿根廷第二（22.7万亿立方米）、阿尔及利亚第三（20万亿立方米）、美国第四（17.7万亿立方米）。

另外，根据《中国石油报》的报道，中石油董事长王宜林2018年5月28日赴川渝地区调研页岩气勘探开发工作时表示："中国石油计划到2025年页岩气产量达到200亿立方米。"英国石油（BP）公司最新发布的《世界能源展望2018》认为："到2040年中国将成为仅次于美国的第二大页岩气生产国。"

"可燃冰"（Combustible ice）本质上也是天然气，其实质就是天然气水合物（Natural Gas Hydrate，简称Gas Hydrate），1立方米可燃冰=164立方米天然气+0.8立方米水。全球海底可燃冰分布面积达4000万平方公里，够人类使用1000年。2011年，世界上已发现的可燃冰分布区多达116处，其矿层之厚、规模之大是常规天然气田无法比的。

2. 世界天然气产量

世界天然气市场将保持"产销两旺、总体宽松"的态势。2016年世界天然气产量为3.55万亿立方米，同比增长0.6%，2017年世界天然气产量约为3.7万亿立方米，同比增长4.2%。新增产量主要来自中东、亚太和北美（美国）地区，非洲产量保持平稳，欧洲（不含俄罗斯）产量下滑，俄罗斯能源部副部长较早前表示2017年俄罗斯天然气总产量为6900亿立方米，创25年来新高。从大趋势来看，世界天然气产量仍然高于消费量。

表2　世界主要国家和地区天然气产量*

单位：十亿立方米

国家和地区	近五年数据					年平均增长率(%)		占比(%)
	2013年	2014年	2015年	2016年	2017年	2017年	2006~2016年	2017年
美国	655.7	704.7	740.3	729.3	734.5	1.0	3.8	20.0
加拿大	151.9	159.1	160.9	171.6	176.3	3.0	-0.4	4.8
墨西哥	52.5	51.3	47.9	43.7	40.7	-6.5	-1.0	1.1
北美总计	860.1	915.1	949.2	944.6	951.5	1.0	2.6	25.9
阿根廷	34.6	34.5	35.5	37.3	37.1	-0.1	-1.8	1.0
玻利维亚	19.6	20.3	19.6	17.6	17.1	-2.6	3.5	0.5
巴西	22.3	23.7	24.2	24.5	27.5	12.4	7.7	0.7
哥伦比亚	13.2	12.3	11.6	10.9	10.1	-6.5	4.9	0.3
秘鲁	12.4	13.1	12.7	14.0	13.0	-6.9	23.4	0.4

续表

国家和地区	近五年数据					年平均增长率(%)		占比(%)
	2013 年	2014 年	2015 年	2016 年	2017 年	2017 年	2006～2016 年	2017 年
特立尼达和多巴哥	41.7	40.9	38.5	33.5	33.8	1.2	-1.5	0.9
委内瑞拉	30.6	31.8	36.1	38.0	37.4	-1.3	0.9	1.0
其他中南美洲国家	2.5	2.4	2.7	2.9	2.8	-2.5	-2.8	0.1
中南美洲总计	176.9	179.1	180.9	178.8	179.0	0.4	1.4	4.9
丹麦	5.0	4.8	4.8	4.7	5.1	7.7	-8.0	0.1
德国	8.6	8.1	7.5	6.9	6.4	-7.6	-8.2	0.2
意大利	7.4	6.9	6.5	5.6	5.3	-4.0	-6.2	0.1
荷兰	71.8	60.6	45.4	42.0	36.6	-12.6	-4.2	1.0
挪威	107.9	108.0	116.2	115.8	123.2	6.7	2.8	3.3
波兰	4.4	4.3	4.3	4.1	4.0	-2.0	-0.9	0.1
罗马尼亚	10.0	10.2	10.2	9.1	10.3	14.2	-2.0	0.3
英国	37.0	37.4	40.7	41.8	41.9	0.6	-6.7	1.1
其他欧洲国家	7.2	6.3	6.1	8.7	9.1	5.0	-2.1	0.2
欧洲总计	259.4	246.7	241.7	238.6	241.9	1.7	-2.3	6.6
阿塞拜疆	17.4	18.4	18.8	18.3	17.7	-2.7	10.7	0.5
哈萨克斯坦	21.4	21.7	22.0	22.9	27.1	18.6	4.2	0.7
俄罗斯	614.5	591.2	584.4	589.3	635.6	8.2	-0.3	17.3
土库曼斯坦	65.2	70.2	72.8	66.9	62.0	-7.1	0.6	1.7
乌克兰	20.2	20.2	18.8	19.0	19.4	2.5	-0.5	0.5
前苏联	n/a	n/a	n/a	n/a	n/a	n/a	n/a	n/a
乌兹别克斯坦	53.9	54.2	54.6	53.1	53.4	0.8	-1.1	1.5
其他独联体国家	0.2	0.2	0.2	0.2	0.2	-6.1	-0.4	◆
独联体总计	792.8	776.1	771.6	769.8	815.5	6.2	◆	22.2
巴林	14.0	14.7	14.8	14.7	15.1	3.0	3.2	0.4
伊朗	164.3	183.1	191.4	203.2	223.9	10.5	6.3	6.1
伊拉克	7.1	7.5	7.3	9.9	10.4	5.3	21.8	0.3
科威特	15.5	14.3	16.1	16.4	17.4	6.1	3.4	0.5
阿曼	30.8	29.3	30.7	31.4	32.3	2.9	2.6	0.9
卡塔尔	167.7	169.1	175.2	177.0	175.7	-0.5	12.9	4.8
沙特阿拉伯	95.0	97.3	99.2	105.3	111.4	6.1	4.2	3.0
叙利亚	5.0	4.6	4.1	3.6	3.1	-14.6	-4.7	0.1
阿联酋	53.2	52.9	58.7	59.6	60.4	1.8	2.3	1.6
也门	10.4	9.8	2.9	0.6	0.7	2.1	n/a	◆
其他中东国家	6.3	7.3	8.1	9.0	9.5	5.7	14.1	0.3

续表

国家和地区	近五年数据					年平均增长率(%)		占比(%)
	2013 年	2014 年	2015 年	2016 年	2017 年	2017 年	2006～2016 年	2017 年
中东总计	569.1	589.9	608.4	630.8	659.9	4.9	6.5	17.9
阿尔及利亚	79.3	80.2	81.4	91.4	91.2	0.1	1.2	2.5
埃及	54.0	47.0	42.6	40.3	49.0	22.1	-2.6	1.3
利比亚	12.2	11.8	12.4	11.2	11.5	2.9	-1.1	0.3
尼日利亚	34.4	42.8	47.6	42.6	47.2	11.0	4.3	1.3
其他非洲国家	18.5	18.8	19.7	21.5	26.0	21.7	7.0	0.7
非洲总计	198.3	200.6	203.6	207.0	225.0	9.0	1.1	6.1
澳大利亚	61.8	66.6	76.0	96.4	113.5	18.0	9.0	3.1
孟加拉国	22.0	23.0	25.9	26.5	26.6	0.8	6.3	0.7
文莱	11.9	11.6	12.2	11.7	12.0	2.5	-0.4	0.3
中国	121.8	131.2	135.7	137.9	149.2	8.5	8.9	4.1
印度	31.9	30.2	29.2	27.3	28.5	4.5	-0.3	0.8
印度尼西亚	77.6	76.4	76.2	70.7	68.0	-3.6	-0.6	1.8
马来西亚	72.9	72.0	73.9	75.6	78.4	4.1	1.0	2.1
缅甸	12.9	16.5	19.2	18.3	18.0	-1.4	4.0	0.5
巴基斯坦	35.6	35.0	35.0	34.7	34.7	0.2	0.4	0.9
泰国	43.3	43.6	41.2	40.4	38.7	-4.0	4.8	1.1
越南	9.4	9.9	10.3	10.2	9.5	-7.4	4.2	0.3
其他亚太国家和地区	18.6	23.5	29.3	30.5	30.6	0.6	7.7	0.8
亚太总计	519.6	539.4	564.0	580.3	607.5	5.0	4.0	16.5
世界总计	3376.2	3446.9	3519.4	3549.8	3680.4	4.0	2.2	100.0
经合组织国家	1184.2	1232.3	1271.1	1286.6	1313.6	2.4	1.9	35.7
非经合组织国家	2192.0	2214.6	2248.3	2263.2	2366.8	4.9	2.3	64.3
欧盟	150.4	137.6	124.5	121.8	117.8	-3.1	-5.3	3.2

* ◆表示小于 0.05%，n/a 表示没有。

资料来源：Cedigaz（法国天然气市场智库）的数据，*BP Statistical Review of World Energy*，June 2018。

2015 年以前，北美地区的天然气产量以每年约 0.3% 的速度增长。2016 年以后，北美地区的天然气产量下滑了 2% 左右。为了弥补常规气田产量的下跌，美国正在加大生产非常规天然气资源的力度。根据美国能源信息署预测，美国非常规天然气产量预计到 2030 年将占总产量的一半，墨西哥和加拿大天然气产量将下跌。

欧洲（不含俄罗斯）主要的天然气生产国家，即英国、挪威和荷兰的天然气产量占欧洲地区总产量的80%，且预计未来产量会维持现状或小幅度增加。

亚太地区的天然气市场发展非常活跃，未来年增长率可达3%。作为亚太地区最大的天然气出口国，印度尼西亚反而面临天然气供应紧张的情况。中国天然气产量对亚太地区总产量的贡献极大，并且中国的天然气需求增长最快。

（二）中国天然气资源储量和产量

1. 中国天然气储量

公开数据显示，2016年中国天然气新增探明地质储量7265.6亿立方米，2017年中国天然气新增探明地质储量超过8000亿立方米，连续15年超过5000亿立方米（见图1）。目前，全国累计天然气探明地质储量13.74万亿立方米，剩余技术可采储量5.44万亿立方米。

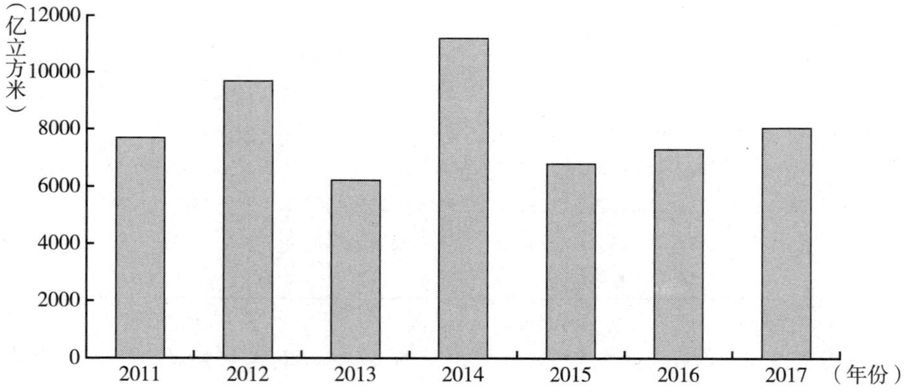

图1　2011～2017年中国天然气新增探明地质储量

资料来源：笔者根据公开数据整理。

中国常规天然气资源分布不均，其储量主要集中在地质构造复杂的中部、西部盆地地区。四川盆地、塔里木盆地、鄂尔多斯盆地存储的天然气占全国天然气总储量的80%。

非常规气方面：2016 年，中国页岩气探明地质储量高达 5441.29 亿立方米，中国国土资源部油气中心估算的中国页岩气可采资源储量大约 31 万亿立方米——世界第一；中国煤层气资源丰富，中国埋深 2000 米以内的浅煤层气地质资源量约 36 万亿立方米，中国煤层气可采资源总量约 10 万亿立方米。

另外，中国可燃冰储量世界第一，在 215 万平方公里的冻土区下，可燃冰的远景资源量可达 350 亿吨油当量，海域可燃冰控制资源量达 40 亿吨油当量。2017 年，中国国土资源部地质调查局组织实施了首次南海神狐海域天然气水合物试采，创造了产气时长和总量的世界纪录。

2. 中国天然气产量

受“煤改气”等需求增长拉动，2017 年中国天然气产量大幅度增长，自产 1500 亿立方米，同比增长 9.4%，而 2016 年产量为 1371 亿立方米，增速仅为 1.6%（见图 2）。2017 年中国煤制气产量为 22 亿立方米，较上年爆炸式增长 33.5%；2017 年中国煤层气产量为 70.2 亿立方米，同比增长 8.2%。2016 年中国页岩气产量达到 78.82 亿立方米，仅次于美国、加拿大，居于世界第三位，实现了量和质的飞跃；2017 年页岩气产量约 90 亿立方米（中石化 60 亿立方米，中石油 30 亿立方米），同比增长高达 14.2%。

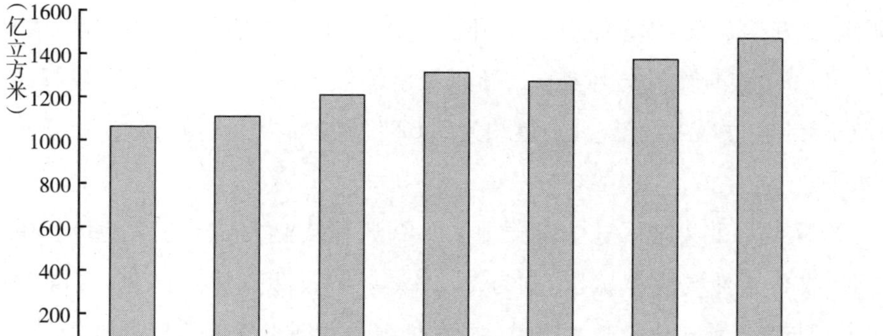

图 2　2011～2017 年中国天然气产量

资料来源：笔者根据公开数据整理。

随着中国政府大力推广天然气利用的政策利好，国内天然气产量将保持高速增长，预计 2018 年产量将超过 1600 亿立方米，2020 年产量将超过 1800 亿立方米。中国政府提出了 2030 年将天然气国内供应量扩大至现在的 3 倍即 6000 亿立方米的计划，届时国内天然气产量将超过 2800 亿立方米。

二　世界天然气市场消费供求变化

世界天然气总消费量呈稳中上升的趋势，天然气将逐渐抢占煤炭和石油资源市场，2017 年世界天然气市场消费量前三名还是美国、俄罗斯、中国。预计 2018 年世界天然气消费需求量约为 3.67 万亿立方米，同比增长 1.6% 左右，供需差将收窄至 100 亿立方米以内。亚太地区将成为天然气消费的最大区域，根据 BP《世界能源展望》预测，到 2030 年，非经合组织市场将占世界天然气需求增长的 76%，而中国在其增长中占 25% 的大比重。

（一）世界天然气市场消费供求变化

1. 世界天然气市场消费现状

（1）消费回暖，供求东移

2016 年以来，在世界能源消费增速放缓的背景下，天然气消费增加了 630 亿立方米，较 2015 年有所上升，但低于 2.2% 的过去 10 年平均水平。2017 年，受欧洲燃气发电增长、新兴经济体经济向好和亚太地区减煤抑核等政策影响，世界天然气消费量约为 3.62 亿立方米，增速重回过去 10 年平均水平。

2017 年，北美地区、中南美地区、欧洲和欧亚大陆、亚太地区、中东地区、非洲天然气消费占比分别为 26.3%、4.6%、28.8%、21.9%、14.5%、3.9%。与 5 年前相比，亚太地区、中东地区、非洲天然气消费占比分别上升了 2 个百分点、2.1 个百分点、0.3 个百分点，消费东移趋势明显。

2017 年，天然气消费量排名前 10 位的国家分别是美国、俄罗斯、中国、伊朗、沙特阿拉伯、日本、加拿大、德国、英国、墨西哥。其中，美国的天然气消费量遥遥领先，达到7708亿立方米。其他排名前10位的国家天然气消费量合计约为1.38万亿立方米，占世界天然气总消费量的30%左右。俄罗斯作为天然气储量大国，天然气消费量却在下降。

（2）欧美亚太此消彼长

2017年，北美地区天然气消费量约为9521亿立方米，同比下降0.9%，出现负增长。其中，墨西哥天然气消费量降幅最大，为18%；美国天然气消费量降幅不大，为1%。欧洲地区天然气消费量为5117亿立方米，同比增长5.2%。亚太地区天然气消费量增速明显，2017年增长722.5亿立方米（见表3）。中国、韩国、日本天然气消费量的提升是亚太地区天然气消费增速提升的重要原因。

表3　世界主要地区天然气消费增量

单位：亿立方米

年份	北美地区	中南美地区	欧洲	欧亚大陆	中东地区	亚太地区	非洲	合计
2015	187.2	69.6	154.7	-108.3	328.6	74.1	87.9	793.7
2016	52.2	-39.2	287.4	-90.3	186.8	207.0	23.4	627.4
2017	-158.9	-48.1	252.9	-108.7	112.7	722.5	13.8	786.2

数据来源：笔者根据公开数据整理。

2. 世界天然气市场消费供求变化

排除气候因素，世界天然气供求仍有一定的上升空间。国际能源署（IEA）认为，2020年前世界天然气年均增速为2%左右，液化天然气（LNG）需求量将达到3.67亿吨。2020年，世界天然气需求量将逼近4万亿立方米，LNG占天然气需求量的比重将达11%。

目前，北美仍是世界最大的天然气消费区——美国天然气消费量仍然是世界第一，加之其因“页岩气革命”开始陆续对外出口天然气，北美会对世界天然气市场发挥重要作用。欧洲将成为世界天然气供需平衡的重要战场，俄罗斯、挪威、阿尔及利亚是欧洲大陆主要的天然气供应国。中国、韩国、中国台湾和巴基斯坦等带动了亚洲LNG进口需求上涨。

2017 年世界天然气市场分区占比与 5 年前相比，北美地区、中南美地区、欧洲、欧亚大陆呈稳中有降的趋势，亚太地区、中东地区、非洲则逐渐上升，这进一步印证了世界天然气市场消费重心逐渐向东转移的大趋势。

（1）欧洲减煤增气

2017 年欧洲（不含俄罗斯）天然气市场进口需求增加的原因有三：一是自产天然气减少，二是寒冬，三是天然气发电量增加。

英国宣布到 2025 年关闭所有燃煤电厂；芬兰宣布到 2030 年全面禁煤；法国宣布到 2023 年关闭所有燃煤电厂，并将核能在其电力供应中的比例在 2025 年之前降至 50%，陆续关闭 17 座核反应堆。另外，2018 年国际煤炭价格将小幅上涨。这些都将促使天然气发电成为潮流，天然气发电将贡献新的消费空间增长点。

（2）北美饱和微降

2017 年北美地区天然气消费量微降，原因是美国和加拿大的天然气消费市场已经成熟并基本饱和，供求达到平衡，没有新的增长空间，整体消费受同在北美洲的墨西哥拖累微降。

2017 年，高度依赖天然气进口的墨西哥政府把天然气价格提高了 20%，随后国内出现暴力游行，致使至少 6 人死亡和 1500 人被拘留。由于担忧抢劫，数百家天然气站也关门停业，美国政府甚至短暂关闭了美墨边境，一定程度上影响了天然气消费打破供求平衡。

（3）亚太高歌猛进

2017 年，以中国、日本、韩国为代表的亚太地区天然气市场消费需求量增幅为近 10 年的高点。2017 年亚太地区天然气消费量为 7948 亿立方米（1～8 月，中国、日本、韩国消费合计 2607 亿立方米），比 2016 年大增 10%，主要是受中国“煤改气”行动带动。

（二）中国天然气市场消费供求变化

1. 中国天然气市场消费现状

2017 年，中国大陆天然气消费总量 2373 亿立方米［国家发展和改革委员会（以下简称“国家发改委”）数字，不含港澳台]，同比增长 15.3%（见图3），天然气表观消费量首次突破2400 亿立方米（包含港澳）；全年天然气产量约1500 亿立方米，同比增长6.4%，增量约340 亿立方米；天然气在一次能源消费中的占比达到7%。

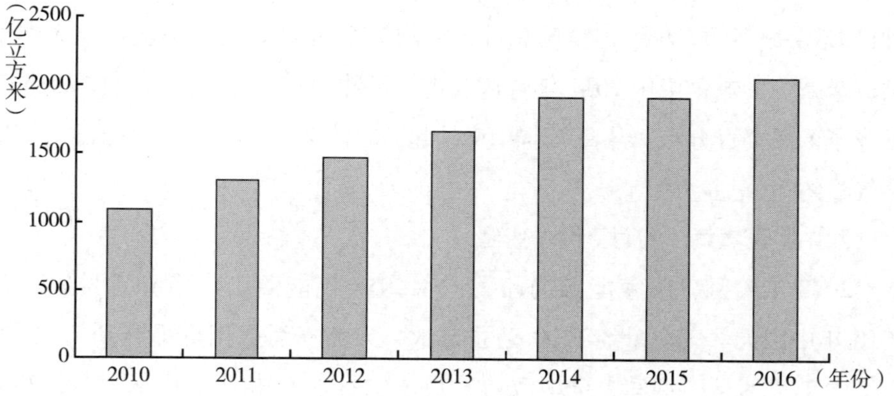

图 3　中国天然气市场消费量

数据来源：2010～2016 年数据来自国家统计局。

全年天然气进口量 947 亿立方米，同比大涨 27.6%，对外依存度高达 39%。全年累计进口 LNG 5636 万吨（中国大陆3829 万吨，台湾1684 万吨，香港和澳门 123 万吨），全球份额占比为 19%，仅次于日本进口 LNG 的 28.44%的全球份额占比。全年累计进口管道气 419 亿立方米，同比增长 8.8%。中国成为仅次于日本的世界第二大 LNG 进口国（另有其他统计数据：中国大陆2017 年天然气消费量为2407 亿立方米，总消费量同比增长约 17%）。2017 年亚洲地区天然气进口量占世界天然气市场进口总量的 72.5%，其中中国天然气进口增量占亚洲进口增量的一半以上。

国家下调非居民用气基准门站价格，加强中间管输环节的价格监管，加上“煤改气”等政策，使各行业用气量增加。2017 年，城市燃气用气约 885 亿立方米，发电和工业用气增速最大，分别达到23%和20%，工业用气约727 亿立方米，发电用气约467 亿立方米。

从省份来看，2017 年，江苏、山东、四川、河北等省份的天然气消费呈快速增长趋势。从区域来看，长江三角洲地区天然气消费量 411 亿立方米，环渤海地区天然气消费量 449 亿立方米，消费占比均有所上升，而西北地区、中西部地区天然气消费量增长缓慢。

2017 年 LNG 消费一朝雄起，超过管道气进口，值得关注：广东是中国进口 LNG 最多的省份，占全国总进口量的 23% 左右。受土库曼斯坦天然气供应量减少影响，中国 2017 年管道气进口量约为 417 亿立方米，较 2016 年下降了 1.2 个百分点；从 2017 年 10 月起，哈萨克斯坦开始向中国供气，年供气量约 50 亿立方米。

2. 中国天然气市场消费供求变化

2018 年 3 月，国家能源局印发的《2018 年能源工作指导意见》估计 2018 年中国天然气产量约 1600 亿立方米，天然气消费比重提高到 7.5% 左右。同年“两会”期间，全国政协委员、中石油董事长王宜林表示，2018 年中国天然气消费增速为 15% ~16%，今冬明春天然气供需矛盾仍将比较突出，天然气供需矛盾在短期内难以彻底解决。

说到中国天然气消费市场就不得不关注“煤改气”领域。2017 年 12 月，环境保护部和国家发改委等十部委联合发布了《北方地区冬季清洁取暖规划（2017 ~2021 年）》，该文件明确：“到 2019 年，北方地区清洁取暖率达到 50%，替代散烧煤（含低效小锅炉用煤）7400 万吨。到 2021 年，北方地区清洁取暖率达到 70%，替代散烧煤（含低效小锅炉用煤）1.5 亿吨。”

按照“煤改气”替代 1.5 亿吨煤这个指标，散煤的热值约为 5000 千卡/千克，1.5 亿吨散煤就是 750 万亿千卡。换句话说，2019 年需要新增 3083 万吨 LNG 来补足 370 万亿千卡的热值缺口替代煤，而到 2021 年，需要新增 6250 万吨 LNG 来补足 750 万亿千卡的北方清洁取暖热值缺口，按照每吨 LNG 可气化天然气约 1360 立方米计算，到 2019 年需要新增约 420 亿立方米天然气用于煤改气市场的消费。

另一个增长点是中国的 LNG 重型卡车。中国目前有约 700 万辆重型卡车，其中只有约 20 万辆是 LNG 重卡，按照一辆车一年消耗 50 吨 LNG 计算，

20 万辆车一年消费 1000 万吨 LNG，如果中国一年改造 20 万辆重型卡车，则将有 1000 万吨 LNG 的新增长点，市场潜力巨大。

综合“煤改气”和 LNG 重卡，再加上天然气发电和天然气化工以及其他工商民生用气的增量，按照 2017 年 2400 亿立方米的表观消费量计算：2018 年上半年中国天然气表观消费量（不含港澳台）约为 1333 亿立方米，同比增长 16.1%，预计全年表观消费量必将超过 2700 亿立方米；2019 年约 2850 亿立方米；2020 年约 3050 亿立方米；2021 年将达到 3250 亿立方米。下一个 5 年中国将成为世界最大的液化天然气进口国和最大的天然气进口国。

中国海关总署 2018 年 6 月的公报显示：5 月中国共进口约 742 万吨天然气（管道进口 327 万吨，油轮进口 415 万吨 LNG），前 5 个月天然气总进口量超过 3490 万吨，而同期日本天然气总进口量为 3450 万吨。在 2017 年，中国也有个别月份进口量超过日本，但是在一年内连续多个月累计进口量超过日本还是历史上首次。中国必将提前成为世界第一大天然气进口国和 LNG 进口国。

三　世界天然气价格趋势

（一）中外不同储运方式价格概况

天然气并不易长期储存，储运方式主要有储气（站）库、天然气管道、LNG 跨海船运、LNG 运输槽车等，近年来新产生了 LNG 罐式集装箱存储海陆联运的方式。

天然气管道存储运输最为经济、方便、安全，管输费用较为便宜且最固定，各国管输费基本都是政府监管，没有可比性，管输费用都计入终端天然气销售费用。

储气（站）库因为有“垫底气”的损耗和注入抽出的能耗，综合成本最贵，设计上一般与外输天然气管道联结进入主干线天然气管道，所以费用成本会计入主干线管输费。

作为 LNG 陆地运输的最主要工具，LNG 运输车分两种：LNG 半挂式运输槽车和 LNG 集装箱式罐车。LNG 半挂式运输槽车的运输载体为液化天然气罐车，LNG 集装箱式罐车的运输载体为罐式集装箱。国内和国外 LNG 运输槽车运费价格没有可比性，且一般运费都包含着售价里（到货价），标准状况下中国 LNG 运输槽车运费成本核算约为 0.5 元/吨/公里（2016 年数据）。

LNG 罐式集装箱存储海陆联运采用的是集装箱的贸易方式，能够使参与 LNG 贸易的门槛降低。LNG 罐式集装箱价格并不算高，在国内，已有部分企业开始经营罐式集装箱，价格约 60 万元人民币；在国外，每个罐式集装箱的价格大约为 30 万美元。每个罐式集装箱可以容纳 20 吨即 30000 立方米 LNG，按照目前的市场价格，20 吨 LNG 的运输费用大约为 12 万元人民币。

LNG 跨海船运的费用波动最大，2017 年上半年受世界天然气市场疲软影响，LNG 运输船的运费下降至 2010 年以来的最低水平——日租金平均为 3 万美元，只有盈亏平衡点的约一半；下半年受中国“气荒”影响，12 月日租金为 8 万美元，建造一艘标准 LNG 运输船的费用在 10 亿元人民币以上。

全球 LNG 价格除了受长期合约的供求关系影响，也同油价自然挂钩。只有 2017 年以来随着美国因“页岩气革命”停止进口并反向出口，才提振了世界天然气市场现货市场的发展。另外，局部地区政治经济危机历来会推高油价，同时也自然会推高天然气价格，而亚洲的长期天然气合约是以油价作为标的，同理会推高现货和远期 LNG 报价。

（二）世界市场终端天然气价格

世界天然气工业在长期发展过程中形成了三大天然气区域市场：北美市场、欧洲市场和亚太市场。三大天然气市场各拥有其定价体系，价格互不关联，尚未达到全球天然气市场价格一体化。欧洲市场主要与油价挂钩，北美市场以亨利中心的现货和期货价格为基价，亚太市场主要与日本东京的“日本原油清关价格”（JCC）挂钩。从价格高低上看，亚太天然气市场的 LNG 交易价格最高——“亚洲溢价”，其次是欧洲天然气市场，北美天然气市场因为“页岩气革命”使天然气自给自足所以价格最低。三大天然气市场的生产、运输和消费结构不同，其价格体系亦有所区别。

1. 北美价格稳定

北美天然气价格完全市场化，自给能力强，天然气价格主要以美国亨利中心（Henry Hub）现货价格为代表，受国际油价波动影响较小，价格较低。其主要原因还是“页岩气革命”使天然气产量增加，完全可以自给自足，美国从净进口国转变为净出口国，因而美国的天然气价格较低且不受其他地区天然气价格涨跌影响。

2017 年，美国亨利中心年均价格为 2.96 美元/百万英热单位，是亚太地区天然气均价的 38%，虽然价格有所上升，但年内价格波动幅度较小。

2. 欧洲价格上涨

与北美地区不同，欧洲天然气市场主要采用长期协议价格与市场竞争并存的定价机制。因为欧洲自产天然气不够，受制于人，所以供气不稳定，价格波动程度甚于中国，尤其是欧洲通过乌克兰从俄罗斯进口管道天然气，典型受政治问题影响价格波动很大。

2014 年，俄乌因天然气纠纷诉至斯德哥尔摩仲裁法院。2018 年 2 月 28 日，斯德哥尔摩仲裁法院做出仲裁，判决俄罗斯败诉并向乌克兰支付近 26 亿美元的赔偿。俄罗斯震怒之下拒绝承认仲裁并于 2018 年 3 月 1 日停止向乌克兰供气作为报复（俄罗斯退出了其 1994 年签署的《能源宪章条约》），作为回击，3 月 8 日乌克兰政府以“不当利用天然气市场垄断地位”等为由，开始查封在乌的俄罗斯天然气工业股份公司（Gazprom）的财产。

2017 年俄罗斯天然气工业股份公司向欧洲天然气市场运输了约 380 亿美元的天然气，其中有近一半是通过乌克兰天然气管道网络转移输送的。

2017 年 12 月 12 日，奥地利石油天然气集团（OMV）位于鲍姆加滕的天然气枢纽站发生爆炸，造成该站全面停止运行，向意大利、斯洛文尼亚和匈牙利等国的天然气输送被中断。该站既是奥地利最大的天然气进口和分输站，也是欧洲最大的三座配气站之一，约 1/3 俄罗斯输往西欧的天然气经过这座枢纽站。这场事故导致天然气价格飙升，伦敦国际石油交易所（IPE，世界第二大能源期货和期权交易所）下月交割的天然气期货在半天时间内暴涨 23%，当天英国天然气现货价格爆炸式增长了 46% 至 99 便士/千卡。

以上原因造成 2017 年欧洲市场天然气价格大幅上涨，年内两度冲高，以英国 NBP① 价格为代表的欧洲天然气年均价格为 5.74 美元/百万英热单位，比 2016 年上涨了 23.2%。

3. “亚洲溢价”——亚太地区天然气价格易涨难跌

亚太地区是世界主要的 LNG 贸易市场，LNG 定价以“日本清关原油价格”为代表。亚太地区天然气贸易量的 80% 来自 LNG 跨海船运输，20% 来自管道气进口。因为天然气资源无法自给自足，缺乏国际天然气交易中心，完全没有定价权，且天然气进口依赖程度超高，所以亚太地区天然气价格较另外两大天然气市场偏高，这就是不得不面对的“亚洲溢价”。

2017 年亚太地区天然气全年均价约为 7.62 美元/百万英热单位，比 2016 年上涨了 16.8%，几乎是北美天然气均价的 3 倍之多。

4. 世界天然气市场价格趋势

除中国外世界天然气市场基本饱和，估计到 2020 年，美国因“页岩气革命”LNG 出口终端将大幅增加，卡塔尔因受“断交风波”刺激将疯狂增加 LNG 出口，俄罗斯亚马尔项目三条 LNG 生产线全部建成投产将增加天量的 LNG 出口，三个因素叠加造成一定范围内的天然气供应过剩并在一定程度上天然气价格上涨，未来世界天然气价格会是稳中有降的趋势。

（三）中国天然气价格机制

1. 中国国内天然气价格机制现状

中国天然气行业还处在初期发展阶段，天然气定价机制以政府指导定价为主，天然气贸易的定价主要参考“日本原油清关价格”，但因定价无法及

① 英国 NBP（平衡点）交易中心体系建立于 1996 年，它是欧洲历史最为悠久的天然气现货交易市场，也是欧洲天然气市场流动性最强的交易中心，NBP 天然气价格被认为是欧洲天然气现货市场的风向标，目前它还是英国洲际交易所（ICE，Intercontinental Exchange）指定的天然气期货交割地。

时感知国际天然气价格的波动，很难发挥市场机制的优化配置功能。天然气的勘探开发（天然气井口价）和管道运输（管输费）均由政府指导定价。2011 年，通过在“两广”地区的试点改革，中国开始逐步推广“市场净回值”的定价方法。2015 年，中国政府发布了《理顺非居民用天然气价格的通知》，试点放开直供用户用气价格，实现了存量气与增量气价格并轨的既定目标。

中国陆上天然气平均出厂基准价格仅相当于世界市场原油价格的 25% 左右。现有的价格体系造成天然气价格与替代能源比价不合理，抑制了下游消费增长，难以体现天然气的供需关系和应有的市场价值。中国天然气价格的季节差别明显，每年对天然气基准价的调整不能及时反映季节变化对天然气的影响，加之储气库调峰的价格没有理顺，中国天然气价格机制的改革势在必行。

2. 中国国内天然气定价趋势

2017 年 5 月 21 日，中共中央、国务院印发了《关于深化石油天然气体制改革的若干意见》，将改革油气产品定价机制作为重点任务之一。2017 年 6 月 23 日，国家发改委发布了《关于加强配气价格监督的指导意见》，明确提出配气价格按照“准许成本加合理收益”的原则制定。

2018 年 3 月 7 日，国家能源局印发的《2018 年能源工作指导意见》指出：中国将推动建立天然气产供储销体系，加快推动天然气价格改革，推广天然气用户与气源方直接交易，消除或减少工业用户和民用用户在输配价格和终端气价上的交叉补贴，降低天然气综合使用成本。

中国对放开天然气价格的态度十分明确：未来的天然气市场将推进市场化定价，促进气价下行，上下游市场用户有望实现直接交易（大用户直供），继而拉动下游终端天然气市场的需求。基于世界天然气供大于求的基本面和中国进口天然气渠道多元化的判断，预计未来中国天然气价格会有一定的下降。

为了促进未来天然气价格良性发展，需要加快天然气价格机制改革，构建现代化天然气市场体系。

（1）完善定价方式

一是修订计量标准和计价方法，尝试推行热值计价，实现价格透明，杜绝乱收费、低效等情况发生。

二是完善“市场净回值法”。中国此前正在实行的基准口站价格是通过“市场净回值法”获得的，天然气生产企业出厂价格和管输价格很难分离，难以查找天然气价格不稳定的诱因。因此，要不断完善“市场净回值法”，调整参考的油价水平和折价系数，调整价格频率，反映替代能源的价格变化趋势。

三是深化价格改革。2018 年 5 月 25 日，国家发改委发布《关于理顺居民用气门站价格的通知》（发改价格规〔2018〕794 号），从 6 月 10 日起，对“双轨运行”的居民用天然气和非居民用气价格实施“衔接”，居民用气“批发价”上浮分两步走，2018 年最多涨 0. 35 元/立方米。

此次改革主要针对居民用气门站价格，进一步完善市场化价格机制。居民用气由最高门站价格管理改为基准门站价格管理，民用与非民用气价格逐步缩小。

为了降低对人民群众生活的影响，本次方案实施时门站价格暂不上浮，自 2019 年 6 月 10 日起允许上浮。人民政府将“暗补”变为更为精准的“明补”。该文件首次明确城乡低收入群体和北方地区农村“煤改气”家庭等给予适当价格补贴。

（2）加快天然气交易中心建设

天然气定价中心是一个实体或虚拟交易平台，通过大量交易发现现货与期货市场价格，并吸引区域内天然气交易以此价格作为基准价格。中国的天然气价格改革很可能存在阻力小压力大的问题，其中天然气交易中心建设较深化管输改革更容易被推进。一是要推动国内区域性交易中心的建设，加快北京、重庆、广东、新疆、湖北等省（市、自治区）天然气交易中心的建设；二是要扶持上海成为国际天然气区域定价中心。天然气交易中心的建设应从现货交易起步，而后开展期货贸易。

可喜的是，党和国家一直鼓励和倡导天然气进入公开交易平台透明交易。按照国家发改委的文件精神，在降低非居民用天然气基准门站价格的同时宣布：允许所有进入上海、重庆石油天然气交易中心等交易平台公开交易的天然气价格完全由市场交易形成。

2017 年 9 月，中国首次管道天然气竞价交易在上海石油天然气交易中心试点。新华社中国经济信息社副总裁、上海石油天然气交易中心董事长李健在“2017 中国油气改革与发展高峰论坛”上致辞时表示：“上海石油天然气交易中心今年预计双边成交量将突破 500 亿立方米，约占全国天然气消费量的 11%。”截至 2018 年 2 月，交易商会员已突破 1600 家。

四　世界天然气市场营销竞争

因为“蝴蝶效应”，中国的变化搅动了世界天然气市场营销大格局。原本因为来自澳大利亚、俄罗斯及美国的大量 LNG 涌入市场，加之新的天然气项目（俄罗斯“亚马尔”）将提供额外的 LNG 供应，世界天然气市场是疲软的，专家们对 2017 年的 LNG 需求量持悲观态度，认为市场趋于饱和，没有新的增长点：2017 年上半年，全球仅有 5.7MMtpa 的 LNG 长期采购合同签约，创下 2010 年以来的最低水平，结果万万没想到中国“气荒”一出，瞬间扭转了 LNG 现货价格持续下跌的走势，甚至有多艘行驶中的 LNG 船舶直接改变航向驶往中国，连世界最大的 LNG 进口国日本都开始向中国转卖 LNG。

（一）美国——异军突起

美国巨大的低成本天然气（页岩气）资源及 LNG 产能和出口量猛增将决定世界 LNG 市场的新供需平衡。特朗普政府 2017 年明确表示，LNG 出口是其主导全球能源贸易计划的“支柱”，预计美国将于 2020 年成为世界第三大液化天然气出口国。

在其他天然气市场饱和的情况下，美国天然气出口的新增长点在中国，2017 年 11 月 8 日至 10 日特朗普访华两天，两国企业总共签署经贸合作金额达到 2535 亿美元，能源合作项目高达 1637 亿美元，占贸易总额的 65%。其中最大的一单是中国国家能源投资集团将向美国西弗吉尼亚州的页岩气开发和天然气发电等一揽子项目投资 837 亿美元，刷新了世界经贸合作史上的新纪录。

2016 年 8 月 21 日，中海油深圳大鹏 LNG 接收站接收了美国 LNG 船“Maran Gas Apollonia”号，这是美国放开天然气出口禁令后出口到亚洲的第一船 LNG，也是美国首次对中国出口 LNG。中国 2016 年进口美国 LNG 约 4.9 亿立方米，2017 年为 153 万吨（23 船），一跃成为美国 LNG 第三大出口地。据美国联邦能源管理委员会估算，2017 年 6 月美国 LNG 出口到中国的到岸价为 1.18 元人民币/m^3（到岸价是离岸价、运费与保险费的总和）。

（二）俄罗斯——“西方不亮东方亮”

2014 年 3 月 16 日克里米亚自治共和国公投宣布脱离乌克兰加入俄罗斯联邦，3 月 17 日美国和欧盟宣布开始对俄罗斯进行制裁，3 月 20 日俄罗斯议会批准了合并条约，3 月 27 日联合国宣布克里米亚公投无效，同年 5 月 21 日《中俄东线天然气合作项目备忘录》和《中俄东线供气购销合同》签署，该项目总价值超过 4000 亿美元，年供气量 380 亿 m^3，期限长达 30 年。2018 年“两会”期间，中石油董事长王宜林向《中国经营报》透露“2019 年冬季，中俄天然气管道东线开始供气，目前正在加紧建设。”

2017 年 6 月欧盟宣布继续延长对俄罗斯的制裁；7 月美国众议院通过对俄制裁新法案：在油气领域，禁止或限制美国公司参与俄主要石油公司的页岩油、极地大陆架和深水油田项目的范围从俄境内扩展到境外。2018 年 3 月，埃克森美孚宣布鉴于遭到美国政府制裁，决定退出其在俄罗斯最大的油气勘探区域，与俄罗斯石油公司终止合同。

2017 年 9 月，中国华信能源公司（CEFC China Energy）斥资 91 亿美元收购俄罗斯石油股份有限公司（Rosneft Oil）约 14.2% 股权，此次收购一经交割，华信将成为俄油第三大股东，并获得每年 4200 万吨和总量为 26.7 亿吨油气储量的石油权益。俄罗斯石油公司业务不仅包括石油和天然气的勘探和生产，还有国内及国外的天然气生产销售业务，此次并购将促进中俄两国在天然气领域的深度合作。

俄罗斯亚马尔项目本来遭受欧美制裁几乎夭折（该项目的股东诺瓦泰

克公司和俄罗斯石油公司都被美国和欧盟列入了经济制裁名单），关键时刻中国提供了价值120亿美元的贷款才起死回生。为了鼓励中国参股，俄罗斯政府甚至取消了LNG出口税和生产企业在产能上线头12年免交矿业税，同时免除进口LNG相关生产设备的增值税。俄政府的目标是通过拿下中国抢夺世界天然气市场10%的份额。

截至2018年2月，中国持股29.9%的俄罗斯亚马尔项目已外销11船LNG。亚马尔项目天然气地质储量为1.3万亿立方米，计划年产天然气250亿立方米，建成3条年产550万吨共1650万吨LNG生产线，中国购买其中的LNG 400万吨/年。其成功实践为开展海外油气合作特别是"一带一路"合作探索出了一种全新的模式。

（三）澳大利亚——前途未卜

2006年，中国第一个LNG接收站从澳大利亚进口了中国首批船运LNG，澳大利亚成为第一个登陆中国LNG市场的外国供应商。2017年，中国进口澳大利亚1736万吨LNG，同比增加532万吨，澳大利亚成为中国最大的LNG进口国。

本来澳大利亚在对华天然气贸易中占先天优势，但是笔者并不看好其未来的发展，原因有二：首先，澳大利亚对华并不友好——"端起碗吃肉，放下筷子骂娘"，2017年12月9日澳大利亚总理特恩布尔在悉尼探访当地社区时向澳媒鼓动起"中国威胁论"，并号召人民"站起来"，随之中国外交部强硬抗议回击；2018年2月26日公开出版《无声的入侵——中国如何将澳大利亚变成傀儡国家》……凡此种种很难说政治外交不会影响到经济层面。其次，澳大利亚自己也闹"气荒"——澳政府认为只有出口才能把天然气变成财富，所以天然气近70%出口后，只留给国内较少的供给量，这种供不应求带来了很大的缺口。澳大利亚"气荒"使很多发电厂、冶炼厂由于缺乏天然气而开工不足，天然气价格不断上涨也让澳大利亚的居民怨声载道。由于顾忌选民的选票，未来澳大利亚政府会考虑减少对华出口天然气。

（四）卡塔尔——“断交风波”

2017年6月卡塔尔发生了“断交风波”，毛里塔尼亚成为第9个宣布与卡塔尔断交的国家，沙特阿拉伯和巴林进一步封锁进出卡塔尔的船只，阿联酋的富查伊拉港（Fujairah）已对往来于卡塔尔的货船关闭。卡塔尔出口LNG必经苏伊士运河的埃及也已与卡塔尔断交。7月卡塔尔宣布大幅提高LNG产量并抢运出口作为应对。

“卡塔尔断交事件很可能会对LNG市场带来影响，而对卡塔尔天然气出口的任何破坏，都将为美国出口更多的液化天然气打开一扇窗。”意大利船舶经纪与服务集团 Banchero Costa 研究部负责人 Ralph Leszczynski 表示。

作为世界最大的LNG出口国，也是中国第二大LNG进口来源国，卡塔尔2017年向中国供应了749万吨LNG，同比增长251万吨，实际进口远超500万吨/年的合同量。

（五）加拿大——“人无远虑，必有近忧”

原本加拿大是世界第三大天然气生产国（仅次于美国和俄罗斯）和历史上第二大天然气出口国（仅次于俄罗斯）。历史上加拿大天然气几乎都通过管道直接出口至美国，但美国“页岩气革命”后不再需要进口，改变了原有世界天然气市场格局，造成加拿大天然气市场持续疲软，加上2017年上半年国际LNG价格低迷，直接结果就是2017年7月马来西亚国家石油公司取消了加拿大西部一个造价为360亿加元（290亿美元）的LNG项目，这对加拿大成为LNG出口大国的期望是一个巨大的打击。

2017年12月，加拿大首次对华出口LNG，该项目的特别之处是以海、陆多式联运的罐式集装箱物流模式将LNG发往中国，这是一个创举，也是无奈之举，因为加拿大此前一直通过天然气管道向美国出口，没有远见也没有动力提前建设沿海LNG出口设施，所以到目前为止，获得加拿大国家能源局进出口许可证的LNG项目都处于规划设计的各个阶段，虽然眼见2017年底中国天然气市场井喷，但是却没法大力出口。

雪上加霜的是，因为美国天然气低价倾销，加拿大东部更愿意从美国进口天然气，而不是使用自己国家西部生产的天然气。2014 年加拿大进口美国页岩气 300 亿立方米，占加拿大国内天然气总需求量的 30%。长此以往会造成加拿大天然气生产能力下降、资金投入减少、新项目开工积极性减退。

（六）日本——转变

由于中国“天然气供应紧张”，日本历史上第一次向中国转卖 LNG，作为世界天然气市场最大 LNG 消费国的日本也成为中国的 LNG 进口来源国。

同时，日本推进国内天然气改革，于 2017 年 4 月开放了天然气居民用户市场，具体措施包括取消或放宽 LNG 合同中的限制性条款；建立适当的价格发现机制，形成长期和短期的价格指数；开放充足的油气基础设施，促进 LNG 终端和管网的第三方使用。

改革并没有提振日本的天然气市场，原因是安倍政府不顾民众的反对强行“重启核电”减少了天然气发电，日本 LNG 进口量自 2017 年 4 月起开始下滑，全年进口量下滑 3% 至 8162 万吨，可仍是世界第一大 LNG 进口国，但已经确立天然气消费量（进口量）进入下行通道。

日本政府《第五次能源基本计划》明确提出了到 2030 年核电占比要达到 20% ~22% 的目标。2017 年日本核电占比仅为 2%，要达到上述目标需增加 10 倍的核能发电量。假设重启 50 个核反应堆，将直接减少 5100 万吨 LNG 进口，等于世界 LNG 市场的 20%，世界天然气市场格局必然会天翻地覆，中国将加速成为世界第一大天然气进口国和 LNG 进口国，世界天然气价格也会进入下行通道。日本是世界天然气市场最大的变数，中日在天然气进口上注定此消彼长。

（七）中国——蒸蒸日上

2017 年，中国天然气市场告别了过去两年的低迷形势。中国石油全年完成国内外油气产量 2. 74 亿吨油当量，其中国内天然气产量达到 1033 亿立方米，同比增长5.3%，首次突破千亿立方米，天然气在油气结构中的占比达到46.4%。销售天然气约1523亿立方米（含北京燃气和大唐煤制气以及中石化代输转输量），同比增加203亿立方米，增幅15.4%。其中，长庆油田产气量超过370亿立方米。

另据中国石油国际勘探开发有限公司消息，2017年中国石油海外油气业务完成油气权益产量当量8908万吨，比上年增长17.2%，其中天然气权益产量254.5亿立方米。

2017年，中石化国内产气量突破275亿立方米，同比爆炸式增长19%，销售量为386亿立方米。随着天津LNG接收站的建成（2018年2月正式卸船接气），中石化天然气分公司将通过配套管网与中石化山东天然气管网、中石化山东青岛LNG、在建的中石化鄂安沧天然气管线及中石化中原油田文96、文23储气库群相联通，构成气源互补、统一调度的中石化天然气市场销售网络。

2017年，中海油自产海气113.76亿立方米，煤层气11.22亿立方米，进口LNG285.73亿立方米，合计总量410.71亿立方米。中海油是国内最大的LNG供应商（拥有LNG接收站最多），同时也是世界第三大LNG进口商、全球第五家拥有大型天然气液化技术的公司。

中国近80%的LNG通过中海油进口，其LNG接收站运营数量和接卸能力在中国处于绝对第一的位置。中海油运营的LNG接收站目前已有8个，LNG接卸能力达到每年3000万吨，约合3660万吨原油当量（相当于大庆油田的原油年产量）。中海油天津浮式接收站以157万吨LNG接收量成为2017年接收站液态销售冠军。

中国天然气市场迎来了前所未有的机遇。近期，中国政府密集发布了有关天然气市场改革、管网开放、监管体制等一系列政策。天然气产业将成为支撑习近平总书记所提出的中国“能源革命”发展的新的效益增长点。

五　总结

2016年世界天然气市场消费量为3.54万亿立方米，同比增长1.8%，

2017年世界天然气市场消费量为3.62万亿立方米，增速约2.2%。以中国为代表的亚太天然气市场增长强劲（2016年7225亿立方米，2017年7948亿立方米），欧洲天然气市场稳中上升5117亿立方米，同比增长约5%，北美天然气市场稳中微降（2016年9680亿立方米，2017年9521亿立方米），由此可见世界天然气市场重心转移到亚洲的大趋势已经确定。2017年，世界天然气市场贸易量约1.15万亿立方米，同比增长近6%，其中LNG贸易量为4121亿立方米，同比增长11%，贸易占比升至36%。

研究世界天然气市场就不能不提到中国。中国是世界第一大能源消费国，同时也是世界第一大能源进口国，2017年液化天然气进口量世界第二，中国已经成为世界天然气市场最活跃的国家。伍德麦肯兹（Wood Mackenzie）咨询公司预测，中国2018年将取代能源全部依赖进口的日本成为世界第一大天然气进口国。

另外，研究世界天然气市场不能只关注经济，政治经济学理论认为政治属于上层建筑，它根源于经济，由经济基础决定，并对经济基础具有反作用。同样，对于世界天然气市场来说，是受多方面因素综合影响的，也是遵循“蝴蝶效应”的：奥地利的一个输气站爆炸会搅动整个欧洲的天然气市场，使之剧烈震荡；乌克兰和俄罗斯的外交争端会导致输往欧洲的天然气中断供应；俄罗斯受欧美制裁刺激会在天然气市场上更加倾向中国。

一句话总结：世界天然气市场是随时随地变化的，多种不确定因素相互作用影响，乐观估计近期世界天然气市场可采储量稳定、产量增加、消费量微升，世界天然气价格进入“滞涨”期（“亚洲溢价”除外）。

B.4

中国电力发展：全球能源互联网的挑战与展望

丛 威　李龙飞*

摘　要： 本文在分析全球电力发展现状及格局的基础上，总结了能源发展面临的主要挑战；通过对现有区域电力市场的梳理和分析，提出了建设全球电力市场的条件与基础，并从发展方向、路径、展望等方面对建设全球互联电网及电力市场进行了阐述，指出构建全球能源互联网及全球电力市场的条件已经具备。

关键词： 全球电力市场　全球能源互联网　能源可持续发展

一　全球电力交易格局形成是能源转型的必然趋势

工业革命以来，人类经济社会发展过度依赖化石能源，带来了资源紧张、环境污染、气候变化、无电人口众多等严峻挑战，成为影响和制约联合国《2030 年可持续发展议程》（以下简称“2030 议程”）目标实现并必须尽快攻克和解决的难题。

---

* 丛威，管理学博士，高级经济师，硕士生导师，现任全球能源互联网发展合作组织东南亚－南亚办公室副主任，中国石油学会石油经济专业委员会委员、战略学组副秘书长，主要研究领域为能源战略、能源经济与政策；李龙飞，全球能源互联网发展合作组织东南亚－南亚办公室高级经理，英国南安普顿大学可持续能源专业硕士研究生，曾任职国家电网北京经济技术研究院，从事电网工程管理及电网技术经济和规划等咨询及科研工作。

（一）能源供应面临的挑战

目前世界能源消费总量保持增长，化石能源储量有限且能源开发向少数国家和地区集中，化石能源供应成本不断上升而可再生能源开发成本目前仍处于高位，这为世界能源供应带来了挑战。

（二）能源环境面临的挑战

化石能源的大量开发和使用，如化石能源燃烧造成大量二氧化碳排放以及化石能源开发使用各环节造成污染物排放、土地塌陷等后果，导致了气候变暖、环境污染等突出问题，严重威胁到人类的生存发展。

（三）能源配置面临的挑战

化石能源配置影响因素众多、清洁能源现有配置能力不足、全球能源配置严重受限等问题亟待解决。化石能源大范围配置影响因素众多，油气能源供应具有高度脆弱性。清洁能源如水能、风能、太阳能等资源需要首先被转化为电力才能实现配置和开发利用。世界现有电力全球配置范围有限，不能适应未来清洁能源开发利用的需要。

（四）能源效率面临的挑战

能源效率对于能源安全、经济增长和环境可持续意义重大，但目前对各类能源的开发、配置、利用仍有很大的提升空间。

总的来看，世界能源发展在资源、环境、配置和效率等方面都面临重大挑战，特别是化石能源大规模开发利用带来了环境污染、气候变化、资源枯竭等一系列问题，同时清洁能源发展依然面临成本高、效率低和远距离配置困难等现实难题。要应对挑战，根本的解决方案是实现清洁能源对化石能源的替代和终端能源中电力比重的提高。电气化水平的提高是经济发展水平的重要标志，未来的能源市场格局将以电力交易为主体。

二　全球电力市场现状及市场交易模式

（一）全球电力市场现状

目前全球电力交易呈现出偶发性、点对点、交易量较小的特点。除欧洲外区域性电力市场尚未形成，这主要是因为跨国跨洲电网互联格局没有形成，物理上没有联网，制度标准没有建立。根据国际能源署（IEA）统计数据，2016 年世界上开展国际电力贸易的国家超过 100 个，电力进口总量为 7260 亿千瓦时，占全世界用电量的 2.9%。近年来电力贸易发展较快，全世界电力贸易规模由 2004 年的 5416 亿千瓦时增长到 2016 年的 7260 亿千瓦时，年均增长约 2.8%，而同时期国际石油贸易量年均仅增长 1.5%。世界主要的电力交易发生在欧洲和北美洲等地区。

1. 北欧电力市场的启示

北欧电力市场是全球最早的跨国区域电力市场，其相对成熟的电力市场机制对于促进北欧清洁发展，特别是丹麦风电发展起到了重要作用。北欧电力市场于 2000 年左右基本形成，由市场交易机构、输电运营商以及发电商、销售商等市场主体组成（见图 1）。其中，北欧电力交易中心（Nord Pool）由挪威、丹麦、芬兰、瑞典、爱沙尼亚、立陶宛、拉脱维亚等 7 国输电运营商共同拥有，是北欧、波罗的海及周边的 13 个欧洲国家进行电力交易的重要平台。目前，有超过 20 个国家的 380 多家企业参与市场交易。北欧电力市场由三部分组成。一是电力金融市场，主要包括期货、期权等品种，买卖双方通过签订协议，可预期购买未来 6 年内的发电量，并通过金融产品的设计和交易对冲风险、吸引各类投资者。目前，北欧超过 80% 的电量交易在电力金融市场完成。二是现货市场，主要包括日前交易和日内交易。买卖双方通过集合竞价、连续竞价等方式达成现货交易合约，形成发电计划，完成安全校核。三是平衡市场，电网公司根据电力调度需要，提前买入电力容量作为备用，用于实时情况下的电力平衡。

在北欧 4 国中，丹麦的能源资源相对匮乏，20 世纪 70 年代，丹麦 90%

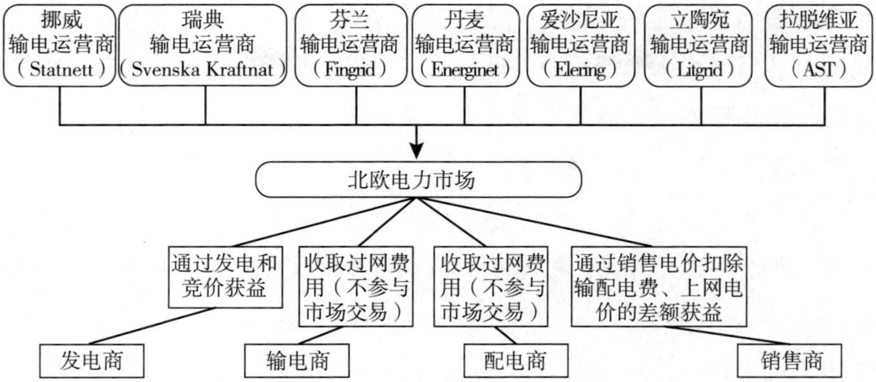

图 1　北欧电力市场组成及运行机制

以上的能源供给依赖于石油进口。1973 年石油危机爆发后，丹麦政府开始大力发展风电，推动能源清洁转型。截至 2015 年底，丹麦全国装机总容量 1228 万千瓦，其中火电、风电、光伏发电占比分别为 52.2%、41.4% 和 6.4%。当前，丹麦已成为世界风能发电量占比最高的国家，约占该国用电量的 40%。在此基础上，丹麦政府提出了 2050 年能源需求 100% 由清洁能源提供的战略目标。在丹麦风电发展的过程中，北欧电力市场在发挥电网互联效益及解决风电波动性、间歇性、季节性等问题方面具有关键作用，有力地推动了丹麦风电大规模发展。

从丹麦风电和北欧电力市场发展情况看，跨国互联电网的“硬件”平台和电力市场的“软件”支撑是实现可再生能源大规模、高比例发展的两大支柱。依托先进的输电技术，能够搭建网架坚强、广泛互联的清洁能源输送和配置平台；依托电力市场机制，能够将清洁能源的季节差、电价差、时区差转化为经济和环境效益，激发各利益相关方共同推动电网互联和清洁发展，二者相辅相成、缺一不可。

北欧电力市场的建设和运营经验对全球电力市场发展具有借鉴价值。一是加强与欧洲电力交易机构、能源主管部门的合作，深入研究北欧及欧洲电力市场的发展进程、市场构建、交易机制和相关技术，围绕全球能源互联网机制建设，开展深入交流和务实合作。二是在东非、北非、南美洲等全球能源互联网战略落地的重点区域，结合当地资源、政策、经济以及人文等的实际特点，将区域电力市场机制设计与电网规划研究有机结合，探索以市场为切入点推动电网互联和清洁发展的系统策略与方案。

2. 北美洲地区电力交易的经验

美国与加拿大之间的电力交易正呈现日益增长的趋势，美国与加拿大之间有超过100条输电线路。根据净额基准，加拿大的电力主要出口到美国的新英格兰州、纽约州，以及中西部各州；美国方面则主要是将西北太平洋地区发出的电力出口到加拿大的不列颠哥伦比亚省。

美国与加拿大之间的电力交易一方面提升了两国的电力供应可靠性，另一方面也为双方带来了更多的经济利益。其中，美国东北电力协调委员会（NPCC）、中西部可靠性组织（MRO）以及加拿大西部电力协调委员会（WECC）通过合作，确保了美国和加拿大之间互联电网的可靠性，从而保障整个北美洲东部和西部电网的稳定性。近期，美加两国间还有一些在建或规划中的输电线路项目，这些项目未来将进一步增加两国间跨境电力交易量。

（二）电力市场交易模式

电力市场交易模式具有不同的分类方式，可以按照交易的时间周期、交易的对象以及交易的方式进行分类。不同的分类方式间市场各有交叉和重合，例如按照时间维度进行的市场分类通常是针对电能交易而言，而分为集中式和分散式的不同组织方式通常是针对短期市场而言。

电力市场按照时间维度划分，可以分为年度和月度合约市场、日前市场、实时市场这三种模式（见图2）。不同的模式在电力交易系统中发挥着各自不同的作用，在同一个区域的电力市场中可以而且需要同时存在几种不同的时间结构模式。大部分国家在其时间结构的设计中虽然对年度市场、月度市场、日前市场和实时市场的比例安排不同，但均采用了“年度－月度－日前－实时”有机结合的市场交易模式。

按照交易对象性质的不同，可将电力市场分为电能交易市场、输电权交易市场、辅助服务交易市场和金融交易市场。

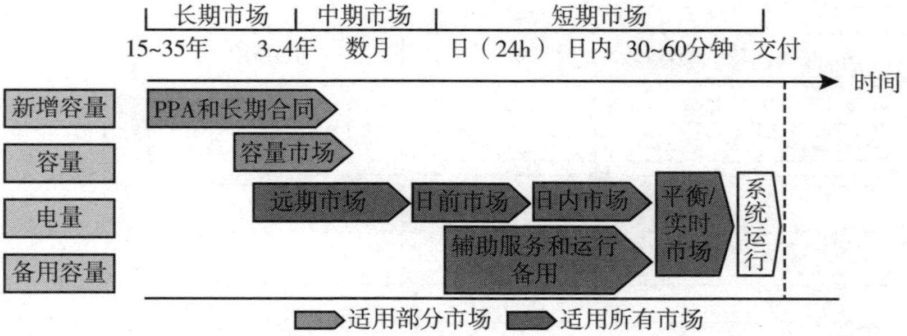

图2　电力市场的构成

1. 跨境电能量交易

跨境电能量交易包括跨境电力远期合约和跨境电力现货交易。其中，跨境电力现货交易主要涉及日前交易和日内交易，电力系统的实时平衡通常由各国（地区）的调度机构调用当地的发电资源和需求侧资源实现。电力远期合约的交易包括多年、年度、季度、月度、周、日等不同的时间尺度，主体可以为电网企业、发电企业、零售商、大用户和经纪商等，大多采用场外交易方式（OTC），购售双方通过协商方式确定交易电力、电量、交易价格、交割时间等，并在规定的关闸时间前提交给调度机构执行。

通过交易平台开展的跨境日前交易有两种组织形式，一种形式是某个国家的市场主体可以向另一国家的日前市场进行投标，并遵循所投标市场的市场出清规则；另一种形式是市场主体仍向本国的日前市场进行投标，但各国的日前市场进行联合出清。集中竞价交易平台未建立前，市场主体也可通过场外双边协商的方式开展跨境日前交易。跨境日内交易的形式与跨境日前交易相似，在日前交易结束后至实时平衡机制开始前，发电企业、零售商、大用户、经纪商等市场成员可通过电力交易所（或系统运行机构）组织的跨境日内交易，对自身发用电计划进行调整。

2. 跨境输电权交易

跨境输电权交易用于为市场成员分配跨国联络线的输电容量。联络线输电容量的分配主要分为显式拍卖和隐式拍卖（见图3）。显式拍卖指通过

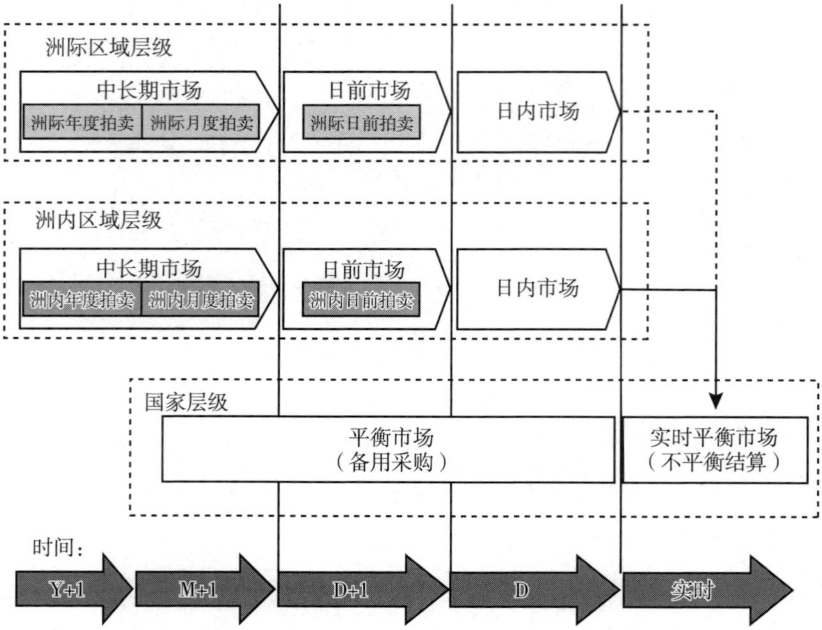

图 3　洲际和国际电力交易市场的容量拍卖

年度、月度的公开拍卖，出售全部或部分跨国输电容量。在交易平台组织的日前交易开市前，显式拍卖的中标者需要根据自己获得的输电容量向系统运行机构提交次日输电计划，未被利用的输电容量将无偿收回并通过隐式拍卖的方式确定输电计划。显式拍卖具有明确的输电容量中标者，通过拍卖获得的费用将支付给跨国输电线路的投资主体。此外，显式拍卖的中标者也可以在二级市场将自身持有的输电容量转让给其他市场主体。签订电力远期合约的市场主体必须通过显式拍卖的方式获得相应的跨国输电容量。

三　全球能源互联网是构建全球电力市场的先决条件

当前，世界正发生复杂深刻的变化，国际金融危机的深层次影响仍在继续。世界经济增长乏力，传统增长引擎对经济的拉动作用减弱，经济增长新动力尚未形成，各国经济复苏进程远远落后于预期。为了更好地解决发展问题，各国持续采取激励措施，发明新技术、制造新产品、创造新模式、打造新产业，为世界经济增长注入新动力。

应对世界能源发展面临的挑战，需要站在人类可持续发展的高度，从世界能源发展规律出发，统筹把握经济发展全球化、资源配置全球化和环境影响全球化的新特征，研究提出既具有前瞻性、创新性又切实可行的战略思想与解决方案。

（一）理念基础

全球能源互联网实质就是“智能电网 + 特高压电网 + 清洁能源”，智能电网是基础，特高压电网是关键，清洁能源是根本。

1. 智能电网

智能电网集成了先进输电、智能控制、新能源接入、新型储能等现代智能技术，能够适应各类集中式、分布式清洁能源并网和消纳，满足各类智能用电设备接入和互动服务等需求，实现源、网、荷、储协同发展、多能互补和高效利用。

2. 特高压电网

特高压电网是指 ±800 千伏及以上的直流和电压等级 1000 千伏及以上的交流电网系统。其优势包括输电效率高、容量大、距离远等，能够实现远距离、大功率的电能输送，适合应用于跨国、跨洲电网互联。

3. 清洁能源

随着水能、风能、太阳能等转化技术的进步和成本的快速降低，清洁能源竞争力将全面超过化石能源，并加速替代化石能源，成为未来能源系统的主导能源。

（二）战略方向

全球能源互联网以“两个替代、一个提高”为战略方向，即能源开发实施清洁替代，能源消费实施电能替代，提高电气化水平，化石能源回归其基本属性。实现以太阳能、风能、水能等清洁能源发电，增大电能在终端能源消费中的比重，电从远方来，来的是清洁电。

（三）主要特征

全球能源互联网是适应清洁能源全球大规模开发与有效配置、利用的关键平台，具备网架坚强、广泛互联、高度智能、开放互动四个重要特征。

网架坚强是构建全球能源互联网的重要前提。坚强的网架是实现资源全球配置的基础。只有形成坚强可靠的跨国跨洲互联网架，才能实现全球能源的广泛互联与大范围配置。各国电网规划科学、结构合理、安全可靠、运行灵活，才能适应风电、光伏发电等清洁能源大规模接入与消纳。

广泛互联是全球能源互联网的基本形态。全球能源互联网的广泛互联带来了全球能源资源及相关公共服务资源的高效开发与广泛配置。洲际骨干网架、洲内跨国网架、各国家电网、地区电网、配电网、微电网协调发展、紧密衔接，可以构成广泛覆盖的电力资源配置体系。

高度智能是全球能源互联网的关键支撑。各类电源、负荷实现可灵活接入和确保网络安全稳定运行。通过广泛使用信息网络、广域测量、高速传感、高性能计算、智能控制等技术，实现各层网架和各个环节的高度智能化运行，自动判断、识别大多数故障与风险，具备故障自愈功能；通过信息实时交互支撑整个网络中各个要素的自由流动，真正实现能源在各区域之间的高效配置。

开放互动是全球能源互联网的基本要求。构建全球能源互联网，需要各国的相互配合、密切合作。全球能源互联网的运营也要对世界各国公平、无歧视开放。充分发挥电网的网络市场功能，构建开放统一、竞争有序的组织运行体系，促进用户与各类用电设备广泛交互、与电网双向互动，能源流在用户、供应商之间双向流动，实现全球能源互联网中各利益相关方的协同与交互。

（四）全球能源互联网推动电力市场建设的路线

构建全球能源互联网总体分为国内互联、洲内互联和洲际互联三个阶段。由此可见，全球电力市场格局的根本特征就是全球能源互联网。在清洁能源资源富集、电网基础条件较好的地区，率先实现清洁能源大规模开发和跨国跨洲联网。到 21 世纪中叶，基本建成互联互通的全球电力市场以及全球能源互联网。

第一阶段：国内互联（2020 年前），推动形成全球共识；

第二阶段：洲内互联（2020～2030 年），大规模开发；

第三阶段：洲际互联（2030～2050 年），形成全球互联格局（见图 4）。

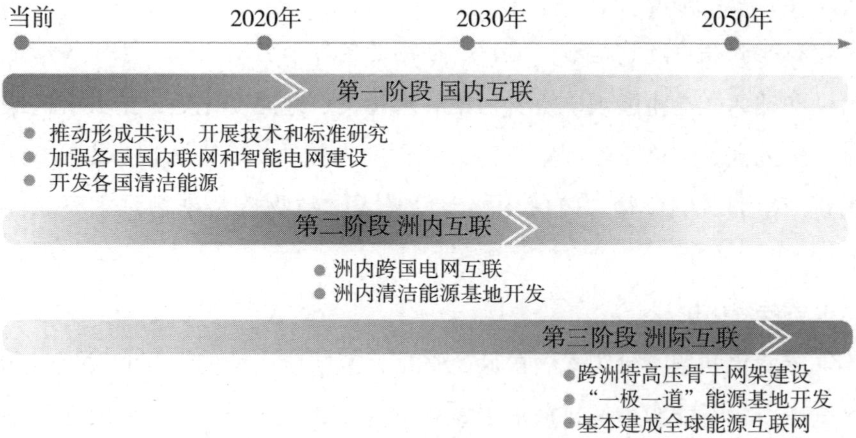

图 4　全球能源互联网发展目标

四　全球电力市场发展展望

展望未来，随着制约电力跨国交易的能源结构问题和技术问题逐步得到解决，跨国电力交易规模将继续扩大，电力跨国交易在电力消费中的占比将进一步提高，电力贸易在国际能源贸易中的地位将进一步提升。而全球能源互联网是支持世界可持续发展的现实选择，能源将为人类可持续发挥关键作用，实现能源的可持续发展是人类可持续发展的优先领域。

（一）实现可持续发展必须解决能源发展四大挑战

1. 资源紧张挑战

按目前的开发强度，全球已探明煤炭、石油、天然气储量分别只能开采约 153 年、51 年、53 年。[①] 部分国家和局部地区的化石能源资源日益紧张和匮乏，如果不转变能源发展方式，对化石能源的争夺将日趋激烈，不仅会加剧原有冲突，还将引发新的争端。

2. 环境污染挑战

化石能源在生产、运输、储存、使用的各环节会对大气、水土等造成严重污染和破坏，产生酸雨、空气污染、水污染、地层变化等，给人类健康带来巨大的危害。全球每年因空气污染死亡的人数约 650 万人。[②] 其中，由能源消费产生的氮氧化物、硫氧化物、可吸入颗粒物等污染物是主要原因之一。

3. 气候变化挑战

气候变化问题不分国家、民族、贫富，威胁全人类的生存和发展。2014 年，全球由化石能源燃烧排放的二氧化碳为 322 亿吨。[③] 必须采取更严格的措施，到 2030 年将全球温室气体排放控制在 400 亿吨以内，确保实现《巴黎协定》的目标。

4. 无电人口众多挑战

近 30 年以来，全球电力普及程度取得了长足进步。但截至 2014 年，全球仍有 10. 6 亿人用不上电，得不到相应的工作、学习和经营机会，无法摆脱贫困。其中，90% 以上的人生活在撒哈拉以南非洲，印度、孟加拉、缅甸、海地等亚洲和拉丁美洲的发展中国家。此外，全球约 30 亿人使用木柴、煤、木炭、动物粪便做饭和取暖，健康受到严重损害。

---

① BP：《BP 世界能源统计年鉴 2017》。

② IEA：《世界能源展望 2016 特别报告——能源与空气污染》。

③ IEA：《世界能源展望 2016》。

（二）实现能源可持续发展的十大行动

基于各地区能源发展面临的挑战和全球电力市场构建的目标任务，提出了全球能源互联网落实“2030 议程”十大行动，包括理念传播、清洁发展、消除无电、电网互联、电能替代、智能电网、能效提升、创新驱动、能力建设和政策保障。

1. 理念传播行动

理念是行动的先导，只有筑牢共同推动发展的思想基础，才能形成发展的强大合力。全球能源互联网理念传播，重点是发挥社会各界的作用，围绕全球能源互联网对推动能源绿色、低碳转型，推动气候变化行动、落实《巴黎协定》，推动人类社会可持续发展、落实联合国“2030 议程”的重要作用，拓展传播渠道，打造全方位、多层次的宣传体系，开展广泛宣传，推动全球能源互联网理念深入人心。

2. 清洁发展行动

发展清洁能源是实施清洁替代、保障能源可持续供应的前提。重点是以大型基地开发为主、分布式开发为辅，统筹发展全球的清洁能源，实现优化布局，提升清洁能源在能源结构中的比例。到 2030 年，全球清洁能源占一次能源消费的比重达到 35%，“一极一道”清洁能源基地年开发外送规模达到 1 万亿千瓦时。

3. 消除无电行动

消除无电人口是“2030 议程”的重要目标，也是全球能源互联网建设的重要内容。2014 年，全球供电普及率 85.3%，无电人口约 10.6 亿人，主要分布在撒哈拉以南非洲、亚洲、拉丁美洲等地区。重点是采取政府补贴、商业开发、资金援助、技术研发等手段，推动解决无电人口问题。到 2030 年，全球供电普及率提高至 94%，无电人口数量减少至 5 亿人以下。

4. 电网互联行动

加快电网建设、实现互联互通是实现大范围配置资源的关键。重点是建设各国国内互联电网，推进跨国互联工程，逐步实现国内、洲内和洲际互联。

5. 电能替代行动

电能替代是提升电气化水平、改善人民生活的主要途径。重点是采用新技术和新设备，在工业、交通、居民生活等领域，以电能替代化石能源终端消费。力争到2030年，全球电能占终端能源消费的比重从2015年的18.5%提高至30%以上。各国可采取的共同行动有：（1）以电代煤：使用各类电锅炉、热泵、电窑炉、发热电缆、碳晶、电热膜等设备，在工业和居民生活领域代替燃煤锅炉、散烧煤等。（2）以电代油：在交通领域，发展电气化铁路、电动汽车、低速电动车、船舶岸电、港口装卸、机场桥载设备等；在石油生产领域，使用电驱动的石油管道运输、电力钻机等；在农业生产领域，使用电排灌、用电脱粒作业等。（3）以电代气：使用电能替代餐饮行业中的燃气灶、工业用燃气锅炉，以及居民生活中使用的燃气灶、燃气空调等。

6. 智能电网行动

智能电网是全球能源互联网的基础，关键要应用云计算、大数据、物联网、移动互联网等先进技术与装备，提高电力系统智能化水平，适应各类集中式、分布式清洁能源的灵活接入，实现源、网、荷、储协同优化、多能互补和高效使用，满足用户的多样化需求。

7. 能效提升行动

能效提升是控制能源总量、降低排放的根本手段。关键是采用行政和市场手段，在能源生产、配置、消费各环节制定严格的政策和技术标准，发展应用节能技术。2015～2030年，能源强度年均下降速度达到1%～2.5%。

8. 创新驱动行动

创新是支撑全球能源互联网建设、破解可持续发展难题的根本动力。技术创新方面，重点围绕能源转换、配置、使用等领域，聚焦特高压、智能电网、清洁能源、电网运行控制等关键技术，加大研发创新力度。金融创新方面，重点是创新商业模式和投融资模式，建设高效投融资体系，为全球能源互联网各类项目提供资金支持，降低风险，提高投资回报。

9. 能力建设行动

构建全球能源互联网需要汇集全球力量，对各国发展能力、科技实力和研究能力等都提出了更高要求。

（1）增强发展能力

通过向发展中国家提供国际支持等方式，推动发展中国家多渠道筹集国内外资金，保障各国对全球能源互联网项目具有相应的投融资能力。

（2）加强科技实力

突破关键核心技术。建设全球和各洲能源互联网运行仿真平台，强化全球和各洲能源互联网的模拟和分析能力。建立全球能源互联网关键技术与装备研究试验基地，针对各洲极端气候条件和地理条件，推进关键技术的研发试验。建立全球数值天气预报和联合功率预测中心，提升全球和各洲能源互联网的运行调控能力。

建立健全多层次、跨学科的人才培养体系，在各国高校、研究机构设立全球能源互联网相关专业课程或人才研究培养项目；设立全球能源互联网国际奖学金，每年在全球范围定向资助、培养高层次专业技术人才和项目管理人才。

（3）提升研究能力

建立全球能源互联网专业研究智库，围绕全球能源互联网的发展理念，联合国际知名智库设置相关研究课题，就能源可持续发展、能源基础设施互联互通等相关理论开展研究，定期发布全球互联网研究成果，不断提升相关研究能力。

建设全球共享的能源研究平台，支撑相关国家社会组织、企业、大学、研究机构等联合开展战略性、前瞻性的课题研究，共同发布和共享研究成果。

10. 政策保障行动

各国政府根据本国情况，制定清洁发展、电网互联、消除无电、能效提升等方面的政策和措施。政府间国际组织发挥引导和协调作用，提高各国政策的兼容性和协同性，并推动建立国际技术合作和国际技术援助机制。

（三）建设全球能源互联五大机制

构建全球能源互联网，政府、企业、社会①各利益相关方需要建立强有力的合作机制，促进各方在互联电网的规划、建设、贸易及技术标准等方面沟通协商，采取一致行动。

1. 全球电力规划机制

采取全球顶层设计和各国自主规划相结合的原则，统筹考虑全球能源资源与需求，进行全球、区域和各国电力协同规划。

（1）在全球层面和区域层面，研究通用的电力规划流程和方法，建立清洁能源开发、跨国联网等项目成本－效益分析模型。

（2）在与各国充分沟通、共享数据的基础上，组织开展全球和区域统一规划，提出跨国联网方案。

（3）建立规划滚动修编机制，根据各国经济社会发展和规划实施情况更新规划方案。

（4）推动全球和区域规划与各国规划协调对接，建立全球跨国联网项目库，明确建设计划。

2. 跨国工程建设机制

依托联网规划，以开放透明、公平公正、共建共享为基本原则，建立全球清洁能源开发、跨国联网等项目建设合作机制，推动项目落地。

（1）建立全球清洁能源开发、跨国联网等项目研究设计平台，联合有关国家政府、电网企业等相关方，共同开展项目可行性研究等前期工作。

（2）根据项目特点建立合适的商业模式，包括建立合适的容量分配和成本分摊模型，吸引全球投资者公平分担建设成本、合理分享项目收益。

（3）金融机构、非政府组织可以与电网公司合作，参与项目投融资，推动商业模式创新。

---

① 政府主要包括国家政府、公共事业单位、政府间国际组织、联合国；企业主要包括发电公司、电网公司、设备制造商、金融机构、服务性公司和其他私营企业；社会主要包括非政府组织、大学、智库和其他研究机构。

3. 全球电力贸易机制

以自由、公平、无歧视的电力贸易为基本原则，统筹各国电力体制和市场组织形式，与各市场参与方充分沟通，建立跨境电力贸易机制，包括税收、交易组织、输电费用、阻塞管理、纠纷调解等多个方面，实现全球电力交易高效协同和资源高效配置。

（1）提倡电力商品在全球自由交易、自由流通，推动各国在税费等方面建立协调的政策。

（2）推进跨国双边、多边长期合同交易，培育双方、多方参与的日前、日内、实时和辅助服务市场交易。条件具备时，进一步建设区域电力市场，推动建立区域电力交易中心。

（3）根据交易形式建立跨境线路输电服务费用机制和阻塞管理机制，综合考虑线路建设及运营成本，让各方合理分摊输电服务费用和通道容量。

（4）建立电力贸易调解机制，明确调解参与方和调解程序等，解决全球电力贸易机制可能存在的不足和各类纠纷。

4. 互联电网协调机制

随着电网互联范围更广、交互程度更深，需要解决高比例清洁能源接入和复杂环境带来的电网安全问题、大范围电力资源优化配置的经济性问题和跨国跨洲电网运行的协调问题。

（1）制定互联大电网运行机制，协调不同国家和地区的电网联合运行，特别是研究适应清洁能源特性的运行规则，在更大范围优化电网运行，促进各类集中式、分布式清洁能源接入和消纳。

（2）制定跨国跨洲电网联合运行协议，规范洲内跨国线路、跨国区域电网和洲际主干电网的运行，优化跨国电力流，实现跨国跨洲电力的互补互济和各层级电网运行的统筹协调。

（3）建立全球电网信息及预警系统，各国电网运营商都可以在系统中获取全球、各洲、各国电网运行的实时状况及数据，加强电网之间的安全运行协作。

5. 技术标准协同机制

建设全球能源互联网，需要协调工程建设、市场交易、运行等各环节的技术标准和规程。

（1）编制跨国电力联网项目建设及设备相关的技术标准，以降低工程建设成本，提高经济性和可靠性。

（2）研究开发跨国跨洲电力交易的模型和算法工具，提高市场透明度，降低交易成本。

（3）提高全球电网运行技术标准和规程的协调性和兼容性，进一步提升跨国联合运行的协同性，提高系统的运行效率和稳定性。

（4）国际标准组织应搭建平台，组织协调企业、大学和其他研究机构制定相关标准。

自工业化以来的近300年间，化石能源大量开发使用导致资源紧张、环境污染、气候变化等问题日益突出，严重威胁了人类生存和可持续发展。联合国“2030议程”将能源作为核心任务之一，推动世界各国共同研究解决能源和经济、环境协调发展问题。全球能源互联网为推动世界能源变革、解决能源可持续发展问题，提供了一种现实可行的行动方案。构建全球能源互联网，将对实现“2030议程”相关目标发挥关键作用。

五　构建全球能源互联网条件具备

（一）技术上可行

1. 特高压输电技术先进成熟

目前，特高压交、直流输电距离可实现1500～6000公里以上，输电功率可达到500万～1500万千瓦，可实现在各大洲之间、洲内能源基地与负荷中心之间的电力输送，解决了各类能源大规模开发、远距离输送的关键难题。中国特高压的大规模建设和运营验证了特高压技术的安全性、经济性和环境友好性。

2. 清洁能源发电技术不断进步

目前光伏电池技术不断进步，光电转化效率已超过20%且持续提升。风力发电技术不断突破，8兆瓦大容量风机已投入商业运行，风功率预测精度不断提升，清洁能源发电的可预测性和可控性不断改善。

3. 智能电网技术广泛应用

柔性交直流输电、智能控制、信息网络、大规模储能等技术的不断突破和广泛应用，使电网更加安全、更加经济、更加灵活，能够适应风电、太阳能发电等间歇性电源和各类智能用电设备大规模接入的需要。

（二）经济上有竞争力

1. 清洁能源

风电、光伏发电成本过去5年分别下降了30%、75%，并将持续快速下降。阿联酋2019年投产的光伏项目中标价格已低至2.4美分/千瓦时，摩洛哥2020年投产的陆上风电项目中标价格已降至3美分/千瓦时。欧洲北海即将建设世界首个完全参与市场竞争、不需要任何补贴的海上风电项目。预计到2025年，清洁能源竞争力将全面超过化石能源。

2. 电网互联

全球能源互联网可以实现跨国跨洲电力的互补互济，将不同地区的资源差、时区差、季节差、电价差统筹起来，减少备用容量，提高全系统的经济性和运行效率。例如，中国西部、北部能源基地的电力通过特高压输送至东中部，落地电价比当地火电上网电价低0.7~1.2美分/千瓦时；开发中部非洲水电、北非太阳能发电，通过特高压汇集打捆向欧洲输电，成本7~9美分/千瓦时，比欧洲大陆光伏发电成本低7美分/千瓦时左右，具有显著的经济效益。

（三）政治上形成共识

1. 应对气候变化成为全球共识

联合国秘书长古特雷斯表示，全球能源互联网是实现人类可持续发展的核心和实现全球包容性增长的关键。他高度赞赏合作组织为促进国际能源合作所做的工作，强调这些努力对落实“2030 议程”和《巴黎协定》至关重要，敦促各国政府为推动世界能源转型加强行动。

2. 世界各国都在积极推进清洁发展

全球 140 多个国家出台了清洁能源发展政策，以促进低碳发展、提升电气化水平、提高能源效率及加强电网互联等。欧盟有 26 个国家承诺 2020 年以后不再建设燃煤电站。英国决定到 2025 年实现“零煤电”。丹麦提出到 2050 年完全摆脱化石能源。德国计划到 2050 年清洁能源占总发电量的比重达到 80%。挪威宣布 2025 年、印度宣布 2030 年、英国和法国宣布 2040 年后禁售传统燃油汽车。

B.5 世界可再生能源市场：消费、投资与趋势

李　贺*

摘　要： 本文在分析世界可再生能源消费总量、主要国家可再生能源消费占比以及世界可再生能源消费市场分布的基础之上，得出世界可再生能源消费总量将保持稳定增长；从太阳能、风能、地热与生物质能消费市场的特点及分布来看，风能消费占可再生能源消费市场主流；从光伏、风电、地热发电装机总量的比较来看，可再生能源装机总量呈现持续走高趋势；从可再生能源投资以及消费市场增长预测来看，未来都将以亚太地区为中心。

关键词： 可再生能源消费　可再生能源投资　可再生能源市场

一　世界可再生能源消费总量稳定增长

2016年世界可再生能源消费量为1854.2太瓦时（见图1），较2015年增长14.1%。从区域分布来看，亚太地区消费量最大，为638.6太瓦时，其次是欧洲636.6太瓦时、北美428.9太瓦时、中南美124.6太瓦时、非洲22.2太瓦时与中东3.3太瓦时；从增长率来看，增长最快的是中东地区，为42%，其次是亚太地区27.9%，增长最慢的是欧洲地区，为1.5%。

从主要国家可再生能源消费来看，2016年超过300太瓦时的国家有中国

* 李贺，中国信息通信研究院经济学博士，能源经济学博士后，主要从事区域、环境、能源经济方面的研究。

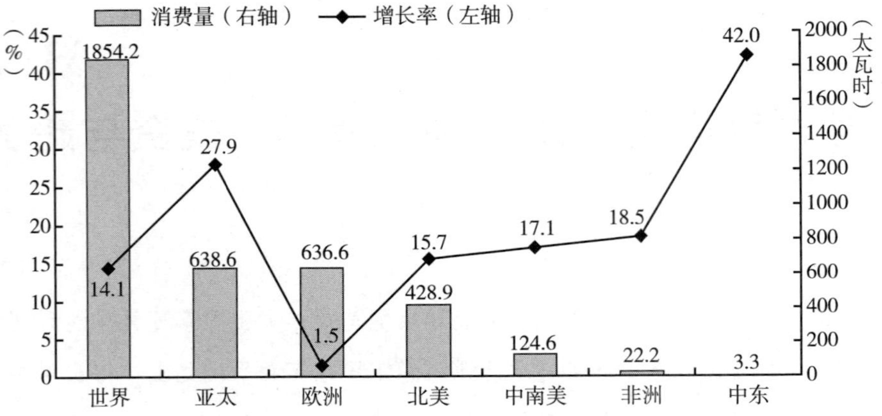

图1　2016年世界可再生能源消费

数据来源：《BP世界能源统计年鉴2017》。

与美国，其中，中国可再生能源消费量为380.6太瓦时，美国消费量为370.2太瓦时；超过100太瓦时（200太瓦时以下）的国家是德国，消费量为167.4太瓦时；100太瓦时以下的国家主要有巴西、日本、英国、印度、西班牙、意大利与加拿大（见图2）。从增长率来看，除德国、英国、西班牙为负增长，意大利与加拿大维持一位数增长外，其余主要国家均保持了两位数的增长，尤其是2016年中国维持了33.4%的增长，其次是印度维持了29.2%的增长。

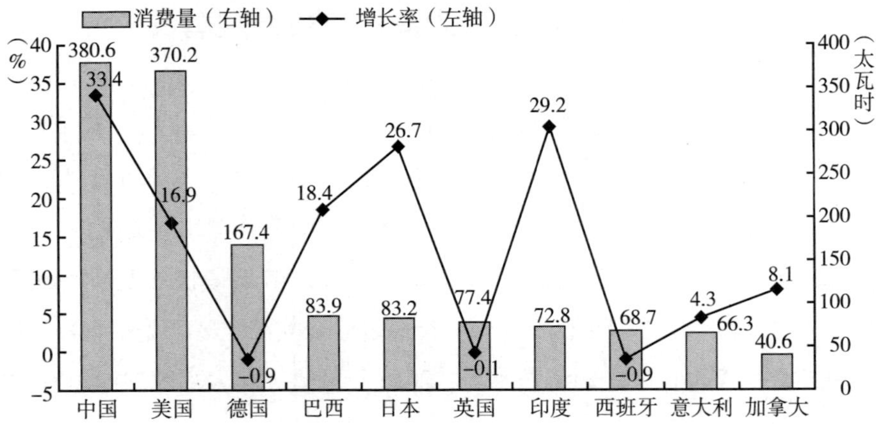

图2　2016年主要国家可再生能源消费

数据来源：《BP世界能源统计年鉴2017》。

从世界可再生能源消费市场分布来看，分区域消费市场方面，2016 年亚太、欧洲、北美地区可再生能源消费占比之和为 91.8%，其中，亚太地区消费市场占比为 34.4%，欧洲消费市场占比为 34.3%（见图 3）；各主要国家消费市场方面，2016 年中国与美国可再生能源消费占比之和为 40.5%，其中，中国占世界可再生能源消费市场的 20.5%，美国占比为 20%，其次是德国，占比为 9%（见图 4）。其余国家中，消费市场占比在 4% 以上的国家为巴西、日本、英国，占比维持在 3% ~4% 的国家为印度、西班牙、意大利，维持在 2% ~3% 以上的国家为意大利，维持在 1% ~2% 以上的国家为法国、瑞典、土耳其、澳大利亚、波兰、韩国、墨西哥、丹麦。

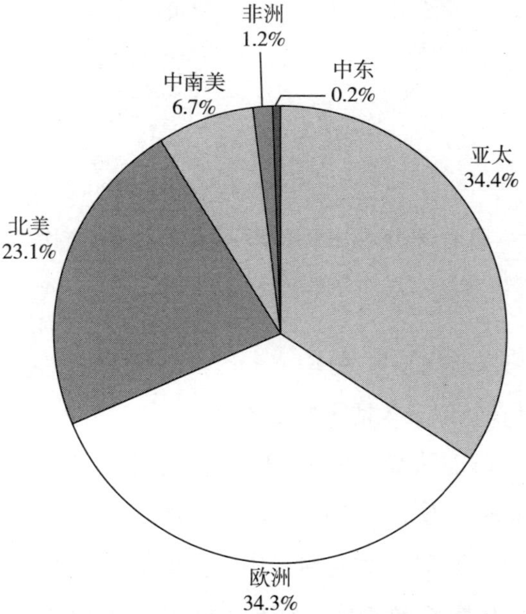

图 3　2016 年世界分区域可再生能源消费占比

数据来源：《BP 世界能源统计年鉴 2017》。

二　世界可再生能源消费以风能为主

世界可再生能源消费市场的分布为：太阳能以亚太地区为主，风能以及

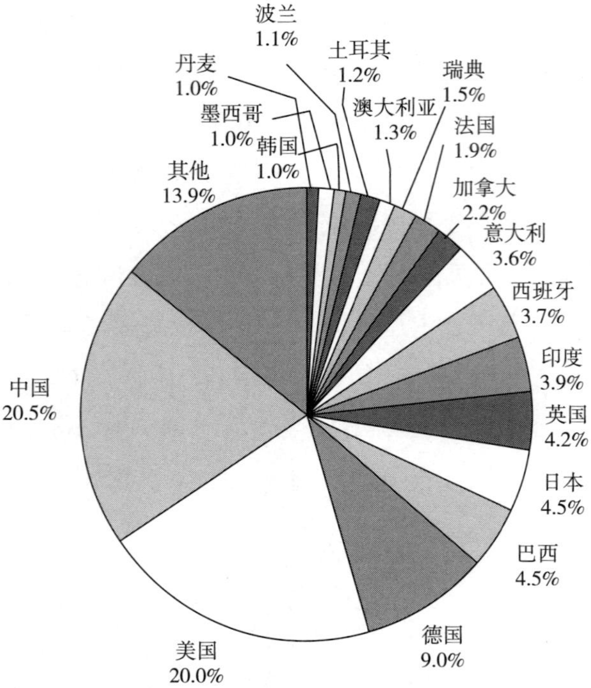

图 4　2016 年主要国家可再生能源消费占比

数据来源：《BP 世界能源统计年鉴 2017》。

地热与生物质能均以欧洲地区为主。

1. 太阳能消费市场以亚太地区为主

2016 年世界太阳能消费总量为 333. 1 太瓦时，增长率为 29. 6%（见图 5）。从区域消费总量来看，亚太地区消费量最大，为 146 太瓦时，其次是欧洲 114. 4 太瓦时、北美 60. 3 太瓦时、中南美 5. 1 太瓦时、非洲 4. 7 太瓦时、中东 2. 5 太瓦时；从增长率来看，2016 年低于世界平均水平的地区是欧洲，增长率为 3. 6%，增长最快的地区是中南美，为 66. 6%，其次是亚太地区 52. 5%、中东地区 47%、北美地区 42. 3%、非洲地区 33%。

从主要国家太阳能消费来看，2016 年消费总量排名第一的国家是中国，为 66. 2 太瓦时，其次是美国 56. 8 太瓦时、日本 49. 5 太瓦时、德国 38. 2 太瓦时；从增长率来看，2016 年增长最快的是印度，为 81. 3%，其次是中国 71. 5%、美国 43. 6%、英国 35. 7%、日本 34. 8%，负增长的国家为德国、意大利、西班牙（见图6）。

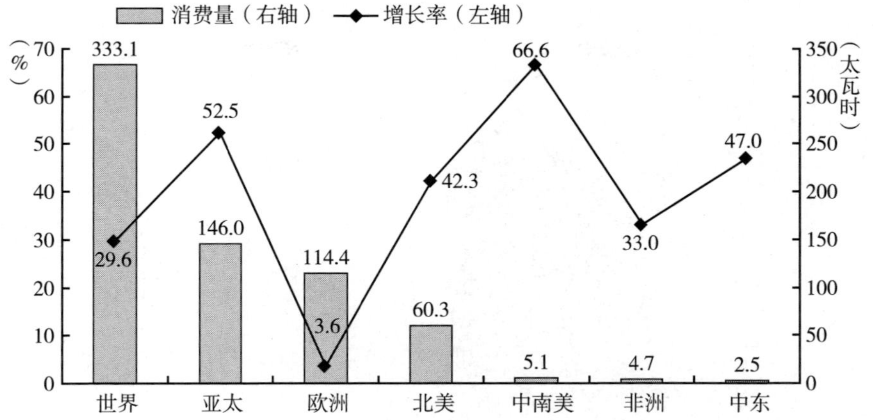

图 5　2016 年世界太阳能消费

数据来源：《BP 世界能源统计年鉴 2017》。

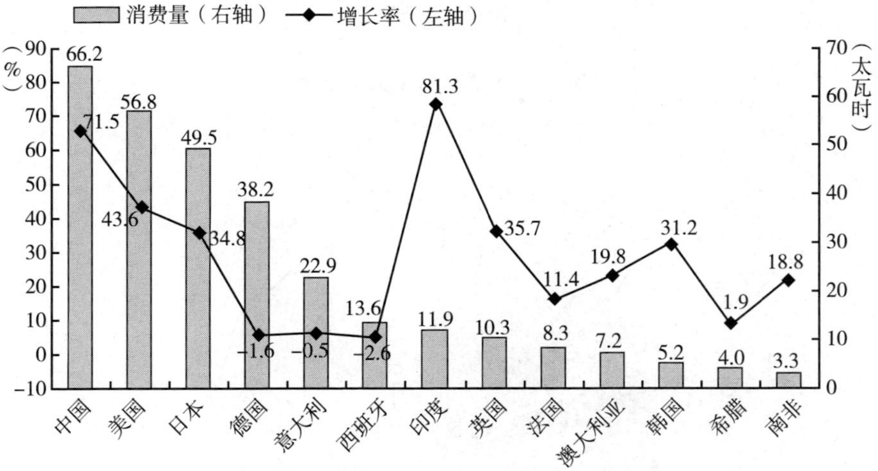

图 6　2016 年主要国家太阳能消费

数据来源：《BP 世界能源统计年鉴 2017》。

从世界太阳能消费市场来看，分区域太阳能消费占比方面，2016 年亚太地区太阳能消费占比最大，为 43.8%，其次是欧洲地区 34.4%、北美地区 18.1%，其余地区占比在 2% 以下（见图 7）；各主要国家太阳能消费占比方面，消费占比在 10% 以上的国家有 4 个，分别为中国 19.9%、美国 17.1%、日本 14.9%、德国 11.5%，其余国家消费占比均在 7% 以下（见图 8）。

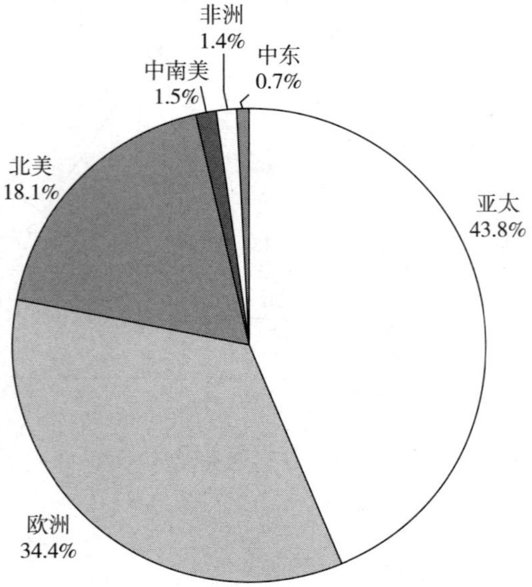

图 7　2016 年世界分区域太阳能消费占比

数据来源：《BP 世界能源统计年鉴 2017》。

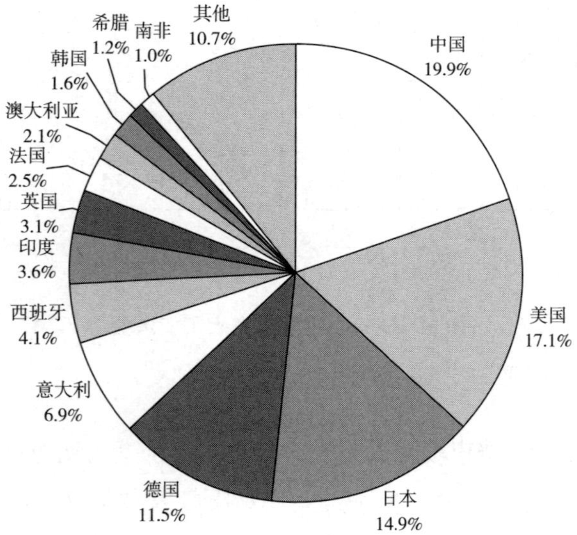

图 8　2016 年主要国家太阳能消费占比

数据来源：《BP 世界能源统计年鉴 2017》。

2. 风能消费市场以欧洲地区为主

2016 年世界风能消费总量为 959. 5 太瓦时，增长率为 15. 6% （见图 9）。分区域来看，欧洲地区消费最多，为 321 太瓦时，紧随其后的是亚太地区 315 太瓦时，其次是北美 266. 6 太瓦时；从增长率来看，增长最快的地区是中南美地区，为 41. 5%，其次是中东地区 35. 6%，增长率排名第三的是亚太地区，为 29. 1%，欧洲地区则是增长率最慢地区，仅为 0. 8%。

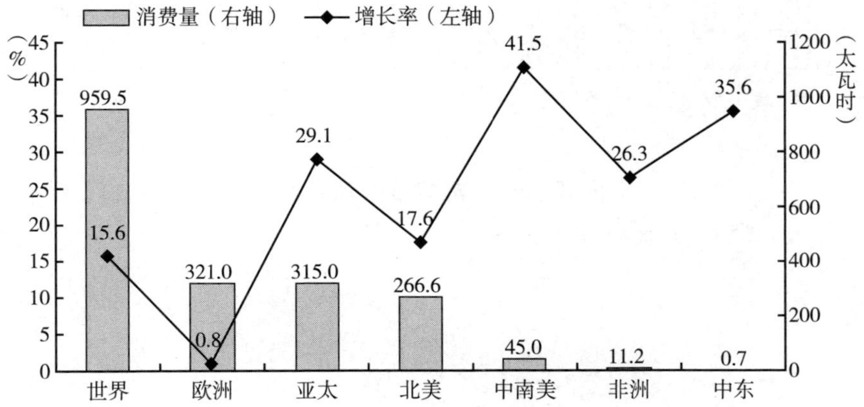

图 9　2016 年世界风能消费

数据来源：《BP 世界能源统计年鉴 2017》。

从主要国家风能消费来看，2016 年风能消费量最多的国家是中国，为 241 太瓦时，其次是美国 228. 8 太瓦时，排名第三的是德国，为 77. 4 太瓦时，中美两国风能消费遥遥领先于其他各国；从增长率来看，增长最快的是巴西，为 51. 8%，其次是土耳其 41. 4%、印度 36. 5%、中国 29. 4%、墨西哥 20. 4%，其余国家增长率均在 20% 以下（见图 10）。

从世界分区域风能消费占比来看，2016 年欧洲地区消费占比为 33. 5%，其次是亚太地区 32. 8%、北美地区 27. 8%（见图 11）；从主要国家风能消费占比来看，中国与美国风能消费占比之和近 50%，其中，中国消费占比为 25. 1%，美国消费占比为 23. 8%，其次是德国 8. 1%、西班牙 5. 1%、印度 4. 7%，其余国家消费占比均在 4% 以下（见图 12）。

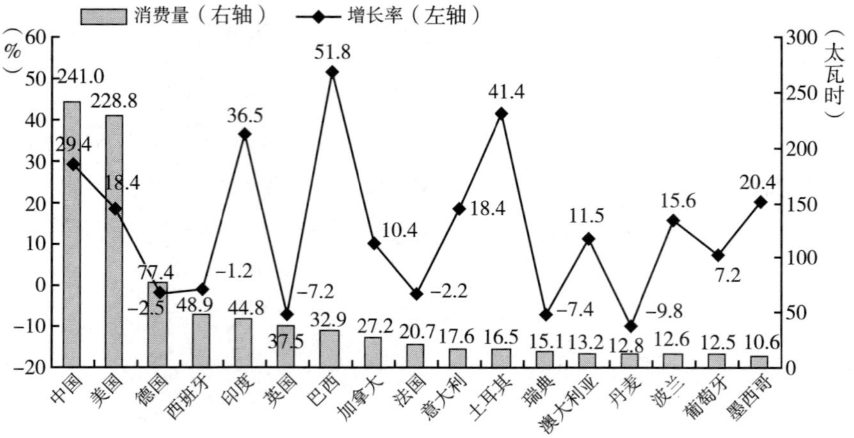

图 10　2016 年主要国家风能消费

数据来源：《BP 世界能源统计年鉴 2017》。

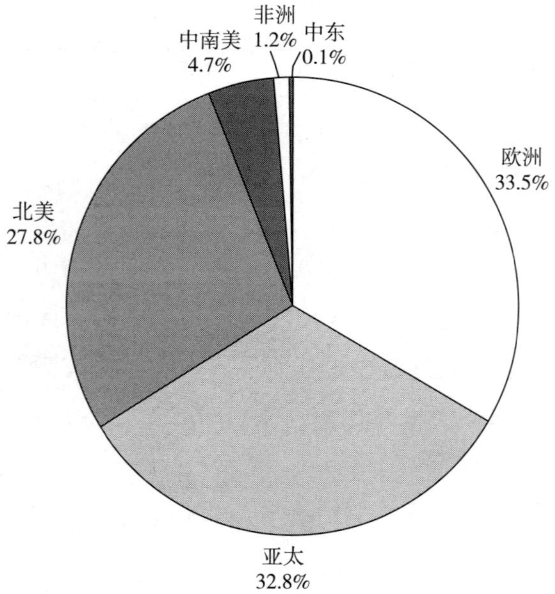

图 11　2016 年世界分区域风能消费占比

数据来源：《BP 世界能源统计年鉴 2017》。

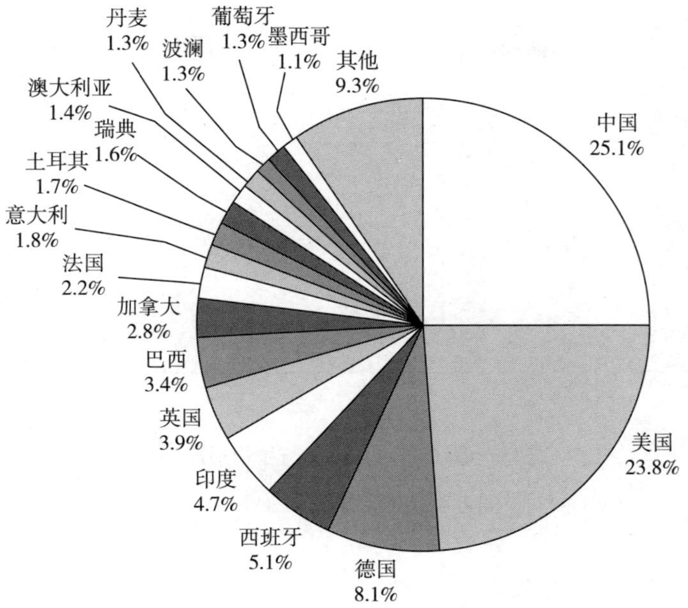

图 12　2016 年主要国家风能消费占比

数据来源：《BP 世界能源统计年鉴 2017》。

3. 地热与生物质能消费市场以欧洲地区为主

2016 年世界地热与生物质能消费总量为 561. 7 太瓦时，增长率为 4. 4%（见图 13）。分区域来看，欧洲地区是地热与生物质能消费最多的地区，为 201. 1 太瓦时，其次是亚太地区 177. 6 太瓦时、北美地区 102. 1 太瓦时、中南美地区 74. 5 太瓦时、非洲 6. 3 太瓦时、中东地区 0. 1 太瓦时；从增长率来看，增长最快的地区是亚太地区，为 11. 2%，其次是中南美地区 4. 1%，其他地区增长率均在 2% 以下。

从主要国家地热与生物质能消费来看，2016 年美国地热与生物质能消费排名第一，为 84. 6 太瓦时，其次是中国 73. 4 太瓦时、德国 51. 8 太瓦时、巴西 50. 9 太瓦时，其余国家消费量均较低；从各国消费增长率来看，增长最快的是泰国，为 21. 8%，其次是中国 21. 4%、日本 12. 2%，其余国家增长率均在 10% 以下（见图 14）。

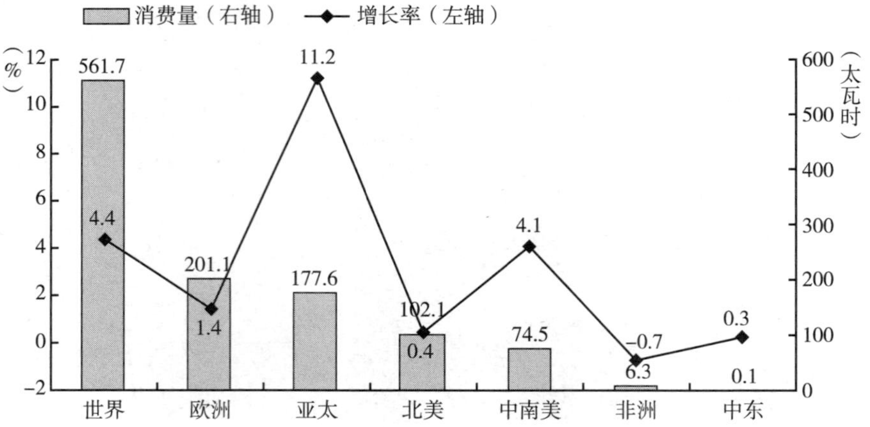

图 13　2016 年世界地热与生物质能消费

数据来源：《BP 世界能源统计年鉴 2017》。

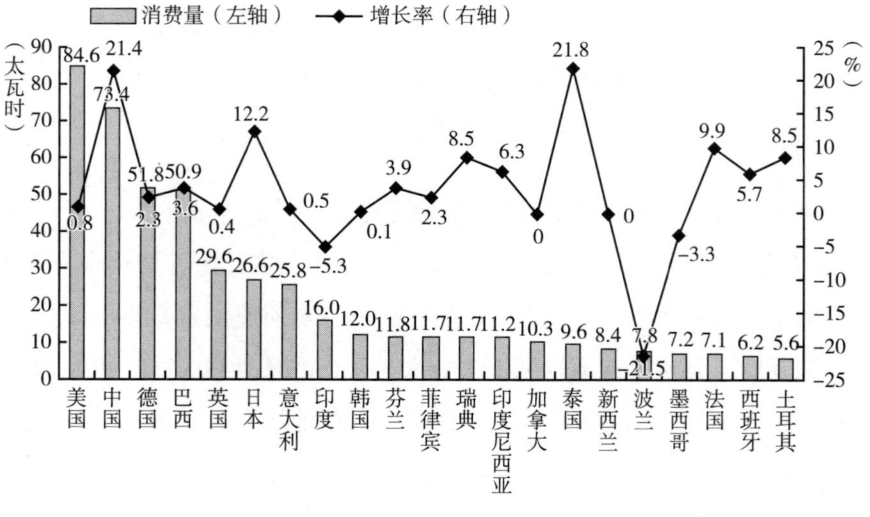

图 14　2016 年主要国家地热与生物质能消费

数据来源：《BP 世界能源统计年鉴 2017》。

世界分区域地热与生物质能消费占比方面，2016 年欧洲地区消费占比最多，为 35.4%，其次是亚太地区 31.3%、北美地区 18%、中南美地区 13.1%、中东地区 1.1%（见图 15）；主要国家地热与生物质能消费占比方面，美国消费占比最多，为15.1%，其次是中国13.1%、德国9.2%/巴西9.1%、英国5.3%、日本4.7%、意大利4.6%，其余国家消费占比均在3%以下（见图16）。

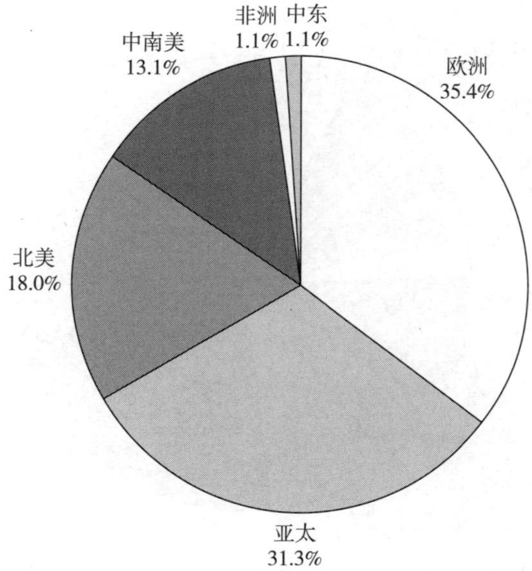

图15　2016年世界分区域地热与生物质能消费占比

数据来源：《BP世界能源统计年鉴2017》。

三　世界可再生能源装机总量持续走高

世界可再生能源装机市场的分布为：光伏与风电均以亚太地区为主，地热发电以美国为主。

1. 光伏装机量以亚太地区为主

2016年世界光伏装机总量为301473.4兆瓦，增长率为33.2%（见图17）。分区域来看，亚太地区光伏装机总量为145869兆瓦，其次是欧洲105371.4兆瓦、北美43335兆瓦、中南美2987兆瓦、非洲2491兆瓦、中东1420兆瓦；增长率方面，亚太地区增长率最高，为53.8%，其次是北美53.4%、非洲50.7%、中东49%、中南美47.3%，欧洲增长率最低，为6.8%。

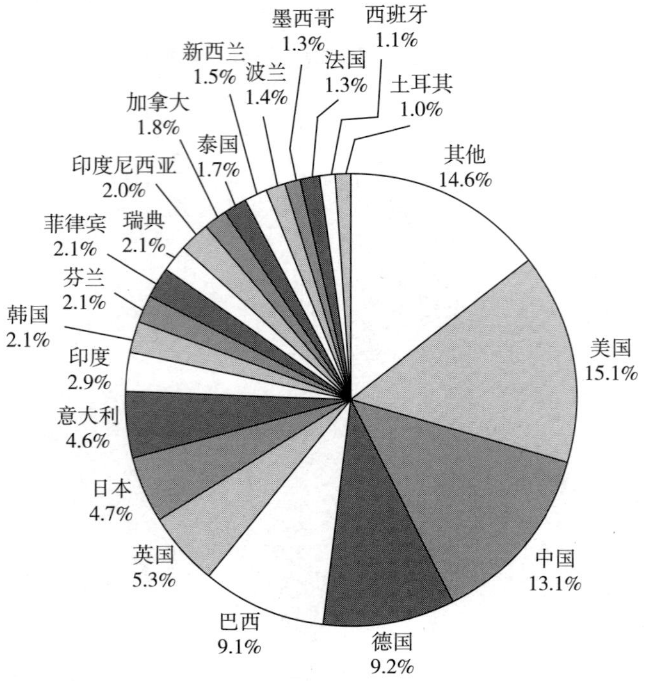

图 16　2016 年主要国家地热与生物质能消费占比

数据来源：《BP 世界能源统计年鉴 2017》。

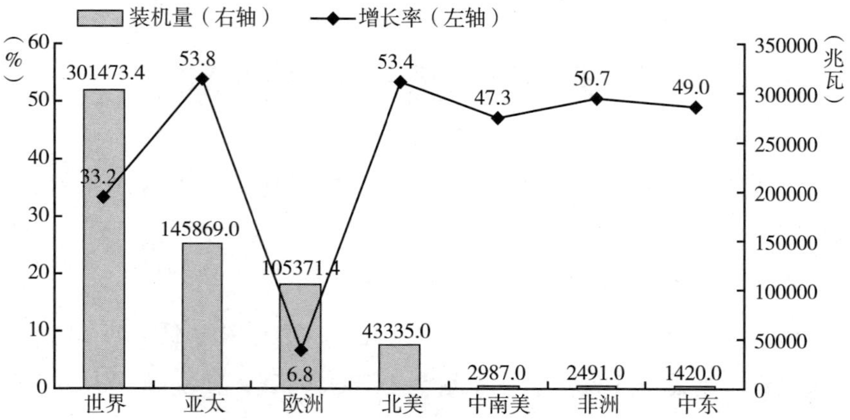

图 17　2016 年世界光伏装机总量

数据来源：《BP 世界能源统计年鉴 2017》。

从主要国家光伏装机量来看，2016 年中国光伏装机总量最多，为 78070 兆瓦，其次是日本 42750 兆瓦、德国 41275 兆瓦、美国 40300 兆瓦，其余各国装机总量均在 20000 兆瓦以下；从增长率来看，增长最快的是中国，为 79.3%，其次是印度 78.8%、美国 57.6%、日本 25.2%、英国 21%，其余国家增长率均在 20% 以下（见图 18）。

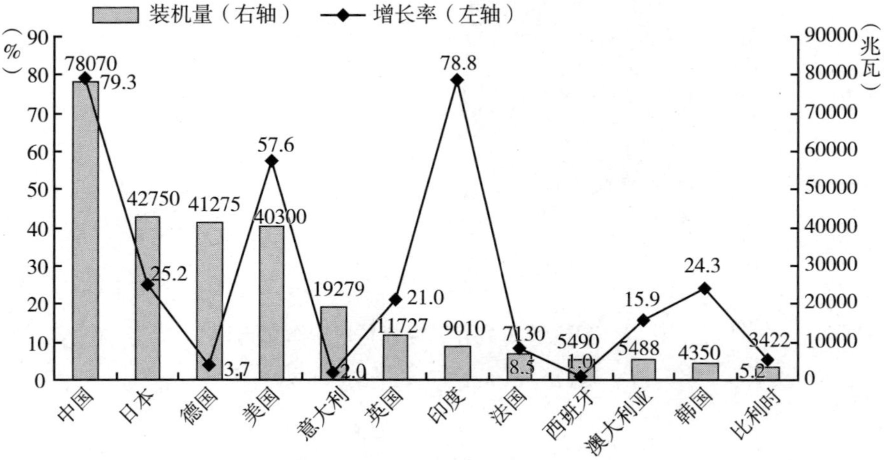

图 18　2016 年主要国家光伏装机总量

数据来源：《BP 世界能源统计年鉴 2017》。

从世界分区域光伏装机容量占比来看，2016 年亚太地区光伏装机容量占比为 48.4%，欧洲地区为 35%，北美地区为 14.4%，其他地区装机容量占比均在 1% 以下（见图 19）；从各主要国家光伏装机容量占比来看，中国光伏装机容量占比为 25.9%，其次是日本 14.2%、德国 13.7%、美国 13.4%、意大利 6.4%，其余国家装机容量占比均在 4% 以下。

2. 风电装机量以亚太地区为主

2016 年世界风电装机总量为 468989.3 兆瓦，增长率为 12%（见图 21）。分区域来看，亚太地区装机量为 189586.6 兆瓦，其次是欧洲 160529.7 兆瓦、北美 98021 兆瓦、中南美 16747 兆瓦、非洲 3786 兆瓦、中东 319 兆瓦；增长率方面，装机量增长最快的是中东，为 30.7%，其次是中南美 26%、亚太 14.5%、非洲 12%、北美 10.5%、欧洲 8.7%。

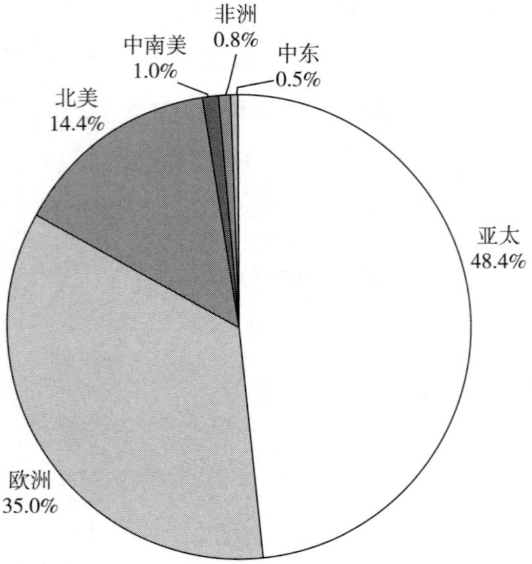

图 19　2016 年世界分区域光伏装机容量占比

数据来源：《BP 世界能源统计年鉴 2017》。

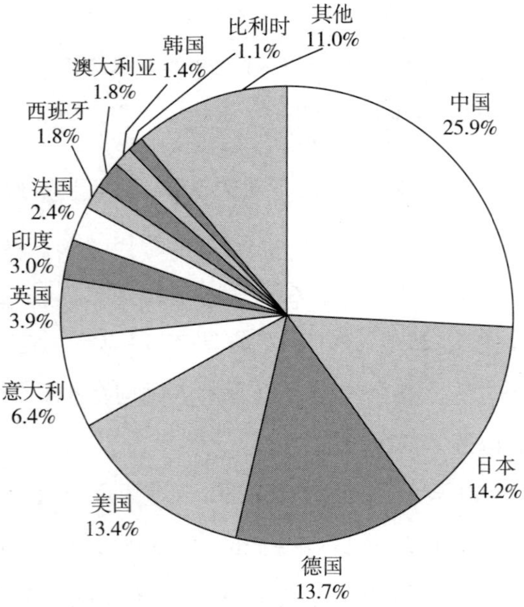

图 20　2016 年主要国家光伏装机容量占比

数据来源：《BP 世界能源统计年鉴 2017》。

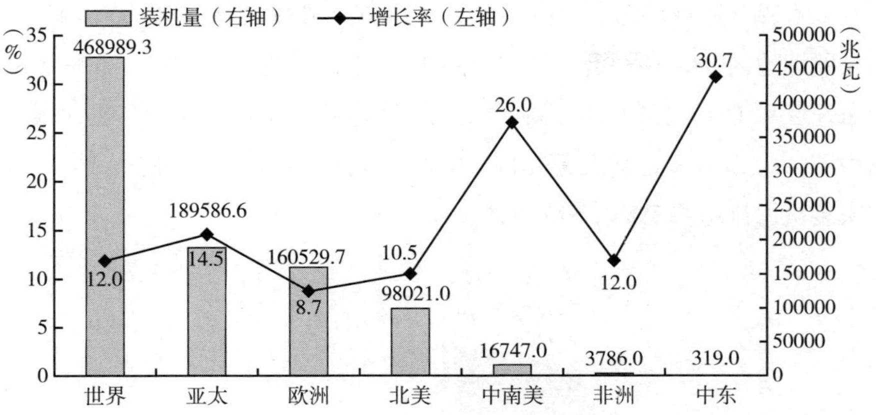

图 21　2016 年世界风电装机容量

数据来源：《BP 世界能源统计年鉴 2017》。

从主要国家风电装机量来看，2016 年中国风电装机量最多，为 148640 兆瓦，其次是美国 82453 兆瓦、德国 49534 兆瓦、印度 28700 兆瓦、西班牙 23026 兆瓦，其余国家装机量均在 20000 兆瓦以下；从增长率来看，增长最快的是巴西，为 23.1%，其次是土耳其 19.4%、中国 14.9%、印度 14.4%，其余国家增长率均在 14% 以下。

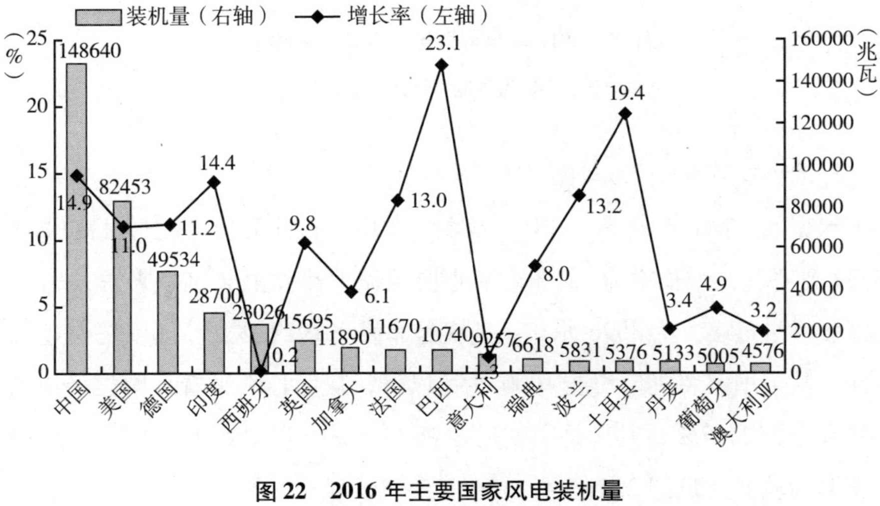

图 22　2016 年主要国家风电装机量

数据来源：《BP 世界能源统计年鉴 2017》。

从世界分区域风电装量占比来看，2016 年亚太地区占比为 40.4%，其次是欧洲地区 34.2%、北美地区 20.9%、中南美地区 3.6%、非洲 0.8%、中东地区 0.1%（见图 23）；从主要国家风电装机量占比来看，占比最多的是中国，为 31.7%，其次是美国 17.6%、德国 10.6%、印度 6.1%，其余国家装机占比均在 5% 以下（见图 24）。

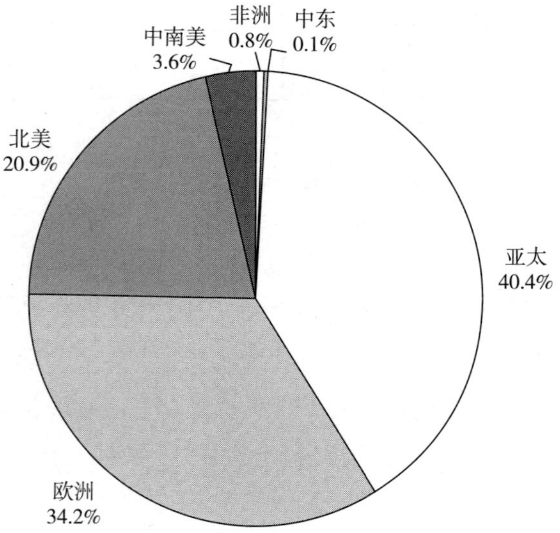

图 23　2016 年世界分区域风电装机量占比

数据来源：《BP 世界能源统计年鉴 2017》。

3. 地热发电装机量以美国为主

根据英国石油公司（BP）统计，2016 年世界地热发电装机量为 13437.8 兆瓦，增长率为 3.4%。从主要国家地热发电装机量来看，2016 年美国装机量最多，为 3596 兆瓦，其次是菲律宾 1929 兆瓦、印度尼西亚 1590 兆瓦，其余国家装机量均在 1000 兆瓦以下；从增长率来看，增长最快的是土耳其，为 24.2%，其次是印度尼西亚 13.5%、肯尼亚 11.7%，其余国家增长率均较低（见图 25）。

从主要国家地热发电装机量占比来看，2016 年美国占比最多，为

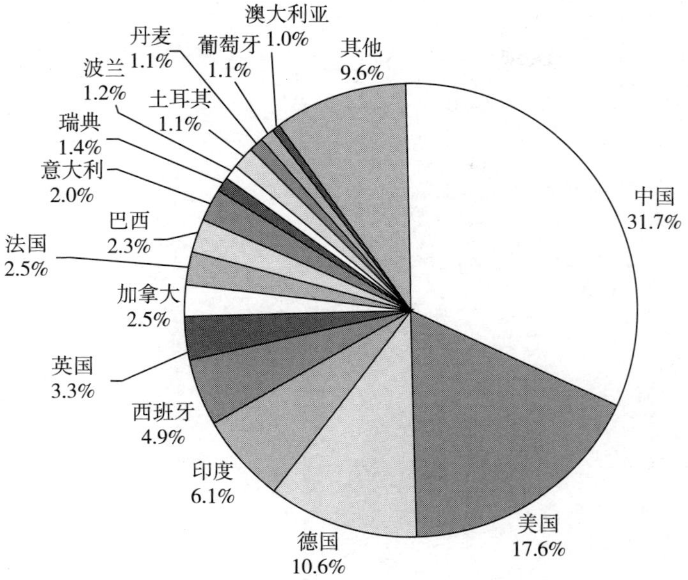

图 24　2016 年主要国家风电装机量占比

数据来源：《BP 世界能源统计年鉴 2017》。

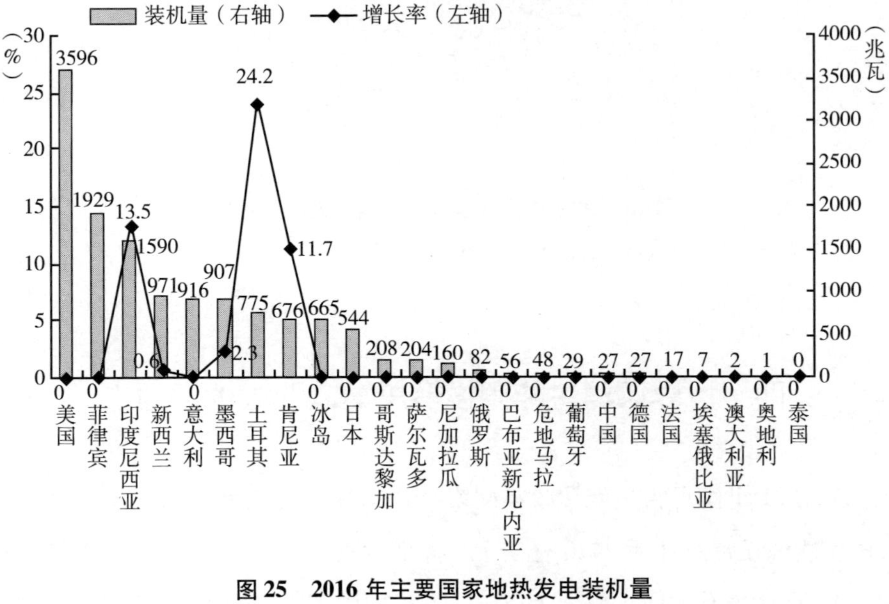

图 25　2016 年主要国家地热发电装机量

数据来源：《BP 世界能源统计年鉴 2017》。

26.8%，其次是菲律宾14.4%、印度尼西亚11.8%、新西兰7.2%、意大利与墨西哥6.8%、土耳其5.8%、肯尼亚与冰岛5%，其余国家地热装机量占比均在5%以下（见图26）。

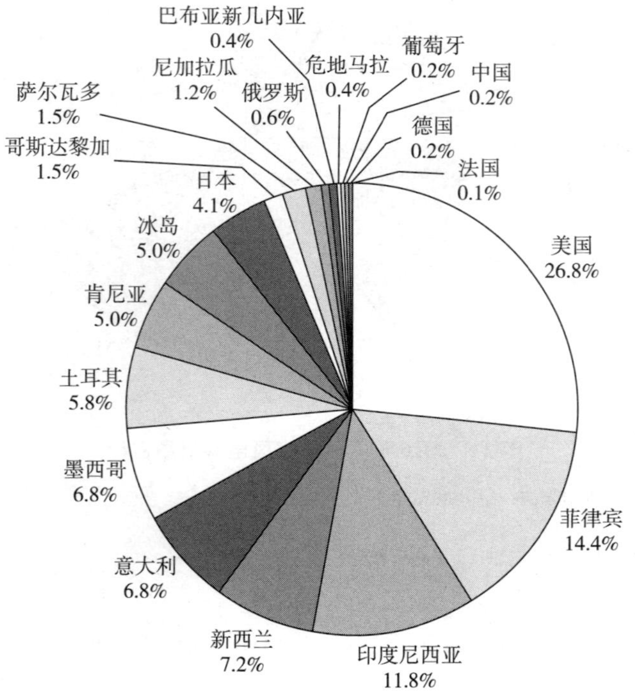

图26　2016年主要国家地热发电装机量占比

数据来源：《BP世界能源统计年鉴2017》。

四　世界可再生能源投资总量以亚太地区为主

根据21世纪可再生能源政策网络（REN21）的统计数据，2016年世界可再生能源投资总计为2420亿美元，增长率为-23%。其中，发达国家投资为1250亿美元，增长率为-14%；发展中国家投资为1170亿美元，增长率为-32%。分区域来看，可再生能源投资最多的地区为亚洲及大洋洲，投资总计 1148 亿美元，其次是欧洲 598 亿美元、北美 525 亿美元、中东及非洲 77 亿美元（见图 27）。从主要国家可再生能源投资来看，投资最多的是中国，为 78.3 亿美元，其次是美国 46.4 亿美元、英国 24 亿美元、法国 22.5 亿美元、日本 14.4 亿美元、德国 13.2 亿美元、印度 9.7 亿美元、巴西 6.8 亿美元（见图 28）。

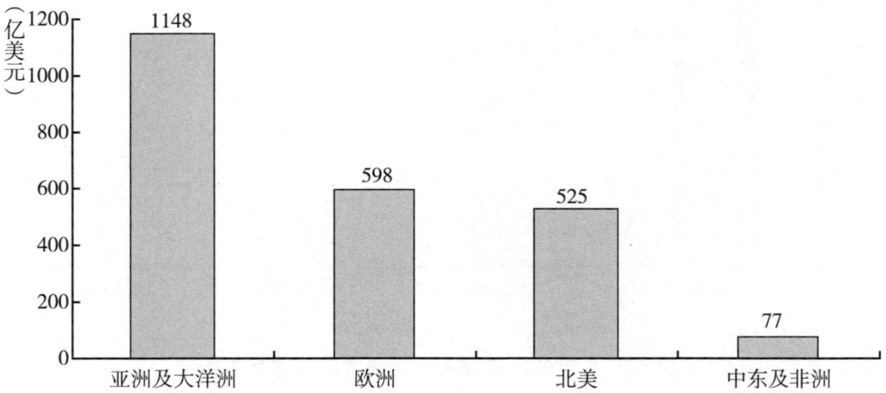

图 27　2016 年分区域可再生能源投资

数据来源：RENEW ABLES 2017 GLOBAL STATUS REPORT。

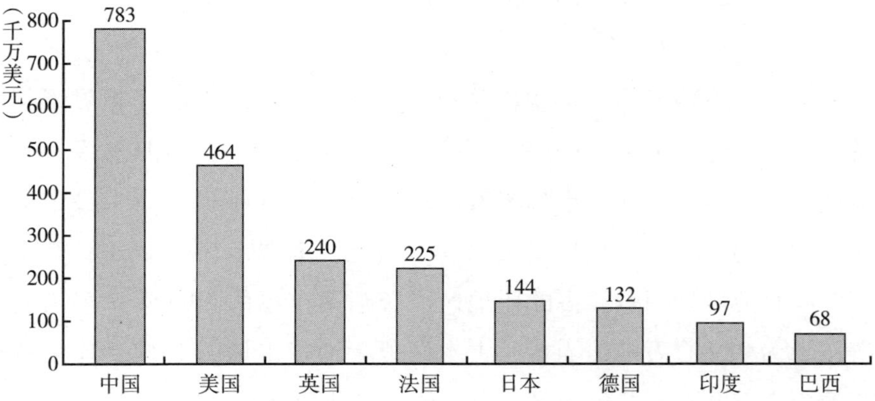

图 28　2016 年主要国家可再生能源投资

数据来源：RENEW ABLES 2017 GLOBAL STATUS REPORT。

从分领域可再生能源发电技术研发投资来看，2016 年投资最多的领域为风力发电，投资金额 606 亿美元，其次是光伏发电 562 亿元美元、生物质能发电 52 亿美元、地热发电 8 亿美元（见图 29）。

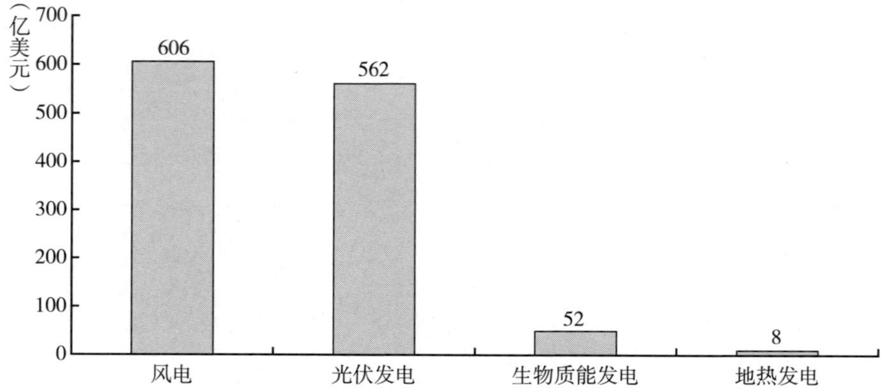

图 29　2016 年分领域可再生能源发电技术研发投资

数据来源：RENEW ABLES 2017 GLOBAL STATUS REPORT。

五　世界可再生能源市场增长以亚太地区为中心

从 BP 对 2035 年世界能源消费市场的展望来看，2035 年世界可再生能源消费量将达到 1715 百万吨油当量，占世界能源消费的 10% 左右。从主要国家可再生能源消费市场来看，2035 年可再生能源消费量最多的国家是中国，为 503 百万吨油当量，占本国能源消费市场的 11%；其次是欧盟 300 百万吨油当量，占欧盟地区能源消费市场的 20%；排名第三的是美国，为 289 百万吨油当量，占本国能源消费市场的 13%；印度可再生能源消费 129 百万吨油当量，占本国能源消费市场的 8%；巴西消费量将达 87 百万吨油当量，占本国能源消费市场的 21%；俄罗斯可再生能源消费将达到 9 百万吨油当量，占本国能源消费市场的 1% 左右（见图 30）。

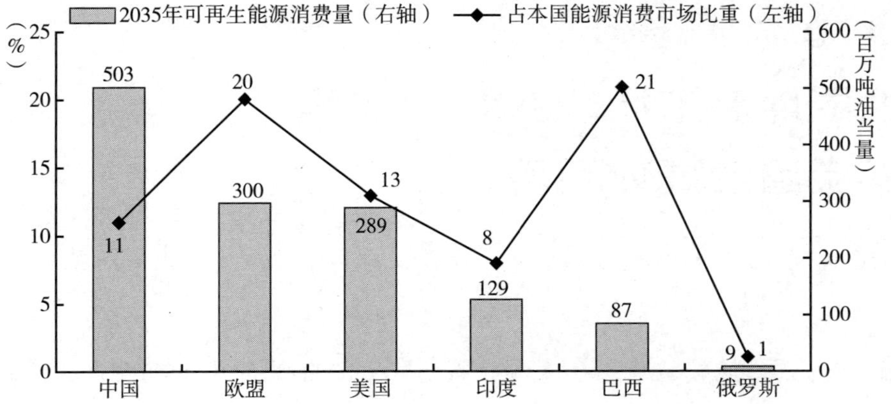

图 30　2035 年主要国家可再生能源市场预测

数据来源：BP：《世界能源展望 2017》。

B.6

世界煤炭市场：供给、价格与煤炭清洁高效利用

宋　梅*

摘　要： “低碳、绿色、清洁、高效”是世界能源发展的主流，受环境约束、新能源和可再生能源发展以及经济波动等因素影响，2016 年煤炭在全球一次能源消费中的比重为 28.11%，达 2004 年以来的最低水平。煤炭在中国能源消费中的比重由 2015 年的 63.66% 下降至 2017 年的 60.31%，创历史新低。综合考虑核能、风能和太阳能等其他能源的替代作用，预计到 2035 年，煤炭在中国能源消费结构中的比重仍将达到 50%。煤炭清洁高效利用是煤炭产业绿色低碳发展的必然选择。本报告首先对国内外煤炭市场的现状及趋势进行了分析，其次重点分析了中国以超（超）临界发电等为代表的先进燃煤发电技术和以煤炭液化等为代表的现代煤化工技术的应用现状与发展趋势，最后提出了未来中国煤炭清洁高效利用“园区化、基地化、集约化、专业化”的发展方向。

关键词： 煤炭需求　煤炭供给　煤炭价格　煤炭清洁高效利用

---

* 宋梅，管理学博士，中国矿业大学（北京）教授、博士生导师，兼任全国煤炭行业研究与咨询专家委员会委员、中国系统工程学会能源资源系统工程分会常务理事、第二届国际清洁能源论坛理事，主要从事能源经济、能源预测及结构优化、战略管理等领域的教学和研究工作。感谢博士生常力月、郝旭光，硕士生刘启源、朱亚旭在报告成稿中所做的工作。

一　世界煤炭市场及形势分析

（一）世界煤炭市场及形势分析

1. 需求分析

（1）煤炭消费量持续下降

2016 年全球煤炭消费 3732 百万吨油当量，比 2015 年下降了 5270 万吨油当量，同比下降 1.39%，全球煤炭消费连续两年下滑（见图 1）。能源转型对煤炭和可再生能源产生了截然不同的影响。在资源与环境的双重约束下，“去煤化”成为全球能源消费的主流趋势，在“去煤化”这项长期运动中，最具代表性的例子是英国。2017 年英国关闭了最后三个煤矿，迎来了首个无煤发电日。而可再生能源依托科技的不断进步，在风能和太阳能的带领下发展迅速。尽管可再生能源在全球能源结构中的份额仅为 4%，但其增幅却占到一次能源增长的近 1/3。

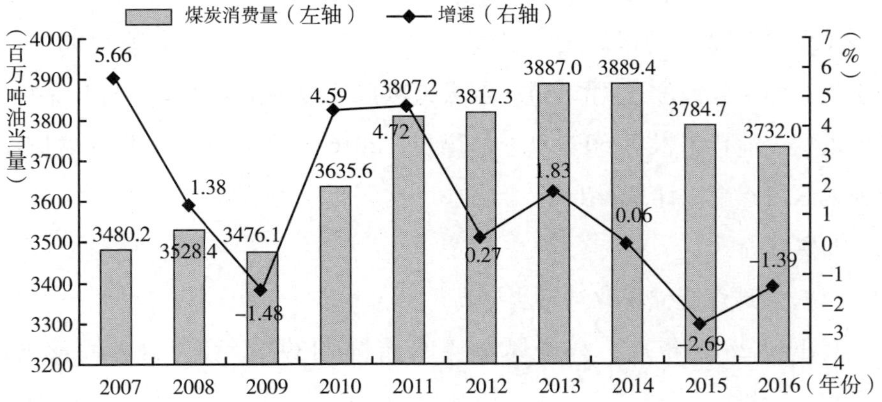

图 1　2007～2016 年全球煤炭消费量及增速

资料来源：《BP 世界能源统计年鉴 2017》。

（2）煤炭在全球一次能源消费中的比重连续 5 年下降

2016 年，煤炭在全球一次能源消费中的比重为 28.11%，是 2004 年以来的最低水平[①]，这也是自2011年以来连续第五年下降（见图2）。这主要是因为天然气和可再生能源的竞争力不断增强。此外，政府的引导和社会的呼声也使得能源消费趋向清洁低碳化。

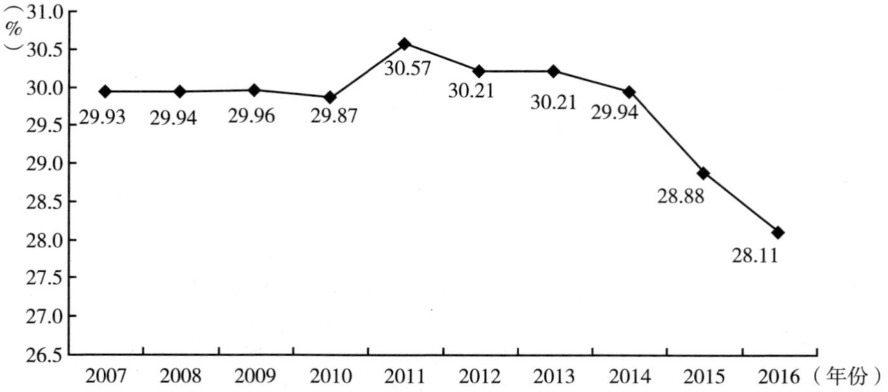

图2　2007～2016年煤炭在全球一次能源消费中的比重

资料来源：《BP世界能源统计年鉴2017》。

（3）亚太地区主导世界煤炭消费

2016年，亚太地区煤炭消费量2617.4百万吨油当量，占全球的72%，处于绝对的主导地位（见图3）。亚太地区以发展中国家为主，近年来经济发展迅猛，消费了世界60%以上的煤炭。2016年世界五大煤炭消费国中，亚太地区占4个，详见表1。

2. 供给分析

（1）全球煤炭储采比进一步提高

截止到2016年底，全球煤炭探明储量1139331百万吨，同比增长27.79%。同时，全球煤炭产量自2013年以来连续第三年下降，详见图4。储采比明显提高，2016年底全球煤炭的储采比为153年，比2015年的114年增加了49年。分地区看，世界已探明煤炭资源主要分布在亚太地区、欧

① 《BP世界能源统计年鉴2017》，第3页。

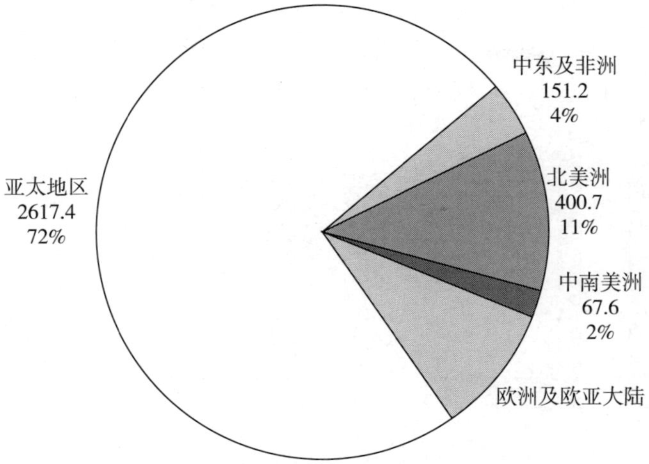

图 3　2016 年全球分区域煤炭消费量及占比（百万吨油当量，%）

资料来源：《BP 世界能源统计年鉴 2017》。

表 1　2016 年全球五大煤炭消费国煤炭消费及经济发展情况

国家	煤炭消费量(百万吨油当量)	份额(%)	GDP 实际增速(%)
中国	1685. 7	46. 1	5. 7
美国	364. 8	10. 0	1. 6
澳大利亚	299. 3	8. 2	2. 5
印度	288. 5	7. 9	6. 8
印度尼西亚	255. 7	7. 0	5. 0

资料来源：《BP 世界能源统计年鉴 2017》；IMF：《2016 年 IMF 成员国 GDP 排名》。

洲及欧亚大陆与北美洲，其中，亚太地区的储量最多，为 529396 百万吨，全球占比 46. 5%，北美洲的储采比最高，为 356 年，详见表 2。

（2）主要产煤国煤炭产量整体下降

作为世界上最大的煤炭生产国，2016 年中国煤炭产量下降了 7. 9%，降至 1685. 7 百万吨油当量。与此同时，2016 年大部分的主要产煤国均降低了煤炭产量。煤炭产量占全球份额超过 1% 的国家有 11 个，分别为中国、美国、澳大利亚、印度、印度尼西亚、俄罗斯、南非、哥伦比亚、波兰、哈萨克斯坦和德国。除哥伦比亚、印度与俄罗斯外，其他 8 个国家的煤炭产量均出现了不同程度的下降（见表 3）。

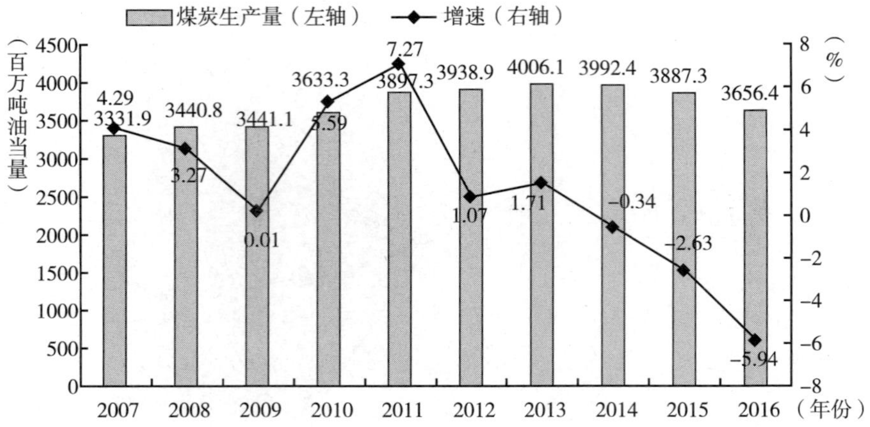

图 4　2007～2016 年全球煤炭产量及增速

资料来源：《BP 世界能源统计报告 2017》。

表 2　2016 年底全球及五大区煤炭探明储量

单位：百万吨

地区	无烟煤和生煤	次烟煤和褐煤	合计	占全球份额(%)	储采比(年)
亚太地区	412728	116668	529396	46. 5	102
欧洲及欧亚大陆	153283	168841	322124	28. 3	284
北美洲	226906	32469	259375	22. 8	356
中东国家及非洲	14354	66	14420	1. 3	276
中南美洲	8943	5073	14016	1. 2	138
全球	816214	323117	1139331	100	153

资料来源：《BP 世界能源统计年鉴 2017》。

表 3　2016 年全球主要产煤国产量及增速情况

国家	煤炭产量（百万吨油当量）	2016 年增速（%）	2007～2016 年平均增速(%)	占全球份额（%）
中国	1685. 7	－7. 9	3. 9	46. 1
美国	364. 8	－19. 0	－2. 5	10. 0
澳大利亚	299. 3	－2. 4	3. 6	8. 2
印度	288. 5	2. 4	4. 0	7. 9
印度尼西亚	255. 7	－6. 2	11. 7	7. 0
俄罗斯	192. 8	3. 1	3. 2	5. 3

续表

国家	煤炭产量（百万吨油当量）	2016 年增速（%）	2007～2016 年平均增速（%）	占全球份额（%）
南非	142.4	-0.6	0.3	3.9
哥伦比亚	62.5	5.5	3.7	1.7
波兰	52.3	-1.5	-2.7	1.4
哈萨克斯坦	44.1	-4.9	2.2	1.2
德国	39.9	-7.2	-2.7	1.1

资料来源：《BP 世界能源统计年鉴 2017》。

3. 价格分析

2012～2015 年全球煤炭价格连续三年持续下跌，受煤炭产量减少影响，2016 年全球煤炭价格出现小幅上涨（见图 5）。2017 年第一季度煤炭价格下跌，欧洲电煤价格由 2016 年底的高点下降到 70 美元/吨。之后，受中国电力需求激增以及主要煤炭出口国的供应问题影响，2017 年 9 月，国际电煤价格上升到 95 美元/吨。

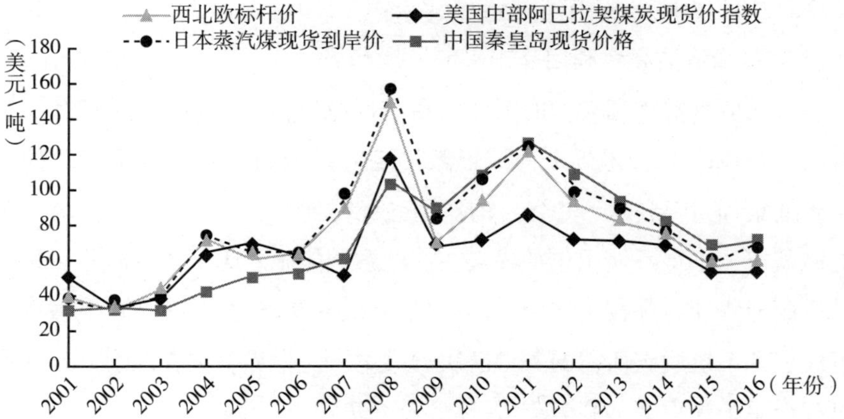

图 5　2001～2016 年全球煤炭价格变化情况

资料来源：《BP 世界能源统计年鉴 2017》。

4. 世界煤炭市场发展趋势预测

（1）煤炭在短期内仍是世界第二大能源

尽管在可再生能源方面取得了进展，但世界上约 75% 的能源仍然来自化石燃料，与20世纪70年代相同。随着世界能源需求的增长，可以肯定的是，包括煤炭在内的化石能源将继续为许多经济体提供动力。煤炭仍是许多发展中国家的基础能源，印度、巴基斯坦、孟加拉国和东南亚部分地区将成为未来煤炭需求增长的主要动力。2016年，煤炭占全球一次能源需求的28.11%，是第二大重要能源。据世界煤炭协会报告，煤炭在全球能源结构中的比重在2022年将为26%左右。①

（2）高煤价与波动性并存

2017年全球煤价上涨了近30%，煤价存在很大的波动性。中国在世界煤炭生产和消费体系中地位显著，中国的环境政策和宏观调控政策都会影响世界煤炭价格，中国煤炭产业的供给侧结构性改革是导致煤炭价格变动的最关键因素之一。当政策调控与供应中断同时作用时，煤价的波动性会被放大。此外，煤炭出口国印度尼西亚因为其国内需求扩大、产量增加有限，市场可能会趋紧，进而推高煤炭价格。而中国、印度等煤炭进口国的进口水平还不确定，增加了世界煤炭价格波动的可能性。煤炭价格自2017年上涨近30%后，预计2018年将有所回落。②

（3）煤炭清洁高效利用是未来的发展趋势

温室效应日益受到人们的关注，在全球范围内，有24个国家将“高效低排放”（HELE）技术确定为《巴黎协定》国家自主贡献（NDC）的一部分。碳捕集和封存技术（CCS）的作用已经得到证实。新兴经济体为了满足其能源需求，不得不使用包括煤炭在内的各种能源。为了实现减排目标，努力推进碳捕集和封存技术成为一种趋势，《煤炭市场报告2017》也强调，这是解决能源系统脱碳所需的关键解决方案之一。世界各国在煤炭开发和利用的过程中更加注重清洁高效。

---

① 世界煤炭协会对国际能源署《煤炭市场报告2017》的回应，2017年11月18日，世界煤炭协会官网，https：//www. worldcoal. org/wca－responds－iea% E2% 80% 99s－coal－2017－report，登录时间：2018年3月9日。

② 《世行预测2018年全球商品价格走势》，2017年11月3日，中国商务部官方网站，http：//www. mofcom. gov. cn/article/i/jyjl/k/201711/20171102665249. shtml，登录时间：2018年3月9日。

（二）中国煤炭市场及形势分析

1. 需求分析

（1）国内煤炭消费持续下降

受经济增速和能源供给侧改革影响，中国煤炭消费水平进一步下降，2016 年为 1887.6 百万吨油当量，同比下降了 1.36%，详见图 6。2016 年，中国的能源结构进一步优化，煤炭占比已从 2015 年的 64% 下降到 2016 年的 62%，创历史最低值。

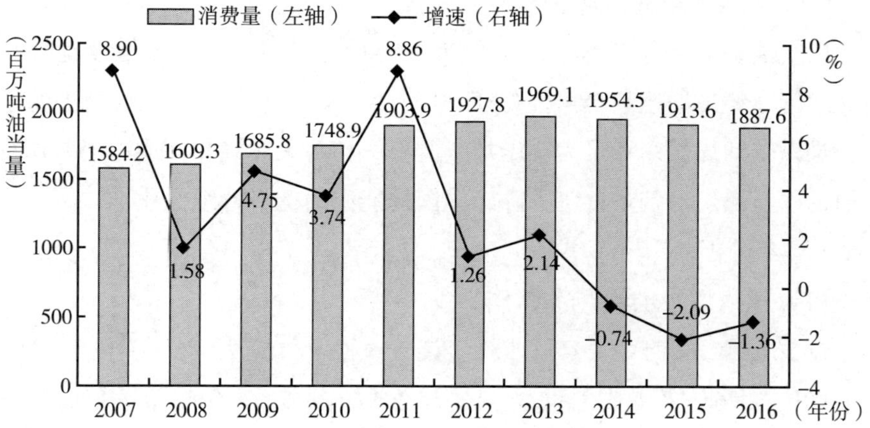

图 6　2007～2016 年中国煤炭消费量及增速

资料来源：《BP 世界能源统计年鉴 2017》。

（2）煤炭下游行业需求低迷

从消费市场看，中国煤炭主要用于电力（46%）、钢铁（16%）、水泥（14%）等重工业行业，其余部分用于交通运输、日常使用等。中国近几年火电投资逐渐减少，2016 年火电、水电、风电、核电占比分别为 74.4%、17.8%、4.1%、3.6%，其中火电同比增速放缓，由 2011 年的 13.9% 下降至 2016 年的 2.6%，在总发电量中占比也由 2015 年的 75% 下降到 2016 年的 74%。①

① 《2016 年中国各发电类型发电量、占比及其同比增速分析》，搜狐网，2017 年 6 月 16 日，http：//www.sohu.com/a/149538430_465907 登录时间：2018 年 3 月 9 日。

2. 需求预测

（1）国内煤炭的主导地位短期内不会改变

预计2018年中国煤炭需求量为36.10亿吨，其中，动力煤需求量将达到30.74亿吨，炼焦煤需求量将达到5.36亿吨，需求总体与上年持平，甚至有略微下降的可能，但煤炭在中国能源市场中的主导地位仍将维持一段时间。虽然煤炭在一次能源消费中的比重已连续5年呈下降趋势，2016年为62%，但降幅有所收窄。预计中国煤炭消费将以年均0.1%的速度缓慢下降，到2035年煤炭消费在能源消费中的比重将下降到42%。[①]

（2）煤炭消费量逐渐下降

煤炭消费量将逐步下滑。尽管2018年中国经济发展有望继续保持平稳向好运行，经济增速甚至可能好于2017年，但总体来看，中国经济的小幅增长难以带动煤炭消费量大幅增加。此外，随着天然气和新能源消费比重的增加，以及煤炭消费量逐年下降，中国的能源结构将持续优化。

3. 供给分析

（1）国内煤炭供给量逐步下降

自2015年12月中央经济工作会议首次提出“三去一降一补”、2016年2月提出“276工作日”制度之后，与2014年、2015年煤价下行时的自然去产能相比，2016年煤炭产量的降幅加大（见图7）。根据国家统计局数据，中国煤炭产量在2014年和2015年分别同比下降2.5%和3.3%的基础上，2016年又下降了9.0%，全年累计生产原煤34.1亿吨，同比减少3.4亿吨。此外，根据海关统计数据，2016年全年煤炭累计净进口量2.47亿吨，同比增加3920万吨，增长23.5%。[②] 煤炭去产能政策的效果已逐步显现，煤炭市场供需趋稳。

（2）国内煤炭企业经营形势向好

随着煤炭去产能政策的稳步推进，自2016年6月起煤炭供需缺口逐渐

① BP:《世界能源展望2017》中国专题。

② 肖新建:《2016年煤炭供需形势回顾及2017年展望和政策建议》,《中国能源》2017年第3期。

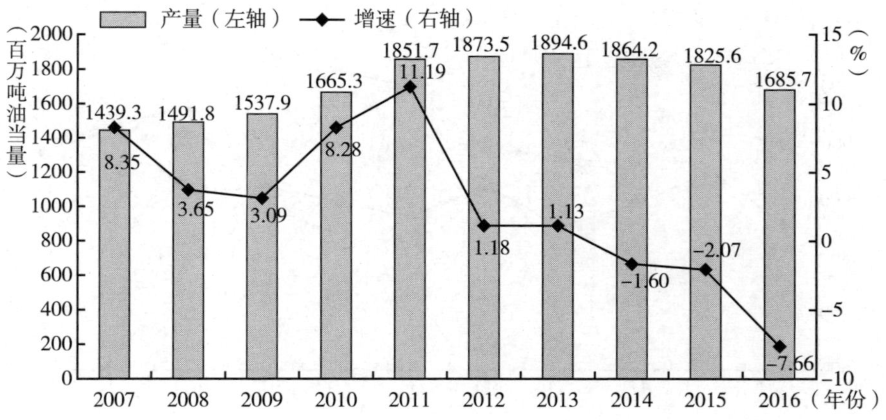

图 7　2007～2016 年中国煤炭产量变化趋势

资料来源：《BP 世界能源统计年鉴 2017》。

拉大。进入 9 月后，由于去产能政策的调整，国家启动了三级应急响应预案，煤炭产量逐月增加，供需缺口快速收拢（见图 8）。全国煤炭供需由严重失衡转变为相对稳定，煤炭价格出现小幅度恢复性上涨，带动煤炭企业经营状况得到改善。据国家统计局数据，2016 年煤炭开采与洗选业实现利润总额 734.16 亿元，比 2015 年的 48.26 亿元增长了 15 倍之多。①

4. 供给预测

（1）国内煤炭总产量保持稳定

国内煤炭产量自 2013 年起逐年下滑，尤以 2016 年下滑最为明显，这不仅有需求减少、价格下降带来的主动减少，还有政府引导下被动去产能的影响。这种下滑将在未来几年有所改观，虽然 2017 年煤炭去产能政策继续推行，但主要针对落后的小产能煤矿，且 2016 年末煤炭供需市场逐渐平衡，煤炭价格自 2016 年起也有小幅上涨，煤炭产量已有触底之势。预计 2018 年煤炭产量会小幅增长至 35.44 亿吨，其中，动力煤 29 亿吨以上。②

① 《中国统计年鉴》（2015～2017）。

② 《2018 年中国动力煤市场发展分析：十大猜想预测行业趋势》，中商情报网，2018 年 1 月 17 日，http：//www.askci.com/news/chanye/20180117/154337116232.shtml，登录时间：2018 年 3 月 9 日。

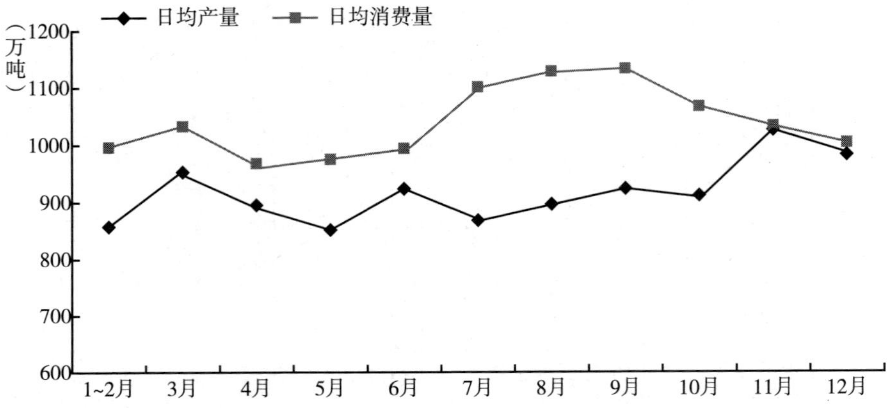

图 8　2016 年 1～12 月中国煤炭日均供需情况

资料来源：肖新建：《2016 年煤炭供需形势回顾及 2017 年展望和政策建议》，《中国能源》2017 年第 3 期。

（2）煤炭行业化解过剩产能政策作用显著

从总体的供应形势看，中国的煤炭供需结构仍存在产能过剩问题。2016～2017 年，全国已完成退出煤炭产能 4 亿吨以上的任务目标。随着煤炭去产能政策的深入，2018 年，中国的煤炭供需结构将进一步优化，煤炭市场将趋于供需平衡，煤炭企业经营状况将得到进一步改善。

5. 价格分析

2016 年，中国煤炭价格大幅上涨（见图 9）。2016 年初环渤海 5500 大卡动力煤价格指数报收于 371 元/吨，之后煤炭价格小幅上扬，至 6 月底，环渤海 5500 大卡动力煤价格指数为 401 元/吨，较年初增长了 8.1%。进入下半年，煤炭价格一路猛涨，其中 7 月底煤价每吨上涨 29 元，8 月底每吨上涨 64 元，9 月底至 11 月初每吨再次上涨 113 元。至 11 月初，环渤海 5500 大卡动力煤价格指数突破 600 元/吨，较年初每吨价格大幅上涨了 63.6%。为了平衡煤炭需求，2016 年 9 月以来国家陆续投放了一批先进产能，中间商也陆续释放囤煤，煤炭市场供应量大幅增加，煤炭价格逐渐回归合理区间，至年底煤炭价格小幅回落，较全年最高点下降了 14 元，煤炭价格趋于稳定。2017 年，煤价整体稳定在 580 元/吨左右小幅波动。

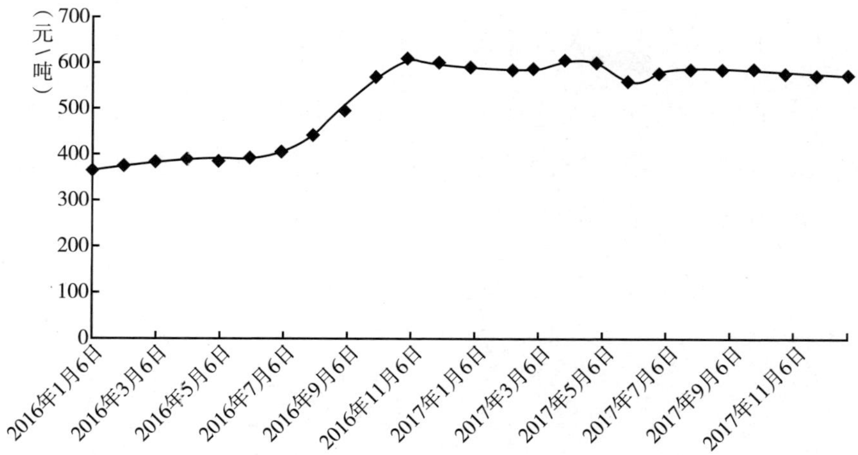

图 9　2016～2017 年环渤海 5500 大卡动力煤价格变化趋势

资料来源：《环渤海动力煤价格指数周评（2016 年第 1－50 周）》，http：//www.cqcoal. com/exp/weeklycheck. jsp。

6. 价格预测

国内煤炭价格基本保持平稳态势。2016 年，煤价经历了大幅上涨后小幅下挫。从涨幅来看，2016 年 10 月煤炭价格涨幅明显收窄；11 月初煤炭价格指数达到 607 元/吨，全年最高；11～12 月处于缓慢下行走势；2017 年煤炭价格基本稳定在 575 元至 605 元之间。预计随着煤炭供给侧改革的持续推进、产能置换政策的实施，新建产能逐步替代老旧产能，保持煤炭供需弱平衡，2018 年煤炭价格将在 2017 年价格的基础上继续保持整体稳定并伴有小幅波动。

二　煤炭清洁高效利用技术的发展现状和趋势

作为全球最大的煤炭生产国和消费国，近年来，一大批先进的开采技术和煤炭深加工技术在中国富煤省区实现了产业化应用。目前，中国部分煤炭清洁高效利用技术已达国际先进水平。

（一）燃煤发电技术的发展现状和趋势

电力工业是消耗煤炭的主要产业，中国发电煤耗约占全国煤炭消耗量的一半。2016 年，中国火电机组装机容量 10.61 亿千瓦，占全国总装机容量的 64.26%。全国总装机容量和火电机组装机容量详见图 10。

图 10　全国总装机容量和火电机组装机容量

1. 超（超）临界燃煤发电技术的发展现状及发展趋势

（1）发展现状

中国超（超）临界机组广泛应用，已达国际先进水平，机组覆盖率达 35% 以上。截至 2016 年底，中国 30 万千瓦级及以上火电机组占比为 79.1%。[①] 2006 年，华能玉环电厂建成投产，该电厂是中国首台 100 万千瓦级超超临界机组；2008 年，上海外高桥第三发电厂两台规模为百万千瓦的超超临界燃煤发电机组发电，供电煤耗 276 克标准煤/千瓦时，同年华能上安电厂的 62 万千瓦超临界直接空冷机组投产；2012 年 12 月，全球首台百万千瓦级超超临界空冷机组——华电宁夏灵武发电有限公司二期工程 3 号机组正式投产；2014 年 1 月，全国单机容量最大机组——新疆农六师煤电有限公司二期 1100 兆瓦工程 5

① 中国电力企业联合会：《中国煤电清洁发展报告》，2017 年 9 月。

号机组建成投产；世界上首批应用超超临界、二次再热技术的百万千瓦机组——华能莱芜电厂6、7号机组，分别于2015年12月和2016年11月投入商业运行，实测机组效率为48.12%，发电煤耗和供电煤耗分别为255.29克标准煤/千瓦时和266.18克标准煤/千瓦时，三项指标均刷新了世界纪录。[①]

（2）发展趋势

在现有超超临界燃煤发电技术的基础上，进一步提高参数、提高发电效率是超超临界燃煤发电技术的发展趋势。吸收并运用国际先进水平的研发成果，掌握700℃超超临界燃煤发电技术，共同推进中国清洁高效发电技术、材料科学、装备制造业的进步。对于新材料，为了尽快实现高温核心材料的国产化，着力推进耐高温材料基础性能及制造技术的研究和运用，对高温材料和部件进行现场试验。对于燃煤发电系统的设计，应通过优化手段，从缩短蒸汽管道出发，适当减少高温材料的使用，从而达到降低成本、减少投资的目的。

2. 循环流化床锅炉技术的发展现状及发展趋势

（1）发展现状

循环流化床锅炉（CFB）燃烧技术适用于燃烧劣质煤和其他低热值燃料，实现较高的炉内脱硫效率的同时也可以减少氮氧化物的产生。2009年3月，世界首台460兆瓦（e）超临界循环流化床锅炉在波兰Lagisza电厂投入运营[②]；2016年，330兆瓦超临界循环流化床锅炉在俄罗斯电力机械公司投入运营[③]；2017年，550兆瓦超临界循环流化床锅炉在韩国三陟南方电力有限公司投入运营[④]。

① 《超超临界机组技术交流2016年会会议报道》，中国电力科技网，2017年4月28日，http：//www.eptchina.cn/news/dnews201704282299.html，登录时间：2018年3月9日。

② A. Hotta， "Foster Wheeler's Solutions for Large Scale CFB Boiler Technology：Features and Operational Performance of Lagisza 460 MWe CFB Boiler"，//Proceedings of the 20th International Conference on Fluidized Bed Combustion. Xi'an，China，2009.

③ T. Jantti，H. Lampenius，M. Ruuskanen，et al.，"Supercritical CFB Projects – Lagisza 460MWe and Novocherkasskaya 330 Mwe"，//Russia Power. Moscow，Russia，March 28 –30，2011.

④ T. Jantti，K. Nuortimo，M. Ruuskanen，et al.，"Samcheok Green Power 4 ×550MWe Supercritica Circulating Fluidized – bed Steam Generators in South Korea"，//Power – Gen Europe. Colon，Germany，June 12 –14，2012.

目前，中国有不同容量的循环流化床锅炉3000多台，3万千瓦以上的机组超过60台，居世界之首。2012年12月，全国首台600兆瓦超临界循环流化床锅炉机组——神华国神集团四川白马循环流化床示范电站投入运行。截至2017年7月，中国投入运营的350兆瓦超临界循环流化床锅炉机组共13台，在役机组总装机容量达5150兆瓦。

（2）发展趋势

循环流化床锅炉拥有低温燃烧与空气分级等作用，循环流化床锅炉在促进生成氧化物的同时比同期锅炉产生更少的氮氧化物（NO_X）。实现深度脱硫脱硝是煤炭清洁燃烧研究的重要目标，虽然循环流化床锅炉已在中国燃煤发电领域广泛应用，但是技术上仍然相对落后，难以满足深度脱硫的发展目标。对于容易燃烧的高硫分高灰分设备，尤其是针对低负荷的调峰电厂，应用循环流化床锅炉更能体现其技术上的先进性。在煤炭清洁高效利用技术的发展过程中，循环流化床锅炉技术会走向大型化，拥有较好的发展生命力和应用前景。

3. 煤整体气化蒸汽燃气联合循环发电技术的发展现状和发展趋势

（1）发展现状

煤整体气化蒸汽燃气联合循环发电系统（Integrated Gasification Combined Cycle，简称IGCC）是指对煤炭气化后生成的合成煤气进行净化处理，并用于发电的先进动力与能源系统。

随着燃煤发电技术的不断发展，中国开展了IGCC发电技术示范工程、IGCC多联产示范工程等项目，这些项目对煤炭清洁高效利用起到了显著的推动作用。2012年，中国华能集团在天津的IGCC项目投产运行，这是中国首个25万千瓦等级的IGCC发电示范工程，实现了完全国产化，打破了国外企业在IGCC技术装备方面的垄断。目前，该项目已掌握IGCC电站运行的核心技术。2016年，该项目机组负荷达到265兆瓦并实现稳定运行，二氧化硫（SO_2）、NO_X排放浓度分别为0.5毫克/标准立方米、22毫克/标准立方米。

（2）发展趋势

IGCC是洁净煤发电技术中比较成熟、最具发展潜力的一种发电方式。IGCC技术已经在煤化工、石化企业以及在煤制合成天然气领域中，以煤气化为核心的多联产形式出现，成为无可争辩的先锋者。但是在电力行业中，以发电为主要目标的IGCC技术还处于起步阶段。提高IGCC技术的可用率、降低其投资费用和发电成本是发展电力行业中IGCC技术的主攻方向。[①]

4. 先进燃煤发电污染控制技术的发展现状和发展趋势

（1）发展现状

①脱硫技术

中国烟气脱硫技术研究始于20世纪80年代后期，随后于20世纪90年代从国外引进了多种烟气脱硫技术，并开始建设示范工程。21世纪以来，火电厂对SO_2排放量的控制逐渐以烟气脱硫为主。通过引进国外先进的脱硫技术和自主研发，中国现已拥有石灰石－石膏湿法、烟气循环流化床等十多种烟气脱硫工艺技术。截至2016年底，中国已投入运行的燃煤电厂烟气脱硫机组容量约8.8亿千瓦，占煤电机组容量的93.6%。2005～2016年，中国累计新增脱硫机组容量8.3亿千瓦，脱硫装置年建设量（含改造量）创造了世界奇迹。目前，燃煤电厂脱硫效率基本超过97%，部分超过99%。2016年，火电SO_2排放绩效为0.39克/千瓦时，比1980年的10.11克/千瓦时下降了96.1%。

②脱硝技术

常规煤粉炉大部分采用选择性催化还原（SCR）技术，少数循环流化床锅炉（CFB）及极少数常规煤粉炉采用选择性非催化还原（SNCR）技术或者SCR－SNCR技术。截至2016年底，中国已投入运行的火电厂烟气脱硝机组容量占火电装机容量的85.8%，为9.1亿千瓦，其他为燃气机组或者CFB。2011～2016年，中国累计新增脱硝机组容量8.2亿千瓦，年平均投运脱硝机组容量超过1亿千瓦。2016年，火电NO_x排放绩效为0.36克/千瓦时，比2005年的3.62克/千瓦时下降了90.1%。

③烟尘脱除技术

目前，高效电除尘器、袋式除尘装置以及电袋复合除尘装置是电力工业

① 中国电力企业联合会：《中国煤电清洁发展报告》，2017年9月。

除尘技术的主要装备。2016 年，电除尘器占 68%，其他两种除尘装置占 31%，综合除尘效率达到了 99.9%。近 40 年来，烟尘排放绩效下降了 99.7%，2016 年降低至 0.08 克/千瓦时。

④汞及其他重金属减排技术

实现汞及其他重金属的减排，一般采用与现有烟气净化设施联合控制的做法，SCR + ESP + FGD 联合控制技术的应用最为广泛。静电除尘器（ESP）对汞及其他重金属离子的脱除效率相对较高，但是难以脱除富集重金属的亚微米颗粒，且对低氯煤中的汞及其他重金属的脱除效果有限。湿式烟气脱硫设施（WFGD）对 Hg^{2+} 的脱除效果显著，可以达到 90% 以上，是去除汞效果最好的净化设备。WFGD 能进一步脱除从 ESP 逃离的含重金属的亚微米颗粒。SCR 脱硝工艺是通过加强汞的氧化增加 WFGD 对汞的去除效率，有很大的运用空间。

（2）发展趋势

据《火电厂大气污染物排放标准》（GB13223 - 2011）和相关政策规定的污染物排放标准以及新环境空气质量标准，实现超低排放水平（达到或接近燃气发电的污染物排放标准）是燃煤电站要达到的最终目标。燃煤电站污染物排放要逐步达到超低排放水平（达到或接近燃气发电的污染物排放标准)。因此，中国燃煤发电污染控制技术的发展要在对现有技术进行改造升级的同时，加强对新技术的应用研究。深入挖掘现有技术装备的潜力，进行系统优化和辅机改造，以实现超低排放改造成本的降低。同时，对多种污染物协同控制、烟气脱硝、节水型和可资源化的烟气脱硫、低氮燃烧、干法脱硫等低成本、二次污染小的新技术进行应用性研究和推广。

5. 燃煤电厂二氧化碳捕集和封存技术的发展现状和发展趋势

（1）发展现状

目前，中国的 CCS 技术尚未进入广泛应用阶段。《国家中长期科技发展规划纲要（2012 - 2020）》、《中国应对气候变化国家方案》、“国家 863 计划及 973 计划”都把 CCS 作为研究和开发的重要内容，科技部组织相关科研院所正在进行一系列针对 CCS 的研究。部分示范性项目正在逐步探索煤气化联合发电（IGCC）+CCS技术路线和燃烧后捕捉技术路线，例如神华鄂尔多斯煤制油项目、华能北京高碑店碳捕捉项目和上海石洞口碳捕捉项目。与此同时，中国同英、美、日、澳等国家和地区在CCS研究方面开展了深入的合作，如中英近零排放发电（NEZC）和中欧CCS合作项目（COACH）。中国参加了美国主导的碳收集领导人论坛，并加入了未来发电的计划。中日、中澳也在积极推进相关领域的合作。中国CCS系统组成部分的技术发展现状见表4。

表4　CCS系统组成部分的技术发展现状

CCS组成部分	CCS技术	研究阶段	示范阶段	在一定条件下经济可行	成熟化市场
	燃烧后				
	燃烧前				
	燃料燃烧	√	√		
	工业分离	√			
	（天然气加工、氨水生产）			√	
运输	管道		√		
	船运	√			
地质封存	强化采油（EOR）		√		
	天然气或石油层			√	
	盐沼池构造	√	√		
	提高煤层气采收率（ECBM）				
海洋封存	直接注入（溶解型）	√			
	直接注入（湖泊型）	√			
碳酸盐矿石	天然硅酸盐矿石	√			
	废弃物料	√			
二氧化碳的工业利用				√	

注："√"表示CCS技术已经达到的阶段

资料来源：朱磊、范英、莫建雷：《碳捕获与封存技术经济性综合评价方法》，科学出版社，2016。

（2）发展趋势

CCS技术未来需从两方面开展工作，一方面通过提高发电机组参数，提高发电效率；另一方面进行捕碳的关键技术开发，以降低能耗，逐步开展规模及示范工程的研究，以具备产业化设计、建设与运营能力，推动二氧化碳捕集能耗使电厂发电效率降低10%左右。①

（二）现代煤化工技术的发展现状和趋势

1. 发展现状

（1）煤炭液化

2006年，伊泰集团依托“煤基液体燃料合成浆态床工业化技术”，建设了煤制油工业化示范项目，年产16万吨。2015年9月，陕西未来能源化工有限公司的百万吨级煤间接液化制油项目建成投产。2016年底，世界单套规模最大的煤制油项目——神华宁煤集团400万吨/年煤炭间接液化示范项目正式投产。2017年6月，中国首个由民营企业承担的百万吨级煤间接制油项目——内蒙古伊泰集团200万吨/年煤炭间接液化示范项目在内蒙古自治区鄂尔多斯市正式开工，标志着中国煤制油产业发展步入新的阶段。

（2）煤制天然气

煤制天然气技术分为三类，分别是传统煤制天然气技术、催化蒸汽气化技术及加氢气化技术，目前运行和在建的项目所采用的技术均为传统煤制天然气技术，后两项技术还处于研发阶段。中国现已投产3个传统煤制天然气项目，分别为大唐克旗40亿立方米/年煤制天然气项目、庆华伊犁55亿立方米/年煤制天然气项目和内蒙古汇能煤化工有限公司鄂尔多斯20亿立方米/年煤制天然气项目，这3个项目的产能总规模为31.1亿立方米/年。自2013年以来，国内的煤制天然气项目不断增加，获准开展前期工作的项目有16个，总产能约为700亿立方米/年。

（3）煤制烯烃

截至2017年底，中国已运行的煤制烯烃装置（MTO和MTP）有22套，产能共计1274.5万吨。② 2013～2017年，中国煤制烯烃装置扩能明显，年

① 谢克昌：《中国煤炭清洁高效可持续开发利用战略研究》，科学出版社，2013。

② 中国投资资讯网，2018年3月5日，http://www.ocn.com.cn/touzi/chanye/201803/earys05084146.shtml，登录时间：2018年3月9日。

均复合增长率达到46.64%。2017年，江苏盛虹80万吨/年和富德30万吨/年的甲醇制烯烃装置正式投产；中天合创二期项目70万吨/年甲醇制烯烃装置于2017年7~8月投产；山东联泓34万吨装置经检修后扩能约3万吨。

（4）煤制乙二醇

2009年，中国首个煤制乙二醇工厂建成投产，设计产能为20万吨/年，但由于设备故障、环保等问题，开工率不高；随着技术工艺的进一步完善和催化剂技术的发展，大量煤制乙二醇项目重新上马，仅2015年就有50万吨产能投产；截至2016年底，中国乙二醇产能为819万吨，其中212万吨为煤制乙二醇；2017~2018年中国将新增170万吨煤制乙二醇产能，占乙二醇新增产能的36%，届时煤制乙二醇年产能将增加至382万吨。① 从煤制乙二醇示范项目的运行情况看，煤制乙二醇的技术工艺还不成熟，催化剂选择性不好，导致生产一直难以满负荷运行（目前通辽项目可以达到90%左右）。

（5）煤制芳烃

煤制芳烃是先将煤转化为甲醇，然后在活性催化剂的作用下，经过脱氢、环化等流程生产芳烃的技术。煤制甲醇、甲醇制芳烃和芳烃分离转化是煤制芳烃的三大关键技术，煤制甲醇和芳烃分离转化技术都相对成熟，煤制芳烃技术的推广关键在于甲醇制芳烃技术。甲醇制芳烃技术的流程如下：甲醇脱水生成二甲醚，甲醇或二甲醚脱水生成烯烃，烯烃经聚合、烷基化、裂解、异构化、环化、氢转移等过程转化为芳烃和烷烃。目前，中国具有代表性的煤制芳烃技术有固定床甲醇制芳烃技术（MTA）、循环流化床甲醇制芳烃技术（FMTA）以及煤基甲醇制芳烃技术等。② 总体来看，煤制芳烃技术的市场空间很大，可以填补芳烃的供需缺口，但目前技术还不成熟，还需要经过大型工业化装置的进一步验证。

---

① 《2017年中国煤制乙二醇行业产能及区域竞争力分析》，中国报告网，2017年12月27日，http：//market.chinabaogao.com/huagong/122I103122017.html，登录时间：2018年3月9日。

② 《我国煤制芳烃技术发展现状及产业前景分析》，搜狐网，2018年1月11日，https：//www.sohu.com/a/216111711_276522，登录时间：2018年3月9日。

2. 发展趋势

（1）产品质量不断提高，高端产品比例逐渐增长

由于对煤炭资源的研究深度不够、运行不稳定，当前煤炭清洁高效转化产品还存在一定的质量问题。随着下游用户对产品质量的进一步清晰以及生产技术水平的提高，未来产品的质量将不断提高，高端产品比例将逐渐增长。

（2）技术升级促产业化发展

随着煤炭清洁高效转化示范项目的成功及煤炭清洁高效转化技术的不断发展，中国煤炭清洁高效转化产业持续稳步推进。煤炭液化、煤制天然气、煤制烯烃等关键技术和设备取得突破，特殊煤质的气化技术、关键阀门和装置取得进展，大规模单套装置示范运行。

（3）能效环境水平逐渐提高

目前，煤炭清洁高效转化的能源转换效率有待进一步提高，耗水量大，污染物处理还存在一些技术问题。随着示范项目的不断推进以及节能环保技术的进步，煤炭清洁高效转化技术的能效环境水平将大幅度提高，经济性也将进一步增强。

三　煤炭清洁高效利用的发展方向

（一）园区化、基地化、集约化、专业化是煤炭清洁高效利用的发展方向

园区化、基地化、集约化和专业化是中国煤炭清洁高效利用的发展方向。依据我国主体功能区规划和大型煤炭基地、煤电基地和煤化工布局，综合考虑资源环境承载力、市场需求和区位交通情况，建立大型煤基清洁能源基地，规模化和专业化生产，是未来煤炭清洁高效利用的主要模式。由于技术要求高，煤炭清洁高效转化应由专业技术队伍进行运行和维护。

（二）单一燃料向原料和燃料并重转变

煤炭清洁高效转化是煤炭清洁高效利用的重要方向，根据煤种和煤质的

不同，选取适当的煤炭清洁高效转化技术，降低转化的能耗与水耗，减少污染物排放，提高环保水平，尤其要注重特种产品和高附加值产品的研发与生产。富油低阶煤分级转化技术的应用具有良好的经济和环境效益，中国的富油低变质烟煤主要分布在新疆、陕西等地区，综合考虑水资源、生态环境等因素，加大低变质烟煤分质技术应用的力度，在注重发展优质燃料油、柴油和汽油的同时，着力发展高附加值的酚油、苯等化工产品，实现煤炭的分级分质利用。煤制油、煤制天然气、煤制烯烃等是未来中国煤炭清洁高效利用的新方向。目前，这些技术正处于升级示范阶段，应进一步优化工艺流程，提高能效水平，朝着特种产品和高端产品的方向发展。

（三）煤基多联产和最佳耦合

将煤炭气化、化工合成、发电、供热、废弃物资源化利用等技术工艺结合起来，实现煤炭物质流和能量流的最佳耦合。推进基地化、园区化、规模化、专业化发展，实现煤炭、油气、化工、电力、新能源等的跨行业合作。煤基多联产不仅可以生产脂肪烃和芳香烃等高附加值的化工产品，还可以获得气体燃料、液体燃料、电力等二次能源。煤基多联产与 CCS 技术结合的环境效益更加明显，基本可以实现二氧化碳的近零排放。

热 点 篇

Chapter of Hot Issues

B.7
国际天然气贸易区域、全球市场关联、交易机制现状与改革

钟飞腾*

摘　要： 全球天然气贸易正步入一个关键的转型阶段。由于供需关系的调整和地缘政治博弈的加剧，传统上分割的欧洲、亚洲和北美三个地区性市场正在加速融合。2016 年全球天然气贸易比 2015 年增长 4.8%，2017 年天然气消费增长 3%，两倍于过去 5 年的增速。对于 2017 年的全球天然气贸易而言，第一种图景是地缘政治竞争范式，美国、欧洲和俄罗斯围绕天然气贸易的博弈仍在继续发酵；第二种图景是美国特朗普政府能源新政推动的，归因于液化天然气的大规模出口，美国成为天然气净出口国，直接影响到欧洲、亚太地区的天然气供需关系，特别是地区价格日益趋同；第

* 钟飞腾，中国社会科学院亚太与全球战略研究院大国关系研究室主任、研究员。

三种图景则是中国超速的天然气进口，而这主要源于中国加速向清洁能源转型。鉴于未来30年中国将主导亚洲地区的天然气进口，中国应当在弱化基于油价的合约价格、迈向基于亚洲供需关系的价格形成机制上扮演领导者角色。

关键词： 天然气贸易　地缘政治竞争　特朗普政府能源政策　中国能源转型　亚洲天然气价格机制

世界经济复苏与低价天然气促使全球需求进一步发展。2017年11月，天然气出口国论坛（成员国拥有全球天然气储量的67%）秘书长赛义德·M. H. 阿德利（Seyed M. H. Adeli）在玻利维亚首脑峰会上表示，2016年全球对天然气的需求增加了1.8%，达3.54万亿立方米，产量约为3.6万亿立方米。由于欧洲和亚洲国家的需求增长，2017年天然气需求量增加了2%。到2040年天然气需求量将增加53%，天然气占一次能源消费的份额将从22%增至26%。[①] 2018年3月，国际能源署（IEA）在一份报告中指出，2017年全球天然气消费增长3%，显著高于过去5年的平均增速1.5%。[②]

能源供应和消费是现代经济增长的必要条件，在过去的200年中，全球能源消费的主体逐渐从煤炭转向石油，未来的一次大型能源转型是天然气逐步占据重要位置。在天然气消费者增加的背后，全球天然气贸易格局也正在经历一场转型。IEA在2017年发布的《天然气市场报告2017》中指出，全球天然气市场正在经历根本的转型，天然气贸易的结构性变化正在改变全球天然气市场，尤其是美国加入市场、澳大利亚增加出口能力以及快速增长的液化天然气（LNG）正在打破传统的天然气商业和定价模式。[③]

对于2017年的全球天然气市场而言，除了供需关系之外，地缘政治事件

---

① 《全球能源需求量到2024年前将增加29%天然气需求量将增加53%》，俄罗斯卫星通讯社，2017年11月22日，http://sputniknews.cn/economics/201711221024108333/。

② International Energy Agency, "Global Energy &CO2 Status Report 2017", March 2018, p. 6.

③ International Energy Agency, "GAS 2017: Analysis and Forecsts to 2012", OECD/IEA, 2017.

仍在继续影响天然气贸易。例如，俄罗斯与西方关系的调整影响到俄欧天然气贸易，也推动美国对欧洲的天然气出口。再如，2017 年上半年，卡塔尔与沙特阿拉伯以及中东其他国家交恶，对天然气出口也有一定影响。这两类地缘政治和国际政治事件一定程度上表明天然气贸易从来就不是一个单纯的地区封闭市场，而是深受全球政经形势影响。本文将重点论述美、俄、欧围绕天然气贸易的博弈。从交易规则和发展趋势的影响力而言，2017 年天然气贸易的两个标志性事件，一是美国成为天然气净出口国，这主要是美国能源政策调整之故；二是中国成为天然气进口增速最快的国家，而这主要源于中国经济增长和能源转型。如果说欧洲和亚洲的天然气交易价格正在趋同，那么随着美国加入这一庞大的交易市场，天然气区域贸易格局正在被逐渐打破，亚洲国家日益强调摆脱基于油价的长期合约机制的束缚，迈向更为灵活的基于亚洲供需关系的价格机制。鉴于未来 30 年中国是亚洲最大的天然气进口国，中国在正在形成中的亚洲天然气定价机制方面应当扮演领导者角色。

一　全球天然气贸易的基本格局

据英国石油公司（BP）2017 年版《世界能源统计年鉴》，2016 年全球天然气贸易比 2015 年增长 4.8%。其主要原因是液化天然气（LNG）快速增长。2015 年液化天然气贸易为 6510 亿立方米，2016 年增长至 6932 亿立方米，增长了 6.1%。2016 年，管道天然气进出口量为 14750 亿立方米，比 2015 年增长 4.0%。[①] 显然，这个增速要比全球贸易量增速来得高，据国际货币基金组织（IMF）2017 年 10 月公布的《世界经济展望》数据，2016 年、2017 年全球贸易量增速分别为 2.4% 和 4.2%。[②]

---

① BP：《BP 世界能源统计年鉴 2017》，2017 年 6 月。需要注意的是，有研究表明，在众多机构的数据中，BP 对天然气的预测会低估。参考 Richard G. Newell and Stu Ller，“Global Energy Outlooks Comparison Methods”，2017 update，Resources for the Future（RFF），February 2017。

② IMF，World Economic Outlook Database，October 2017.

从贸易角度讨论全球天然气市场的转型，可以将天然气贸易相关国家和地区分为出口国、进口国以及进出口兼备的国家和地区。据美国能源信息署（EIA）提供的数据，2015 年全球天然气贸易中，纯粹的出口国和地区为 19 个，出口总量约为 17.0 万亿立方英尺；纯粹的进口国和地区为 43 个，进口总量约为 11.1 万亿立方英尺；进口和出口兼备的国家和地区为 27 个，进出口总量约为 45.6 万亿立方英尺。贸易量在 1 万亿立方英尺以上的国家共有 22 个，总贸易约为 58.0 万亿立方英尺。[①] 2015 年，这 22 个国家的天然气贸易量占上述 89 个国家总贸易量的 78.6%，决定着全球天然气贸易的基本格局。如表 1 所示，除了中美洲的特立尼达和多巴哥，这 22 个国家也都出现在《BP 世界能源统计年鉴》的天然气贸易列表中。在这 22 个天然气贸易国中，纯粹的出口国有卡塔尔、挪威、土库曼斯坦和印度尼西亚，纯粹的进口国只有日本和韩国，其他国家都属于同时进出口天然气的国家。对于排名前 22 位的天然气贸易国，以该国所在区域而言，欧洲地区最为重要，占 22 国总贸易量的 36.1%，其次是亚太地区，占 17.9%。

表 1　22 个天然气贸易国及其所属地区的天然气贸易地位（2015 年）

单位：亿立方英尺

		2015 年贸易量	欧洲	亚太	北美	欧亚	中东	非洲
1	俄罗斯 + -	76189				√		
2	德国 + -	47683	√					
3	美国 + -	45010			√			
4	卡塔尔 -	43751					√	
5	日本 +	40494		√				
6	挪威 -	39542	√					
7	加拿大 + -	34566			√			
8	荷兰 + -	31377	√					
9	中国 + -	23171		√				
10	意大利 + -	21714	√					
11	英国 + -	20739	√					
12	法国 + -	17588	√					
13	土耳其 + -	17322	√					

① https：//www. eia. gov/beta/international/data/browser/.

续表

		2015 年贸易量	欧洲	亚太	北美	欧亚	中东	非洲
14	韩国 +	15337		√				
15	阿尔及利亚 -	15333						√
16	澳大利亚 + -	14280		√				
17	土库曼斯坦 -	14232				√		
18	马来西亚 + -	13512						
19	西班牙 + -	13228	√					
20	墨西哥 + -	12891			√			
21	阿联酋 + -	11630		√			√	
22	印度尼西亚 -	10697						
	合计	580286	209193	103979	92467	90421	55381	15333
	占比(%)		36.10	17.90	15.90	15.60	9.50	2.60

注：国家的地区分类按照《BP 世界能源统计年鉴》。“ - ”表示纯出口国；“ + ”表示纯进口国；“ + - ”表示进出口兼备国；“√”表示所在地区。

资料来源：U. S. Energy Information Administration。

与 2015 年相比，2016 年、2017 年的天然气进口格局保持了基本稳定，但中国于 2017 年 5 月超过美国，成为全球第三大天然气进口国。据联合天然气数据倡议（JODI-Gas）数据，如图 1 所示，2017 年全球天然气进口的第一、第二分别是德国与日本，两国的进口量分别为 1531 亿立方米和 1205 亿立方米，这是德国继 2016 年超过日本之后，继续保持第一的位置。2017 年，中国与美国的天然气进口量分别达到 946 亿立方米和 860 亿立方米，2016 年中美进口量分别为 758 亿立方米和 851 亿立方米。图 1 表明，2017 年天然气进口增长幅度最快国家的是中国，2017 年下半年多个月份中国天然气进口量都超过了 2016 年冬季的最高峰值。而且，自 2017 年 5 月起，中国超过美国成为全球第三大天然气进口国，仅次于德国和日本。从月度数据看，中国与日本、德国处于天然气进口的第一集团位置。

季节性因素对天然气进口的影响很大，冬季 1 月达到最高峰值，夏季 6 月进口降到谷底。尽管这些国家都处于北温带，但是各国天然气进口谷底的月份仍然不同。例如，德国是 2016 年的 6 月和 2017 年的 9 月，日本是 2016 年的 5 月和 2017 年的 9 月，英国是 2016 年的 8 月和

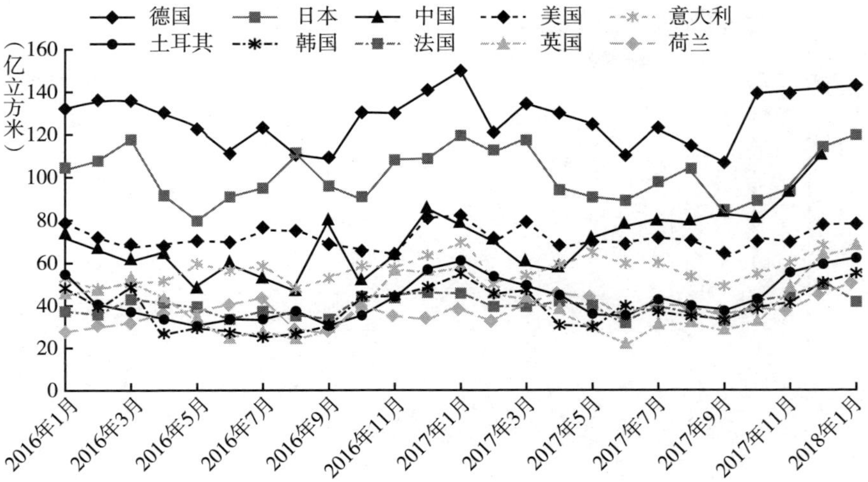

图 1　世界前十大天然气进口国

资料来源：The JODI Gas World Database。

2017 年的 6 月。图 1 还表明，美国、法国和荷兰受季节性因素影响的程度比较小，进口峰值与峰谷的差距不大。显然，中国 2017 年下半年进口扩增不仅是季节性因素使然。后文我们还将深入分析这种变动格局的影响。

从出口方面来看，世界主要天然气出口国的格局仍是稳定的。据 BP2017 年版《世界能源统计年鉴》，如图 2 所示，2016 年世界前十大天然气出口国分别是俄罗斯（2047.5 亿立方米）、卡塔尔（1244.6 亿立方米）、挪威（1160.6 亿立方米）、加拿大（824.6 亿立方米）、美国（647.3 亿立方米）、澳大利亚（568.1 亿立方米）、荷兰（530.8 亿立方米）、阿尔及利亚（530.5 亿立方米）、印度尼西亚（300 亿立方米）和德国（192.7 亿立方米）。

在天然气出口方面，联合天然气数据倡议的数据缺失卡塔尔、阿尔及利亚和土库曼斯坦，另外，印度尼西亚 2017 年的月度数据也不全。如图 3 所示，俄罗斯缺失 2017 年 6 月的数据，假设 2017 年 6 月的天然气出口量与 2016 年同期持平，那么 2016 年、2017 年两年俄罗斯的出口

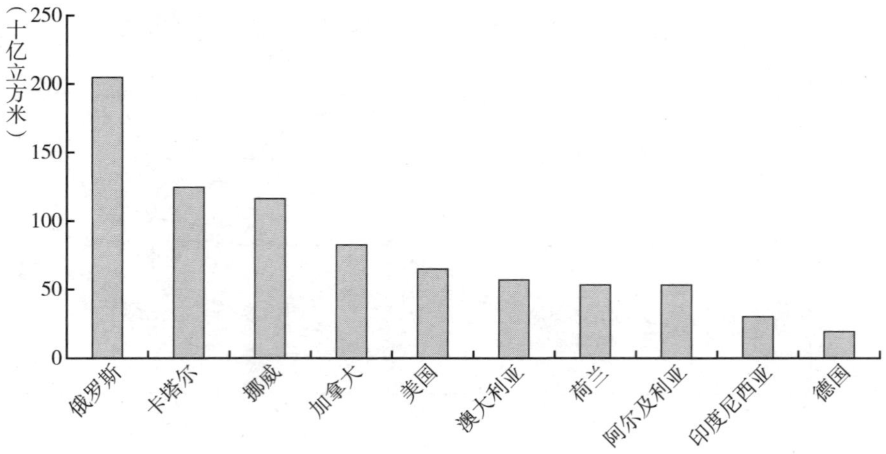

图 2　世界前十大天然气出口国（2016 年）

资料来源：《BP 世界能源统计年鉴 2017》。

量分别为 2117 亿立方米和 2151 亿立方米，略高于 BP 收集的数据。而挪威 2016 年和 2017 年的出口量分别为 1143 亿立方米和 1225 亿立方米，低于 BP 的数据。2016 年，加拿大出口 820 亿立方米，美国出口 661 亿立方米，与 BP 的数据也略有出入。联合天然气数据倡议的数据与 BP 的数据差距最大的是德国。按照 BP 的统计，德国 2016 年天然气出口为 192.7 亿立方米，而联合天然气数据倡议给出的数据则是 708 亿立方米。之所以有如此巨大的差别，原因可能在于两个机构的统计方式不同。联合天然气数据倡议在统计进出口时，一般会剔除运输过境的量，但是该机构也指出，涉及欧洲时，由于存在复杂的管道贸易网络，很难分清楚哪些是过境的，哪些是过境但又在过境国经过了一定程度的加工。因此，联合天然气数据倡议将经过一国境内但有一定程度加工的天然气都当作进出口的量。① 这也是表 1 中德国天然气贸易量排名靠前，而图 1 中德国成为第一大天然气进口国的原因。

① International Energy Forum, *JODI GAS Mannual*, 1st edition, p. 23, www. jodidata. org.

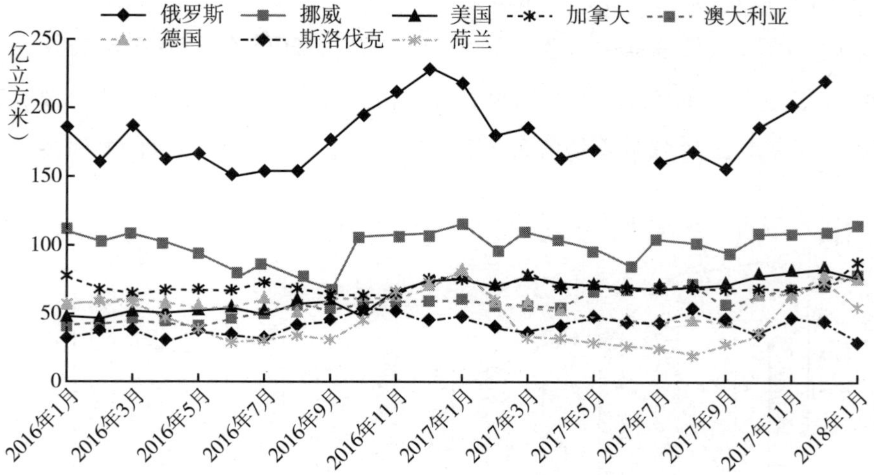

图 3　世界主要天然气出口国（2017 年）

资料来源：The JODI Gas World Database。

二　俄罗斯与欧盟的天然气贸易

俄罗斯与欧盟的天然气贸易是国际政治经济中的热点问题。有研究认为，俄罗斯不会主导欧洲进口，中东仍将是主要供应者之一。[①] 尽管如此，因地缘关系，欧洲长期依赖于俄罗斯天然气进口的事实难以改变。而近年来，俄罗斯与西方关系的恶化，特别是美俄关系的持续紧张，以及美国总统特朗普对俄罗斯的制裁，对天然气贸易产生了复杂的影响。

如图 4 所示，2004 ~ 2016 年，欧盟从俄罗斯的年均天然气进口量约为 1280 亿立方米，年均占比为 32.9%。占比最高的年份是 2004 年，当年欧盟从俄罗斯进口天然气总量达到 1294.8 亿立方米，占欧盟总进口的 42.2%。占比最低的年份是 2009 年，当年欧盟从俄罗斯进口天然气 1137.7 亿立方米，占欧

---

① Franziska Holz, Christian von Hirschhausen and Claudia Kemfert, "Perspectives of the European Natural Gas Markets until 2025", *The Energy Journal*, Vol. 30, *Special Issue*: *World Natural Gas Markets and Trade*: *A Multi-Modeling Perspective* (2009), pp. 137 – 150.

盟总进口的27.1%。因此，从俄罗斯进口天然气占比的起伏还是很大。2009年以后，欧盟从俄罗斯的天然气进口持续攀升，2015年、2016年分别达到1243.5亿立方米和1532.2亿立方米，而且占比也恢复至2016年的35.8%，这一数值要高出2004年的平均值2.9个百分点，也是2009年以来的最高占比。

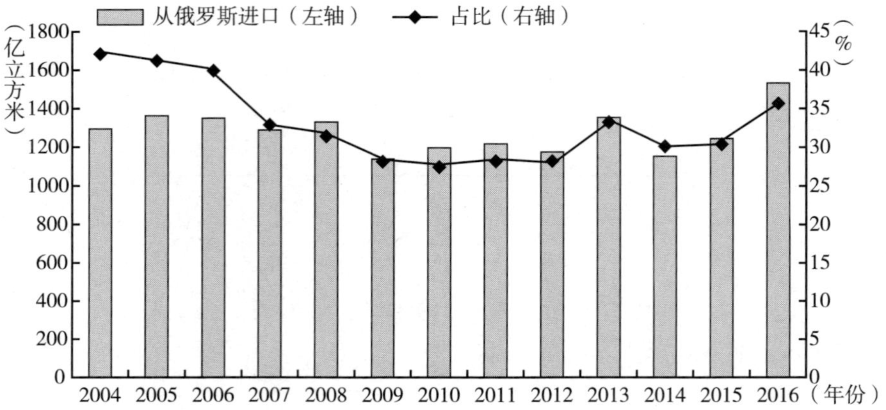

图4　欧盟从俄罗斯的天然气进口（2004～2016年）

资料来源：eurostat。

就欧盟从俄罗斯的天然气进口而言，可以依照依赖程度分为三类国家（见图5）。第一类是完全依赖俄罗斯天然气的国家，比如波罗的海沿岸国家保加利亚、爱沙尼亚、拉脱维亚、芬兰等，以及巴尔干地区若干国家，如前南斯拉夫地区、塞尔维亚和波斯尼亚。依赖度在90%以上的东欧国家也可以列入这一类，包括捷克（几乎100%）、摩尔多瓦（几乎100%）、罗马尼亚（98.9%）、斯洛伐克（98.8%）和匈牙利（95.0%）。

第二类是部分依赖的国家，指的是从俄罗斯进口天然气占该国进口比例在欧盟平均水平线以上的国家。2016年，欧盟从俄罗斯进口天然气占欧盟总进口的平均比例为35.7%，除斯洛文尼亚（34.0%）、荷兰（32.1%）、卢森堡（25.2%）和法国（20.3%）低于欧盟平均依赖水平35.7%之外，其余多数从俄罗斯有天然气进口的国家都在该水平线以上，包括波兰（74.3%）、希腊（64.7%）、德国（60.3%）、土耳其（52.9%）、意大利

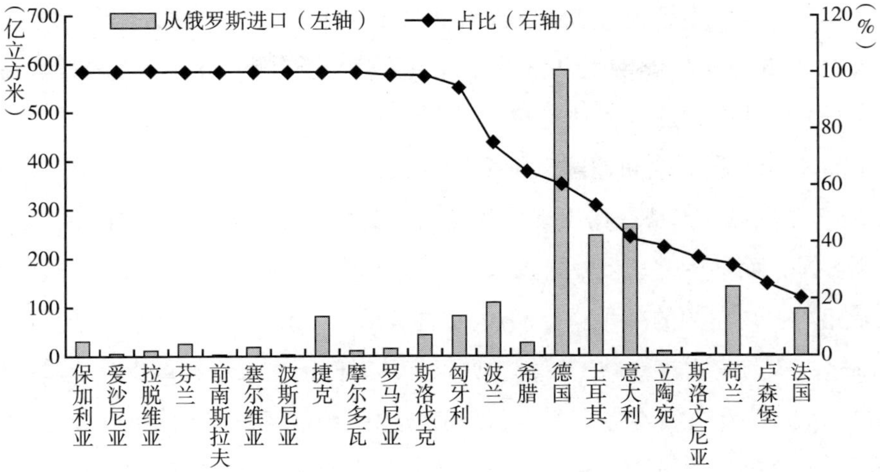

图 5　欧盟成员国对俄罗斯天然气的依赖（2016 年）

资料来源：eurostat。

(41.1%）和立陶宛（38.5%）。在第二类国家中，德国凭借其庞大的进口量，处于核心位置。2016 年，德国从俄罗斯进口天然气 586.7 亿立方米，占欧盟从俄罗斯进口天然气总量的 38.3%。

第三类欧盟国家则与俄罗斯并无天然气贸易往来，包括比利时、丹麦、爱尔兰、西班牙、克罗地亚、奥地利、葡萄牙、瑞典、英国（截至 2018 年 3 月，英国脱欧进程还在继续）、挪威和乌克兰。其中，乌克兰的情况比较特殊。2014 年发生乌克兰危机之后，乌克兰从俄罗斯的天然气进口迅速从 2014 年的 142 亿立方米下降到 2015 年的 60 亿立方米，2016 年干脆就不从俄罗斯进口天然气了。但是，也不能夸大乌克兰危机的影响。事实上，2011 年乌克兰从俄罗斯进口天然气曾高达 393 亿立方米，此后一直逐年减少。2014 年克里米亚危机尽管冲击了当年的天然气进口，但也在俄罗斯 2009 年以来对欧盟出口的平均值范围内。2014 年以后，仅 2015 年欧盟从俄罗斯进口天然气略有下降，但很快恢复势头。这在一定程度上表明，欧盟难以摆脱对俄罗斯天然气的依赖。

在欧洲国家中（乌克兰还不是欧盟成员国），德国与乌克兰形成了鲜明对比。乌克兰一度是俄罗斯对欧洲天然气出口的最大目的地，如图 6 所示，2010 年和 2011 年，乌克兰从俄罗斯进口天然气分别为 360 亿立方米和 393 亿立方米，比德国从俄罗斯进口天然气分别高出 20 亿立方米和 65 亿立方米。2012 年，乌克兰和德国从俄罗斯的天然气进口量相差无几。但是，进入 2013 年以后，形势开始出现重大变化，德国的进口量比 2012 年增加了 73 亿立方米，而乌克兰从俄罗斯进口天然气却锐减了 70 亿立方米。德国的增加量相当于乌克兰的减少量。2014 年更是出现了转折性变化，乌克兰从俄罗斯进口天然气再度锐减 110 亿立方米。从时间因素来看，乌克兰从俄罗斯进口的减少发生在乌克兰危机之前。从能源关系角度来看，降低乌克兰对俄罗斯天然气的依赖可能是乌克兰危机的一个刺激性因素。同时，乌克兰危机也宣告了俄乌能源关系的逆转。应当说，这是当代国际政治经济关系中政治经济互动的一个典型例子。

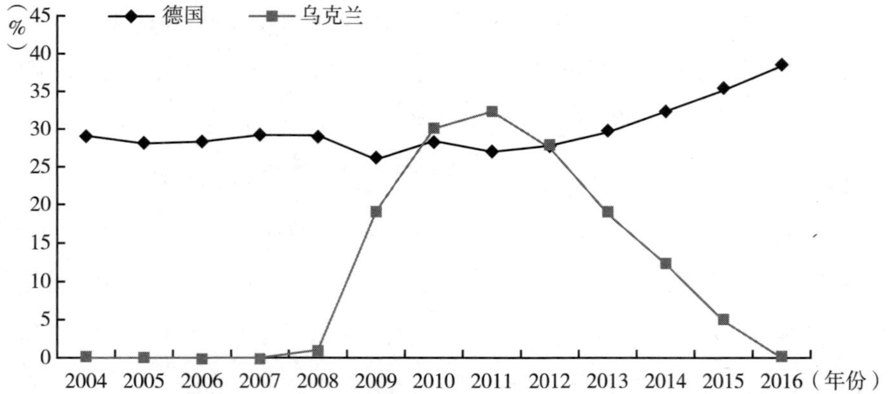

图 6　德国、乌克兰占欧盟从俄罗斯进口天然气的比重（2004～2016 年）

资料来源：eurostat。

据欧盟委员会的欧洲天然气市场报告，得益于经济复苏和电力部门的天然气使用扩增，截至 2017 年第三季度，欧洲天然气需求已连续第七个季度上升。[①] 不过，由于北非油价高企，欧洲从北非的天然气进口显著下降，转

① European Commission, *Quarterly Report on European Gas Markets*, Vol. 10, No. 3, 2017.

向利用来自其他地区的液化天然气。2017 年第二季度和第三季度，欧洲 LNG 进口占天然气总进口的比重达到 16%，为过去 4 年最高比例。欧盟委员会认为，除需求因素外，亚洲和欧洲 LNG 价格的趋同进一步造成了这一升幅。欧盟委员会估计，2017 年第三季度，欧盟天然气进口价达到 170 欧元，比 2016 年同期增加了大约 32%。无论是进口量还是进口价，都比 2016 年同期有显著增长。

俄罗斯是欧盟第一大天然气进口来源地，2017 年第三季度，欧盟从俄罗斯进口占欧盟之外的进口来源的 44%，比 2016 年同期下降了 1 个百分点，较 2016 年第四季度则下降了 2 个百分点，但比 2017 年夏季上升了 12%。整体而言，2017 年1～9 月，俄罗斯天然气出口欧盟比 2016 年同期增长了 14%，对于俄罗斯出口至欧盟的天然气量来说，2017 年很有可能达到了一个纪录值。由于市场上油价涨幅较大，超过了西北欧的油价，因此俄罗斯出口的天然气显然具有很强的市场竞争力。2018 年 2 月初，俄罗斯天然气工业股份公司（以下简称“俄气公司”）副总裁亚历山大·梅德韦杰夫在纽约会见投资者时表示，2017 年该公司对欧洲的天然气出口量为 1944 亿立方米，俄气公司在欧洲的份额从 2016 年的 33.1% 增加至 34.7%，创下了苏联和俄罗斯天然气工业有史以来在欧洲市场上的份额纪录。①

欧盟从俄罗斯进口天然气主要是三条管道：乌克兰方向的“兄弟”管道和巴尔干线，白俄罗斯的亚马尔管道，以及北欧天然气管线（Nord Stream）。2017 年第三季度，途经乌克兰的进口量比 2016 年同期上升了 29%。乌克兰是俄罗斯天然气出口至欧盟的主要管线，占总输出量的 50%。2017 年 8 月，乌克兰管道天然气流量累计 75 亿立方米，达到了过去 4 年的一个最高值。经由北欧天然气管道进入欧盟的天然气占俄罗斯对欧总出口的 26%，从流量来看，比 2016 年同期增长了 11%。而经过白俄罗斯管道的天然气占俄罗斯对欧总出口的 22%，2017 年第三季度比 2016 年同期下降了 3%。自 2015 年 11

① 《俄气 2017 年创下对欧洲天然气出口纪录》，2018 年 2 月 7 日，俄罗斯卫星通讯社，http://sputniknews.cn/russia/201802071024657093/。

月以来，乌克兰已不再从俄罗斯购买天然气。乌克兰目前的天然气主要来自匈牙利、波兰和斯洛伐克等国，2017 年第三季度，来自上述 3 国的天然气进口量大约为 38 亿立方米，比 2016 年同期增长了 12% 。

三　美国成为天然气净出口国

2017 年，全球天然气市场的一个特大新闻是美国成为天然气净出口国。据 IEA2017 年 7 月的预测，到 2022 年底前，美国将在 LNG 出口方面超过卡塔尔，成为仅次于澳大利亚的世界第二大 LNG 出口国。8 月初，EIA 发布报告称，该国在 2017 年前 5 个月中有 3 个月的天然气出口量超过了进口量。①2018 年 1 月初，EIA 数据表明，美国自 1957 年以来首次成为天然气净出口国。2016 年美国净进口 18 亿立方英尺天然气，到 2017 年每日平均净出口约 4 亿立方英尺天然气。2018 年美国日均天然气净出口量将增至 23 亿立方英尺，2019 年将增至 46 亿立方英尺。

2018 年 2 月下旬出版的《美国总统经济报告》宣告美国进入了一个“能源格局变化的大时代”。② 按照该报告对美国对外贸易中能源地位的分析，美国将在 2026 年成为能源净出口国，而美国作为天然气净出口国的地位则提前于 2017 年实现。10 年前，美国对外贸易赤字的 40% 是原油进口，2016 年美国能源占赤字的 12.4% ，这是 1991 年以来的最低点。其中天然气出口扮演了关键角色，2008 ~2017 年，美国国内能源生产翻倍，其中天然气增加了 1/3。该报告特意强调，美国的能源开发技术处于世界前列，且最近几年的技术突破比较多，美国能源产出速度将进一步提升，出口能力将显著增强。

美国天然气出口传统上主要是通过管道，输往墨西哥和加拿大。2017

① Carolyn Davis, “U. S. to Become Largest LNG Exporter by Mid – 2020s, Says IEA”, November 14, 2017, http: //www. naturalgasintel. com/articles/112448 – us – to – become – largest – lng – exporter – by – mid – 2020s – says – iea.

② The United States, “Economic Report of the President together with the Annual Report of the Council of Economic Advisers”, February 2018, http: //www. presidency. ucsb. edu/economic_reports/2018. pdf.

年美国转变为天然气净出口国，主要因素是LNG出口量增长以及通过管道输往墨西哥的天然气量加大。如图7所示，2017年美国天然气出口量达到约3.2万亿立方英尺，比2016年增加8325亿立方英尺。2016年和2017年两年，美国天然气出口连续突破2万亿立方英尺和3万亿立方英尺。美国天然气出口始于1973年，当时的背景是第一次石油危机。1973年至冷战结束初期，美国天然气出口的总体格局是LNG减少、管道气增加。20世纪90年代的10年，管道气与LNG的出口基本是平顺发展。进入21世纪以后，美国的管道天然气出口一直占据主导地位，有些年份甚至几乎是100%，如2013年。2015年，美国LNG出口占当年美国天然气出口总量的1.6%，2016年迅速增加到8.0%，2017年更是上升至22.3%。在全球范围内，这一上升幅度也是很罕见的。

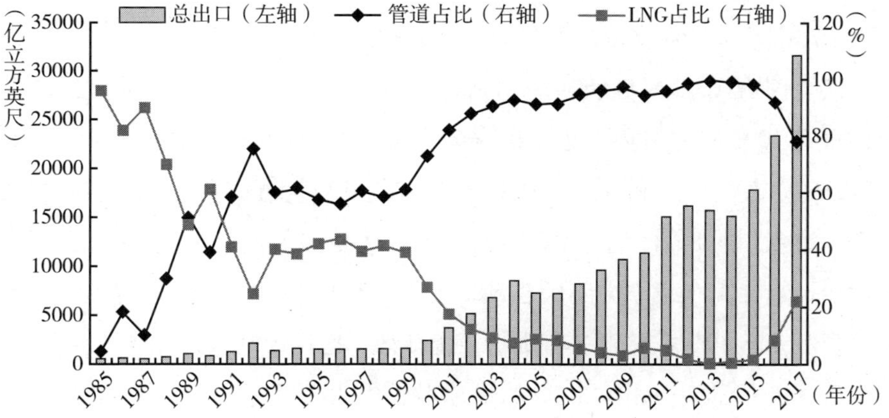

图7　美国天然气出口：管道和LNG（1985～2017年）

资料来源：U. S. Energy Information Administration。

从2007年开始，美国的LNG出口开始尝试多元化，2007年新增加了对加拿大的LNG出口，但数量极少，2009年新增加了对韩国的LNG出口。从2010年开始，美国LNG出口的多元化已经十分显著，包括欧洲的英国和西班牙、南美的巴西，以及南亚地区的印度，但是总的LNG出口量并没有增加太多。这主要是美国LNG出口基础设施不足之故，当时美国LNG出口站只有位于佛罗里达州的一个基站。此后，葡萄牙（2012 年）、中国台湾地区（2015 年）相继成为美国 LNG 出口市场。

目前，美国天然气新增业务主要是三大板块：一是对欧洲的输出，目的之一是压制俄罗斯对欧洲搞经济战；二是对亚太地区的输出，特别是对中国的输出，这是一个新动向；三是对墨西哥的出口。2017 年天然气出口量的暴增则归因于对墨西哥以及中国、韩国等的出口。从 EIA 公布的数据来看，2017 年美国 LNG 的出口目的地一共有 27 个国家和地区。如果按照欧洲和亚太两大板块分布，那么亚太（不包括墨西哥）占 2017 年美国 LNG 总出口的比重从 2016 年的 20.6% 上升至 2017 年的 42.2%，欧洲占比从 2016 年的 10.0% 上升至 2017 年的 13.8%，超过美国对中东地区和拉美地区（不包括墨西哥）的出口。其中，中东占比从 2016 年的 10.8% 下降至 2017 年的 9.9%，拉美占比从 2016 年的 31.2% 暴跌至 9.7%。对墨西哥的出口占比则从 2016 年的 14.7% 增加至 2017 年的 19.8%。

从美国 LNG 出口目的地的国别地区分布来看，如图 8 所示，2017 年，出口量在 1000 亿立方英尺以上的国家是墨西哥（1403 亿立方英尺）、韩国（1302 亿立方英尺）和中国（1034 亿立方英尺）。美国对日本的出口增速也不低，达到了 4.8 倍，从 2016 年的 111.4 亿立方英尺增长至 533 亿立方英尺。出口量在 100 亿立方英尺至 500 亿立方英尺之间的国家包括约旦、西班牙、智利、土耳其、印度、科威特、葡萄牙、巴西、阿根廷和阿联酋。

美国 LNG 向中韩两国出口的快速增长引人关注。其中，中国已连续两年超过日本，成为美国第三大 LNG 出口市场。尤其引人注目的是，2017 年中国从美国的 LNG 进口量比 2016 年增长了近 6 倍，增幅仅次于韩国（12 倍）和西班牙（10 倍）。2016 年、2017 年两年，韩国占美国 LNG 出口的份额从 5.4% 上升至 18.4%，中国从 9.2% 上升至 14.6%。中国从美国进口的 LNG 量从 2016 年的 172 亿立方英尺增长至 1202 亿立方英尺，这无疑是一个巨大的变化。中美能源贸易的进展是特朗普政府上台以后的一个显著变化。

美国 LNG 出口暴增背后的因素主要是特朗普政府的能源新政。2017 年 1 月初，特朗普上台不久即表示，将推翻前任总统奥巴马的气候问题核心政

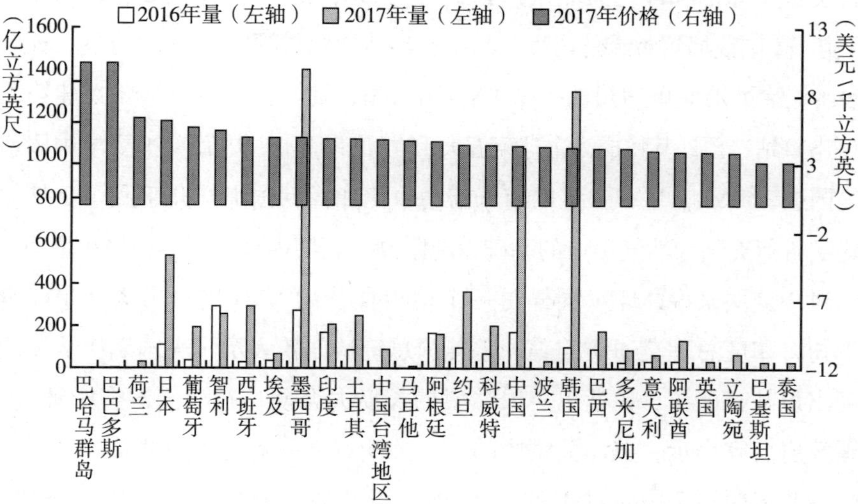

图 8　美国 LNG 出口的市场分布和价格（2017 年）

资料来源：U. S. Energy Information Administration。

策，加大力度开发页岩气、石油和天然气，并推动出口。2017 年 4 月，习近平主席访问美国之后与美方原则上达成协议，允许美国天然气出口商进入中国市场。5 月中旬，位于美国德克萨斯州休斯敦的美国钱尼尔能源公司（Cheniere Energy）表示，将对华出口 LNG。6 月 1 日，特朗普宣布退出《巴黎协定》。6 月上旬，美国能源部部长佩里访华时表示，向中国出口 LNG 是两国元首达成的百日行动计划的重要组成部分，美国希望与中国在清洁能源方面继续加强合作。① 6 月 29 日，特朗普宣布了美国的新能源政策，其中包括对亚洲的 LNG 出口。② 7 月 27 日，中国商务部表示，2017 年上半年中

① 《张高丽会见美国能源部长佩里》，中华人民共和国中央人民政府网站，2017 年 6 月 8 日，http：//www. gov. cn/guowuyuan/2017 －06/08/content_ 5200837. htm；《美国能源部长里克·佩里》，美国驻华大使馆网站，2017 年 6 月 6 日，https：//china. usembassy － china. org. cn/zh/united － states － secretary － of － energy － rick － perry/。

② “Remarks by President Trump at the Unleashing American Energy Event”，June 29，2017，https：//www. whitehouse. gov/briefings － statements/remarks － president － trump － unleashing － american － energy － event/.

国自美进口原油和液化天然气达到14亿美元，是2016年的6倍。[①] 2018年2月初，美国钱尼尔能源公司宣布与中石油达成第二项LNG出口合同，该公司还表示，除了佛罗里达州的一个LNG出口站，其正在德克萨斯州兴建第二个LNG出口站，预计其将成为全球第五大LNG出口商。[②] 尽管美国要求中国增加从美国进口LNG，且有一定的市场潜力，比如像韩国那样几乎翻了3倍，但是鉴于目前美国天然气出口的基础设施限制，短期内规模不会很快扩增。

对于美国来说，印度同样是一个值得期待的LNG出口市场。2017年6月下旬，印度总理莫迪访问美国，美国总统特朗普表示，美国期望从美国向印度出口补充能源，包括出口天然气的长期大合同。在美国国会听证会上，美国政府高官表示，美印关系中的三大关注点之一就是能源关系。

图8表明，美国对日本的LNG出口价格高于对中国和韩国的出口价。2017年，美国LNG出口均价为4.69美元/千立方英尺，其中对中国、韩国的出口价分别为4.32美元/千立方英尺和4.18美元/千立方英尺，而对日出口价则高达6.13美元/千立方英尺。这也反映出合约价格与现货价格的差距，日本进口的下降有可能是价格因素所致。从价格因素看，由于“亚洲溢价”现象，美国的天然气运输船更倾向于驶向亚洲。但从图8中可以发现，美国出口的LNG价格往往是在那些有着长期合作关系的国家较高，而新增国家的现货价格反而不高。有很多研究表明，对于LNG而言，欧洲和亚洲的价格差距在逐渐缩小。尽管不存在一个充分一体化的国际天然气市场，但日本、韩国、中国台湾地区和英国的价格存在趋同迹象，其主要原因是合约机制将天然气价格和油价联系在一起，而不是市场供给互动的结果。[③] 因此，作为世界天然气出口中的新选手，美国转向欧洲出口天然气

---

① 《商务部：1~5月中国对美服务贸易逆差达230亿美元》，央视网，2017年7月27日，http://news.cctv.com/2017/07/27/ARTIUuUAW6WgiJ5WWXhhp1rk170727.shtml。

② “Cheniere Announces LNG Sale and Purchase Agreements with China National Petroleum Corporation”, February 9, 2018, https://finance.yahoo.com/news/cheniere-announces-lng-sale-purchase-133000097.html.

③ Raymond Li, Roselyne Joyeux and Ronald D. Ripple, “International Natural Gas Market Integration”, *The Energy Journal*, Vol. 35, No. 4 (October 2014), pp. 159-179.

也是合理的。此外，由于美国到欧洲的距离更短、运输成本更低，相对于欧洲当地生产的天然气，美国天然气也依然具有竞争力。不过，除了经济利益，美国向欧洲出口天然气也有重要的地缘政治目标，即削弱欧洲对俄罗斯天然气的依赖。

图 8 还表明，目前美国的出口大部分针对欧洲地中海国家（西班牙、土耳其、葡萄牙和意大利），不过对北欧和波罗的海地区的出口量也开始增加，而这些地区一贯是俄罗斯的出口市场。2017 年 7 月，特朗普访问波兰时曾祝贺美国首艘天然气运输船于 6 月运抵该国。特朗普在演讲中表示，美国将承诺给波兰供应天然气，帮助波兰及其邻国摆脱对单一国家的依赖，使欧洲国家避免成为俄罗斯的附庸。① 2017 年 11 月中旬，波兰油气公司（PGNiG）与美方签署了为期 5 年的 LNG 供应合同，进一步削弱了波兰对俄罗斯供应的依赖。② 2017 年，美国对波兰的天然气出口量达到 34.4 亿立方英尺，约 1 亿立方米。2016 年波兰从俄罗斯进口天然气为 109 亿立方米，从数量上看影响不大。2017 年，美国对欧洲的 LNG 出口达到 978 亿立方英尺（约 27 亿立方米），比 2016 年增加了近 800 亿立方英尺。仅从数量上看，美国对欧洲的天然气供给影响不大。

不过，美国特朗普政府制裁俄罗斯却对美欧能源关系特别是俄欧能源关系产生了复杂的影响。2017 年 7 月 25 日，美国众议院通过了加强对俄罗斯、伊朗和朝鲜制裁的一项法案。2 天后，参议院也通过了这一法案。该法案规定，美国总统可以对在俄罗斯天然气出口管道建设项目中投资超过 500 万美元，或者一次性投资 100 万美元，或者提供工程服务、技术、信息支持的企业或个人实施制裁。尽管美国商界呼吁修改制裁法案，但法案

---

① "Trump Says Gas Deal with Poland Should Take '15 Minutes'", July 6, 2017, http: //thehill. com/policy/energy - environment/340805 - trump - wants - natural - gas - export - deal - with - poland - in - 15 - minutes.

② 《波兰油气签署从钱尼尔能源购买 LNG 的协议》，中国石油新闻中心，2017 年 11 月 28 日，http: //news. cnpc. com. cn/system/2017/11/28/001670290. shtml; " Poland Signs 5 - Year US Natural Gas Import Deal", Nov. 21, 2017, http: //thehill. com/policy/energy - environment/361413 - poland - signs - 5 - year - us - natural - gas - import - deal。

还是保留了有关能源方面的限制条款，其中包括针对“北溪 -2”天然气管道项目的内容。2017 年 8 月初，美国总统特朗普宣布扩大对俄制裁，这将会影响能源行业。①

但俄罗斯方面的专家认为，美国暂时没有办法替代俄罗斯在欧洲天然气市场的主要供应商地位。2017 年 8 月中旬，在 EIA 发布报告称美国成为天然气净出口国之后，俄罗斯常驻欧盟代表弗拉基米尔·奇若夫表示，美国自己的规划表明其需要 3 ~5 年才能完成 12 座出口站，而欧洲也要建设相应的接收站接受天然气，另外还需要一些天然气运输船。奇若夫还表示，“据目前粗略计算，美国液化天然气的价格将达到每千立方米 250 美元。这对欧洲无益，因为俄罗斯天然气的价格仅为其一半左右；而美国企业同样也无利可图，因为此类液化气每千立方米可在亚洲和拉美卖到 300 多美元”。② 2017 年 11 月 30 日，俄罗斯联邦委员会经济委员会第一副主席谢尔盖·卡拉什尼科夫表示，美国对欧洲国家领导人施加政治影响，企图阻止俄罗斯在欧洲的天然气项目。丹麦议会此前通过法案，允许该国政府禁止在俄罗斯领海进行“北溪 -2”项目的建设。俄罗斯方面认为，这是美国想垄断欧洲的天然气供应，以液化天然气取代便宜的俄罗斯管道天然气。

四　中国引领天然气进口新格局

在 2017 年全球天然气进口版图中，中国的上升幅度是最大的。据 EIA 提供的国际比较数据，中国天然气进口从 2017 年 4 月的 60 亿立方米增长到 2017 年 12 月的 110 亿立方米，增幅为 50 亿立方米，而第二大增幅的日本不过是 30 亿立

① Kaitlan Collins, Jeremy Herb and Daniella Diaz, “Trump Signs Bill Approving New Sanctions Against Russia”, August 3, 2017, https://edition.cnn.com/2017/08/02/politics/donald-trump-russia-sanctions-bill/index.html.

② 《俄常驻欧盟代表称美国无法代替俄罗斯向欧洲供气》，俄罗斯卫星通讯社，2017 年 8 月 17 日，http://sputniknews.cn/economics/201708171023382687/。

方米。从这个意义上说，中国的进口能力是一种新力量。

2017 年影响中国天然气进口猛增的因素中，环境方面的考虑占有很大的权重。2017 年 7 月，国家发展和改革委员会印发《加快推进天然气利用的意见》，文件规划了到2020 年的天然气利用情况。该意见认为，届时天然气在一次能源消费中的占比力争达到 10% 左右。到 2030 年，力争将天然气在一次能源消费中的占比提高到 15% 左右。今后一段时期的重点任务包括：一是实施城镇燃气工程；二是实施天然气发电工程；三是实施工业燃料升级工程；四是实施交通燃料升级工程。[①] 8 月 19 日，国家能源局局长努尔·白克力在“2017 年能源大转型高层论坛”上指出，要推进北方地区冬季清洁取暖和大气污染防止重点地区煤改气。

从 9 月中旬起，随着住房和城乡建设部等四部门印发《关于推进北方采暖地区城镇清洁供暖的指导意见》，陆续有媒体报道天然气出现较大缺口的现象。中石油首先从河南入手减少天然气供应，此后迅速扩及山东、山西等地。海关数据显示，9 月 LNG 进口同比增长了 37.2%，至 345 万吨。10 月，中国天然气进口达到 581 万吨，其中 LNG 进口为 357 亿吨，同比增长 95.7%。10 月底，环境保护部表示，其正与有关部委密切沟通，保障天然气充足供应。11 月初，中石油宣布，为了保证供应并推动天然气价格市场化，将在上海石油天然气交易中心开启新一轮天然气竞价交易，对 2017 年冬季以及 2018 年春季的天然气增量实施市场化定价。这是中国首次在冬季保供调价模式中引入市场化因素。

在改革国内市场定价机制的同时，为了进一步增强市场的信心，中国也积极扩大天然气进口，例如从美国的天然气进口进一步扩大，提升中亚天然气管道的运输能力。11 月，LNG 进口进一步增长至 406 万吨，同比上涨 53%。12 月 26 日，汤森路透 Eikon 的航运数据显示，中国 2017 年 LNG 进口量将比上一年增加逾 50%，至 3800 万吨左右，中国将超过韩国，成为仅

---

① 国家发展和改革委员会：《关于印发〈加快推进天然气利用的意见〉的通知》，国家发改委办公厅子站，2017 年 7 月 5 日，http://www.ndrc.gov.cn/zcfb/zcfbtz/201707/t20170704_853931.html。

次于日本的全球第二大 LNG 进口国。[①] LNG 进口量激增与土库曼斯坦方向上的管道天然气进口量下降也有很大关系。自 2009 年以来，土库曼斯坦开始对华输出天然气。2016 年正常情况下，土库曼斯坦冬季对华日供应量约为 1.3 亿立方米，但是 2017 年的日供应量不足 1 亿立方米。为了确保供应，12 月下旬中国政府及中石油派出特使去土库曼斯坦协调。[②] 这很有可能促使中土双方在天然气价格上有新的协定。土库曼斯坦临时抬高价格的事情以往也发生过，例如 2007 ~2008 年的冬季，土库曼斯坦就曾提高对伊朗出口天然气至 9 倍价格，一度从 40 美元/千立方米暴增至 360 美元/千立方米。[③]

对于中亚天然气进口的锐减，中国方面缺乏足够的准备。目前也还不清楚，到底是什么原因让土库曼斯坦的天然气出口锐减。一种解释是，土库曼斯坦的天然气出口能力受到基础设施的限制，目前已经满负荷运营。[④] 尽管目前中国是土库曼斯坦唯一的天然气出口市场，但由于近些年天然气价格下跌，土库曼斯坦经济有一定困难，特别是 2016 年 1 月以来，土库曼斯坦相继中断对俄罗斯和伊朗的天然气出口，国内对唯一的出口市场中国也很担忧，土方多次表示要加速推进土库曼斯坦 - 阿富汗 - 巴基斯坦 - 印度（TAPI）天然气管道建设，以便促进其天然气出口多元化。这也提醒中国，对土库曼斯坦天然气的依赖也会造成一些国内问题。据 BP 数据，2016 年，中国进口天然气 713 亿立方米，其中管道天然气 380 亿立方米，来自土库曼斯坦的天然气为 294 亿立方米，分别占中国管道天然气进口的 77.4%、总进口的 41.2%。因此，未来天然气进口多元化仍是能源安全的重要课题。在这方面，从 2017 年 10 月起，哈萨克斯坦开始往中国输出天然气，第一年运输能力设

① 《中国今年 LNG 进口量料首超韩国　仅次于日本位居全球第二》，搜狐网，2017 年 12 月 26 日，http://www.sohu.com/a/212821173_222256。

② 韩舒淋：《土库曼大幅增加对华出口，气荒有望迅速缓解》，《财经》2017 年 12 月 29 日，参见搜狐网，http://www.sohu.com/a/213733755_99937407。

③ "Gas Dispute Between Iran, Turkmenistan Escalates Further", AzerNEWS (Azerbaijan) – January 30, 2018.

④ "China Striving to Boost Energy Imports from Turkmenistan", Times of Central Asia, The (Bishkek, Kyrgyzstan) – November 25, 2017.

计在50亿立方米。[①] 而与土库曼斯坦的第四条管道也计划于2019年底运行。

中国海关数据表明，2017年中国进口天然气总计6872万吨。如图9所示，进口额增幅很快，而且从进口量增幅与进口额增幅的对比来看，后者显著高于前者，这说明中国以高出同期水平很多的费用进口了这些天然气。2017年7月至12月，连续6个月进口量增幅都比上年同期提高了20%以上，而现货价格增幅比2016年同期上升幅度更大，从7月的28.8%上升至12月的41.2%。2018年1月的进口天然气价格涨幅最大，进口量比2016年同期上升了33.5%，但价格却比同期上涨了60.8%。2月仍在延续这一模式，尽管相比于1月，进口量和绝对进口价已经下降了很多。

按照EIA的天然气净贸易远景预测，中国已经于2013年超过韩国，成为亚洲第二大天然气进口国。预计在2021年，中国将超过日本成为全球最大的天然气进口国。2050年之前，印度不可能超过中国成为全球第一大天然气进口国。[②] 因此，未来一段时期，中国在全球天然气贸易格局中的地位将非常突出。

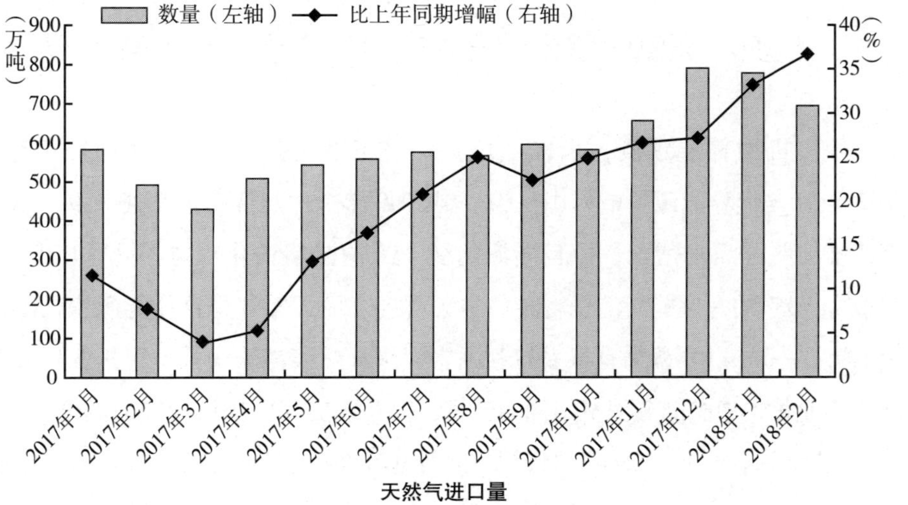

天然气进口量

① "Kazakhstan Launches China Gas Exports", BBC Monitoring International Reports-October 17, 2017.《哈萨克斯坦正式向中国供应天然气》，中国石油新闻中心，2017年10月23日，http：//news. cnpc. com. cn/system/2017/10/23/001665534. shtml。

② "World Net Trade in Natural Gas by Region", https：//www. eia. gov/outlooks/aeo/data/browser/#/? id = 44 - IEO2017&cases = Reference&sourcekey = 0.

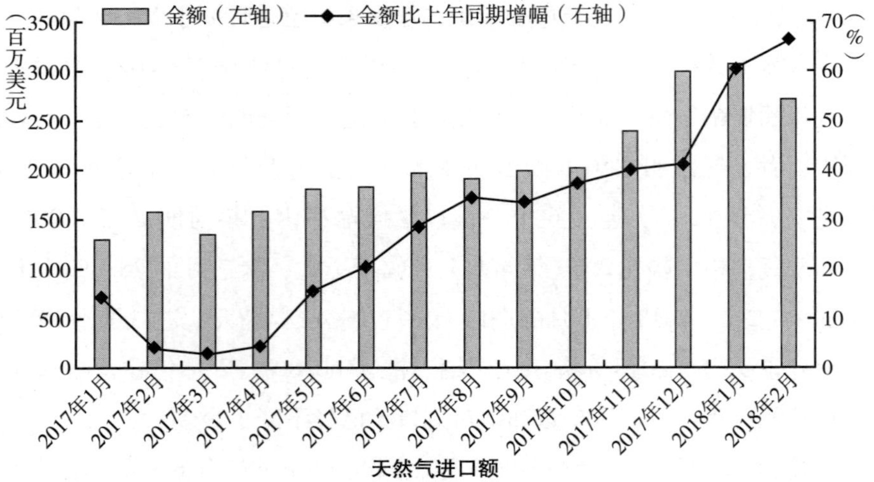

图 9　2017 年中国天然气进口量和进口额

资料来源：中国海关总署。

五　天然气贸易的发展前景与交易机制改革

众多机构普遍预测，未来全球天然气消费将持续增加。例如，BP 在 2018 年版《世界能源展望》中认为，到 2040 年全球经济总量将翻一番，经济繁荣推动能源需求增长，而且能源的变革方向是清洁化和电力化，BP 预计 2040 年 70% 的一次能源消费将转向电力部门。而天然气是这一能源增长图谱中的重要一环，BP 认为有很多有利因素促进天然气需求增长，包括亚洲和非洲的工业化、中国能源消费结构的转型，以及北美和中东供应能力的增强。①

BP 认为，2040 年，美国将担负全球 1/4 的天然气生产，届时美国将和卡塔尔、澳大利亚一道，成为世界 LNG 主要出口国。而 LNG 的进口方则主要是亚洲和欧洲，因此亚洲和欧洲市场的发展对全球 LNG 贸易有决定性影响。尽管从纯粹的价格因素考虑，由于距离相对远一些，美国 LNG 对亚洲出

① BP, *BP Energy Outlook*, 2018 edition, p. 83.

口应该不如对欧洲出口，但是考虑到能源供应安全问题，很多亚洲国家其实也必须走向供应来源多元化道路，因此美国对亚洲的 LNG 出口仍将持续增长。

EIA 则认为，2015～2040 年，全球天然气消费将增长 43%。这种增长主要是由非经济合作与发展组织（OECD）国家推动，EIA 预计 2015～2040 年非 OECD 国家天然气消费的年均增速为 1.9%，而 OECD 国家为 0.9%。与 BP 的预测一样，EIA 也强调，2040 年的天然气消费中，电力部门占据主要地位，加上工业部门，两者合计占比 75%。此外，EIA 认为，LNG 的成长将极为迅速，其贸易量将从 2015 年的 12 万亿立方英尺增长至 2040 年的 31 万亿立方英尺，亚洲的进口和美国的出口推动了这种增长。审视 2040 年的天然气贸易，管道天然气贸易占比仍有 48%，在管道天然气方面，主角是欧洲和俄罗斯。①

据天然气出口国论坛（GECF）估计，2015 年全球天然气贸易量约为 10360 亿立方米，大约占生产量的 30%，这一比例到 2040 年不会发生显著变化。不过，全球天然气贸易的绝对量将增加 60%，2040 年将达到 16500 亿立方米，也即年均 2.1% 的增速。② 如表 2 所示，2020 年，全球天然气贸易量将达到 11480 亿立方米，2030 年将进一步增加至 13440 亿立方米，其中 LNG 份额将从 2015 的 31% 增加至 2020 年的 41%，到 2030 年将变为 45%，但随后 2040 年又下降至 40%。因此，未来 15 年将是 LNG 贸易的黄金时代。

表 2　全球天然气贸易

单位：十亿立方米

	历史数据				预测值		
	2000 年	2005 年	2010 年	2015 年	2020 年	2030 年	2040 年
管道气	493	671	693	714	680	745	998
LNG	137	191	296	322	468	599	658
贸易	630	862	989	1036	1148	1344	1656
LNG 贸易份额(%)	26	26	31	31	41	45	40

资料来源：GECF，*GECF Global Gas Outlook 2040*，SYNOPSIS，p. 49。

① U. S. Energy Information Administration，*International Energy Outlook 2017*，September 14，2017，pp. 50－60.

② GECF，*GECF Global Gas Outlook 2040*，SYNOPSIS，p. 47，www. gecf. org.

除了整体上全球经济将继续增长之外，推动天然气消费增长的还有主要国家的进一步繁荣。世界银行数据表明，对天然气的消费与收入水平的提高密切相关。如图 10 所示，收入水平与能源消费有如下三个特点：（1）能源使用量随着收入水平的提高而逐步提高，在人均国民总收入（GNI）达到 2 万美元以前，能源使用量基本都是上升的；（2）收入水平攀升到一定程度之后，能源使用量的增幅会显著下降，特别是丹麦、瑞士、日本、爱尔兰等国，就其发展程度而言实现了节能，另外，中国香港地区也可以算一个；（3）能源资源丰富的国家通常能源使用量会显著超出一般水平，如卡塔尔、冰岛、特立尼达和多巴哥、巴林、科威特以及土库曼斯坦等国。

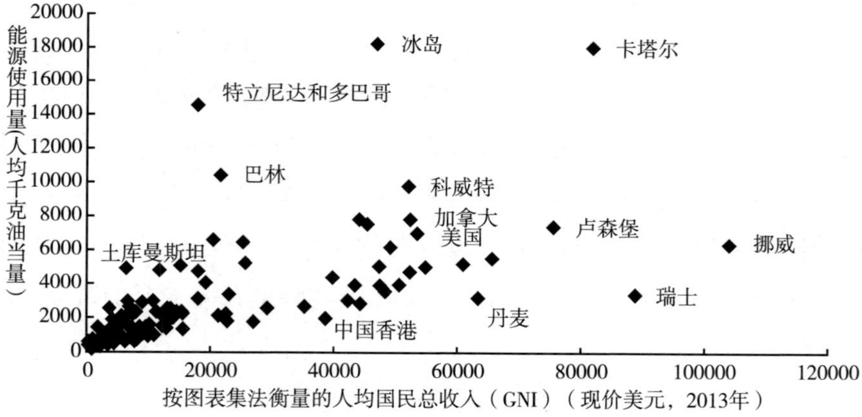

图 10　能源使用量与经济发展水平的关系

与收入水平提高相伴而生的是对清洁能源需求的增长，中国的能源转型已经充分显示这一点。世界银行提供的数据表明，用天然气发电的比例是随着收入水平的提高而逐步提升的，高收入国家的平均比例约为 25%，中等收入国家约为 18%，世界平均水平是 21%。世界平均水平之所以高，主要原因是天然气生产国的比例高，如中东地区很多国家都超过 50%。这一趋势与 BP、EIA 的预测也是一致的，未来天然气用于发电的比例将大幅度提高。显然，这将是一种更为稳定的需求。

正是基于这种观察，中国和印度等人口大国当还处于工业化发展进程中，未来还将继续提高人均收入时，它们肯定会大力推动能源的消费。这也是很多机构预测未来全球能源消费增长中心位于亚洲的主要原因，而亚洲新兴市场与天然气定价机制、交易方式的转变仍在持续深化。由于天然气交易中很多是远期合约价格，到2040年的增长态势能够确保预期的稳定，而且随着美国等新生的、低价天然气出口国的加入，市场交易机制的转型也是可以预期的。

2017年10月，在于新加坡举行的“亚洲天然气峰会”上，与会者认为未来亚洲的天然气价格应该从传统的能源指数转向以亚洲为基础的价格指数。由于亚洲巨大的需求量，价格应该动态地反映出本地区的供需关系变化情况。日本能源经济研究所在其发布的2018年能源展望报告中认为，推动亚洲市场发展，第一步是减少基于“船上交货价”（FOB）形式的合约，因为这些规定违背了反垄断法。目前，日本大约有22%的长期天然气合同是FOB形式的。该研究所认为，如果未来亚洲有更多的国家否定这种形式，将使天然气市场更为灵活。第二步是投资建设更多的天然气相关基础设施。此外，亚洲国家也应该制定使用天然气的中长期政策，以便构建稳定的供需关系。①

IEA在《天然气市场报告2017》中则指出，全球天然气市场供应过剩，特别是价格较低的LNG大量供应，对传统的定价模式造成了冲击。一方面，过去几年油价下跌已经导致几乎所有地区的天然气价格下跌。2014年3月至2016年4月，日本的天然气价格与美国亨利中心的价格差距大幅度缩小，从最初的约4倍缩小到1.6倍。尽管从2017年9月开始又有所上升，但总体上两者的价格差距已经呈缩小态势。因此，就LNG贸易而言，激烈的国际供应竞争也促使相关国家修改原有的天然气合约。

---

① The Institute of Energy Economics, Japan, *IEEJ Outlook 2018 – Prospectsa and Challenges unitl 2050*, October 2017, p. 52.

就此而言，中国凭借“一带一路”倡议推进的泛亚基础设施建设具备改变地区天然气贸易的能力。这一点已经体现在中国与哈萨克斯坦新签署的天然气贸易协议中，未来中亚管道的输送能力将很快达到1000亿立方米。另外，随着美国加入全球LNG出口市场，中国在平衡卡塔尔、澳大利亚等国家的LNG进口能力方面也可以扮演更为积极的角色。目前，中国已经逐步通过上海石油天然气交易中心实施市场化改革，取得了一定成效。总之，中国经济增长的良好前景以及人均收入的不断提高将迫使中国加速能源转型，这当然也包括对天然气定价机制的完善与创新。

B.8

全球能源贸易相关金融体系：现状与政策建议

李圣刚 *

摘　要：　当前全球能源贸易有两个明显的特征，一是能源贸易金融化，二是以石油美元为核心的能源定价机制。全球能源体系在很大程度上是与全球金融体系相互交织、相互影响的。能源贸易与金融体系的融合使能源行业和金融行业有了更大的发展和创新空间，但也使全球金融治理格局和全球能源治理格局都更易受到外部冲击的影响。

目前中国能源贸易无论在总量还是比重等特征方面都在当前的国际贸易中较为突出，但由于相关金融体系建设的落后，中国在全球能源贸易格局中话语权较低。而中国正处在参与全球能源贸易相关金融体系建设的一个较好的时机，一方面，随着中国国际实力的不断增强，需要在全球治理格局发出自身声音，提高自身话语权；另一方面，中国应当提高自身相关能力建设，进而积极参与国际规则的制定，提高国际合作水平，如通过“一带一路”“人民币国际化”等推动能源合作。

关键词：　能源贸易　金融体系　多边合作　人民币国际化

* 李圣刚，经济学博士，主要研究方向为国际贸易与投资、国际金融、能源安全等。

一　全球能源贸易相关金融体系：现状及问题

（一）国际层面

1. 能源贸易与相关金融体系现状

（1）全球能源贸易格局现状

作为世界经济运行的主要推动力，能源始终是国际贸易中最主要的商品之一。从图 1 中可以看出，自 21 世纪以来，能源贸易在全球贸易中的份额不断上升（以 HS 二位编码分类中第 27 类商品定义为能源类产品），虽然在 2004 年后被电子设备类产品（HS 二位编码分类中第 58 类商品）超越位列第二大商品类别，但一直保持了较高的份额，在 2012 年曾达到 18% 左右。虽然受近年来以石油为代表的能源价格下跌影响（参见图 2，从中可以看出，近年来受需求降低以及供给能力不断提高影响，主要的一次能源如石油、煤炭、天然气价格处于下行趋势），能源贸易在全球贸易中的份额出现了明显的下降，但随着世界经济逐步从衰退中复苏，对能源的需求仍将使其保持在全球贸易中举足轻重的地位。

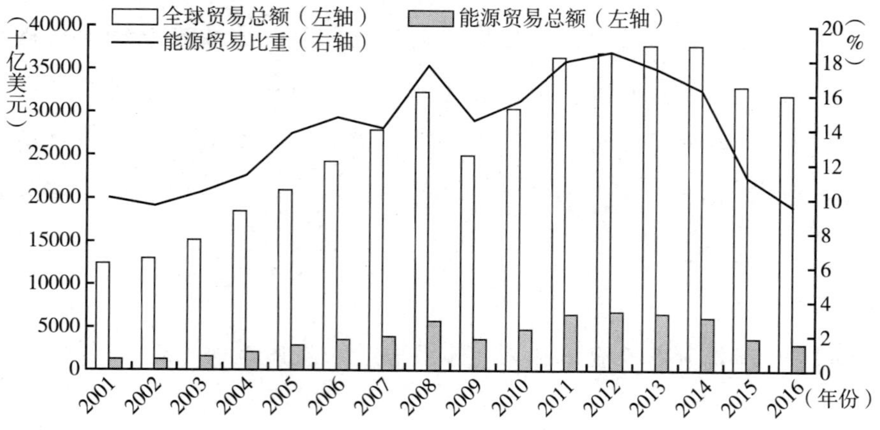

图 1　能源贸易占全球贸易总额比重的变化

数据来源：根据 UN COMTRADE 数据计算得到。

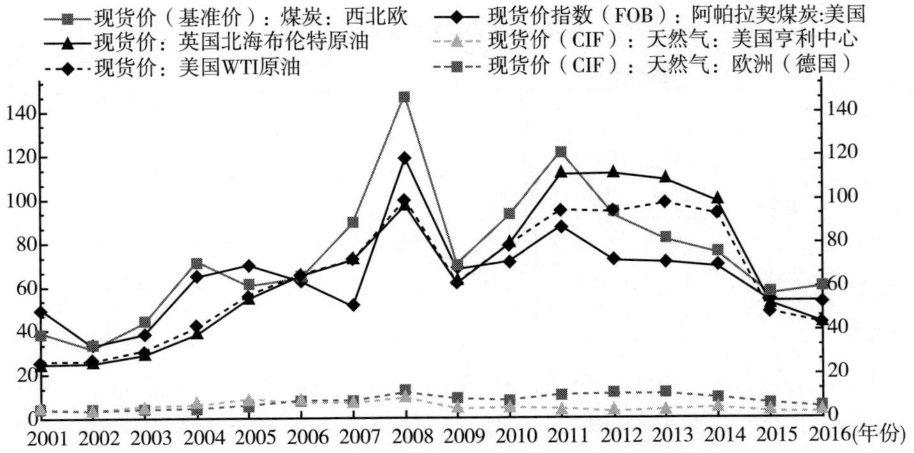

图2　世界能源价格变化情况

注：单位：美元/吨（煤炭）、美元/桶（石油）、美元/百万英热单位（天然气）。
数据来源：根据 UN COMTRADE 数据计算得到。

以能源贸易中最为主要的两种产品石油和天然气为例，我们可以明显看出当前的能源贸易详尽勾勒出了全球能源格局的特征。表1是世界主要国家和地区2015年与2016年全球石油贸易的主要情况，美国仍然是世界最大的石油进口国，但中国的进口量已经非常接近美国的规模，而在出口方面，中国的出口量与美国的出口规模相去甚远。拉美、独联体以及中东是世界主要的石油净出口地区，与之相对的则是作为石油净进口地区的欧洲和亚太。从2016年全球主要石油贸易流向可以明显看出石油生产和消费的主要地区存在较大程度的不匹配，而正是这种不匹配造就了当前全球石油贸易的主要格局。

与石油相比，天然气对运输的条件要求更高，造成其贸易成本显著高于其他能源产品，因而其贸易规模水平相对较小，这也是当前发展中国家能源结构与发达国家存在较大差别的原因之一。从表2中可以看出，主要天然气进口国均为发达国家，而包括中国在内的发展中国家贸易量相对较低。从2016年全球主要天然气贸易流向可以明显看出，虽然天然气生产、消费的主要地区也存在较大程度的不匹配，但目前主要进、出口地区相对于石油来说更为集中，格局的复杂程度也较低。

表 1　2015 年与 2016 年全球石油贸易

单位：百万吨

国家或地区	2015 年				2016 年			
	原油进口	成品进口	原油出口	成品出口	原油进口	成品进口	原油出口	成品出口
美国	366.7	99.8	25.3	191.9	393.3	104.5	24.4	203.1
加拿大	32.3	29.4	159.3	30.7	29.2	31.6	164.4	29.4
墨西哥	†	35.2	57.6	8.1	†	38.2	60.8	8.8
拉美地区	27.0	88.9	173.4	30.4	24.6	90.5	177.4	29.6
欧洲	499.9	187.6	11.8	131.7	499.4	200.8	17.6	132.2
俄罗斯	2.9	2.0	261.9	152.9	0.8	1.7	274.0	151.0
其他独联体国家	23.1	12.8	88.5	11.8	18.3	12.2	81.7	8.7
伊拉克	—	1.7	161.2	0.8	†	1.2	177.5	1.5
科威特	0.1	0.7	96.6	26.4	†	0.8	103.3	25.0
沙特阿拉伯	†	7.3	359.2	38.4	†	7.3	375.3	48.4
阿联酋	0.4	16.4	125.4	54.2	1.2	24.4	123.2	60.8
其他中东国家	26.2	19.3	157.5	42.4	23.9	21.4	203.2	48.6
北非	8.4	35.2	60.6	23.9	4.4	34.4	58.2	24.8
西非	0.8	31.3	236.7	7.3	0.7	32.9	216.5	7.3
东部与南部非洲	20.0	31.3	8.8	2.7	21.2	25.1	6.9	2.3
澳大利亚	24.8	24.4	10.5	3.9	20.4	27.6	9.4	3.9
中国	336.2	75.7	1.8	36.2	382.6	74.5	2.9	46.0
印度	193.3	22.8	0.2	56.6	212.3	30.0	†	61.9
日本	168.9	44.9	0.3	14.7	168.0	39.1	†	14.7
新加坡	45.9	125.8	0.1	87.7	48.1	121.4	0.1	93.7
其他亚太国家	259.1	164.2	39.1	104.0	269.5	185.8	41.0	103.5
世界	2035.9	1056.7	2035.9	1056.7	2117.8	1105.2	2117.8	1105.2

注："†"表示低于0.05。燃油不包括在出口范围内。区域内的活动（例如欧洲国家之间）不包括在内。原油进口和出口包括冷凝物。

数据来源：英国石油公司网站，https：//www.bp.com/en/global/corporate/energy－economics/statistical－review－of－world－energy.html。

表2　2015年与2016年全球天然气贸易

单位：十亿立方米

国家或地区	2015年				2016年			
	原油进口	成品进口	原油出口	成品出口	原油进口	成品进口	原油出口	成品出口
美国	74.4	2.6	49.1	0.7	82.5	2.5	60.3	4.4
加拿大	19.2	0.6	74.3	†	21.9	0.3	82.4	†
墨西哥	29.9	7.3	†	—	38.4	5.9	†	—
特立尼达和多巴哥	—	—	—	16.9	—	—	—	14.3
其他拉美国家	19.9	19.8	19.9	5.1	16.8	15.5	16.8	6.1
法国	31.8	6.8	—	0.6	32.3	9.7	—	1.5
德国	102.3	—	32.7	—	99.3	—	19.3	—
意大利	55.7	5.4	0.2	—	59.4	5.7	—	—
荷兰	33.6	2.1	47.1	1.3	38.0	1.5	52.3	0.7
挪威	†	—	109.6	5.9	†	—	109.8	6.3
西班牙	15.2	13.1	0.5	1.8	15.0	13.2	0.6	0.2
土耳其	38.4	7.7	0.6	—	37.4	7.7	0.6	—
英国	29.0	13.1	13.4	0.3	34.1	10.5	10.0	0.5
其他欧洲国家	94.7	6.9	13.8	1.5	100.2	8.2	15.0	1.3
俄罗斯	21.8	—	179.1	14.0	21.7	—	190.8	14.0
乌克兰	17.3	—	—	—	11.1	—	—	—
其他独联体国家	27.0	—	72.3	—	27.9	—	74.0	—
卡塔尔	—	—	20.0	101.8	—	—	20.0	104.4
其他中东国家	29.6	10.2	8.4	18.8	26.9	14.2	8.4	18.1
阿尔及利亚	—	—	26.3	16.6	—	—	37.1	15.9
其他非洲国家	9.0	3.7	11.0	30.0	8.8	10.2	8.5	29.6
澳大利亚	6.4	—	—	38.1	8.3	0.1	—	56.8
中国	33.6	25.8	—	—	38.0	34.3	—	—
日本	—	110.7	—	—	—	108.5	—	—
印度尼西亚	—	—	9.3	20.7	—	—	8.8	21.2
韩国	—	43.8	—	0.2	—	43.9	—	0.1
其他亚太国家	20.3	46.0	21.4	51.4	19.3	54.8	22.7	51.1
世界	709.0	325.5	709.0	325.5	737.5	346.6	737.5	346.6

注：“—”表示低于0.05。

数据来源：英国石油公司网站，https：//www.bp.com/en/global/corporate/energy - economics/statistical - review - of - world - energy.html。

事实上，当今世界能源贸易规模和份额的波动一方面可以归因于主要生产国供给能力与主要消费国需求水平的变化，另一方面则可以归因于独立于供求层面的能源价格水平自身的波动，而后者在很大程度上是受世界金融格局变化影响。可以说，当前全球能源体系在很大程度上是与全球金融体系相互交织、相互影响的。

（2）全球能源贸易相关金融体系

当前全球能源贸易有两个明显的特征，一是能源贸易金融化，二是以石油美元为核心的能源定价机制。其中，前者是后者的必要前提，而后者则是前者的主要表现形式。

在能源贸易金融化方面，可以看到，由于能源具备三种特征：可贸易、可储存、可垄断，因此其成为金融行业重点关注的对象。首先，在可贸易方面，作为涉及国计民生的重要产业，能源行业的主要产品都具有较高的可贸易程度，因此离不开金融的支持。其次，由于能源产品都具有较好的可储存性，因此可以实现杠杆化交易，用以规避市场价格波动对企业带来的不利影响，这种对冲交易方式造就了能源期货市场的快速发展。这样，能源贸易市场就分为了两部分，一部分是现货市场交易，可以直接实现能源行业服务实体经济；另一部分则是期货市场交易，可以使能源行业通过金融手段服务实体经济。最后，由于能源属于资金密集型行业，市场风险大，需要用垄断的方式实现发展，因此更需要通过与金融的结合实现创新，以避免垄断带来阻碍进步的不利影响。可以说，全球能源贸易能有当前的规模和影响力，其中最重要的推动力就是能源贸易的金融化，这也是能源产业能够不断取得进步和创新的主要原因。

在能源定价机制方面，当前全球能源贸易乃至能源治理格局的核心便是石油美元体系。关于石油美元的研究较多，当前比较一致的看法是石油美元始于20世纪70年代石油危机的爆发和布雷顿森林体系的终结，美国由此获取了以石油美元为核心的能源定价权，并逐步形成了三大最主要的全球性原油期货合约：一是纽约商业交易所（NYMEX）的轻质低硫原油合约（即WTI期货合约）、伦敦国际石油交易所（IPE）的布伦特原油期货合约（即

DUBAI 期货合约）以及新加坡交易所（SGX）的迪拜酸性原油期货合约(即 DUBAI 期货合约)，这三大交易所合约虽然交易标的各不相同，但都统一以美元定价。这样，由于石油贸易只能以美元进行结算，造成一方面石油进口国需要大量美元，其只能是通过向美国出口大量商品来获取；另一方面石油出口国获取的大量美元没有合适的投资途径，只能通过购买美国国债等形式再次流入美国，这样美元就实现了闭环式的回流，而美国则通过这种铸币税从全球范围内获取大量财富。可以说，石油美元体系的建立使能源贸易实现了金融化，进而逐步演变成了一个涉及能源、贸易、金融、政治、军事等各方面的全球性综合体系。

2. 当前能源贸易相关金融体系存在的问题

可以看到，能源贸易与金融体系的融合使能源行业和金融行业有了更大的发展和创新空间，但也使无论是全球金融治理格局还是全球能源治理格局都更易受到外部冲击的影响，从而给全球治理带来重大变化。

（1）全球金融治理格局变动对能源贸易的影响

一直以来，金融市场的投机行为都是全球能源贸易市场波动的主要因素之一。当世界主要国家和地区开始实施宽松的货币政策和财政政策以刺激经济发展后，过剩的流动性就会流入金融市场，导致各种金融资产价格包括石油期货价格上涨。而一旦各国政策因经济环境的变化开始紧缩，流动性缺失带来的交易低迷则会直接导致资产价格下降，进而造成各种金融资产价格暴跌，从而引发金融危机。

进入 21 世纪之后，全球治理格局出现了较大的变化，进而对全球经济政治局势造成了较大的冲击，其中在金融领域最为重大的事件当属 2008 年爆发的始于美国次贷危机的全球性金融危机。这场危机的影响是全方位的，对于全球能源贸易也产生了深远的影响。在危机发生前，受各种因素影响，美元汇率持续走低导致美元流动性过剩，使金融市场投机行为泛滥，石油期货价格在 2008 年 7 月一度涨至 140 美元/桶以上，美元指数与国际石油价格呈现出明显的负相关关系。金融危机爆发后引发能源市场高度利空，国际原油期货市场出现疯狂抛售现象，造成国际油价大幅下跌，在 2008 年 12 月一度跌至30~40美元/桶。为了应对金融危机，美欧等主要发达国家启动了量化宽松政策，通过向市场注入大量流动性刺激经济复苏，国际油价由此开始了新一轮的上涨周期。

由此可以看出，由于能源尤其是原油价格具有明显的金融属性，因此金融市场的波动对能源价格的影响也越来越大。尤其是近年来，受各种金融创新工具不断出现、全球金融治理格局不断变化影响，全球能源贸易无论在贸易量还是贸易额方面的波动频率和波动幅度都越来越大，对全球能源治理格局也形成了巨大的挑战。

（2）全球能源治理格局变化对金融体系的影响

作为一种重要的商品，能源尤其是石油贸易对国际金融体系的发展演变产生了深刻的影响。自20世纪70年代以来，以石油价格体系为代表的能源贸易格局发生了数次剧烈震荡和调整，成为国际金融体系变化的结构性影响因素。进入21世纪之后，石油价格的急涨暴跌不仅反映了世界经济基本供求层面的变化，更重要的是，其对国际金融格局产生了深远的影响，具体表现在以下两个方面。

一方面，能源贸易格局的变化催生了各国对全球能源治理的关注，并成为全球治理领域的热点和焦点议题。但是，应当看到，当前全球能源治理的基本架构仍是以美国和欧洲为主导的能源消费国家利用现有的全球金融治理格局，通过金融衍生品市场掌握全球能源定价权，从而达到主导全球能源治理架构走向的目的。可以说，现有的能源治理格局完全没有兼顾新兴市场的利益，其延续了美国主导下的以维护西方发达国家利益为目的的全球治理体系的特征，并进一步巩固了当前发达国家主导下的金融治理格局。

另一方面，近年来，以美国页岩气和页岩油开发为代表的能源革命对当前的能源贸易格局产生了巨大的冲击。首先，“页岩气革命”极大地提高了美国能源的自给能力，使其从主要的能源进口国一跃成为主要的能源出口国，不但巩固了其在全球能源贸易体系中的主导地位，而且进一步强化了其在与能源相关的金融体系中的话语权。其次，“页岩气革命”对原有的能源贸易格局产生了巨大冲击，在能源供给能力不断提高、能源价格不断走低的情况下，主要石油出口国通过欧佩克（OPEC）等组织维护产油国利益的手段所起的作用越来越小，同时其内部也出现了相左的意见，沙特阿拉伯等国家不但不同意通过减产提高石油价格，反而通过自身成本优势不断提高产量以维持自身在世界石油贸易市场的份额和地位，从而加深了对现有石油美元定价体系的路径依赖。另外，中国、印度等广大的新兴经济体既难以在全球能源治理格局发出自己的声音，同时也在全球金融治理格局中居于边缘地位，在当前全球能源格局变动中处于极度不利的境地。

可以说，正是由于全球金融治理结构不合理，才造成当前能源供需关系的波动和能源贸易格局的变动，而全球能源治理格局的变动也对世界经济和金融造成了巨大的冲击，图3反映了近代以来主要历史事件与石油价格变动情况，从图中可以看出，能源问题始终伴随着全球治理格局的变化。

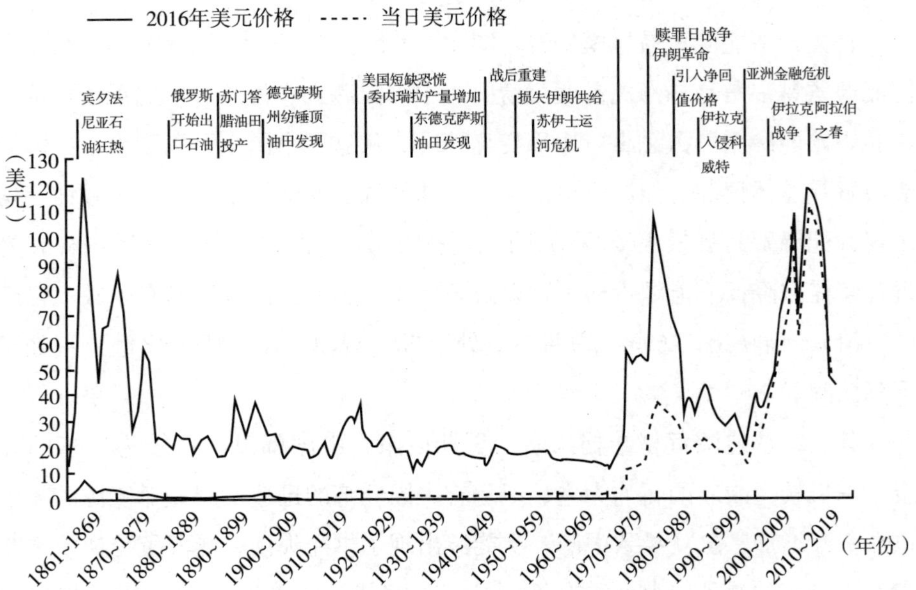

图3 主要历史事件与石油价格变动情况

数据来源：英国石油公司网站，https://www.bp.com/en/global/corporate/energy - economics/statistical - review - of - world - energy.html。

（二）中国能源贸易相关金融体系现状及问题

对于中国来说，改革开放以来，作为国民经济中最重要的部门之一，能源行业为中国经济的高速增长做出了巨大贡献。随着中国经济进入新常态，在经济总量继续不断扩大的情况下，经济结构也在不断优化调整，从而促使中国能源生产和消费结构发生变化，这就对中国的能源贸易水平和结构提出了更高要求。但由于现有的金融市场发展水平较低，难以进一步促进能源行业和能源贸易的发展。

1. 中国能源贸易现状

当前中国能源贸易主要呈现以下两个主要特征：一是能源贸易规模较大，这得益于中国不断提升的经济总量和持续稳定的经济增速；二是能源贸易结构不合理，主要表现为能源贸易逆差较大、能源产品集中度较大以及能源依存度较高，这严重影响了中国的能源安全。

首先，从能源贸易规模来看，图 4、图 5、图 6 分别是 2001 ~ 2016 年中国能源贸易占贸易总额比重变化情况、中国能源进口占总进口比重变化情况以及中国能源出口占总出口比重变化情况，从这三个图中可以看出，中国的能源贸易总体情况、能源进口情况与全球能源贸易保持了高度的一致性，均表现为能源贸易规模不断提高，在贸易中的比重也在不断提升（同样，受近几年需求降低、能源价格下跌以及环保压力影响，能源贸易有了较大幅度的下滑）。而在出口方面，总量一直处于较低规模，出口所占比重一直处于下降区间。

其次，从能源贸易结构来看，长期以来，中国都以出口较为丰富的煤炭、进口较为缺乏的石油为主。但随着中国经济的迅速发展，对能源的需求也在不断增加，这就导致中国一次能源出现了供需失衡，能源贸易逆差不断扩大，能源的对外依存度也在不断提高。尤其是在 2009 年，中国从煤炭净出口国转变成为煤炭净进口国，标志着中国成为所有主要一次能源的净进口大国。同时，随着中国能源贸易进口结构逐渐向石油集中，石油贸易的缺口和对外依存度也随着进口额的增加而保持着较快的增长趋势。据统计，2017

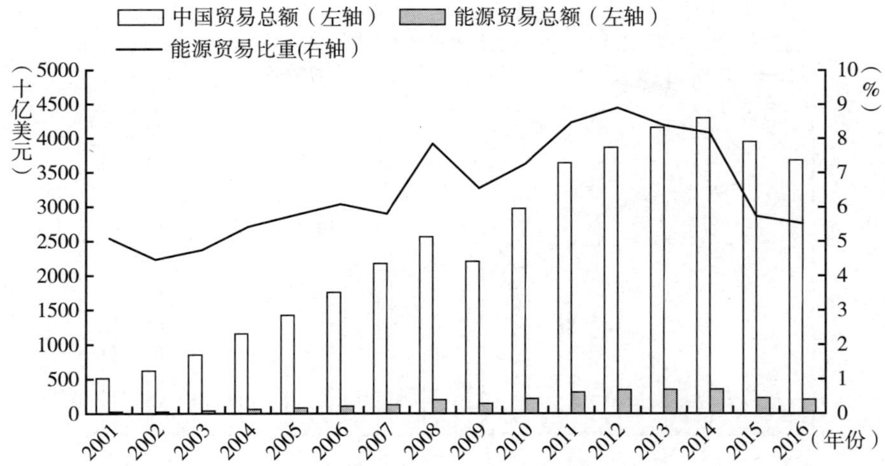

图4　中国能源贸易占贸易总额比重变化

数据来源：根据 UN COMTRADE 数据计算得到。

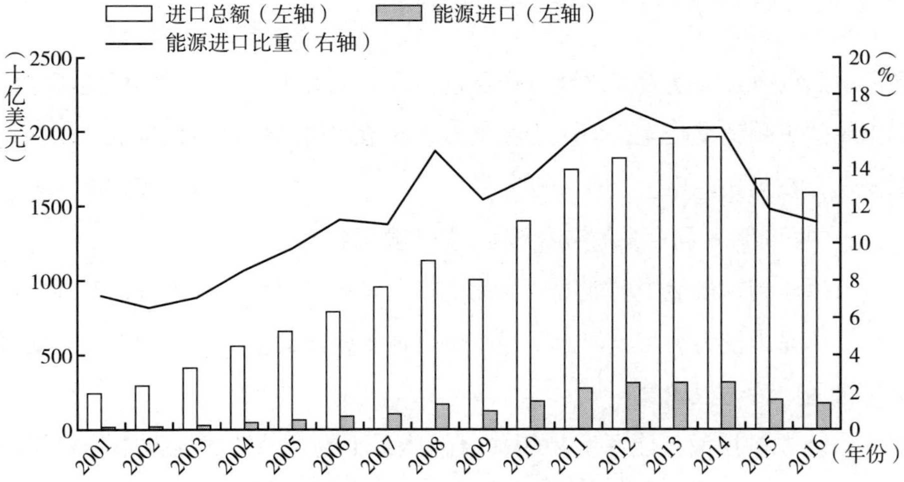

图5　中国能源进口占总进口比重变化

数据来源：根据 UN COMTRADE 数据计算得到。

年，中国石油表观消费量为 5.9 亿吨，而国内产量只有 1.92 亿吨，全年石油进口量为 3.96 亿吨，对外依存度达到 67.4%。[①] 由于中国本身能源生产

① 《政协委员马永生：我国石油对外依存度逼近 70%》，参见证券时报网，http：//kuaixun.stcn.com/2018/0310/14017709.shtml。

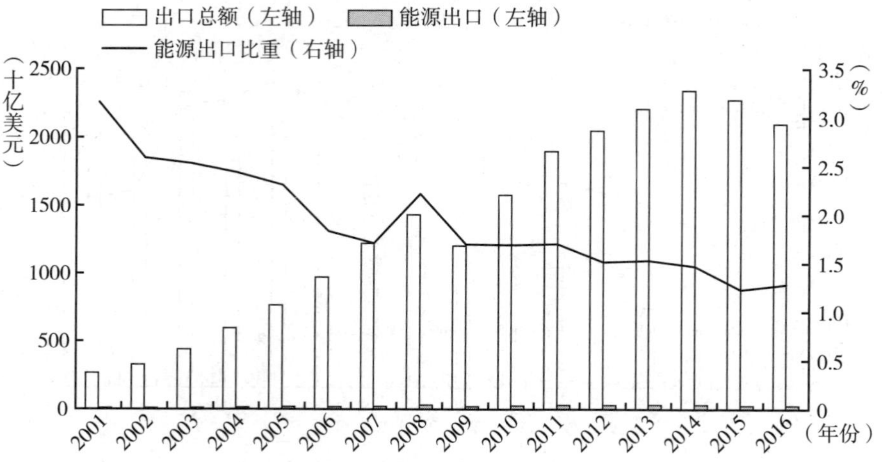

图 6　中国能源出口占总出口比重变化

数据来源：根据 UN COMTRADE 数据计算得到。

和消费结构严重失衡，加之能源产业创新发展能力水平较低，中国能源对国际市场的依赖程度较大，但由于在全球能源治理格局中话语权较低，中国能源安全存在重大隐患。

2. 中国能源贸易相关金融体系存在的主要问题

可以看到，虽然中国能源贸易无论在总量还是比重等特征方面都在当前的国际贸易中较为突出，但由于相关金融体系建设的落后，中国在全球能源贸易格局中话语权较低。

（1）国内层面：能源贸易相关金融体系不健全，造成能源市场资源配置效率较低，因此能源产业难以做大做强，主要表现为以下两个方面。一是能源贸易金融体系相关制度建设滞后：首先，在法制建设方面，长期以来缺少与能源相关的专门金融法律法规，仅有《矿产资源法》《石油天然气保护法》以及相关行政条例，法制建设严重落后；其次，在市场监管方面，由于能源行业长期处在政府管制的状态下，缺乏市场活力，加之处于国家发展和改革委员会（以下简称“国家发改委”）国家能源局、商务部、国土资源部等多头监管的局面下，在全面推进市场化改革的过程中面临的诸多风险难以通过监管预警机制得到防控；最后，中国能源行业处于高度垄断状态，寻租现象难以消除，导致市场资源配置效率较低，难以发挥金融市场的力量。

二是能源贸易金融体系相关市场机制缺失。由于中国当前能源尤其是石油定价机制较为单一，主要通过国家发改委以调价窗口的方式进行干预，而非通过市场化手段进行调节。这样既不能正确反映实际市场供需情况，导致价格调整与实际情况出现滞后，又会干扰生产端和消费端对市场的判断。加之国际油价近年来波动幅度较大，对于消费端来说，由于国内缺乏可供使用的原油期货等石油套期保值工具，同时由于资本管制的原因难以参与境外市场的期货交易，广大石油需求方只能被动接受价格变动。因此，能源金融工具以及配套金融基础设施的缺失，使中国能源市场的资源配置严重扭曲，加之严格的行政管制和市场垄断格局，使国内企业难以充分参与国际市场竞争，从而降低了中国在国际能源市场的话语权，也使中国在能源安全方面面临巨大的风险。

（2）国际层面：缺乏有效的能源贸易相关金融体系合作建设，造成中国话语权较低。虽然中国目前在能源合作方面已经取得了一定进展，例如与俄罗斯、中亚地区等都建立了初步的能源合作机制，但在金融方面的制约仍然是较为突出的问题，具体表现为能源相关基础设施投资缺口较大、金融体系支持力度较低、缺乏能源市场定价权等。与其他行业相比，国际能源合作所需的资金量较大，这需要一个强大的金融体系加以支撑，但由于当前中国金融体系尚不完善，在国际能源合作层面需要高度依赖以欧美发达国家为主导的金融市场，因而难以获得市场话语权。这就导致国际能源市场上出现了所谓的“亚洲溢价”，即主要石油出口国对出口到不同国家的石油采取不同的计价方式，而亚洲等国家则需要支付比欧美等发达经济体更高的价格，在天然气领域也是如此。图 7 反映了不同地区天然气价格的变化情况，从图中可以看出，即使是日本这样的亚洲发达国家，进口天然气价格也远高于欧美地区的价格，造成这种局面的根源在于以中国为代表的亚洲主要经济体在国际能源合作方面缺乏相应的金融体系支撑，因而难以获得国际能源市场的话语权。

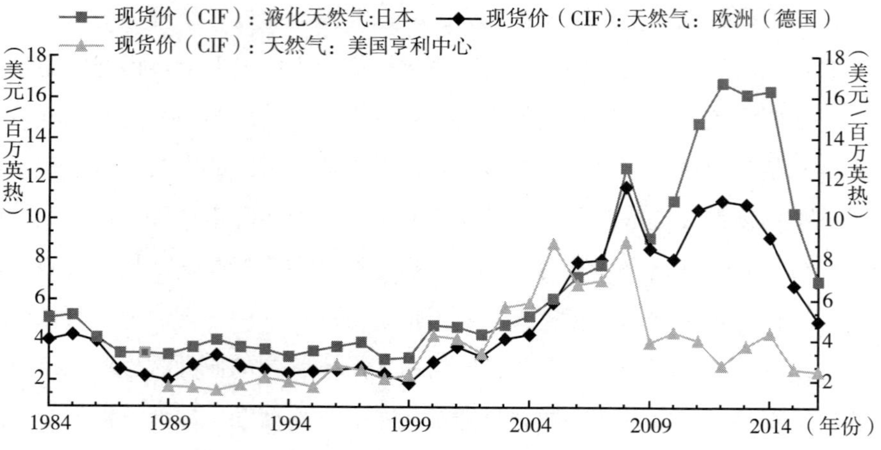

图7　不同地区天然气价格

数据来源：WIND。

二　中国参与全球能源贸易相关金融体系建设的政策建议

可以说，当前中国正处在参与全球能源贸易相关金融体系建设的一个较好的时机，一方面，随着中国国际实力的不断增强，需要在全球治理格局发出自身声音，提高自身话语权；另一方面，中国应当提高自身相关能力建设，进而积极参与国际规则的制定，提高国际合作水平。具体来讲，主要有以下三个方面的建议。

（一）积极参与全球治理，推动多元化格局和多边合作体系建设

从当前来说，中国参与全球能源治理体系的根本目标是维护中国能源安全；从长远来看，积极融入全球能源治理体系是实现中国能源安全的重要途径，也是中国进行国际能源合作的核心目标。但也应清醒地认识到，当前以欧美发达经济体为主导的全球能源治理体系与我国的核心利益诉求存在较大差异，同时，未来全球能源治理格局的变动趋势总体上不利于发展中经济

体。基于此，中国应积极参与全球能源治理，推动多元化格局和多边合作体系建设。一方面，要充分利用全球层面的各种合作机制，加强与主要能源生产国、消费国之间的交流，有效利用世界贸易组织、世界银行、国际货币基金组织等多边体系，通过以基础设施建设、资金支持换取资源等方式开展多元化国际能源金融合作。另一方面，积极参与全球公共物品的提供和全球治理规则的制定。主动参与诸如海洋安全运输规则、石油和天然气管道铺设以及油气储备等相关投资规则的谈判制定进程，争取在规则制定层面把握主动权，以提高中国在能源治理体系中的话语权。

（二）大力推进“一带一路”以及重点国家和地区能源合作建设

2015 年 3 月 28 日，经国务院授权，国家发改委、外交部和商务部共同发布了《推动共建丝绸之路经济带和 21 世纪海上丝绸之路的愿景与行动》，系统描绘出了“一带一路”建设路线图，其中涉及能源的部分包括：“加强能源基础设施互联互通合作，共同维护输油、输气管道等运输通道安全，推进跨境电力与输电通道建设，积极开展区域电网升级改造合作”，以及“加大煤炭、油气、金属矿产等传统能源资源勘探开发合作，积极推动水电、核电、风电、太阳能等清洁、可再生能源合作，推进能源资源就地就近加工转化合作，形成能源资源合作上下游一体化产业链。加强能源资源深加工技术、装备与工程服务合作”等内容。可以看到，“一带一路”部分沿线国家能源资源充足，同时“一带一路”又覆盖了全球主要的能源消费地区，这就形成了一个巨大的能源市场体系，对未来能源贸易的走向具有重大影响，也将进一步改变国际能源格局。而成功的能源合作需要在成熟的能源金融体系的支撑下才能顺利开展，因此中国应在秉承“共商、共建、共享”原则的基础上，打造凝聚各方利益的合作机制：首先要通过签订各种区域性或双边投资协议，构建不同主体共同参与能源合作的投资保护机制，以实现互利共赢；其次要打造服务于“一带一路”能源合作项目的区域性金融支持平台，从而为区域能源市场的建设奠定基础，实现能源产业与金融的高度融合，逐步建设完善的区域性金融体系。

同时，由于在中国周边有较多能源资源丰富但经济发展水平相对较低的国家和地区，如俄罗斯、中亚地区、蒙古等自身资金短缺、基础设施建设较为落后，通过加大对这些国家和地区能源产业的投资和金融支持力度，积极开展与这些国家和地区的双边能源合作，实现优势互补和资源优化配置，最终形成共赢的经济伙伴关系。

（三）提高自身能力建设

1. 进一步加快国内能源金融体系建设

（1）在监管政策方面，中国应当制定明确的能源金融化路径，大力推动能源市场化改革，尽快融入全球能源治理体系，具体包括以下几个方面：一是加快能源金融立法工作，尽快制定《能源法》等上位法以规制能源行业的发展，同时推动相关能源金融法律法规的制定和修订工作，如石油期货等专门领域的立法；二是推进市场监管体制改革，尽快结束多头监管的状态，制定统一的能源监管体制，将国家发改委、国家能源局、财政部、商务部、央行、证券监督管理委员会等相关部门统筹管理；三是发挥市场在资源配置中的决定性作用，优化能源市场定价机制，破除市场垄断和行政垄断，明确政府在能源行业发展中的地位，逐步放开社会资本进入。

（2）在市场主体方面：加大金融体系对能源企业的支持力度，鼓励能源企业借助各种金融手段实现自身发展。能源企业与金融体系的结合有两种类型，一种是通过直接投资的方式，以股权或者债权的形式与实体金融进行直接合作；另一种是通过间接投资的方式，在二级市场以大宗商品、期权、期货等形式与能源企业进行合作。这就要求能源企业一方面要充分利用外部金融体系，如银行贷款、可转债、股票、债券以及各种政策性金融工具，促进自身发展；另一方面还应通过自身能力建设，拓展各种金融工具如资产支持证券、融资租赁等，以打造多层次能源金融体系。

（3）在能源金融基础设施建设方面：加快原油期货交易所建设，以弥补现有石油定价机制的缺陷。中国虽然为世界第二大石油消费国，但在世界石油市场没有独立的定价机制，只能被动接受国际价格，难以反映国内市场的供需状况，也使国内企业面临较大的市场风险。加快原油期货交易所建设不仅可以完善国内市场定价机制，还会构建完善的商品市场、金融市场和资本市场等多层次体系，从而吸引众多市场参与者，提高中国在能源贸易体系中的话语权。①

2. 通过能源合作推动人民币国际化进程

人民币国际化战略推出以来，在一系列复杂的国内外政治经济形势下取得了较大的进展，如人民币被纳入国际货币基金组织（IMF）特别提款权（SDR）货币篮子等，在能源合作领域则可以通过“石油人民币”或“天然气人民币”概念等取得突破。

（1）推动“石油人民币”结算体系建设。随着经济的持续增长和综合国力的不断增强，中国已成为世界上最大的能源进口国之一，也已拥有一定的能源市场话语权。随着美元指数和石油价格波动频率和幅度的加大，石油美元体系自身存在的矛盾逐渐加深，无论是能源生产国还是能源消费国，都有动力推动当前以石油美元为核心的能源治理格局进行改革。可以说，建立“石油人民币”结算体系有助于推动国际能源结算体系多元化发展，无论是对于人民币国际化进程，还是对于中国的能源安全，都具有非常重要的意义。一方面，中国可以通过推动区域性合作的方式，全面深化与能源生产国之间的合作伙伴关系；另一方面则可以用先行先试的方式与一些条件较为成熟的国家和地区开展“石油人民币”结算体系建设，在不断进行经验积累的基础上形成示范效应并逐步推广开来。

（2）推动“天然气人民币”结算体系建设。与石油相比，天然气在当前更适合中国在能源合作领域推动人民币国际化进程，这主要是因为在环境压力和经济结构调整背景下，作为优质、高效、清洁能源的天然气在中国能源结构中的份额将会逐步上升，未来将成为一次能源的主要组成部分，但由于中国自身油气资源较为匮乏，国内天然气需求存在较大的缺口，需要通过

① 《证监会副主席姜洋：“中国版”原油期货上市意义重大》，中国经济网，2018年3月15日，http://finance.ce.cn/rolling/201803/15/t20180315_28480072.shtml。

大量进口来满足，因此未来中国天然气无论在消费量还是进口量和对外依存度方面都会继续上升。而国际层面，在美国“页岩气革命”的推动下，世界天然气供给有了充足的保证。在全球天然气贸易迅速增长的情况下，中国作为最具潜力的天然气消费市场，应当在积极推进国内各项改革措施的基础上，通过设计完善的天然气贸易合作机制，打造全球天然气市场定价中心，提升中国在全球能源市场的话语权，解决能源贸易中存在的“亚洲溢价”等问题，实现以“天然气人民币”结算体系建设为载体，加速中国人民币国际化进程。

B.9

中国与“一带一路”沿线国家能源合作回顾与展望

张　岩*

摘　要： 随着2017年“一带一路”国际合作高峰论坛成功举行，中国对外能源合作也进入了一个全新的时代。中国不仅延续了之前与“一带一路”沿线国家深入进行能源贸易合作的趋势，同时积极变革合作思路，将传统的国际能源贸易合作、国际能源投资合作转向国际能源技术合作和国际能源治理合作。

关键词： 一带一路　能源贸易合作　能源治理合作

一　“一带一路”能源合作顶层设计的重要意义

国际能源合作主要包括国际能源贸易合作、国际能源技术合作以及国际能源治理合作等三个方面的内容，目的是通过合作伙伴之间的比较优势相互协调以保障各自的能源与经济发展。当前中国对外能源合作正在经历从传统的双边合作机制向新型的多边合作机制转型期。

至2017年，同中国签署“一带一路”相关协议的国家及国际组织总数达到68个，涉及中国与哈萨克斯坦、阿塞拜疆、印度尼西亚、马来西亚等国家在化工、冶金、石化等领域的产能合作融资；与泰国的有关和平利用核

* 张岩，中诚信国际信用评级有限责任公司研究院分析师，曾任中国人民大学重阳金融研究院研究助理，主要研究方向为国际能源合作与金融监管。

能合作，与瑞士、巴基斯坦等国家的能源产业合作；以及与沿线一系列国家的能源贸易合作协定。除此之外，中国政府还发布了《推动“一带一路”能源合作愿景与行动》，在能源合作方面坚持开放合作、和谐包容、互利共赢、市场运作等四项基本原则，为中国企业未来发展指明了道路。

同时，2017 年作为中国“十三五”规划落地之年，使“十三五”规划和“一带一路”倡议产生了紧密关联。继 2016 年“一带一路”倡议被列入“十三五”规划之后，其在能源领域的影响力也逐渐体现出来。在《能源发展“十三五”规划》《电力发展“十三五”规划》《煤炭工业发展“十三五”规划》《石油发展“十三五”规划》《天然气发展“十三五”规划》《可再生能源发展“十三五”规划》等多部能源领域的重要政策文件中，“一带一路”都作为政府和行业工作重点出现。例如，天然气领域提出通过“一带一路”倡议保证国内能源安全、建立区域性天然气市场；煤炭领域提出以此为契机提升行业的国际竞争力、推进产能合作。

二 2017年石油天然气国际贸易合作概况

（一）石油国际贸易合作

2017 年中国国际能源贸易合作总体表现为保持石油天然气等原有合作领域、深化合作程度，总量上有所增加；同时开拓多条用于贸易合作的新线路，继续坚持将单一的能源贸易合作线路转变为能源贸易合作网络，竭力突破马六甲海峡、印度洋航线等能源贸易合作瓶颈，从而提升中国能源安全。

在作为国际能源贸易合作重点的原油贸易领域，石油净进口量由 2016 年的 3.56 亿吨上升至 3.98 亿吨，同比增长 10.8%；原油净进口量由 2016 年的 3.81 亿吨上升至 4.20 亿吨，同比增长 10.5%；石油对外依存度在 2016 年 64.4% 的水平上增长 3 个百分点，升至 67.4%。从国际角度看，中国国际能源贸易合作的主要伙伴是“一带一路”沿线国家，前三位原油来源国分别是俄罗斯、沙特阿拉伯和安哥拉，前十位则为俄罗斯、沙特阿拉伯、安哥拉、伊拉克、伊朗、阿曼、巴西、委内瑞拉、科威特和阿联酋，除巴西、委内瑞拉外，其余国家全部为“一带一路”沿线国家（见图17）。

作为中国原油国际贸易主要合作对象的俄罗斯、沙特阿拉伯与安哥拉总计提供了中国原油进口需求的37.78%。其中，自俄罗斯进口量占总量的14.24%，全年总计5970万吨，合每日119.4万桶，同比增长13.8%；自沙特阿拉伯进口量占总量的12.43%，全年总计5218万吨，合每日111.1万桶；自安哥拉进口量占总量的11.11%，全年总计4662万吨，合每日93.3万桶。三者中，自俄罗斯进口原油主要通过管线运输，自沙特阿拉伯和安哥拉进口原油主要通过海运运输。继2016年俄罗斯超过沙特阿拉伯成为中国最大的原油来源国后，2017年两者之间的差距进一步增大，由2016年的148万吨上升至2017年的762万吨，主要受2017年俄罗斯与中国油气管道建设趋于完善和石油输出国组织（OPEC）减产影响，预计未来这一差距将进一步扩大。

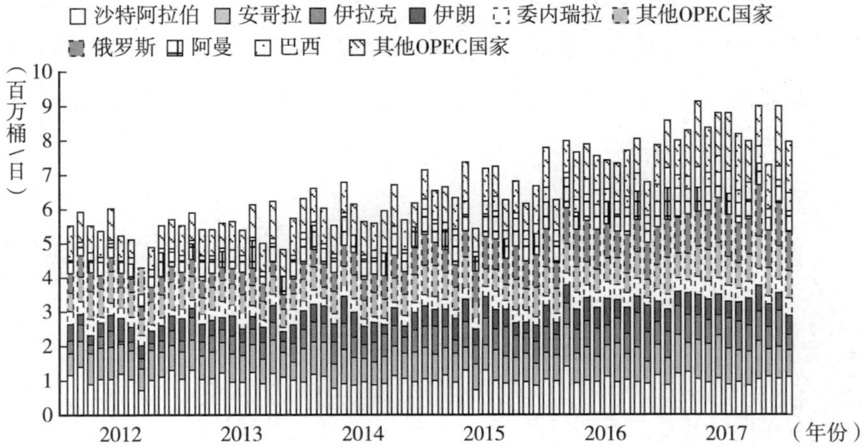

图1　2012～2017年中国原油主要来源

数据来源：美国能源情报署（EIA）。

同时，需要注意到中国与“一带一路”域外国家之间的石油国际贸易合作也在蓬勃发展，主要对象为美洲的委内瑞拉、巴西、哥伦比亚和美国。委内瑞拉、巴西和哥伦比亚在2017年12月中国石油国际贸易合作中分别位列第六、第八和第十，增长速度显著；美国则成为2017年中国第十一大石油贸易合作伙伴，随着美国国内采油业的回暖和中美贸易协定的签订，预计这一趋势在未来可能会得到增强。

来自“一带一路”沿线国家（已签署确定文件）的原油进口量已经占到中国原油进口总量的76%左右，业已成为中国经济社会发展的支柱性力量。由于中国在原油国际贸易合作方面已经有了较为成熟的经验，因此在原油国际投资合作和国际技术合作中也积极进行尝试，未来中国在原油方面的国际合作将会更多朝治理合作的方向前进，包括巩固并发展人民币定价体系、期货市场、国际市场代表权等。

（二）天然气国际贸易合作

在天然气贸易领域，2017年天然气进口创新高，全年进口量大增近30%，中国天然气对外依存度由2016年的34%上升至39%，接近40%大关（见图2）。自2013年天然气对外依存度突破30%大关后，中国天然气消费量快速增加，特别是天然气国际贸易合作的快速增长成为中国能源结构中的新常态。

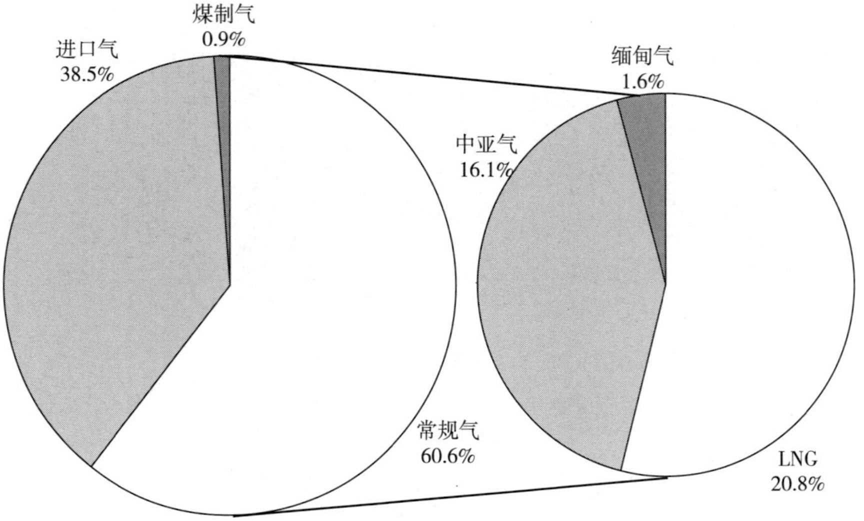

图2　2017年中国天然气主要来源

数据来源：中国海关总署和商务部数据。

从国际角度看，2017 年中国天然气国际贸易合作最为显著的特点是液化天然气进口量超越韩国，成为仅次于日本的世界第二大液化天然气进口国。中国 2017 年全年液化天然气进口量达到 3789 万吨（相当于每天 50 亿立方尺），同比增幅高达 48.37%，已经超过韩国的 3651 万吨液化天然气进口量，仅次于日本的 8162 万吨（相当于每天 110 亿立方尺进口量），成为全球第二大进口国。目前中国在 14 个港口建有 17 个液化天然气接收站，最大接收量为每天 74 亿立方尺，接受能力相对于 2016 年提升了 69%，超过 2012 ~2016 年平均 50% 的年增长率。得益于此，2017 年中国液化天然气进口量重新超过管道气进口量，液化天然气进口量占比 54%，管道气进口量占比 46%。中国进口液化天然气主要来自澳大利亚、卡塔尔、印度尼西亚等国家，其中来自澳大利亚的进口液化天然气最多，在总进口量中占比约 46%；中国其他的主要液化天然气国际贸易合作方分别为卡塔尔、马来西亚、印度尼西亚、巴布亚新几内亚，占比分别为 19%、12%、8% 和 5%。此外，美国与中国液化天然气国际贸易合作进程快速深化，2017 年全年中国进口美国液化天然气 1030 亿立方尺，占中国液化天然气总进口量的 4%，美国成为中国第六大液化天然气来源国；相较于 2016 年 172 亿立方尺的进口量急剧增长 598.8%，考虑到 2017 年中美之间达成的一系列贸易协定和能源领域合作意向，这一比重在未来可能会进一步扩大。

由于澳大利亚一直未能和中国就“一带一路”合作达成一致，中国和澳大利亚之间的天然气国际贸易合作未能纳入“一带一路”倡议机制，造成中国液化天然气国际贸易合作以非“一带一路”沿线国家为主。

管道天然气 2017 年总进口量为 427 亿立方米，同比增长 10.9%，相较于 2016 年 12% 的增速低 1.1 个百分点，这一状况主要是受到 2017 年末中国管道天然气进口主要来源国土库曼斯坦天然气供应量减少的影响。

中国进口管道天然气主要来自土库曼斯坦、缅甸、乌兹别克斯坦、哈萨克斯坦，2017 年分别占中国管道天然气总进口量的 82%、8%、8% 和 2%，土库曼斯坦依旧是中国管道天然气的最重要进口来源，2017 年进口量达到 350 亿立方米，是中国目前最主要的天然气来源地（见图 3）。根据中石油和哈萨克斯坦天然气运输公司在2017年月9月签订的购气协定，哈萨克斯坦自10月15日起开始通过中亚天然气管线向中国供气，年供气量50亿立方米，未来从哈萨克斯坦进口管道气量将显著增长，预计哈萨克斯坦可以成为中国排名前三的天然气来源国。此外，中国与俄罗斯之间的中俄天然气管道东线工程在2017年进展迅速，预计可以在未来两年到三年正式开通使用，届时中俄管道天然气国际贸易合作将成为中国天然气进口的最主要来源之一，能够有力保证国内天然气消费需求。

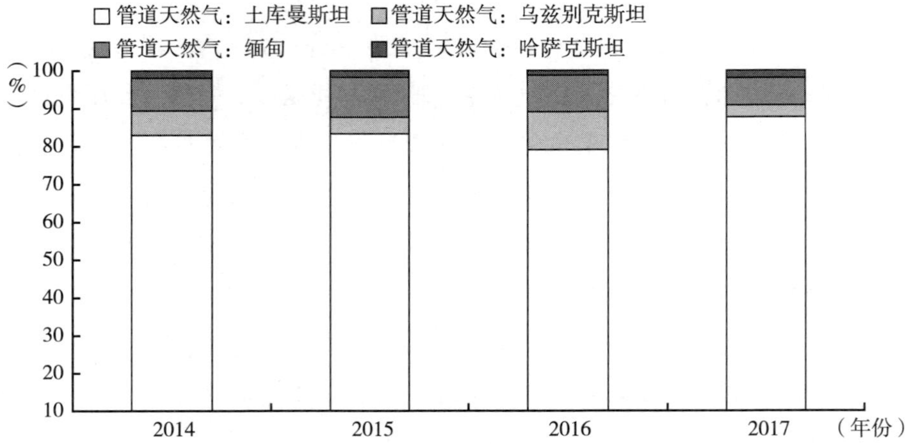

图3　2014～2017年中国管道天然气主要供应国

数据来源：中国海关总署。

从进口天然气总量角度看，“一带一路”沿线国家为中国提供了进口需求的72%，成为中国天然气国际贸易的支柱性力量，特别是中亚、中俄、中缅三条重要的天然气管道建设卓有成效，对保障中国的能源安全发挥了巨大作用；但是同时由于天然气管道建设周期过长、建设费用相对较高，难以应对短期内快速增长的中国天然气消费需求。因此，中国需要在构建中长期管道建设计划的同时积极扩建液化天然气接收和储藏设施，以液化天然气应对弹性系数较大的生活需求，而以管道天然气应对弹性系数较小的生产需求，实现天然气供应的合理性、规划性运用，防止灾变事故发生。

三 2017年“一带一路”合作重要项目

（一）中缅原油管道全线贯通

2017 年 4 月 10 日中缅原油管道工程缅甸段宣告正式投入运行，5 月 19 日原油纯油头当日顺利到达中缅管道南坎原油计量站。中缅原油管道缅甸段全长 771 公里，国内段全长 1727 公里，共设置站场 16 座，设计年输量 2200 万吨。中缅油气管道基础设施在 2015 年即已完成大部分建设工作，但是受困于缅甸国内政治环境不稳定和缅北内战等因素，迟迟未能完成最后的联通工作。

中缅原油管道的最终建成将开辟从印度洋直接进入中国国境的能源供给新路线，建立从中东主要原油天然气生产区经印度洋后直接进入中国西南腹地的新能源通道，有助于中国摆脱能源运输领域长期以来的“马六甲困局”，并带动发展西南云贵地区的工业建设。

（二）中国－沙特签署战略合作协议

2017 年 2 月，中国石化集团与沙特基础工业公司签署了战略合作协议，共同推动中国“一带一路”倡议与沙特“2030 愿景”进行对接。合作协议覆盖多项战略项目，项目产品将主要针对下游的汽车、电子、照明、建筑及建造、包装和医疗器械等重要市场。

此前的 2016 年 1 月，中石化延布炼厂投产启动，延布炼厂是中石化首个海外炼化项目，该厂设计加工能力达到 40 万桶原油/日（合 2000 万吨/年），生产的汽柴油质量可满足美国标准和欧五标准。

中国与沙特阿拉伯的延布炼厂合作是中国能源领域对外合作的一个重要里程碑，标志着中国正在从传统的能源贸易合作、能源投资合作转向成为能源技术合作的输出者，在能源合作模式上达成了重要的创新突破；同时，在原油生产地进行精炼也有益于提升能源运输能力和解放国内炼厂的生产力，将现有生产力投入附加值更高的产品生产，有助于国内炼油产业的转型升级。

（三）中国阿布扎比 ADCO 油田投产

2017 年 2 月 19 日，中国石油集团与阿布扎比国家石油公司（ADNOC）签署了阿布扎比 ADCO 陆上油田开发项目相关购股协议。根据协议，中石油以 17.7 亿美元价格购买阿布扎比 ADCO 陆上油田开发项目 8% 的权益，合同期 40 年。由于 ADCO 陆上油田为基础设施已经建设完成的运营油田，此项投资很快就收到了回报。4 月 3 日，首批 100 万桶中石油在阿联酋首船权益油起运中国。

11 月 12 日，中石油与阿布扎比国家石油公司达成协议，同意将在已有合作的基础上，在油气区块合作、气田开发、储油设施建设等其他潜在油气合作项目方面继续加大合作力度。

（四）中国参与开发南帕尔斯气田

2017 年 7 月，中石油参与的开发联合体与伊朗国家石油公司签署了南帕斯 11 期天然气开发合同。该合同是在伊朗新的石油合同条件下签署的第一个合同，合同期为 20 年，中国石油持股 30%，总投资额 48 亿美元。项目预计于 2021 年中逐步投产，高峰产量为每天 20 亿立方英尺。

此项目所在的南帕尔斯气田是目前世界上已知的最大天然气田，全称为北方 - 南帕尔斯气田，该气田估计储存有天然气 51 万亿立方米、凝析油 500 亿桶。全部储量大约折合 3600 亿桶石油，比目前全球最大的油田——加瓦尔油田储量（约 1700 亿桶原油）的 2 倍还多。气田总面积大约 9700 平方公里，北部 3700 平方公里位于伊朗境内，被称为南帕尔斯气田；南部 6000 平方公里位于卡塔尔境内，被称为北方气田。其中，伊朗部分天然气探明储量为 14.2 万亿立方米，占世界探明储量的 5.6%；卡塔尔天然气探明储量的 99% 都集中在该气田，约为 25.5 万亿立方米，占世界探明储量的 14%。

中国对于南帕尔斯气田的国际合作与进一步开发将深化中国和中东国家之间的传统能源贸易合作关系，并为中国提供更加丰富而多元化的天然气来源。通过多元化能源交易组合，中国未来将具备更有效应对临时性能源供应危机的能力，从而更加有力地保障国内生产生活用能源安全。

（五）中国－中亚天然气贸易继续深入

2017 年 4 月，哈萨克斯坦南线天然气管道正式达到 60 亿立方米/年的输气能力。哈萨克斯坦南线天然气管道全长 1454.2 公里，可通过连接中哈天然气管道向中国每年供气 50 亿立方米。

11 月，阿姆河天然气公司 A 区萨曼杰佩气田增压工程一期一阶段压缩机组顺利投产，按期实现工程建设目标。投产后气田日增产原料气 360 万立方米。阿姆河天然气公司作为中亚天然气管道的主力气源供应单位之一，肩负着集团公司下达的天然气保供任务。A 区萨曼杰佩气田增压工程是集团公司的重点建设项目，建设规模无论在土库曼斯坦境内还是在中国境内都是最大的。建成后至合同期末，气田总产量可增加 434 亿立方米，气田总采收率提高 30% 以上。

12 月，乌兹别克斯坦卡拉库利气田项目一期投产。项目包含西莎、西吉、东阿拉特 3 个气田，投产后每年将有 10 亿立方米资源量进入中国。

中国帮助中亚地区进一步开发其能源生产能力有助于增加市场总供给，缓解中亚各国与中国之间的能源争端。2017 ~ 2018 年冬季，中亚等国对天然气出口的无序下降造成中国部分地区出现天然气停供、限供问题，严重影响了国内的生产生活秩序。此问题的解决一方面需要和各国重申已经达成的双边与多边供气协议，另一方面也需要帮助中亚各国满足其国内生活所需，通过双管齐下的方式实现问题的妥善解决。

（六）中俄原油二线贯通，中俄东线建设提速

2017 年 11 月中俄原油管道二线工程全线贯通，俄罗斯输入中国的原油将由每年 1500 万吨增加到 3000 万吨。

12月13日中俄东线天然气管道工程境内段全面加速建设，预计2020年底全线贯通，建成后年供气量将达到380亿立方米，将有效缓解管道沿线地区的天然气短缺局面，为东部发达地区提供重要的生产和生活用能源，进一步推进中国国内产能升级和转换。

中俄油气合作可以说是“一带一路”能源合作的典范模式。俄罗斯自2014年由于克里米亚危机和欧盟国家决裂后长期遭到封锁，能源红利的下降造成国内民生水平下降，并进一步引发了国内政治动荡，在这种情况下俄罗斯迫切需要重新构建能源盈利能力，与中国的合作可以说是其最佳选择。中国自20世纪末开始从能源净出口国转变为能源净进口国，且能源缺口逐年扩大，也需要充沛而经济的外部供应，近在咫尺的俄罗斯正是理想的合作伙伴。中俄油气管线正是这种合作的体现，实现了中俄双方的共赢，为“一带一路”能源合作提供了重要范式。

（七）亚马尔液化天然气项目出货

中国投资的俄罗斯亚马尔项目于2017年第四季度投产运行，亚马尔液化天然气项目一期工程设计产能为550万吨/年，并于2017年12月8日实现首船外运。亚马尔液化天然气项目是一个利用南塔姆贝区域的天然气资源，在俄罗斯北极领土建设的年产1650万吨的液化天然气液化工厂。其投资方为诺瓦泰克公司（占股50.1%）、中石油（占股20%）、中国丝路基金（占股9.9%）、道达尔（占股20%）。

2014年5月，中石油与诺瓦泰克公司签署了亚马尔液化天然气项目的供销合同，中石油持股20%。2015年9月，丝路基金从诺瓦泰克公司购买了亚马尔项目9.9%的股权。据评估，亚马尔液化天然气项目总价值将达到270亿美元，中国在其中占有约30%的份额。

亚马尔液化天然气项目的顺利投产不仅从外部保障了中国能源供给安全，增强了中国天然气供应抗风险能力，同时还具有相当程度的技术实验意义。亚马尔液化天然气项目地处北极圈内，属于长年低温状态，在天然气液化方面具有不可比拟的先天优势；同时在模块化施工、低温环境钻探领域为中国提供了宝贵的经验，有利于中国未来开展在类似环境下的工程项目。

四　中国与“一带一路”沿线国家能源合作的现存问题和展望

（一）现存问题

1. 合作国家较为单一，普遍存在稳定性问题，可能影响能源生产

中国在能源合作领域的主要“一带一路”沿线合作国家包括中东的沙特、伊朗、伊拉克、阿曼、卡塔尔、阿联酋、科威特，亚洲的缅甸，以上国家普遍面临着国内安全困境，有可能对能源生产、运输造成影响，进而引发中国能源安全问题。

中东国家中，沙特、阿联酋面临的问题以宗教教派冲突为主。波斯湾南岸的沙特、阿联酋两国上层信奉伊斯兰教中的逊尼派，但是国内什叶派具有较大势力，在2014～2016年东方省大暴动之后长期处于不稳定状态，朱拜勒等重要产油城市的治安水平下降，迫使沙特将石油产能逐渐转移至红海海岸。由于东方省什叶派势力得到了伊朗的支持，预计动荡在未来会延续一段时间，并有继续严重的可能。此外，沙特正在王太子穆罕默德·萨勒曼的主导下进行政治改革，造成了王室和瓦哈比派保守势力的冲突；王室内部也对萨勒曼支系过于强硬的夺权手段和独裁态度不满，使萨勒曼支系的执政稳定性成为严重问题。

伊朗国内则面临民生困境，已经引发了严重的民众不满。伊朗在叙利亚内战爆发后积极援助和扶持同样身为什叶派的叙利亚阿萨德政府军、在也门内战爆发后支持以什叶派胡塞武装为主的北也门政府、在沙特东方省暴动后支持东方省什叶派的抗议活动，持续的革命输出和对外援助严重影响了伊朗国内的民生水平。2017年底，由物价飙升造成的民众不满最终演变成新年抗议活动，并在伊朗中部蔓延。抗议活动虽暂未影响到南部天然气产区，但

是在未来仍然有继续发酵的可能。

伊拉克面临的是国内库尔德人、中部逊尼派穆斯林和南部什叶派穆斯林之间相互分裂的局面。“伊斯兰国”（ISIS）一度受到逊尼派的支持，占领了伊拉克北部重镇摩苏尔，随后伊拉克什叶派政府在伊朗的支持下发动了反击和针对逊尼派的清算，逊尼派在伊拉克的势力受到严重打击。伊拉克库尔德人则与叙利亚和土耳其的库尔德人展开合作，占据三国交界处的土地，图谋建立独立的库尔德人国家。2017 年末，由于叙利亚代尔祖尔战役基本结束、库尔德斯坦与南方约旦之间的通道被截断，伊拉克库尔德人匆忙举行公投独立，但是遭到了伊拉克政府的快速镇压。尽管目前伊拉克什叶派政府已经在三方争斗中占据上风，但是仍未形成绝对优势，局势长期复杂化的可能性依旧较高。

缅甸面临的问题是内战持续，缅北局势不稳。缅甸北方的克钦族长期以来受到缅甸中央政府的压迫，因而一直寻求独立或建立缅北的民族自治政府。缅甸中央政府在军政府时代采取强硬镇压政策，造成强烈反弹；虽然近年来昂山素季政府的态度趋于缓和为双方解决政治问题提供了出路，但是双方关系时有反复；加之缅北各独立武装之间并未统一，有不同程度的相互敌视，更增加了缅北问题的复杂性。幸而冲突各方普遍与中国关系较好，使中国在当地的利益得到了保护，但不排除当地冲突再次激化时受到波及的可能。

2. 波斯湾区域局势复杂，存在大规模冲突的可能，对中东能源运输产生威胁

作为世界重要石油天然气来源的波斯湾地区自 2014 年开始便陷入动荡，自 2017 年开始冲突升级，正式从区域国家内部问题演变为区域国家间对抗，发生区域间大规模冲突甚至区域战争的可能性大幅上升。

波斯湾国家中，以沙特为中心的亲沙特集团和以伊朗为中心的什叶派集团之间围绕沙特东方省和巴林的什叶派居民问题发生了冲突。2017 年，沙特为了增强自己在集团内部的领导地位而压迫位处两个集团锋线上的卡塔尔明确表态和伊朗断交，结果反而导致卡塔尔脱离沙特集团向伊朗靠拢；沙特王太子主持的针对北也门势力的打击陷入被动，北也门军队不仅攻入了沙特

本土，并且向沙特首都利雅得发射了多枚导弹。

尽管2017年底伊朗国内的抗议活动使沙特获得了一定的喘息之机，但是随着伊朗国内局势逐渐稳定和叙利亚战事的结束，伊朗、伊拉克等什叶派国家可以将更多的力量转向南方波斯湾地区，双方的对峙将进一步升级，不排除沙特国内爆发战争或者伊朗为转移国内矛盾而主动挑起战争的可能。

如果沙特和伊朗两集团之间爆发直接冲突，将会使西至埃及、东至巴基斯坦、南至也门、北至叙利亚的大部分中东国家受到影响；同时，作为联通东西方重要水道的红海航线和波斯湾航线也将受到限制。对我国能源安全至关重要的霍尔木兹海峡、曼德海峡和印度洋航线都有可能受到影响。规模最大时可能影响中国34%的原油进口和18%的天然气进口，此外，主要能源产地的冲突可能推高国际市场价格，使中国能源进口成本大幅升高。

3. 能源储存能力低下导致能源安全问题

2017～2018年冬季，中国境内部分城市发生了严重的天然气供应短缺和限制供应情况，其是多方面因素共同导致的，其中一个重要因素便是能源储存能力低下。相对于储存条件要求较低的石油，天然气更受储藏条件限制，使中国形成了天然气气源充足、运力足够却受制于储藏能力的独特情况。

现阶段中国虽然已经建成了以呼图壁天然气储气库群、相国寺天然气储气库群为代表的一系列天然气储藏设施，但是均以调峰、短期储藏任务为主，未能履行战略储备的职责。以西南相国寺天然气储气库群为例，设计容量仅为42.6亿立方米，经过五次注气后库存量达到40.21亿立方米，相当于设计容量的94%，库存空间余量仅相当于中国2017年从中亚天然气管道进口量的0.6%，接受能力极为低下；即使在2018年初第一采气期度过之后库存空间余量上升至13.7亿立方米的情况下，也仅相当于2017年从中亚天然气管道进口量的3.5%。

目前中国天然气储备能力仅相当于消费量的3%左右，在不计算新增外部输入的情况下，仅能供国内正常消耗两周左右。一方面，国内天然气储藏设施无力有效进行战略储藏，造成进口天然气不得不处于“即买即用”“用多少买多少”的状态；另一方面，在天然气使用高峰期无力保障供应，甚至因为短期供应不足引发社会危机。

（二）中国在“一带一路”能源合作领域的展望

对于以上问题，中国未来在国际能源合作领域的重点将处于一个关键转型期，正式由传统的能源国际贸易合作、国际投资合作转向深层次的国际技术合作和国际治理合作。

国际贸易合作和投资合作侧重的方向仍旧是针对别国资源进行开发，而非对其进行有效的转型和升级，从效率上而非数量上提升外部能源的输入能力。因此，随着中国能源技术的提升和增强，以及运力瓶颈、储藏瓶颈短时间内无法得到有效改善等原因，外部能源输入效率的提升将是更具备经济效果的改进手段。

国际治理合作则是站在更高的层面上，通过生产、技术以外的政治、经济途径保证外部能源的生产安全，防止地区风险造成的连带效果。现阶段中国已经开始在某些问题上进行尝试，例如通过在北极地区问题上的积极表态打造更加稳定的区域环境，减少产生冲击的可能。类似的尝试在未来仍会持续，并会朝向与中国利益更加切身相关的地区。

传统的国际贸易合作与投资合作领域则会在现有基础上继续扩张。中国现行的能源安全策略为打造多条互相独立的能源供给线路，以防止地区风险的连锁反应，未来除了在现有四大通道的基础上扩大能源输入能力外，也有很大可能建立“一带一路”机制下与北美、南美国家间的贸易合作与投资合作关系，打造“第五条”能源通道。

鉴于中国对外部能源输入的依赖已经成为一个无法改变的事实，那么打造一个稳定而有效的国际能源合作机制将是未来一段时间内的重点。“一带一路”倡议作为一个广泛而多元化的合作平台，还未能发展为具有针对性的能源合作体系和统筹安排。未来仍需进行统一规划与协调，使中国的能源安全得到更加充分的保障。

B.10

日本的核电发展现状和未来走向

李　贺*

摘　要： 本报告在分析日本核电发展现状的基础之上，总结了近期日本政府对核电政策的关注点，并从能源政策、能源安全、经济效益、环境保护角度出发，指出增加核电在日本电源结构中的比例将是大势所趋。

关键词： 日本核电　核电政策　核电发展趋势

一　日本核电现状

从核电设备利用情况来看，日本核电设备利用率有所提升，但消费占比仍然较低，运转中的核电设备主要集中在关西与九州地区。从社会接受程度来看，反对意见占绝大多数。

（一）核电设备利用率有所提升

根据日本经济产业省的相关统计（见图1），1973 年日本核电装机容量为 228 万千瓦，之后装机容量快速增长，2011 年时达到 4896 万千瓦。福岛核电站事故后，随着废炉的增加，核电装机容量呈逐年减少的趋势，2015 年核电装机容量为 4205 万千瓦。从日本核电设备利用率来看，2010 年核电

* 李贺，中国信息通信研究院经济学博士，能源经济学博士后，主要从事区域、环境、能源经济方面的研究。

设备利用率为68.3%，2011年骤降到38.1%后逐年下降，2014年利用率为0（见图2）。自2015年起，核电设备利用率开始缓慢回升，从2015年的1.2%上升到了2017年的8.4%。

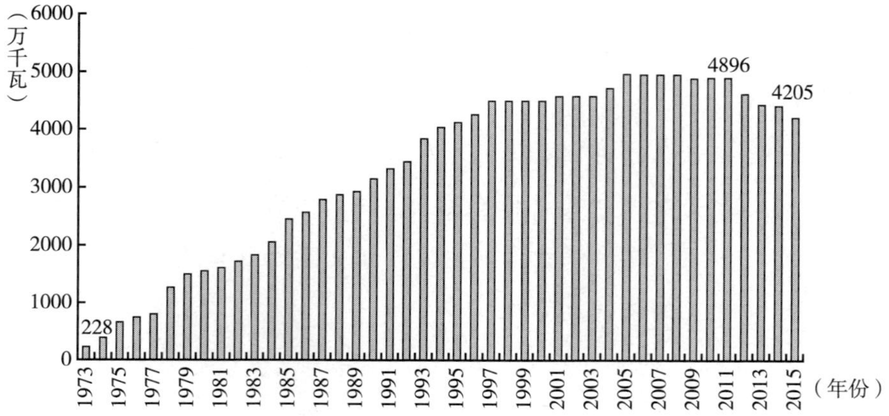

图1　日本核电装机容量的变化

数据来源：日本经济产业省资源能源厅。

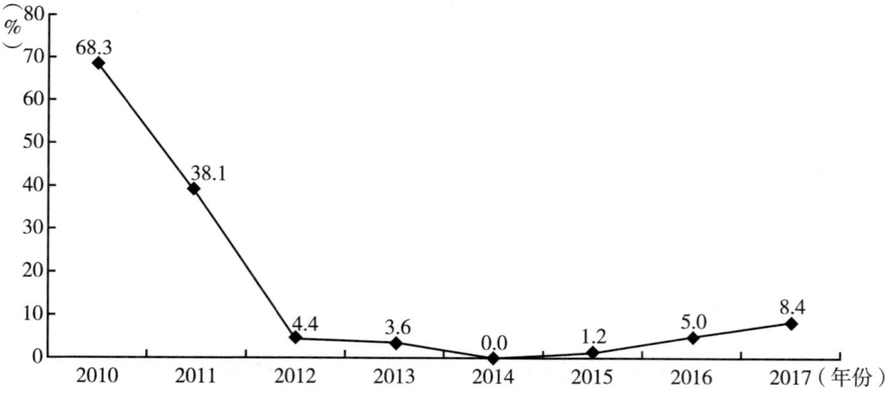

图2　日本核电设备利用率的变化

数据来源：日本原子能产业协会。

（二）核电消费占比极其微小

从日本各能源类型发电量的变化来看，如图3所示，自1966年“日本原子力发电东海发电所”运营开始，日本核电发电量从16.6万千瓦时增长到了1998年峰值的3322.24亿千瓦时，2010年发电量为2882亿千瓦时，核电发电量占比呈逐年增加的趋势。福岛核电站事故后，核电发电量逐年减少，2011年迅速减少到1018亿千瓦时，2012年为159亿千瓦时，2013年为93亿千瓦时，2014年为0亿千瓦时，2015年九州川内原子能发电所再次启动，发电量为94亿千瓦时，占发电总量的1.1%。

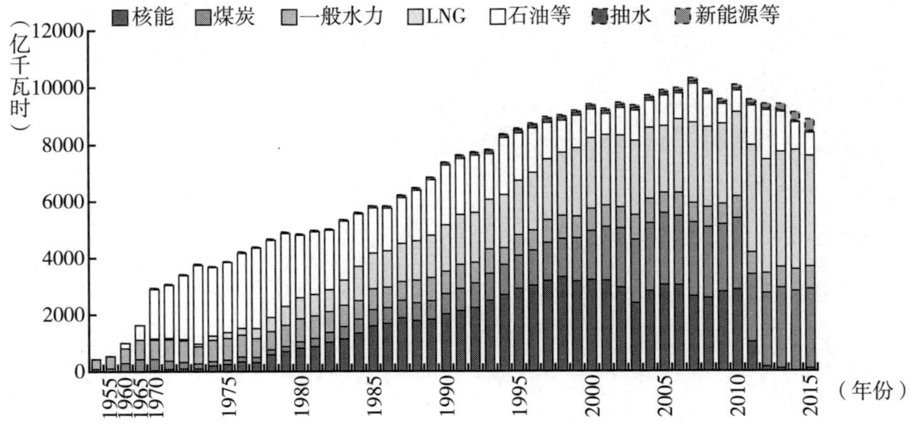

图3　日本分能源类型发电量的变化

数据来源：日本经济产业省：《能源白皮书2017》。

（三）运转中的核电站集中在关西与九州地区

日本核电站主要分布在西部沿海与东部沿海地区（见图4），截至2018年2月，共有5基运转中，9基核反应堆设置变更许可完成，17基处于新规标准适配性审查中，17基废炉认定完成。从核电站基数与输出电量来看，最多的为东京电力公司的福岛核电站与柏崎刈羽核电站，2010年基数为17，输出电量为1730.8万千瓦；2018年2月止，基数为11，输出电量为1261.2万千瓦（见表1）。从核电设备利用率来看，2010年，除中部电力公司的设备利用率为0外，其他电力公司的设备利用率均在50%以上；2018年2月止，只有关西电力公司的核电设备与九州电力公司的核电设备处于运转当中，利用率分别为20.7%、19.9%。

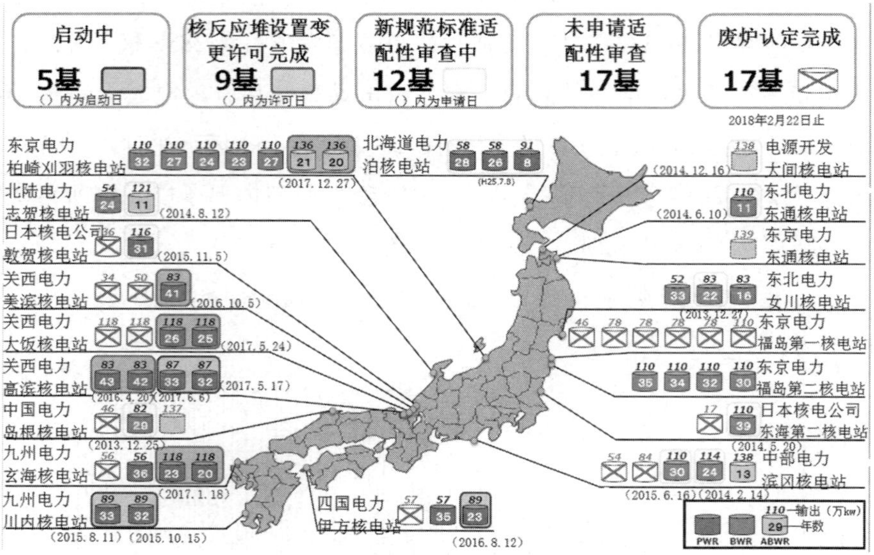

图 4　日本核电站分布现状

资料来源：日本经济产业省。

表 1　核电站基数、输出电量与设备利用率对比

公司	基数		输出(万千瓦)		设备利用率(%)	
	2010 年	2018 年 2 月	2010 年	2018 年 2 月	2010 年	2018 年 2 月
日本原子能发电	3	3	261.7	226	103.3	0.0
北海道	3	3	207	207	103.1	0.0
东北	4	4	327.4	327.4	76.0	0.0
东京	17	11	1730.8	1261.2	52.1	0.0
中部	3	3	350.4	361.7	0.0	0.0
北陆	2	2	174.6	174.6	76.0	0.0
关西	11	9	976.8	892.8	83.5	20.7
中国	2	1	128	82	51.9	0.0
四国	3	2	202.2	145.6	102.0	0.0
九州	6	5	525.8	469.9	87.7	19.9

数据来源：日本原子能产业协会。

（四）反核电再利用意见占比较大

日本原子能文化财团自2014年起对关于核电的再利用进行了抽样社会调查，总体来看，日本社会对核电再利用持反对态度的比例较大，占比超过60%。具体来看，持“继续增加核电规模或是维持大地震以前的核电规模”意见的比例呈下降趋势；持“可利用一时，但要逐步废弃”意见的比例呈增加趋势，2017年占比为49.4%；持“立刻废弃”意见的比例有所下降，从2016年的16.9%下降到了2017年的14.9%（见图5）。

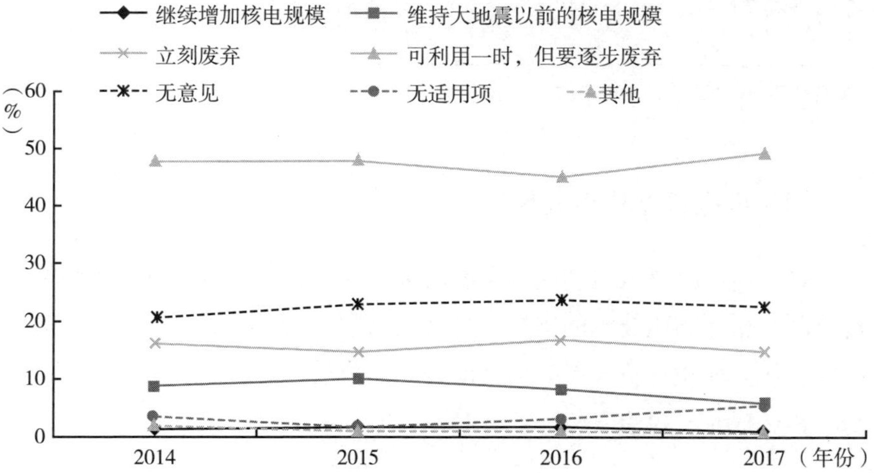

图5　关于今后核电利用的社会调查

资料来源：日本原子能文化财团：《关于原子能利用的世论调查2017》。

二　日本核电政策

以核电的安全利用为出发点，日本从核电利用安全性、核燃料再利用、信赖关系构建、设施标准提高几个方面实施了一系列的核电政策。

（一）加强核电利用安全性

福岛核电站事故之后，日本政府更加重视核电利用的安全性，出台了一系列加强核电安全性的政策（见表2），主要涉及核反应堆安全性确保与核电人才培养，2016年初预算金额总计42.1亿日元。

表2　核电利用安全性政策

	内容	2016年初预算
加强发电用核反应堆安全性对策事业	①提高核电站风险评估标准,包括手段等 ②高安全性技术开发以及基础设施建设	38.0亿日元
提高核能人才培养的委托费	①核电设施现场维修技工培养 ②核电安全类的人才培养	1.1亿日元
核能人才培养等的补助金事业	充分利用官产学研方式,实施国际核能人才培训事业	3.0亿日元

资料来源：日本经济产业省：《能源白皮书2017》。

（二）推进核燃料再利用

从日本推进核燃料再利用的主要政策措施来看，日本政府比较侧重于对运转控制与循环利用技术的支持，尤其是高速反应堆的相关研究，高速反应堆国际合作方面预计投入53亿日元，高速增殖反应堆循环技术研究预计投入282.8亿日元（见表3）。

表3　核燃料再利用政策

	内容	2016年初预算
下一代再处理玻璃固化技术研究	以确立玻璃固化技术为目标,实施对玻璃以及玻璃熔炉运转控制技术的实验	8.0亿日元
高速反应堆国际合作等技术开发委托费	通过日法间国际合作(ASTRID合作),实施降低与减少放射物有害度的高速反应堆研究	53.0亿日元
高速增殖反应堆循环技术研究	①次锕系元素的分离技术与少量含锕系燃料生产技术研究 ②提高严重事故发生时快速反应堆安全性的技术研究	282.8亿日元

资料来源：日本经济产业省：《能源白皮书2017》。

（三）努力构建信赖关系

为了推动核电利用的顺利进行，日本政府正在积极推动国民、自治体以及国家社会间信赖关系的构建（见表4）。国民、自治体信赖关系的构建方面主要涉及核能综合利用、核能教育、体制机制完善以及相关基础设施建设支援等；国际社会间的信赖关系构建主要是通过与国际原子能机构（IAEA）等国际组织的合作以及对即将导入核电国家的相关支援来实现。

表4　相关主体信赖关系的构建

	内　容	2016年初预算
国民、自治体信赖关系的构建	核能综合交流事业	5.8亿日元
	核电设施布局的区域基础设施建设支援	55.9亿日元
	与区域办事处的关系维护	
	核能教育	
	与核电布局地自治体信赖关系的维护	
	电源布局区域间的共存	
	核电站再启动的相关对策	
	核能防灾体制的完善与强化	
国际核电组织合作	与国际原子能机构(IAEA)的合作	
	经济合作开发机构与经合组织核能署(OECD－NEA)合作	
	国际原子能能源合作框架(IFNEC)	
	与核电导入国的合作	
核电基础设施建设补助金	向即将导入核电的国家派遣核电专家,协助其完善法律条款以及进行人才培养,以确保核电基础设施的安全	3.5亿日元

资料来源：日本经济产业省：《能源白皮书2017》。

（四）提高核电设施标准

提高核电设施标准的相关政策主要涉及两个方面（见表5），一是提高核电设施标准与新标准的实施，主要涉及监管制度的完善以及辐射危害防止新标准的实施等；二是建立保障核能安全的技术与人才资源库，主要涉及前沿技术标准研究、核安全知识积累以及人才培育机制的建立等。

表 5　提高核电设施标准的相关政策

	内　容	细　则
提高核电设施标准与新标准的实施	不断完善与核反应堆规制法相关的监管制度	①修改核反应堆规制法，明确企业责任 ②根据安保措施执行情况，抽检项目
	核反应堆等规制法以及辐射危害防止法规制的完善及实施	①审查商用发电核反应堆是否符合新标准，以及实施安全性检查 ②审查核燃料设备等是否符合新标准，以及实施安全性检查 ③调查核反应堆发生事故的原因 ④审查商用发电核反应堆运转期间延长的资格 ⑤对现场断裂带的评价
建立保障核能安全的技术与人才资源库	根据前沿技术持续完善标准与规制	①标准及规制的完善 ②废炉放射性废弃物规制的研讨
	积累核安全方面的知识	①安全研究的推进 ②国内外故障信息收集
	建立核能规制人才的保障及培育机制	①人才保障 ②人才培育

资料来源：日本经济产业省：《能源白皮书 2017》。

三　日本核电未来走向

基于日本核电发展现状以及近期日本政府采取的一系列恢复核电再利用的政策，并从日本能源政策方向、国家能源安全保障、经济的健康可持续发展以及二氧化碳（CO_2）排放量的下降四个方面判断，增加核电在日本电源结构中的比例将是大势所趋。

（一）日本能源政策致力于核电再利用的推进

2014 年，日本政府发布了“第四次能源基本计划”，明确了能源安全、经济效益、环境相容三项基本方针。2015 年，日本经济产业省在此基础之上制定出台了《长期能源供需展望》，在三项基本方针的基础之上强调了安全性的确保、国际视野的拓展以及经济增长的重要性，并对 2030 年日本一次能源供给结构与电源结构做了展望。

从2030年度日本一次能源供给结构展望来看，在经济增长维持在1.7%的前提下，2030年度日本最终能源消费大约在3260亿升，其中电力占28%，热、汽油、都市燃气等占72%（见图6）。从一次能源供给来看，可再生能源占比计划在13%~14%之间，核能占比计划在11%~10%之间，两者将使日本一次能源自给率达到24.3%，而目前核能在一次能源中的占比仅为0.6%（见图10），可见日本政府对未来核能发展的态度是积极向上的。

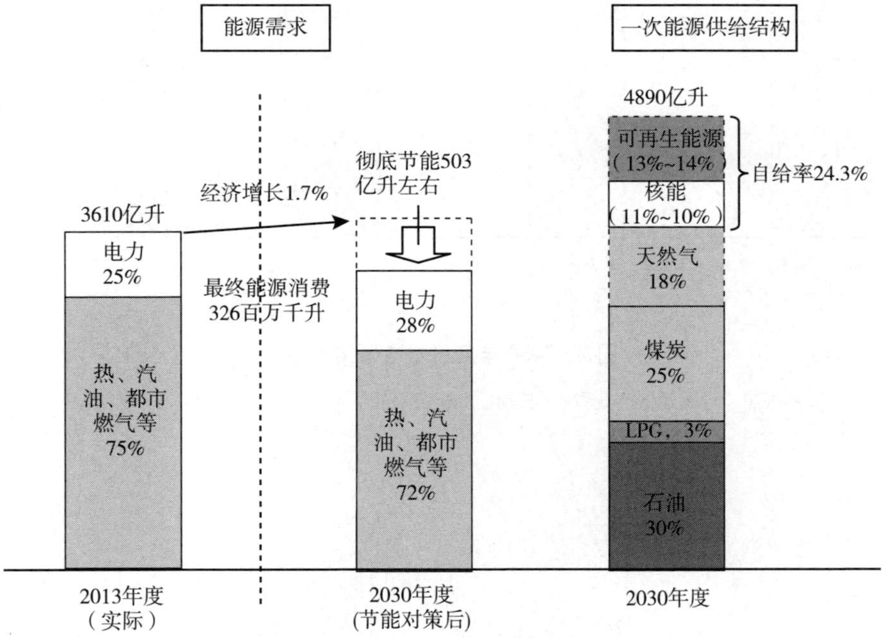

图6 2030年度日本一次能源供给结构展望

资料来源：日本经济产业省：《长期能源供需展望》。

从2030年度日本电源结构展望来看，2030年度电力需求约为9808亿千瓦时（见图7）。在节能与可再生能源贡献达到40%的情况之下，核电比例为18%~17%。在节能效果不佳的情况之下，核电比例将达到22%~20%，与2015年的1.1%相比有大幅提高。即便如此，2030年度的核电占比也仅为20世纪80年代初期的水平（见图8），核电占比最高时点为1998年，占比为36.8%。

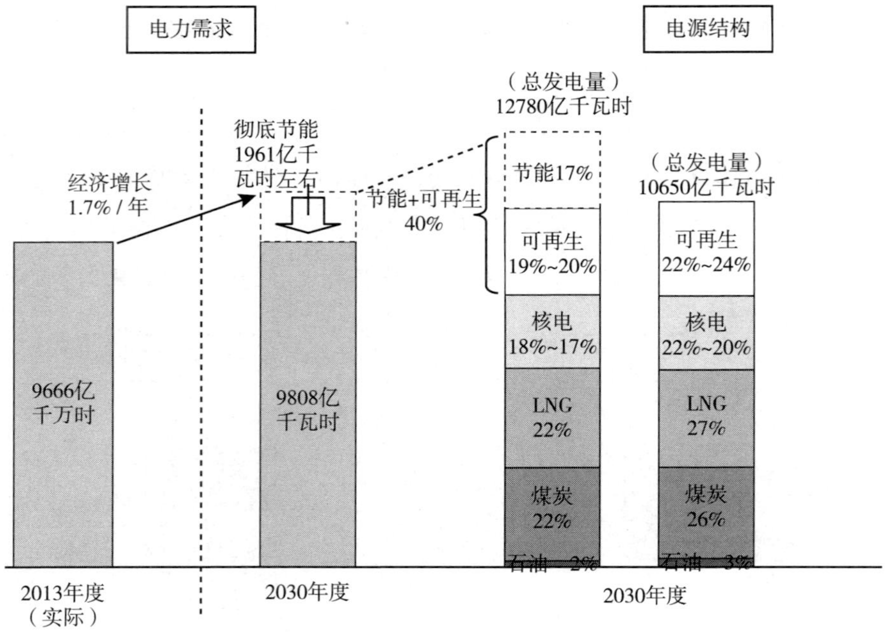

图 7　2030 年度日本电源结构展望

资料来源：日本经济产业省：《长期能源供需展望》。

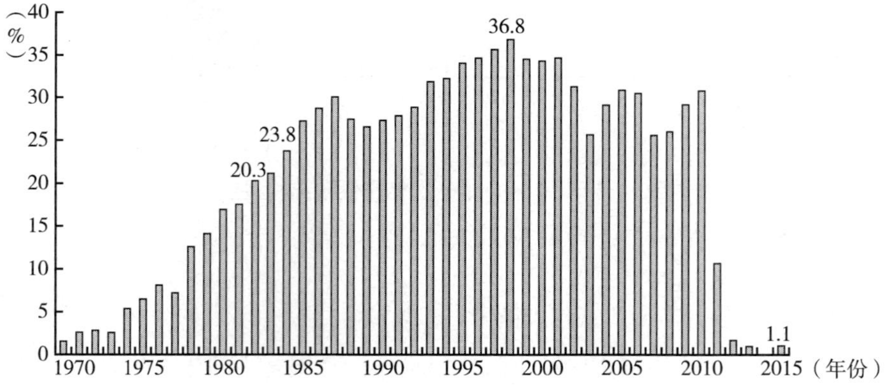

图 8　日本核电占比的变化

资料来源：日本经济产业省。

（二）核电是保障日本能源安全的重要手段

从国家能源安全角度考虑，核电再利用对于资源贫乏的日本来说尤为重要。20 世纪 60 年代以后，日本一次能源自给率大幅下降（见图 9），从 1960 年的 58.1% 下降到了 1970 年的 15.3%。随着核能发电比例的不断提高，日本一次能源自给率也不断提高，2000 年为最高时点，达到 20.2%，之后几年维持在 20% 左右。2011 年福岛核电站事故发生后，一次能源自给率下降到了 11.1%，随着核电站运转的全部停止，2014 年一次能源自给率下降到了 70 年代以来的最低点，仅为 6.0%，2015 年部分核电站的再次运转使一次能源自给率回升到了 7.0% 左右。

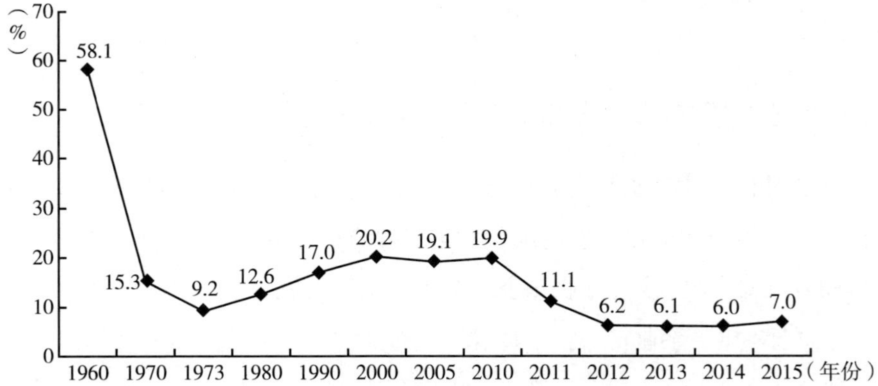

图 9　日本一次能源自给率的变化

数据来源：日本经济产业省；《能源白皮书 2017》。

从日本一次能源供给结构来看，如图 10 所示，2015 年一次能源供给结构中，石油占比为 42.9%，天然气占比为 23.3%，煤炭占比为 27.5%，水力占比为 1.7%，地热与新能源占比为 4.0%，核能占比为 0.6%。在一次能源自给率最高时点的 2000 年，核能占比为历史最高值 16.2%，煤炭为 18.8%，天然气为 12.7%。与 2015 年相比，天然气与煤炭占比均有了大幅提升，因而进一步提高了日本能源的对外依存度。

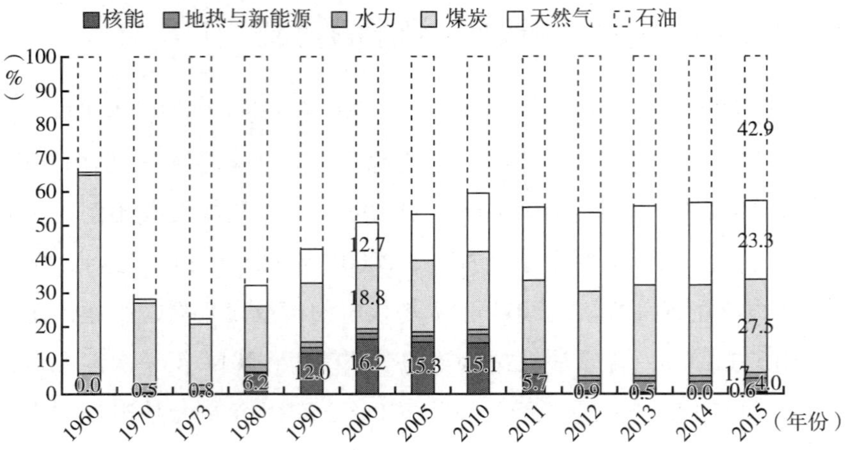

图10　日本一次能源供给结构

数据来源：日本经济产业省：《能源白皮书2017》。

（三）日本经济的健康可持续发展需要核电

核电对日本经济发展具有深远的影响，尤其是在国内生产总值（GDP）增长、居民消费、就业、发电成本、进口等方面。要达到2030年GDP增长1.7%的目标，需要核电行业安全、健康、稳定发展。

根据日本电气事业联合会对11家发电企业的调查（见图11），以2010年度为基数计算，自2011年度起，核电行业的离职率开始大幅上升。希望从事核电事业的就业人员从2012年度开始呈下降趋势，2014年达到了最低点。

从日本电源别发电成本比较来看，社会费用与发电成本合计的成本中，核电发电成本最低为8.9日元/千瓦时，太阳能（电站）发电成本最高为30.1~45.8日元/千瓦时（见图12）。化石能源中，煤炭火力发电成本为9.5~9.7日元/千瓦时，LNG火力发电成本为10.7~11.1日元/千瓦时，石油火力发电成本为22.1~23.7日元/千瓦时。可见核电在降低日本发电成本方面具有重要的作用。

此外，根据相关研究（见表6），与2014年度相比，到2030年脱核将对日本经济产生诸多不利影响，首先是对GDP的影响，将导致GDP增长减

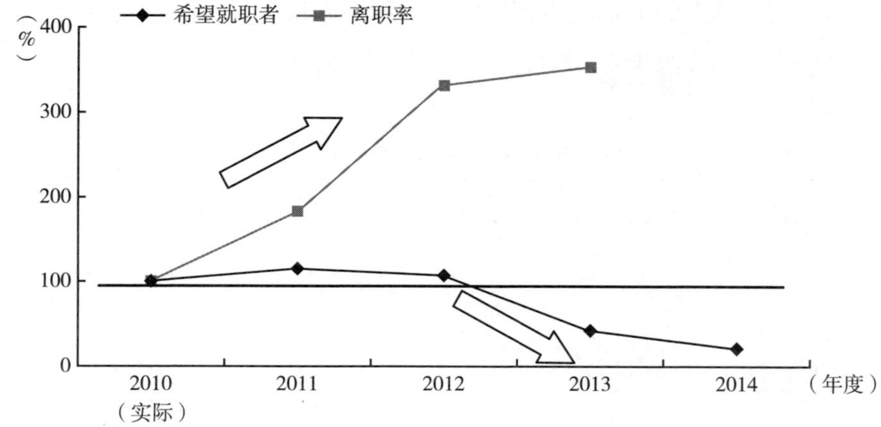

图 11　核电站停止运转对雇佣的影响

资料来源：电气事业联合会。

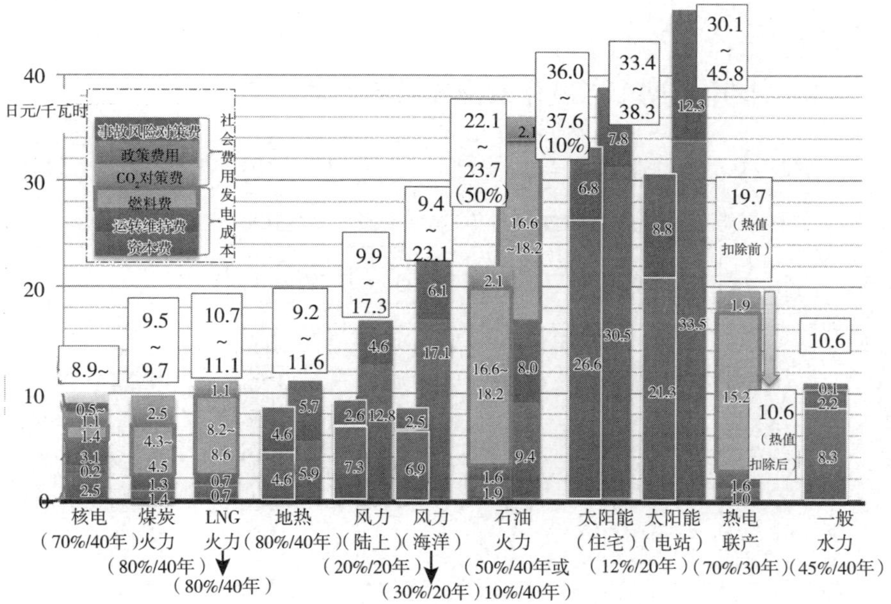

图 12　日本电源别发电成本比较

资料来源：日本经济产业省。

少 1.7%，约 7.8 万亿日元，人均可支配收入减少 1.9%，就业减少 0.18%。其次是燃料进口增加导致进口增长 1.8%，进而导致民用电价上涨 36.4%。

最后是消费物价上涨1.4%，导致家庭消费下降1.4%，合计约3.6万亿日元，其中电力消费减少22.5%，合计约1.1万亿日元。

表6　脱核对2030年日本经济的影响

	增长比例(%)	额度
GDP	-1.7	7.8万亿日元
进口	+1.8	
消费物价	+1.4	
民用电价	+36.4	
家庭消费	-1.4	3.6万亿日元
电力消费	-22.5	1.1万亿日元
就业	-0.18	
人均可支配收入	-1.9	242.2万日元

资料来源：篠井保彦、小野充人「脱原発が日本の経済・産業に与える影響」、『国際貿易と投資』、Spring 2014/No. 95。

(四)核电有助于二氧化碳排放量的下降

根据日本电气事业联合会的统计（见图13），2010年日本火力发电比

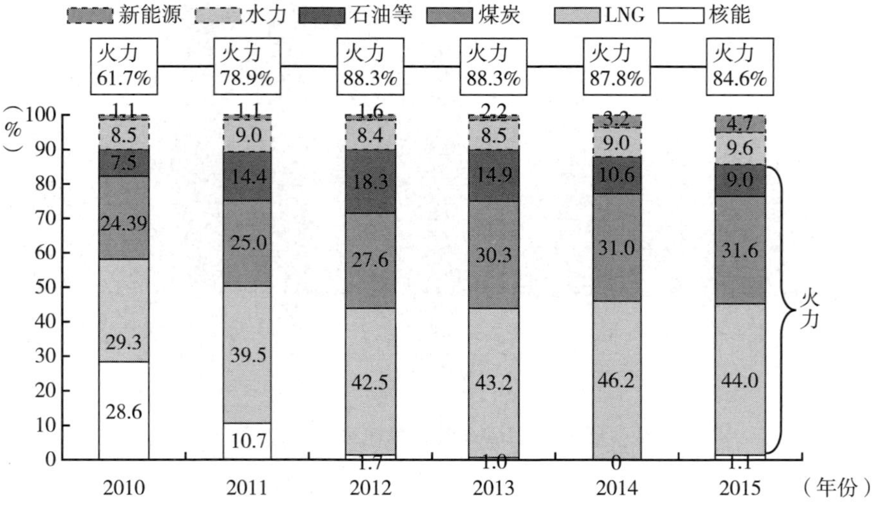

图13　日本火力发电比例

资料来源：日本电气事业联合会。

例为 61.7%，由于核电比例的下降，2015 年火力发电比例增加到了 84.6%。而根据测算，随着火力发电比例的不断上升，日本电力行业 CO_2 排放量呈上升趋势（见图 14），2010 年电力行业 CO_2 排放量为 3.74 亿吨，2012 年最高，为 4.86 亿吨，2015 年为 4.41 亿吨，可见核电比例的下降促进了电力行业 CO_2 排放量的上升。

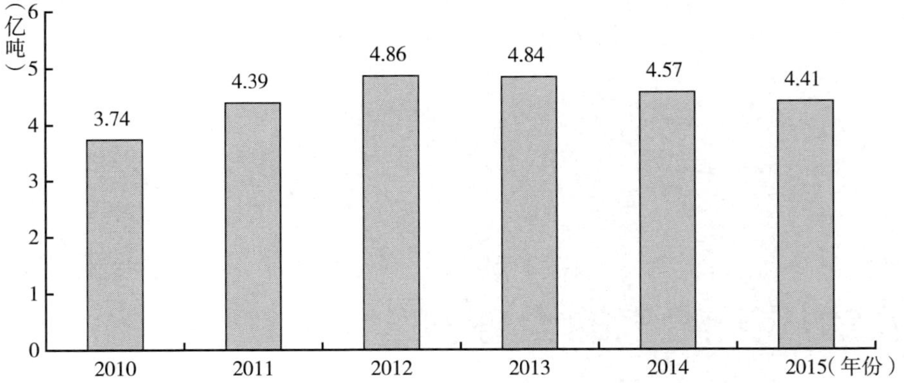

图 14　日本电力行业 CO_2 排放量的变化

资料来源：日本电气事业联合会。

前沿探讨

Chapter of Frontier Issues

B.11
非常规天然气的全球开发利用与经验借鉴

白 桦*

摘 要： 2000年以来，以美国为典型代表的非常规天然气开发的成功案例极大地鼓励了世界各国对非常规资源的关注和积极投入。美国非常规天然气开发使之由进口转向出口，成为全球第一大天然气生产国；加拿大的非常规天然气开发和利用也名列前茅；澳大利亚和中国分别处于起步和初级阶段。中国与美国非常规天然气开发存在较大的差异，未来发展需要借鉴其先进技术和经验。

关键词： 页岩气 煤层气 非常规天然气

* 白桦，博士，中国石油集团经济技术研究院研究员、高级经济师，毕业于四川大学经济学院世界经济专业，现从事能源市场研究工作。

一　全球非常规天然气资源情况

所谓非常规天然气资源，是指尚未充分认识、还没有可以借鉴的成熟技术和经验进行规模性、营利性开发利用的一类天然气资源，主要包括：煤层气、页岩气、水溶气、天然气水合物（可燃冰）、无机气、浅层生物气及致密砂岩气等形式贮存的天然气。非常规天然气有两个显著特征：一是大面积连续分布，圈闭界限不明显；二是无自然工业稳定产量，达西渗流不明显。

如果说煤炭是高碳、石油是中碳，那么非常规天然气则是最现实的低碳资源，具有高效、低耗、低碳、绿色、可持续等特性，是实现低碳社会的最佳选择。以下重点分析页岩气和煤层气。

（一）全球非常规天然气储量远大于常规天然气

最新数据显示，全球非常规天然气探明技术可采储量为331万亿立方米，占全球总量的79%，其中页岩气占50%，致密气占18%，煤层气占11%（见图1）。

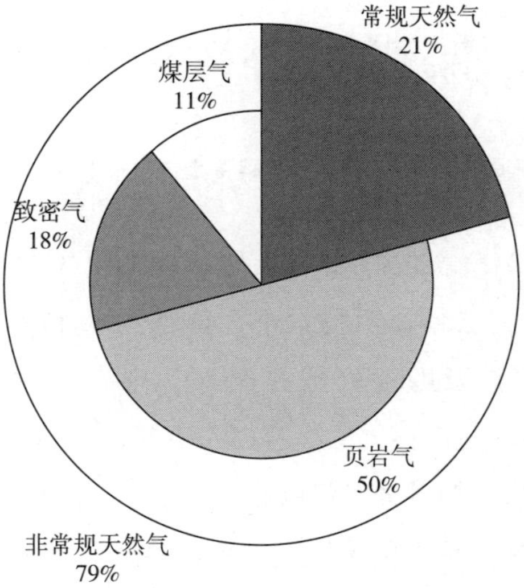

图1　全球天然气探明技术可采储量比例

（二）全球非常规天然气主要分布在北美和亚太地区

从分布上看，北美和亚太地区的非常规天然气探明技术可采储量约为172万亿立方米，占全球的52%（见图2）。勘探开发活动最活跃的国家是美国、加拿大、俄罗斯和中国。另外，欧洲虽然储量较多，但受政策和环境保护限制较多，进展缓慢。

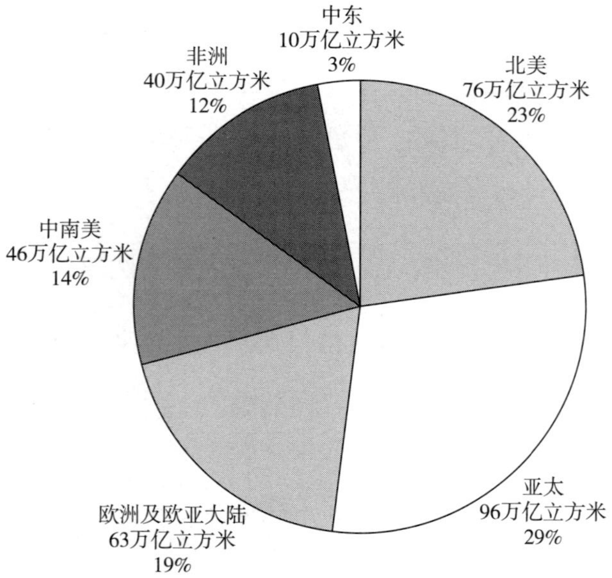

图2　全球非常规天然气探明技术可采储量及分布情况

目前，全球页岩气探明技术可采储量为207万亿立方米，主要分布在北美和亚太地区，二者探明技术可采储量约为112万亿立方米，其次为非洲占16%，欧洲及欧亚大陆占15%，中南美占14%，中东占1%（见图3）。

目前，全球页岩气勘探开发仍以北美为主，其他地区进展较慢。从资源量看，中国页岩气探明技术可采储量排名世界第一（见表1），但勘探生产仍处于起步阶段，远落后于美国和加拿大。

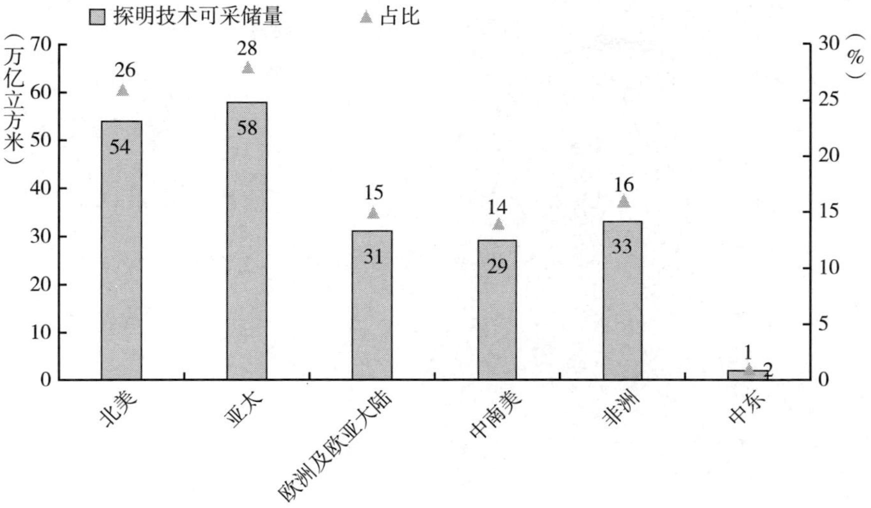

图3　全球页岩气探明技术可采储量及分布情况

表1　全球页岩气探明技术可采储量排名

单位：万亿立方米

排名	国　家	探明技术可采储量	占比(%)
1	中　国	31.55	15.7
2	阿根廷	22.7	10.9
3	阿尔及利亚	20.01	9.6
4	美　国	18.82	9.1
5	加拿大	16.22	7.8
6	墨西哥	15.42	7.4
7	澳大利亚	12.37	6.0
8	南　非	11.04	5.3
9	俄罗斯	8.07	3.9
10	巴　西	6.93	3.3

全球煤层气探明技术可采储量为47万亿立方米，主要分布在欧洲及欧亚大陆、亚太地区和北美，分别占45%、36%和19%（见图4）。其中，俄罗斯煤层气探明技术可采储量排名世界第一，其后依次是美国、澳大利亚、中国等（见表2）。

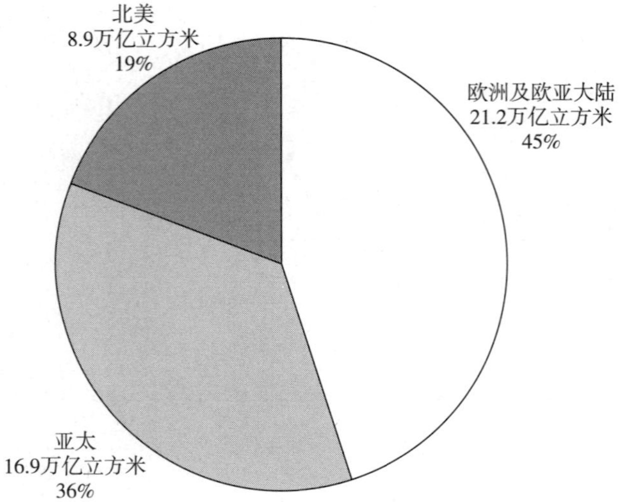

图4　全球煤层气探明技术可采储量及分布情况

表2　全球煤层气探明技术可采储量排名

单位：万亿立方米

排名	国　家	探明技术可采储量	占比(%)
1	俄罗斯	5.66	12.0
2	美　国	3.96	8.4
3	澳大利亚	3.4	7.2
4	中　国	2.83	6.0
5	加拿大	2.55	5.4
6	印度尼西亚	1.42	3.0
7	南　非	0.85	1.8
8	乌克兰	0.71	1.5
9	西　欧	0.57	1.2
10	土耳其	0.28	0.6

二　北美非常规天然气成功开发度全球最高

从全球看，美国、加拿大、澳大利亚以及中国等对非常规天然气的勘探开发活动较为活跃，其中美国的科研投入、技术水平和开发成果最为领先，是世界上非常规天然气商业化开发最成功、产量最高的国家。

（一）美国非常规天然气产量领涨全球

自2000年以来，北美非常规天然气的勘探开发获得了重大突破，产量不断飙升。2017年，美国天然气产量为7452亿立方米，占世界总产量的20%。2009年以来，美国天然气产量年均增速为2.3%，增量主要来自页岩气，页岩气产量已超过总产量的50%，带动美国连续9年超过俄罗斯成为世界第一大产气国，页岩气可谓开启了“美国能源新纪元”。目前，美国产量排名前十二的气田中有10个为非常规天然气田，非常规天然气产量持续增长。其中，美国页岩气产量从2007年的366亿立方米激增至2016年的4823亿立方米，年均增速高达55%，占美国天然气产量的65%。

截至目前，全球超过30个国家就煤层气展开了科学研究和勘探开发。世界煤层气年产量达700亿立方米，其中，美国是最早也是最成功的煤层气开采国，目前已成为产业化规模最大的国家。从分布看，美国85%的煤层气资源分布在西部，15%分布在东部和中部。20世纪70年代美国煤层气工业起步，到80年代得到大规模开发。煤层气井从1984年的2800余口增加至2000年的近14000口，产量从1989年的26亿立方米上升至2016年的289亿立方米，占美国天然气产量的3.9%。

（二）各国非常规天然气开发积极推进

美国非常规天然气商业化开发的成功带动了加拿大、澳大利亚、中国、德国、英国、波兰、俄罗斯等国家非常规天然气的开发。目前，澳大利亚和加拿大初步实现了煤层气产业化生产，英国、俄罗斯、捷克、印度等国家正大力开展煤层气的勘探、开发或规模性试验活动。

截至2016年底，澳大利亚煤炭资源探明储量1448亿吨，全球占比12.7%，排名世界第四位。煤层气资源量为8万亿~14万亿立方米，主要分布在东部。澳大利亚煤层气勘探最早开始于1976年，之后在借鉴美国成功经验的基础上进行技术改造，于2006年进入商业化开发阶段。

加拿大煤层气资源量为17.9万亿~76万亿立方米，主要集中在阿尔伯达省。加拿大煤层气开发起步较晚，得益于2000年后北美一段时期常规天然气产量下降、供应形势日趋紧张、气价上涨等利好因素，加拿大非常规天然气获得了发展机遇。在政府的支持下，研究机构展开了一系列研究，技术获得突破，开采成本下降，激发了一些公司对煤层气开发的积极性。加拿大规划到2020年，煤层气产量占国内天然气总产量的15%左右，产业规模能与美国媲美。

（三）多因素影响使非常规天然气前期发展缓慢

各国直接引用和借鉴美国的相关技术，但除同美国大陆地质条件相近的加拿大获得了一定的适用性外，其他国家非常规天然气开发都遇到了不同程度的难题，还没有形成大规模的商业化开发。其主要原因在于：一是煤层气开发前期工作需要大量资金投入，如果没有足够的优惠政策扶持以吸引决策者进行投资，则很难推进；二是勘探开发中的技术问题是限制生产的关键；三是投资回报期较长。

（四）北美非常规天然气的成功开发影响深远

北美非常规天然气的成功开发除了会大大提升天然气产量外，还将促进能源消费结构转型，为全球能源地缘政治格局带来深远影响，特别是对中国产生积极影响。

1. 加速全球能源消费结构转型

长久以来以常规油气资源为消费重心的全球能源消费格局被非常规天然气打破。由于非常规天然气资源量高于常规天然气，过去几年技术获得了突破，再加上政策的支持，非常规天然气开发成本不断下降，气价下跌，消费量持续攀升，抢占常规油气资源份额，促使能源消费结构进一步优化。

2. 推动全球能源格局中心转移

非常规天然气资源的大规模开发，将推动全球能源格局变迁。全球能源格局中心正从中东常规油气资源富集地向北美非常规油气资源密集地转移，形成了东半球常规油气资源和西半球非常规油气资源的两极格局。未来，中东常规油气资源储量下降，北美非常规油气资源持续发展，中心或将偏向北美。

3. 影响全球政治经济格局

作为世界超级大国，美国自冷战结束后一直在世界政治、经济、军事等领域具有绝对话语权。能源是其对各国实行干预的重要手段之一，随着非常规资源的成功开发，美国的能源独立更进一步，直接影响其在中东、俄罗斯等能源重点地区和大国上的战略与政策，从而对全球地缘政治格局产生影响。

4. 推动中国天然气供应多元化

北美非常规资源的崛起对俄罗斯这一天然气供应大国产生了重大威胁，主要表现为双方对亚太天然气市场的争夺。同时，北美非常规资源的成功开发也为中国带来了良机，在推动天然气供应多元化发展和保障供应安全方面起到关键作用，对中国加快非常规天然气资源开发、加快技术研究等也起到极大的促进作用。

三　中国非常规天然气发展分析及展望

（一）中国非常规天然气发展尚处于起步阶段

中国非常规天然气资源量是常规天然气的 5 倍，但勘探开发程度仍落后于北美地区。

中国煤层气资源量约 268 万亿立方米，占全球煤层气资源总量的 12%，位居世界第三。国土资源部煤层气资源潜力评估报告显示，中国 42 个主要含煤盆地不同埋深的煤层气资源量共计约 103 万亿立方米。截至 2017 年底，全国累计探明储量 6928 亿立方米，资源探明率仅为 2.3%，主要分布在山西、鄂尔多斯盆地东部等。中国主要分为东部、华北、西北和南方四大煤层气聚集区，地质资源量分别为 11.32 万亿、10.47 万亿、10.36 万亿和 4.66 万亿立方米，可采资源量分别为 4.23 万亿、2 万亿、2.86 万亿、1.7 万亿立方米。中国煤层气在“十一五”期间实现了商业化开发，“十三五”规划将加快煤层气开发放在了突出位置，国家能源局确定了 2020 年煤层气产量达到 400 亿立方米的战略目标。

致密气资源量约 12 万亿立方米，主要分布在鄂尔多斯、四川、吐哈、松辽、渤海湾等 10 余个盆地。受工程和技术方面的制约，国内致密气开发还处于探索起步阶段。

中国页岩气资源勘探开发起步较晚，埋深 4500 米以浅页岩气地质资源量 121.8 万亿立方米，可采资源量 21.8 万亿立方米，具有现实可开发价值的有利区可采资源量 5.5 万亿立方米。2017 年已探明储量 7643 亿立方米，其中，仅涪陵气田即达 6008 亿立方米。资源探明率仅为 0.63%。2012 年页岩气已被国家确定为第 172 号独立矿种。中石油、中石化等国有企业已投身页岩气的勘探开发工作，并获得了一定成果，同时与壳牌、英国石油公司（BP）等国际公司进行广泛合作。

目前，针对非常规天然气的勘探开发工作已全面展开。虽然有北美的先进技术和经验作为引导，但预计非常规天然气对国内天然气供需结构产生实质性影响还有待时日。根据中国石油集团经济技术研究院发布的《2050 年世界与中国能源展望》，预计 2050 年，中国非常规天然气产量将达 2350 亿立方米，成为未来天然气的增产主力。其中，致密气产量 2030 年达 600 亿立方米，之后逐步下降至 2050 年的 360 亿立方米；页岩气产量将持续增长，2030 年达 700 亿立方米，2050 年达 1000 亿立方米左右；2050 年煤层气产量达 400 亿立方米；生物气也将较快增长，到 2050 年达 200 亿立方米。

（二）与北美的差异限制国内非常规天然气发展

1. 资源禀赋较弱

中国煤层气的成煤期是晚古生代和中新生代，与北美有所不同。之后，在分布、保存和地质储层上的不同使之产生大量煤粉，不利于煤层气的形成，加大了开采难度。页岩气方面，虽然发育过程和质量与北美相近，但由于主要分布于山区，地质条件不利于钻机快速转移，增加了开采难度和开发成本。

2. 技术水平落后

中国非常规天然气的开发在工艺方法、水平井钻完井和增产技术方面都落后于北美。因此，虽然中国非常规资源丰富，但产量却不尽如人意。

3. 基础设施限制

中国天然气管网欠发达，基础设施投入有待进一步加大。截至 2017 年底，中国天然气长输管道总里程近 7. 4 万公里，管输能力有限。预计到 2025 年天然气主干管道将达 16. 3 万公里，但仍与美国的差距较大。

4. 开发主体差异

中国非常规天然气开发以大型国有油气企业为主，而北美的开发主体多元化，既包括中小型油气公司，也包括道达尔、BP、美孚等大型跨国油气企业。

5. 起步时间较晚

美国于 20 世纪 70 年代开始进行非常规天然气的勘探开发，常规天然气产量开始下滑、国内出现供需矛盾之时，恰逢非常规天然气经历 10 余年发展实现商业化开发阶段，形成了有序补充和接替。而中国无论是常规气还是非常规气，发展时期整体落后于美国。

此外，中国与美国在非常规气开发方面还存在诸如政策支持、市场环境、配套服务等差异，未来中国非常规天然气勘探开发还任重道远。

四　国外先进经验借鉴

（一）市场化的竞争环境有利于非常规天然气的开发

美国非常规天然气在勘探开发领域获得了充分竞争。中小企业在非常规天然气技术创新方面起到关键作用，大型公司则通过合资、并购等方式推动非常规天然气产业向规模化发展，形成了市场充分竞争、大小企业有序接替、专业化分工与协作的有机结合。

（二）技术创新推动非常规天然气革命

美国非常规天然气，特别是页岩气的核心技术获得突破是产量快速提升的关键。美国页岩气水平井多段压裂技术的突破和发展成熟大大降低了开发成本，使其产量爆发式增长。

（三）政策激励对非常规天然气开采至关重要

世界各国政府对非常规天然气开采采取了不同程度的激励政策，归纳起来可以分为成熟、趋于成熟、刚起步三种类型。实践证明，政府资金和政策激励是促进非常规天然气发展的关键。

1. 成熟型

美国和澳大利亚较为成熟，财政制度方面，美国矿业使用费税油田之间不实行“栅栏”（ring fencing）政策；激励政策方面，美国早在1980年就出台了税收优惠政策（《能源意外获利法》第29条），优惠期长达23年，政府对气体的销售没有限制条件。澳大利亚矿业使用费税为10%～12%，油田之间不实行“栅栏”政策；规定电力零售商所售电量中必须有13%来自天然气发电，以提高天然气利用率，政府对气体的销售没有限制条件。

2. 趋于成熟型

加拿大正朝着成熟型发展。加拿大政府对矿业使用费税油田不实行“栅栏”政策；采取减免低产能气井的税收、煤层气井的矿业使用费、水处理费等激励措施，政府对气体的销售没有限制条件。

3. 起步型

印度、中国和印度尼西亚政府在对待非常规天然气开发上起步不久。印度矿业使用费税（其他油气企业是国有）油田之间不实行“栅栏”政策；采取从商业化生产之日起7年免税，只征收很低的矿区使用费的激励措施，政府对气体的销售没有限制条件。中国政府对国有企业实行“栅栏”政策；采取开始赢利后有 2 年免税期、3 年税收减半期的激励政策，政府实行企业增值税先征后退政策，对气体的销售没有限制条件，帮助企业获得土地使用权。印度尼西亚政府也对国有企业实行“栅栏”政策，唯一的激励政策是政府减免极少量的税收。

（四）基础设施和准入机制为其发展创造条件

截至目前，美国本土 48 州管线长度约 50 万公里，其中，州际管道 35 万公里，州内管道 15 万公里。发达的天然气管网设施、第三方准入、完善的监管机制均为美国页岩气实现商业化开发与应用创造了有利条件。

五　启示

（一）着力解决关键地质和技术问题

借鉴美国的先进经验，根据中国实际，攻克技术难关，加快技术方面的研究，提高能源开采技术和能源利用率，推进非常规油气资源的勘探开发，减少成本，进而促进国际竞争力的提升。

（二）研究符合中国实际的管理政策

目前存在诸如煤炭和煤层气的矿业权叠置，导致相关部门和企业出现管理权限分歧和利益冲突等问题。页岩气勘探开发在矿业权、价格、税收、专项研究基金、市场准入资格、环境等方面的各项政策都还不健全。因此，需要积极、及时地开展调研，学习经验，吸取教训，建立健全的管理体系，引导非常规气健康发展，以促进国民经济发展。

（三）加强政策扶持力度

充分认识煤层气和页岩气等非常规天然气资源的战略地位和重大研究意

义，以及其发展需要国家政策支持。除了需要加强技术攻关以外，在国家政策层面可以给予相应的财税支持，调动开发商的积极性。

（四）推进天然气价格机制调整

推进天然气价格机制调整，促进市场化发展，激发非常规天然气开采商积极性。同时，解决好国内外天然气价格接轨与用户承受力之间的矛盾以及协调上下游利益分配问题。

B.12

可燃冰的试采挑战与影响

张茂荣*

摘　要： 可燃冰是公认的地球上尚待开发的大规模新型化石能源，是未来全球能源发展的战略制高点。本文系统梳理了全球可燃冰储量和分布情况，考察了主要大国可燃冰研究试采进展，提出了可燃冰实现商业化开采面临的挑战，并就未来可燃冰大规模开发对全球能源格局的影响进行了探讨。

关键词： 可燃冰　新型化石能源　试采和商业性开发

一　全球可燃冰储量巨大，分布广泛

可燃冰，在地质上被称为天然气水合物（gas hydrate）。根据美国地质调查局（United States Geological Survey，USGS）的说法，天然气水合物是水和低分子量气体（如甲烷、乙烷、二氧化碳）在适度高压（moderate pressure）、低温条件下形成的白色冰状结晶体，最常见的是甲烷水合物（即“甲烷冰”）。① 由于天然气水合物的外形酷似冰，而且能够像固体酒精一样用火直接点燃，因此又称为“可燃冰”。无论是在海底还是在陆域永久冻土带，可燃冰只有在0℃～10℃时才能生成，超过20℃就会分解，变得“烟消云散”。同时，要生成可燃冰，还需要适度高压的条件。例如，如果温度为

---

* 张茂荣，中国现代国际关系研究院世界经济研究所资源与环境研究室主任、副研究员，主要从事国际能源资源与环境问题研究。

① United States Geological Survey，“Modern Perspective on Gas Hydrates”，March 8，2018.

0℃，得要30个大气压才能生成可燃冰。

可燃冰中的天然气主要来源于两种形式：一种来源于微生物分解，这些微生物将有机质分解形成甲烷等气体，这与沼气类似；另一种是热解成气，也就是说，有机质在较高温度和较大深度下通过热分解形成天然气。通过对全球244个可燃冰样品进行分析得出的结论是，绝大多数海底可燃冰中的天然气是微生物气型，其次是混合气型，而热解气型则比较少。

在自然界，可燃冰广泛分布在海洋和一些内陆湖的深水环境、岛屿的斜坡地带、活动和被动大陆边缘的隆起处、极地大陆架以及大陆永久冻土中。总结归纳起来可以发现，可燃冰主要分布在两类地区：一类是深度为300～3000米的海底，另一类是以南北极冻土区为主的陆上冻土区。其中，99%的可燃冰存在于海洋沉积物中。根据最新研究结果，27%的地球陆地面积具有形成可燃冰的潜力，90%的地球海洋面积具有形成可燃冰的潜力。目前，地球上已经发现的海底可燃冰矿藏主要分布在环太平洋和环北冰洋、印度洋北部、大西洋西岸以及南极近海，此外，一些内陆海如黑海、里海、地中海以及贝加尔湖等湖底也有少量的可燃冰分布。在陆地上，可燃冰主要分布在环北冰洋的高纬度冻土区，中国的青藏高原冻土区也有一定的分布。① 目前，世界上已有79个国家和地区发现了可燃冰矿藏。全球已直接或间接发现的可燃冰矿点中，97%集中在海洋，其余3%主要位于陆上冻土带。

长期以来，全球范围内可燃冰资源量问题是包括科学界在内的各界讨论的焦点问题。目前，有一个观点得到了科学界的广泛引用。该观点于1988年由美国科学家科温沃登（Kvenvolden）提出，他通过预测认为，全球可燃冰资源量高达2.1×10^{16}立方米，大约相当于21万亿吨油当量，其规模之巨大，几乎为全球已发现的常规化石能源（煤炭、石油、天然气等）的两倍。2011年，美国能源部国家能源技术实验室发布了一份有关可燃冰资源潜力的研究报告。该报告预测，全球可燃冰资源量为2.0×10^{16}立方米，大约与

① 王治法：《可燃冰革命时代加速来临》，《中国经济报告》2017年第7期，第118页。

20 万亿吨油当量相当，这与科温沃登的预测结果非常接近。[①]

中国地质调查局的预测结果显示，中国海域可燃冰资源量约为 800 亿吨油当量。若考虑陆上冻土带资源，中国可燃冰资源量预计将达到 1000 亿吨油当量的规模。截至目前，中国通过对重点地区的普查对可燃冰矿藏进行摸底，已经圈定了两个千亿立方米级的巨大矿藏，还圈定了 19 个成矿区带和 11 个有利远景区。可燃冰在中国的主要分布区位于南海海域。南海是中国可燃冰成矿条件和找矿前景最好的地区，也是中国对可燃冰调查研究程度最高的地区。

可燃冰作为一种新型能源，具有埋藏比较浅、能量密度高、高效清洁等特点，对未来世界能源的影响可能会非常深远。可燃冰作为高度压缩的天然气，其甲烷含量高达 80% ~99.9% 。据实验统计，1 单位体积的可燃冰分解后，最多能够产生高达 164 单位体积的甲烷气体，可见其甲烷含量之高、能量密度之大。可燃冰可以通过一定的处理程序形成液化天然气（LNG），从而减少空间占用和运输难度。可燃冰比较“清洁”，其燃烧后仅会产生少量的水和二氧化碳，较煤炭、石油、天然气等常规能源的污染程度小得多，但能量密度却是后者的 10 倍。根据科学家们的估算结果，全球可燃冰仅海底储量就足够人类使用 1000 年。[②] 综上所述，可燃冰由于具有储量巨大、燃烧值高、高效清洁等优点，被赞誉为 21 世纪最具商业开发前景的战略能源，世界各国高度重视，纷纷投入力量进行研究开发。

二　主要国家可燃冰调查及试采情况

自 20 世纪 60 年代起，苏联、美国、加拿大等少数一些国家就开始了可燃冰资源的调查工作。进入 80 年代后，世界多地（包括大海、深湖、高

① 刘晓慧：《“可燃冰革命”，或将改变能源格局——我国海域天然气水合物成功试采的前因后果深度透视之一》，《中国矿业报》2017 年 6 月 3 日，第 1 版。

② 刘晓慧：《“可燃冰革命”，或将改变能源格局——我国海域天然气水合物成功试采的前因后果深度透视之一》，《中国矿业报》2017 年 6 月 3 日，第 1 版。

原、极地等）发现了储量丰富的可燃冰，受此鼓舞，70 多个国家陆续制定了开采可燃冰的规划。而从 20 世纪 90 年代开始，美国、日本、中国、加拿大、韩国、印度等更是纷纷投入巨资，竞相在本土乃至国际海底开展可燃冰的调查和试采。

（一）美国：启动多个可燃冰试采项目

美国十分重视可燃冰研究，1998 年把可燃冰列入国家能源发展战略长远规划，2000 年 5 月通过了《甲烷水合物研究与开发法案》。而且，美国政府在资金上大力支持，能源部曾为可燃冰研究多次拨款，最近的一次拨款在 2016 年 9 月。当时，为了支持 6 个新的可燃冰研究项目，政府宣布投入 380 万美元资金。

20 世纪 80 年代，美国开始在墨西哥湾进行可燃冰的研究与勘探。2001 年，美国能源部启动了专门针对墨西哥湾可燃冰研究的“联合工业项目”。这个项目为期长达 10 多年，并由多个国家的众多机构参与其中。在“联合工业项目”中，研究人员开展了钻探取芯与随钻测井研究。研究结果表明，在墨西哥湾有高饱和度、高品质含可燃冰砂层，研究人员还在那里发现了裂隙填充型可燃冰。随着“联合工业项目”的结束，美国能源部下属相关实验室又于 2014 年设立了“深水甲烷可燃冰描述与科学评价”项目。这个大型项目分三个阶段实施。第一阶段的工作已于 2015 年 9 月完成，进行了相关的初步评价工作，取得了初步研究成果。目前，后续的工作正在进行中。

在墨西哥湾“深水甲烷可燃冰描述与科学评价”项目正在推进的同时，美国又于 2016 年 10 月在该湾启动了一项新的可燃冰研究项目。这个项目的目的在于，采用电磁法研究可燃冰系统在不同沉积类型和不同流体含量环境中的导电性，以及其因开采而导致的导电性变化特征。这个项目为期 3 年，将通过研究建立地层导电性与测井资料之间的关系，从而提高资源评价的准确度。紧接着，2017 年 5 月，美国国家能源技术实验室与德克萨斯州大学奥斯汀分校合作，在墨西哥湾开展钻探取样考察，对墨西哥湾深海可燃冰做进一步评估。

除了墨西哥湾，美国进行可燃冰研究的另一个主战场是阿拉斯加的冻土区。2015 年，美国颁布了新的《甲烷水合物研究与开发修正案》。根据该法案，美国从 2017 年开始，在阿拉斯加冻土区进行一项可燃冰中长期试采研究。该项研究的期限为两年。目前该项研究正在进行中，日本石油天然气和金属矿物资源机构（JOGMEC）等参与了共同研究。

（二）日本：两次试采获得天然气产量

日本国内油气资源贫乏，因而对可燃冰开发寄予了厚望。通过长期的努力，日本在可燃冰的勘探和开发等方面已经处于世界先进水平。

日本的可燃冰勘探研究始于 20 世纪 90 年代，其重点研究区为该国的周边近海海域。早在 2001 年，日本就发布了为期 18 年的可燃冰开发计划。经过大量的勘探研究，至 2009 年日本已基本完成其周边海域的可燃冰调查评估，初步识别出一批可燃冰远景区，确定了南海海槽区为最具远景的可燃冰分布区。2011 年福岛核电站事故后，日本加大了对可燃冰的勘探开发力度，2012 年在爱知县近海率先启动海底可燃冰开采试验。以此为基础，2013 年 3 月，日本在南海海槽区实施了可燃冰试采研究，这是世界上首次海域可燃冰试采研究。在此次试采研究中，日本采用降压法，6 天产气 12 万立方米，产气量大大超过此前的陆地冻土区可燃冰试采。然而，6 天后由于泥沙堵住了钻井通道，试采停止。

日本在开采可燃冰的过程中，得到了美国著名油服公司贝克休斯的技术支持。贝克休斯为日本石油天然气和金属矿物资源机构安装了从海底开采可燃冰天然气的水下试验井完井系统。

近年来，日本加快了近海可燃冰勘探开发研究的步伐。2015 年，日本制订了新的海洋可燃冰试采计划，计划在 2017 年开展为期一个月的海洋可燃冰试采研究。为达此目标，日本针对 2013 年可燃冰试采研究中出现的含砂流体堵塞井筒等问题，加强了对开采过程中井筒堵塞防治的研究。

2017 年 5 月，日本按计划在南海海槽区开展第二次可燃冰中长期降压试采研究。此次可燃冰试采研究区位于 2013 年可燃冰试采研究同一区域，即日本爱知县渥美半岛以南80公里处的南海海槽第二渥美海丘区，水深1000米，可燃冰矿藏位于海底以下300米。此次南海海槽区可燃冰试采研究的目标，一是在更长时间内实现连续产气，二是解决可燃冰原地分解出砂造成的井筒堵塞问题。5月8日，日本经济产业省资源能源厅宣布，南海海槽区可燃冰降压试采研究已于5月4日正式开始，JOGMEC成功采出了天然气。5月15日，再次由于泥沙灌入钻井通道而被迫停止产气，没有能够完成原定计划（连续三四周稳定产气），12天的天然气产量仅为3.5万立方米。

此外，日本近年还加强了日本海东部大陆边缘可燃冰勘探研究，现已发现可燃冰有利构造900多个，确定了近海底浅部气烟囱型与较深部砂层孔隙填充型两种可燃冰赋存状态。研究表明，日本不仅在南海海槽区富含可燃冰，日本海东部大陆边缘可燃冰资源量也十分引人注目。

（三）中国：可燃冰试采成功，实现全球“领跑”

中国是较早进行可燃冰研究的国家之一，在试采可燃冰方面一直处于世界前列。1997年，中国设立了“中国海域天然气水合物勘测研究”项目。1998年，中国成立了国土资源部，并开展了国土资源大调查。此后，中国投入960万元进行了可燃冰初步研究。到了2002年，中国正式将可燃冰列入国家计划。2004年，中德两国合作在南海进行可燃冰研究，德国“太阳号”调查船载着近30位两国科学家进行了第一次海底取样，但未获成功。

2007年，中国地质调查局下属的广州海洋地质调查局牵头组织国内外先进的勘探力量，在中国南海北部的神狐海域成功钻取了可燃冰实物样品，发现了分散型可燃冰矿藏。这一可燃冰矿藏具有矿层厚度大、饱和度高、甲烷含量高的特点，受到国内外高度关注。由此，中国成为继美国、日本、印度之后第四个成功在海底钻取到可燃冰样品的国家。2008年，在青藏高原祁连山木里地区的永久冻土带，中国科学家钻获了可燃冰实物样品。由此，中国成为世界上在海洋和陆地都发现可燃冰的少数国家之一。

2011年，中国以加快南海北部可燃冰资源远景区勘查评价、选择重点靶区实施可燃冰试验性开采为目标的可燃冰钻探专项工作启动。2013 年，中国在珠江口盆地东部海域首次发现了超过千亿立方米级的可燃冰矿藏，并获取了多种类型的可燃冰样品。2014 年 2 月，中国的“南海可燃冰富集规律与开采基础研究”通过了验收，从而建立起了南海可燃冰基础研究的系统性理论。到了 2015 年，中国科学家再次发现超过千亿立方米级的可燃冰矿藏，这一矿藏也是在中国南海神狐海域。

2017 年 5 月 10 日，中国地质调查局从中国南海神狐海域开采出天然气。天然气来自水深 1266 米、海底以下 203～277 米的可燃冰矿藏。此后到 5 月 18 日，8 天内连续稳定产气，每天平均产气量超过 1.6 万立方米，最高日产气量达到 3.5 万立方米，8 天总产气量超过 12 万立方米，而且甲烷含量最高达到 99.5%，实现了预定目标（超过国际公认的日均产气 1 万立方米以上且连续一周不间断的指标），标志着中国首次海域可燃冰试采取得了成功。由此，中国成为全球首个实现在海域可燃冰试采中获得连续稳定产气的国家。其实，中国的稳定产气远不止 8 天。自 5 月 10 日开始到 6 月 21 日止，中国南海可燃冰连续稳定产气 42 天，累计产量超过 23.5 万立方米，并创新 20 项技术，远超日本成为世界第一个可燃冰试开采成功的国家。

中国海域主要属于泥质粉砂型储层，全球 90% 以上的储层也属于这一类型。与日本试采的可燃冰海域成矿环境相比，中国的这一类型中砂细导致渗透率更差，加之水深大、埋藏浅等特点，施工和试采难度更大。但中国在可燃冰试采技术被各国严密封锁的不利形势下实现跟跑者后来居上，关键在于中国实施了全面自主创新，这些自主创新体现在可燃冰试采成气理论、抽气技术、工程装备等各个领域。例如，中国在可燃冰开采过程中采用了“防砂排砂”“水、沙、气分离”等多项自主核心技术。2017 年 11 月 3 日，中国国务院正式批准将可燃冰列为新矿种，可燃冰成为中国第 173 个矿种。中国在可燃冰开采中取得的突破，在理论、技术、安全等各层面都对世界各国具有重要的参考和借鉴价值。

对此，时任中国国土资源部部长的姜大明兴奋地表示，此次试采的圆满成功是中国也是世界首次成功实现资源量占全球90%以上、开发难度最大的泥质粉砂型可燃冰的安全可控开采。此次成功试采为实现可燃冰商业性大规模开发"提供了技术储备，积累了宝贵经验"。此次试采的重大意义还在于，它打破了中国在能源勘探开发领域长期跟跑的局面，实现了由"跟跑"到"领跑"的艰难跨越，对保障中国国家能源安全、推动清洁绿色发展、建设海洋强国具有深远影响。中国地质调查局局长钟自然指出，此次可燃冰试采成功是向产业化开发迈出的关键性一步，中国要尽快实现产业化，才能巩固可燃冰开发的领跑者地位，才能进一步推动能源生产和能效提高，从而优化中国的能源结构、保障中国的能源安全，甚至重塑全球的能源格局。中国地质调查局副局长李金发预计，2030年前中国将实现可燃冰商业性开发。下一步，中国的试开采团队将继续在附近海域开展工作、积累经验，为在2030年前进行大规模商业性开发打基础。

三　可燃冰商业性开采面临诸多难题，因而尚需时日

虽然可燃冰具有无限的发展前景，但其开采并不容易。目前，相关国家已经在深海和陆地冻土区成功进行了多次可燃冰试采研究，对降压法、热解法、二氧化碳置换法等一系列可燃冰开采方法进行了初步探索，还在美国、加拿大、日本、中国等国的相关海域或陆上成功钻取到了可燃冰。但是，这也仅仅能够证明现有技术能从可燃冰矿藏中开采出天然气，不能说明更多。可以说，当前世界各国对可燃冰开采的研究仍然处于探索和起步阶段，能够经济有效地开发可燃冰的技术和方法尚未摸索出来，距离大规模的商业性开发还相差很远，产业化仍有很长的路要走。总结起来，可燃冰商业性开采主要面临三大难题。

（一）技术难题

虽然可燃冰储量丰富、污染小，但因其是在高压、低温条件下形成并存在的，若环境发生变化（如失压或温度升高），可燃冰就会迅速分解、挥

发，易造成井喷。因此，如何保证井底稳定、保证甲烷不泄漏、防止引发温室效应成为可燃冰开采的技术难点。特别是，相较于深海石油钻探，海底可燃冰开采的难度要大得多。可燃冰大面积分布在海底，将甲烷气体分解出来后，很难在深海将其聚集在一起进行收集，而且可燃冰一旦离开海床就会迅速分解，发生喷井的风险很大。在海底，可燃冰与泥沙混合在一起，也给开采带来了困难。如前所述，在2013年和2017年，日本连续两次采取降压法试采海底可燃冰都没有达到预期效果，原因均在于海底泥沙流入井筒而被迫中途停止试采。

中国在南海试采可燃冰的过程中，针对试采区的地质条件和可燃冰自身特性带来的世界级挑战，以7项工程技术体系创新解决了技术难题，奠定了商业性开发的基础。但这只是实现技术突破的第一步而已，今后不同的地质条件以及矿藏环境都很有可能带来新的技术挑战，需要不断地去解决，进行技术创新。

（二）成本劣势

要想使可燃冰具有商业价值，其开采成本必须要降到足够低的水平。目前，国际上可燃冰的生产成本约为每百万英热单位30~50美元，而美国亨利中心价格约为6美元；至于中国南海的可燃冰，其开采成本大约为200美元/立方米，若折合成天然气的话，则成本价约为8元/立方米，然而，当前常规天然气的成本甚至还不到1元/立方米，差距极为悬殊。但从长远来看，其开采成本将来有望降至0.77元/立方米，届时可燃冰将具有可观的商业前景。国际能源署（IEA）估计，一旦实施了有效的开发方式与流程，可燃冰天然气每百万英热单位的生产成本可控制在4.7~8.6美元。

尽管最近取得了一些进展，但可燃冰的大规模商业性开发在未来10~15年内仍难以实现。美国地质调查局估计，在2025年左右，有“政治意愿”追求可燃冰的国家才有望实现商业性开发。按照中国的规划，初步定于2020年实现可燃冰工程性试采，然后再过10年，到2030年实现商业性开采。要实现这一目标其实很不轻松，既需要发现更多的可燃冰可开采储量，还需要大幅度降低开发成本，而这只有在勘探理论和开采技术取得更大的突破后才会变为可能。①

（三）生态环境风险

在海底进行可燃冰开采面临很大的环境风险，这些风险包括引起海底地质变化、引发海洋生物死亡、加剧温室效应等诸多方面。

可燃冰必须在低温、高压下才能稳定结晶。无论是自然因素还是人为因素引发的温度或压力的变化，都会导致可燃冰分解，进而造成海底滑坡、海啸、海洋生物大面积死亡等一系列环境灾害。而可燃冰的勘探开发是一个复杂的综合系统工程，迄今国际上尚无成熟的开采技术方案。由于可燃冰化学性质不稳定，开采时会释放出大量甲烷，因此大规模商业性开采将面临严峻的环境问题。如果开采过程中钻孔密封不好，导致海水大量进入，很容易引起大范围的失稳现象，进而造成甲烷大量逸出，甚至会引发海底滑坡等更严重的后果。此外，可燃冰开采出来后，如果管道密封保护不好，甲烷气体也会逸出。

可燃冰的主要成分甲烷是一种强温室气体，在大气中吸收太阳辐射的能力是二氧化碳的25倍。人们在开发可燃冰的过程中，如果在一些环节或技术上处理不当，导致甲烷气体发生大规模逸出，将使本已不容乐观的全球温室效应雪上加霜，进一步加剧全球气候变暖。当前已经有一定的证据表明，过去地球上甲烷气体的大规模自然释放是导致气候急剧变化的“元凶”之一。但也有研究认为，可燃冰分解带来的甲烷大规模释放对气候的影响很小。②

海底可燃冰变动带来的力学失衡，很容易引发地质方面的自然灾害。在海底，可燃冰与海洋沉积层共生共存，维持着大陆斜坡地带的稳定状态。而可燃冰的开采过程就是通过改变物理环境，将固态的可燃冰分解为气态。以

① 程春华：《冰火两重天：可燃冰如何影响世界》，《世界知识》2017年第14期，第52页。

② 此为美国地质调查局与罗切斯特大学于2017年联合得出的结论，参见“EarthWord-Gas Hydrate”，https：//www. usgs. gov/news/earthword – gas – hydrate。

降压法为例，它的原理就是通过将海底的压力减小，使可燃冰变为气体。但是，海底的固体可燃冰减少后，原来的力学平衡被打破，地壳将变得不稳定，大陆架斜坡也将变得不稳定，这就可能进一步引发海底塌方和海啸风险。因此，科学家担心，在海底放置大量可燃冰开采装备势必会破坏海洋生态系统，可能会带来各种难以预料的海洋地质灾害。8000 年前在北欧造成浩劫的大海啸，就极有可能是海底可燃冰大幅失稳所致。考虑到可燃冰开采可能带来的严重环境灾难，各国在商业性开发问题上一直小心翼翼，不敢鲁莽行事。

更危险的是，“可燃冰喷射假说”（Clathrate Gun Hypothesis）认为，万一可燃冰出现爆炸性的释放，逸出的甲烷将带来温度的上升，这将进一步使可燃冰出现松动，引发连锁反应，最终将造成令人恐惧的、不可逆转的爆炸。甚至有人认为，可燃冰爆炸所产生的能量和威力相当于全球核武器爆炸产生的能量的一万倍，这足以造成包括人类在内的地球物种的灭绝。①

环境风险控制也是中国可燃冰研究的一大重点。目前，中国在可燃冰开发的环境效应研究、海底地质灾害类型和分布、海底工程地质特征等方面也取得了阶段性成果。针对在南海神狐海域进行可燃冰试采可能带来的环境问题，中国事先采取了周密措施，没有产生环境污染，也未导致任何地质灾害。②

综上所述，如何实现安全经济地开采，并减少对环境和生物的不利影响，是挡在可燃冰商业性开采道路上的“拦路虎”。要实现可燃冰的大规模商业性开发，技术可行性、经济可行性及安全开采三者缺一不可。就当前来看，一些研究开发可燃冰的主要国家正在努力解决上述问题，并已取得初步成效。有专家认为，从理论上讲，可燃冰开发引起的环境等问题是可以破解的，但在找到现实可行的解决办法之前不应轻易冒险。如何既安全又经济地开发可燃冰，成为科技界加强创新研究的重要课题。

---

① 陈久霖：《可燃冰：可能引发第三次能源革命?》，《能源》2017 年第 6 期，第 48 页。

② 刘晓慧：《“可燃冰革命”，或将改变能源格局——我国海域天然气水合物成功试采的前因后果深度透视之一》，《中国矿业报》2017 年 6 月 3 日，第 1 版。

四　可燃冰对未来能源格局的可能影响

一旦可燃冰商业性开发获得突破，将对全球能源格局产生巨大影响。

（一）加速全球能源格局调整

可燃冰具有其他新能源所无法比拟的一些优势，包括储量巨大、燃烧热值更高、更加清洁等。尤其是，它没有风能、太阳能等新能源所面临的并网难题，原因在于全球天然气运输网络和储存设施已经比较完备，可燃冰投入商用后，即可利用现有设施进行储运。随着开采工艺的逐步完善，可燃冰将大有作为，一旦投入商用，将引发一场名副其实的能源革命。

俄罗斯能源部部长亚历山大·诺瓦克承认，目前世界天然气市场的确出现了一些导致能源平衡发生革命性变化的因素，而可燃冰开发将是能够改变全球能源体系的下一个因素。尽管迄今为止可燃冰开发尚无明显成效，但随着新技术的问世，这种燃料“完全可以在全球能源市场上引发一场革命”。诺瓦克认为，可燃冰开发技术颇有前景，其开采成本将比页岩气等非常规天然气更具竞争力。[①]

如果能够克服可燃冰开发的技术和经济障碍，中国、日本、印度等未能复制美国“页岩气革命”的能源进口国将具有很大的优势。谁率先以成本比较优势实现可燃冰大规模商业性应用，谁就能在大国博弈中占据战略主动和优势地位。可燃冰将加速由“页岩气革命”开启的全球能源市场由卖方市场向买方市场转变的进程，传统能源消费大国有可能转身成为非常规天然气开发大国，并可能实现对外出口，能源生产将更加去中心化、多元化和分散化。

---

① 周晓沛、孙永祥：《可燃冰开发前景及对全球能源格局的影响》，中国前外交官联谊会网站，http：//www. wjglyh. org/gywm. asp？ id＝1565。

（二）可燃冰作为传统化石能源的替代能源，其商业开发将对油气价格和出口国带来严重冲击

若美国实现可燃冰大规模开发，则会在“页岩气革命”的基础上如虎添翼，提前实现能源自给，还会对欧洲和亚洲出口更多天然气，降低天然气消费国对俄罗斯、中亚、中东的依赖。而传统天然气出口国为了应对非常规天然气的竞争，会降价以保护市场份额，从而使欧洲等天然气消费国获得新老天然气出口国的价格战红利。可燃冰的商业性开采不仅会冲击管道天然气出口国，还会动 LNG、页岩气等出口商的“奶酪”，美国、俄罗斯、澳大利亚、卡塔尔等国的 LNG 项目将受到冲击。

俄罗斯媒体惊呼，全球能源市场瞬息万变，其中“大多数变化均对以出售常规天然气称雄的俄罗斯不利”。如今，在液化气工艺和页岩气技术的强烈冲击下，能源巨头俄罗斯天然气工业股份公司的地位已大不如前。如果未来十几年世界开始大规模商业化开采页岩气和可燃冰，必将大大拉低天然气价格，给作为俄罗斯主要经济支柱的能源部门带来毁灭性打击。当然，这不仅对俄罗斯，而且对其他许多常规天然气出口国都将形成冲击。

如果可燃冰最终实现量产并引发油气价格下行，将会扩大化石能源利用规模、延长化石能源利用年限，这对于太阳能、风能等新能源的开发利用来说是一大“利空”。因此，未来较长一段时期，单一能源独占市场的局面恐怕很难出现，化石能源的主体地位很难轻易被撼动，化石能源与非化石能源将在较长时间内共存。①

（三）在地缘政治上激化能源陆权与海权的博弈

当前，“页岩气革命”已经对俄罗斯、中亚、中东等传统油气出口国产生冲击，后者还面临欧洲天然气需求下降、俄欧能源基础设施投资与建设式微、中国能源需求增长将放缓等挑战。如果说“页岩气革命”体现的是能

① 陈久霖：《可燃冰：可能引发第三次能源革命?》，《能源》2017 年第 6 期，第 48 页。

源陆权内部传统力量面临非常规力量的博弈，那么可燃冰等海上为主的非常规能源一旦异军突起，传统陆权能源出口国将面临非常规陆权与海权能源力量的“联合围剿”。[①]

（四）加剧领土领海争端

可燃冰的开发，将使存在领土领海争议的可燃冰富集区的争端更加复杂化。以中国南海为例，可燃冰的开发将提升南海的资源禀赋，其地缘重要性将进一步提高。周边国家，特别是南海主权声索国和美国非常关注中国在南海的可燃冰开发利用。在可燃冰开发的刺激下，周边相关国家对南海资源的觊觎将更加迫切，域外国家要想介入南海议题，也会更多地从能源开发衍生出的地缘视角认知南海争端。[②] 2017 年 5 月，美国《外交政策》杂志刊文称，中国宣布首次在南海试采可燃冰，对于寻求更多天然气资源的能源“饥渴”国家来说，这是一个潜在的“爆炸性突破”，但也将引发中国与其邻国之间更加激烈的冲突，进一步加剧本地区的紧张局势。[③]

---

① 程春华：《冰火两重天：可燃冰如何影响世界》，《世界知识》2017 年第 14 期，第 51 页。

② 程春华：《冰火两重天：可燃冰如何影响世界》，《世界知识》2017 年第 14 期，第 51 页。

③ Robbie Gramer, Keith Johnson, “China Taps Lode of ‘Fire Ice’ in South China Sea”, *Foreign Policy*, May 19, 2017, http://foreignpolicy.com/2017/05/19/china-taps-lode-of-fire-ice-in-south-china-sea/.

业界创新探索

Chapter of Energy Industry Innovation

B.13

新能源汽车的发展：步入快车道

张 然*

摘 要： 全球能源组合结构和供需结构正在发生重大变化，清洁能源和可再生能源所占能耗比重持续上升，石油比例继续下降。与此同时，以电动汽车、混合动力汽车为代表的新能源汽车正在加快普及。交通运输业是重要的碳排放源和能源消耗源，新能源与新能源汽车互相影响、互相作用，将对未来的能源格局产生重大影响。当前，全球众多厂商纷纷布局电动汽车，欧美国家近年来也陆续出台了禁售燃油车的时间表，如何判断新能源汽车的技术趋势、怎样加快发展新能源汽车的产业体系，全球尤其是中国需要从能源安全的角度以战略性思维积极做出应对，迎接动力技术和

* 张然，北京大学博士后，中国社会科学院研究生院国际能源安全研究中心研究员。

数字技术的新挑战。

关键词： 新能源汽车　能源结构　数字技术　动力技术　中国

全球正进入一个新技术和新能源时代。新能源开发应用技术、数字信息技术正在深刻影响和改变我们的生活。人类历史上，从蒸汽机、内燃机到电动机，从化石能源到核电、风电、太阳能，每次动力源的变化都会给能源结构和国际局势带来巨大冲击。

交通耗能从来都是主要的社会能源消耗之一。当传统汽车插上新能源和新技术的翅膀，这不但耦合了新能源的开发应用，而且加速了“智慧汽车”的市场普及，这激发了人类的创造力与想象力，将在很大程度上重构世界能源秩序和格局。全球各大汽车厂家早已开始布局电动汽车，欧美国家近年来也纷纷出台了禁售燃油车的时间表，谷歌已经正式宣布将在2018年商业化其无人驾驶出租车业务。当比亚迪电动客车穿行于巴黎大街，当仰望星空想到那辆红色的特斯拉正在太空翱翔①，当中国汽车销量连续9年位居全球第一②，我们有理由相信，汽车产业已经驶入新能源时代的快车道。

一　新能源汽车发展之急：必要性和迫切性

放眼未来，新能源汽车③的发展有着不可估量的正外部性。这是能源结构、产业发展、技术耦合等供需关系形成的必然结果，也是能源安全、节能减排、国际竞争等多种因素的迫切需要。

---

① 2018年2月6日，美国私营航天企业SpaceX发射了猎鹰重型火箭，并将一辆载有太空假人的特斯拉红色电动新能源跑车送向了太空。

② 根据人民网新闻资料，http：//auto.people.com.cn/n1/2018/0119/c1005-29776081.html。

③ 目前广泛接受的新能源汽车的概念就是用可再生资源或轻污染燃料作为驱动力来代替石油燃料的汽车。现在新能源汽车主要包括电动汽车、混合动力汽车、乙醇燃料汽车、氢燃料电池车、太阳能汽车等。

（一）全球能源结构调整的现实需要

1. 能源组合结构：石油比例持续下降

什么样的车用什么样的油，什么样的能源供给决定着生产什么样的汽车。全球能源组合正由传统能源向天然气、太阳能等清洁燃料和可再生能源转变，天然气等低碳能源的市场份额呈增长态势，石油燃料所占份额持续下降（见图1）。① 全球能源组合结构呈现出有利于天然气的格局，这将对能源商品价格、贸易、政策和技术产生长远影响。在北美，天然气在运输行业的应用日趋扩大；在亚洲，日本在福岛第一核电站事故后也增加了天然气在能源组合中的份额；在欧洲，各国正通过增加液化天然气进口和整合天然气管道基础设施消减对俄罗斯的依赖。预测到2035年，可再生能源的增长将翻两番，发展前景广阔。② 能源供给结构的变化，要求汽车动力源从石油为主向新能源为主转型。

2. 能源供需结构：中国成为最大的汽车市场和能源消费国

从供给方面来看，北美能源崛起带来了重大能源秩序调整。美国从

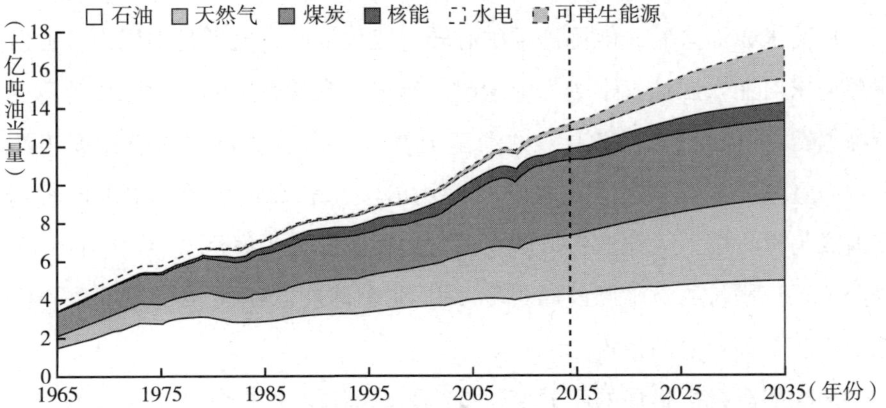

一次能源消费

① 德勤全球研究团队：《全球油气行业五大趋势》，《企业家信息》2014年第11期。

② BP：《世界能源展望2017》。

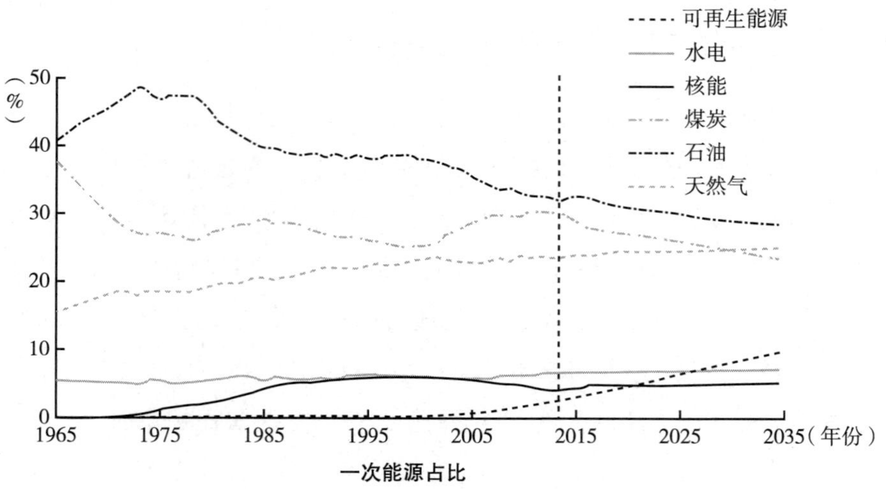

图1　能源消耗结构与趋势判断

数据来源：BP:《世界能源展望2017》。

2016年开始已经从天然气进口国变成出口国，从能源主要进口国变成出口国。欧佩克和俄罗斯主导长达半个多世纪的油气出口环境，如今正受到新的能源供应国的挑战。

从需求方面来看，能源需求中心转向亚太地区，尤其是中国市场的巨大能源需求对亚太区油气市场和地缘政治带来了关键性影响。中国作为第一大能源消费国（见图2）和第一大汽车消费国，当前对石油的依存度依然很高，而且主要依赖于进口（2017年中国海关总署数据显示，中国已经超越美国成为世界第一大原油进口国，进口途径大部分为海运）。中国在2017年对全球经济增长的贡献已经超过30%，在全球能源结构转型进程中，中国必然扮演至关重要的角色。

国际能源供需格局的明显变化持续驱动能源结构的新调整和新发展。美国和中国分别作为全球第一、第二大经济体，能源供需结构的巨大差异性必将产生国际关系波动（见图3），其影响必将波及全球。例如，当美国退出《巴黎协定》继续生产和使用更多化石燃料时，中国却采取了截然不同的政策，可再生能源应用方面在全球处于靠前领跑地位。再比如，美国对中东的

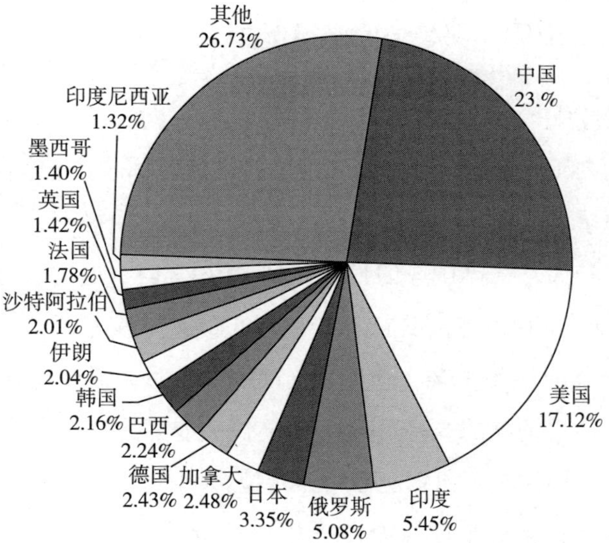

图 2　2016 年主要经济体一次能源消耗量占世界比重

数据来源：《BP 世界能源统计年鉴 2017》。

能源供应依赖减少，而中国的依赖却在加强。中国“缺油、少气、多煤”，要保证国家能源战略的安全，减少对石油的依赖，汽车行业首当其冲。某种程度上可以说，新能源汽车领域将是未来能源竞争与安全的主战场之一。

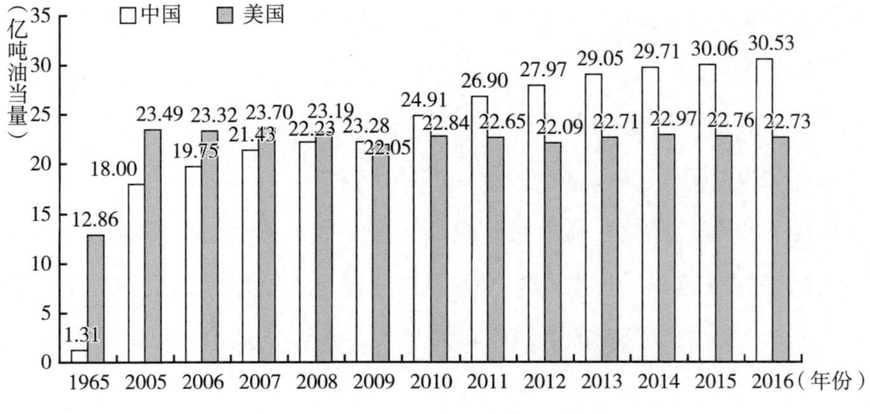

图 3　2005 ~ 2016 年中美一次能源消耗量比较

数据来源：《BP 世界能源统计年鉴 2017》。

（二）低碳节能环保趋势的必然选择

1. 交通低碳减排：汽车的新能源转型势在必行

全球范围内正在推进一场消费革命，构建清洁低碳、安全高效的能源体系。国际能源署（IEA）在《世界能源展望 2017》中提到，世界尚未达到控制空气污染和温室气体排放的目标；到 2040 年时，电力会占到最终能源消费增量的 40%；在可持续发展情景中，低碳能源在能源结构中的份额将翻一番，2040 年时达到 40%。IEA 的统计数据表明，预计到 2020 年交通用油将占全球石油总消耗的 62% 以上。实现低碳能源的全球大面积推广目标，必然要求传统的燃油汽车向新能源动力转型。

交通运输业碳排放量超过全球碳排放总量的 20%，仅次于煤电行业，是导致全球气候变暖的主要因素。两百年来，汽车已经成为人们生活的一部分，不敢想象，如果人类一觉醒来失去汽车交通，生活会变成什么样。汽车排放持续加重着地球温室效应，已经让自然环境不堪重负，给人类带来了生存危机。2017 年，全球汽车保有量约 13 亿辆，预计到 2020 年全球汽车保有量将达 14.5 亿辆（见表 1），其主要增量来自中国等发展中国家①，而发展中国家基本上能源效率又较低。国际能源组织预测，到 2030 年，城市交通碳排放量的年增长率将以 1.7% 的速度递增。② 如今，低碳交通已成为政府公共治理的一项重要工作，为了解决环境污染和能源效率问题，新能源汽车正在成为新时代城市的名片。

2. 经济效益明显：新能源汽车具备节能优势

新能源汽车的普及有利于交通能源的多样化、清洁化和高效化。长期来看，无论是能源效率、技术成本等内部性分析，还是环境效益、国际竞争等外部性分析，新能源汽车的经济性毋庸置疑，加快发展迫在眉睫。

① 根据 NavigantResearch 公司发布的《交通运输业预测：轻型汽车》（2015）测算。

② 国际能源署（IEA）：《世界能源展望 2017》。

表 1　汽车保有量预测

单位：万辆

项目	2017 年预测	2018 年预测	2019 年预测	2020 年预测
全球汽车保有量	129371.04	134301.66	139406.86	144695.43
其中:中国汽车保有量	21048.75	23043.36	25100.02	27223.33
其他亚洲国家汽车保有量	25659.51	27175.95	28758.86	30411.96
欧洲汽车保有量	38096.63	38784.14	39488.36	40209.53
美洲汽车保有量	40268.24	40971.07	41696.33	42444.27

数据来源：根据 NavigantResearch 公司发布的《交通运输业预测：轻型汽车》（2015）测算。

以中国出租车行业为例，电动新能源汽车比传统燃油出租车具有明显的成本效率优势（见表 2）。一方面，电动出租车能耗成本较低。保守估计能耗成本要比传统车辆减少 50% 以上。无论是对比能源转化率还是通过计算每公里消耗能源，电动出租车在减少一次能源消耗方面具备优越性。[①] 另一方面，电动出租车对环境的污染少。出租车的启动和停车频繁，对于传统燃油出租车而言，起停间不但耗油，而且瞬时尾气排放量更大。电动出租车不存在尾气排放问题，而且在减速停车时还可以将车辆的动能转化为电能贮存，大大提高能源使用率。

表 2　电动出租车与燃油出租车的能耗成本对比

项目	燃油出租车	电动出租车
日驶里程(公里)	274	274
年驶里程(公里)	100000	100000
单位油耗最高估算值(升/公里)	0.1	0
单位电耗最高估算值(度/公里)	0	0.15
单位能耗价格	人民币 6 元左右/升	人民币 1 元左右/度
年油耗(升)	10000	0
年电耗(度)	0	15000
年能耗费用(人民币:元)	60000	15000

数据来源：根据魏丹、刘莘昱编写的《电动汽车环境效益比较分析研究》（《河南电力》2009 年第 4 期）形成成本对比图。

① 魏丹、刘莘昱：《电动汽车环境效益比较分析研究》，《河南电力》2009 年第 4 期。

当汽车不再依存于油动力，而是可以大面积采用电池、天然气等能源驱动时，这不但有利于煤炭等不可再生能源的高效利用，更是对可再生能源革命的有力呼应。随着国际能源格局的新变化，以及能源民族主义的新回潮，能源安全更加值得警惕。各国都不会将本国经济的可持续发展甚至国家安全寄托在所谓的国际市场调配上，开源节流是一个永恒话题。汽车行业要节能提效，发展新能源汽车势在必行。

（三）行业技术耦合发展的内在要求

1. 动力技术转型升级：新能源动力技术亟待在汽车行业普及

“世界潮流，浩浩荡荡，顺之则昌，逆之则亡。”目前，从技术创新的生命周期来看，多种优于石油燃料驱动的动力技术已经较为成熟（见图 4），能效更高，也更加环保，但囿于基础设施、配套服务、厂家技术更新成本等因素，普及尚需时日。新能源动力耦合汽车业在普及中发展、在发展中普及，二者相辅相成、相互促动，这是能源发展的需要，也是汽车行业的未来。2017 年 12 月，全球首条全路幅宽度铺设的太阳能光伏路面在山东济南正式亮相，新能源电动汽车以后可以跑着充电！对于此应用，我们还可以发挥更大的想象空间。汽车行业创新的大潮已经涌起，我们不是在预测趋势，而是已经身在其中。动力技术扩散的普及期已经到来，汽车企业必须果断大力导向新能源动力，否则将面临被淘汰的风险。

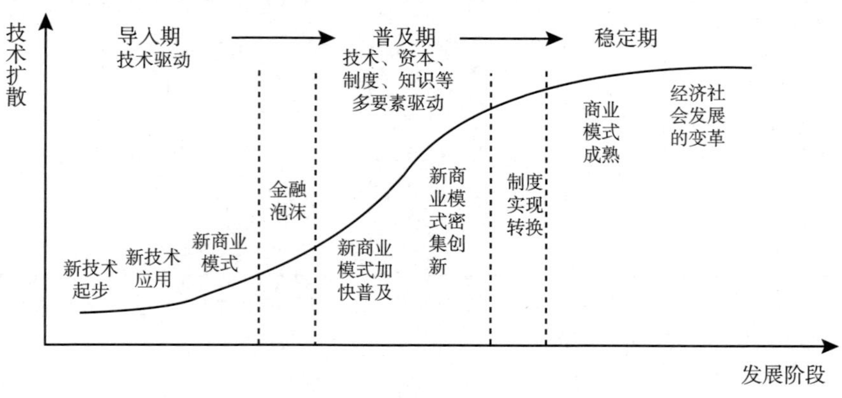

图 4　技术创新的生命周期

与此同时，电力驱动对汽车结构产生了革命性影响。纯电动汽车是用电池存储电能对轮轴进行驱动，没有发动机，只有动力驱动系统，从而大大简化了汽车结构，降低了故障率和维护成本。汽车电动化将造车门槛拉低，电动汽车生产厂商可以直接绕过传统车企的核心技术壁垒（以发动机和变速箱为核心的动力总成技术），造车看起来再也不是那么遥不可及的事情。但是，因为普及率太低，所以边际成本亟待减少。

2. 数字技术全面融合：新能源汽车成为新的消费场景载体

今日之汽车已经不再仅仅是交通工具，而是重要的消费场景载体。工业4.0时代，数字技术正在重构商业格局和商业模式，跨界融合成为必然趋势。谷歌产车、百度产车、腾讯产车、LG产车，苹果布局车载智能系统、阿里巴巴布局“云OS”智能出行操作系统……可谓是“忽如一夜春风来，科技企业都产车”。表象是大家投产新能源汽车，而真正的布局是因为智能手机、智能汽车将是未来消费场景的主载体。一辆智能汽车就是一个微型商业系统，不但可以自动驾驶、智能出行、共享数据，而且可以网上购物、开会办公、休闲娱乐，汽车产业将是“互联网+制造”的典型产业。

汽车电动化、智能化和网联化是毋庸置疑的大趋势，这就必然要求燃油车向电动车转型。就像智能手机一样，若要让汽车时刻在线，那就得时刻有电；就像顾客需要商场体验感一样，若要汽车这个消费场景变得更为舒适，就必须简化汽车结构，释放更大的汽车内部空间。消费的互通互融与扩大升级，引领传统汽车与新能源动力、智慧云互联进行深度融合。新能源汽车之新不仅是能源之新，还将因驱动系统革命之创新为数字技术和材料技术在汽车行业的普及应用带来端口链接的契机。试想一下，仅仅因出行数据的共享，就将会有多大的潜力帮助缓解交通拥堵，从而极大程度上促进交通行业的节能减排。

二　新能源汽车发展之快：现状与趋势

“不畏浮云遮望眼，只缘身在最高层。”当今世界对新能源汽车技术的趋势众说纷纭，但无论怎样，技术进步和国家安全必将推动新能源汽车的全面普及。尤其是中国作为新能源汽车的最大市场以及能源消费最大的国家，更应该做好短期目标和长期目标的协调，把握好发展节奏，实现新能源与新能源汽车发展的良性啮合，达到经济性、生态性与能源安全的协调统一。

（一）新能源汽车增长的特点

1. 百花齐放

近些年来，不但是原有的汽车制造厂商纷纷跨入新能源汽车领域，众多企业也跨界涉足，交通发展史上还从未有过如此高涨的改革创新大潮，这样的局面给新能源汽车全产业链条的发展带来了重大契机。与此同时，欧美日等国家和地区也纷纷加大了对新能源汽车的政策扶持，新能源汽车正在成为全球汽车行业发展的新引擎。从世界范围来看，新能源汽车产业正处在技术导入期和普及期，大家你追我赶、起势均衡，可谓百花齐放，单纯从技术发展角度来看，尚没有出现一枝独秀的局面。例如，特斯拉汽车虽然市场份额大，但盈利水平较低；中国市场虽然最大，但技术水平还达不到领先地位。这给汽车行业的新入者无疑是提供了一个后发创新发展优势。

2. 势头强劲

过去 5 年，全球电动汽车的销量取得了大幅增长。2015 年全球新能源乘用车总计销量达到 36.9 万辆，同比增长 50.00%。2016 年全球新能源乘用车总计销量达到 73.1 万辆，同比增长 98.10%，全球新能源汽车销量持续保持高增长（见图 5）。2017 年全球新能源乘用车总计销量达到 122.4 万辆，较 2012 年的 12.2 万辆实现了巨大提升，较 2016 年的 77.4 万辆也有 58% 的增长（见图 6）。

新能源汽车占比也持续增加，以百倍速度增长，从 2010 年的 0.01% 一路攀升至 2017 年上半年的 1%（见图 7）。

3. 份额集中

中国、美国近年来一直是新能源汽车全球前两大销售国，集中了大部分

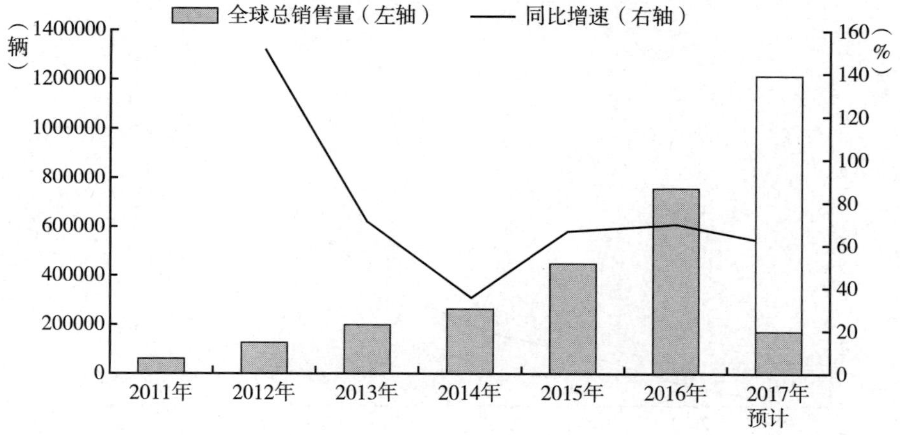

图5　2013～2016年全球新能源汽车销售量

数据来源：中国汽车工业协会，http：//www.caam.org.cn/。

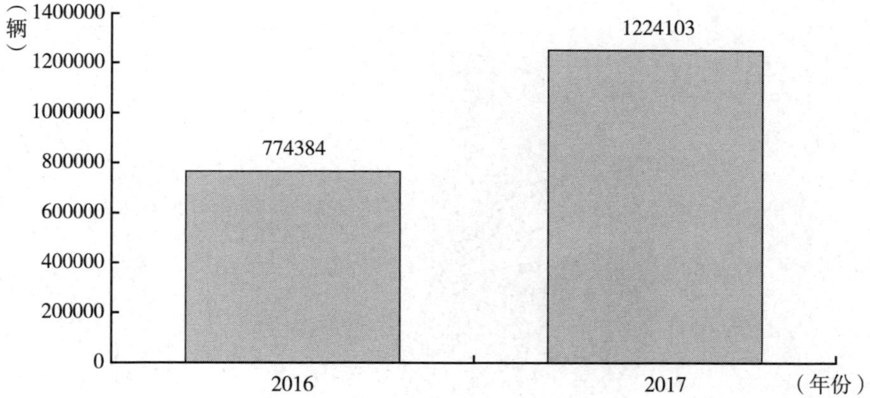

图6　全球新能源乘用车2017年与2016年销售量对比

数据来源：中国汽车工业协会，http：//www.caam.org.cn/。

的市场销售份额。2016年中美两国占据了65%以上的市场份额，中国、美国、挪威、德国、法国、英国、日本、荷兰作为全球前八大销售国，占据了91%的市场份额（见图8）。而且，以上国家的新能源汽车销量依然处于增长之势（见图9、图10）。

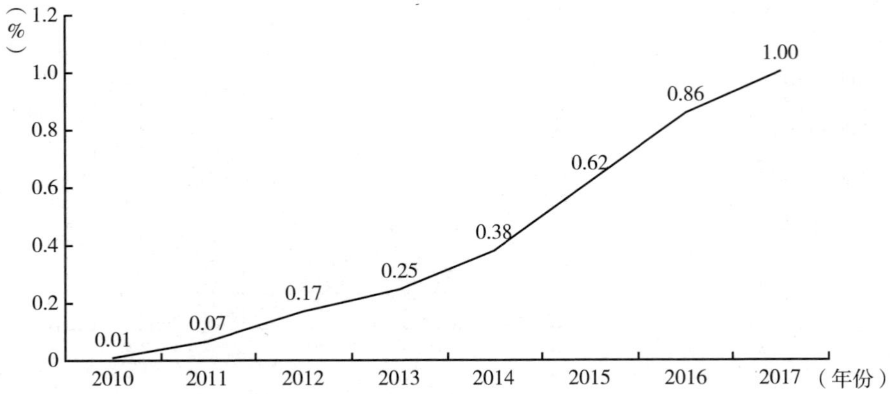

图7　2013～2016年全球新能源汽车销售占比

数据来源：中国汽车工业协会，http：//www. caam. org. cn/。

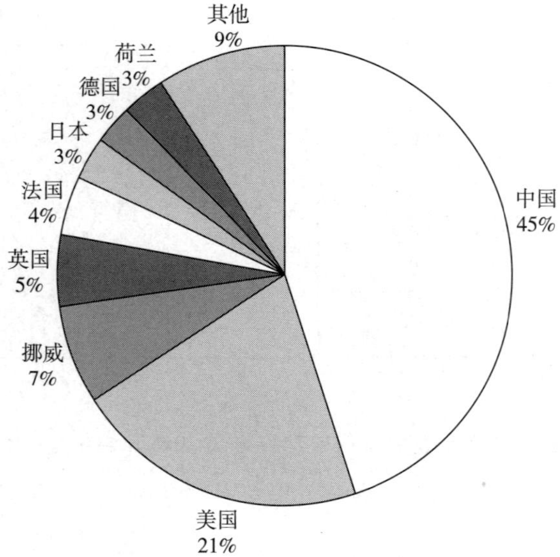

图8　2016年世界新能源汽车销量市场份额

数据来源：Global EV Outlook 2017－Electric Vehicles Initiative。

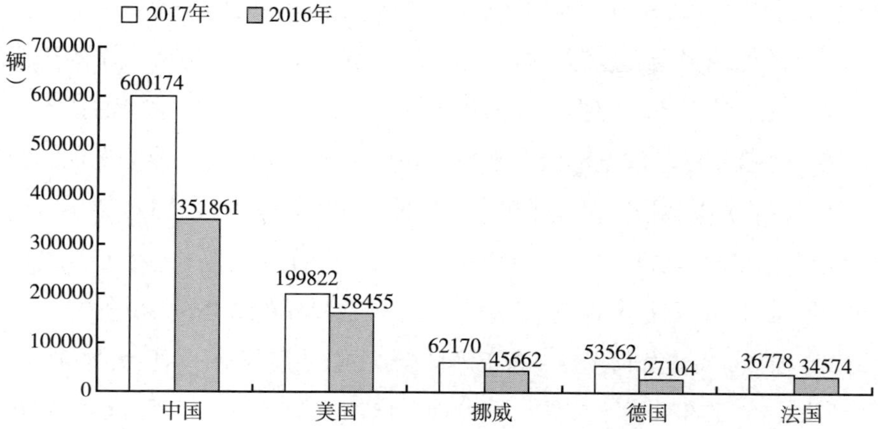

图 9　2016 年、2017 年新能源乘用汽车销量前五位国家的销量对比

数据来源：中国汽车工业协会，http：//www. caam. org. cn/。

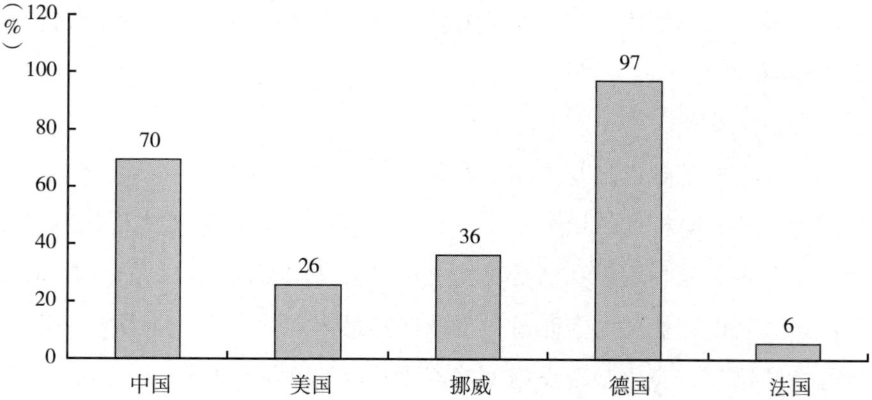

图 10　2017 年新能源乘用汽车销量前五位国家的同比增长率

数据来源：中国汽车工业协会，http：//www. caam. org. cn/。

（二）新能源汽车面临的挑战

1. 技术方向

第一，技术路线何去何从。当前，新能源汽车的动力主要有清洁柴油、生物燃料、煤制醇醚、燃气、混合动力、纯电动力、燃料电池等类型，自能源替代概念提出以来，对新能源汽车动力技术选择路线的争议就一直甚嚣尘上。各国的能源格局、能源危机、环保压力不一样，对新能源汽车的热忱度也不同，在此情况下，根据不同的长短期目标搭配，各国所选择的技术发展目标路线也就不同。就电动汽车来说，如何对锂离子电池、镍镉电池、镍氢蓄电池、铅酸蓄电池进行优先排序，目前也仍在实践摸索过程中。例如，中国为了应对能源安全危机，主力方向聚焦于一步到位的纯电动技术，而北美因为能源问题压力小，则是多种技术路线并行。产业发展的战略设计最怕发生方向性错误，所以，究竟如何选择一条正确且合适的技术路线是一种巨大的挑战。

第二，关键部件尚不成熟。一方面，电池成本高昂、使用寿命短。虽然电动汽车充电费用低廉，但更换电池是一笔巨大的开支，成本障碍已成为“阻尼器”，严重制约了新能源汽车的快速普及。另一方面，电池续航能力较差。电池续航里程越大，便利性自然越强，而且这还意味着充电频率越低，可以延长电池使用寿命，但目前已经投放市场的主型电动汽车大都难以保证长距离行驶。

2. 基础保障

第一，充电基础设施与同期新能源汽车规模不匹配。一方面，当前，全球范围内公共充电桩的使用率都不高，可持续的商业发展模式还没有形成，存在着运营企业盈利困难和消费者充电价格偏高的双向矛盾。另一方面，新能源汽车大规模产业化尚需时日，全球保有量非常低，当前随着新能源汽车数量的持续增长，充电基础设施覆盖范围不足的问题日益凸显。基础设施建设已经成为制约新能源汽车产业化的瓶颈。

第二，市场流通服务体系还不健全。在售后服务方面，不同品牌的新能源汽车的质保内容参差不齐，电池以旧换新的政策也不相同。新能源汽车售后服务配套体系滞后，对培育消费市场有一定的负面影响。同时，新能源二手车市场评估标准缺失，流通体系不健全，车辆保值率不高，这也会影响新车市场的长远发展。

3. 市场运营

第一，新能源汽车还没有形成规模效应和范围效应。因保有量较低，产业成长初期面临着市场培育期长、成本高企、竞争力弱、大范围推广应用难等问题，导致企业运营盈利困难。另外，广大传统汽车生产厂商的边际成本相比于新能源汽车较低，而且存在巨大的沉没成本，这在短期内依然会表现出较为明显的成本优势。

第二，消费人群对新能源汽车的认知有待于市场培育。大部分消费者购车时，优先考虑的是安全性、舒适度、便捷性、购车成本、品牌、服务保障等因素，环保问题往往不是头等大事，这符合消费者的心理账户预期。新能源汽车作为新型产品，还欠缺完备的产业体系支撑，还不能充分满足消费者的需求。如果没有针对性的产业政策扶持，没有政府在市场培育、舆论引导、原油价格、交通管理等方面做更多的政策倾斜，完全任由其自由竞争，新能源汽车将在短期内很难得到消费者的认可，很难完成对传统汽车的替代。

（三）新能源汽车发展的趋势

1. 销量加快增长

根据技术创新的生命周期理论（见图4），新能源汽车刚刚步入普及期，未来两年至三年内必将持续加快增长，预计将继续维持40%以上的增速，行业将继续保持高成长趋势（见图11、图12）。尤其是中国市场已成为全球汽车消费的晴雨表，中国已经确定了到2020年新能源汽车占比达到10%的目标，这意味着要比2017年（2.7%）增长4倍的数量。由于中国政府大力支持新能源产业的发展，给新能源汽车生产厂商提供高额补贴，已经将中国打造成全球最大市场，中国新能源乘用车销量直接推动了全球市场销量。新能源汽车的销量增加将对全球的能源结构产生持续影响，可再生能源与清洁能源的增长将体现出同步性。

2. 多元技术搭配

长期来看，新能源汽车必然会是一个智能化、纯电驱动的发展趋势。当前，虽然纯电动技术路线已见成效，但存在阶段性发展弊端，作为技术补充方案的燃料电池、插电式混动和增程式等在某些应用领域的技术优势将得到更多的政策关注和支持（见表3、表4、表5、图13）。电池成本快速下降和

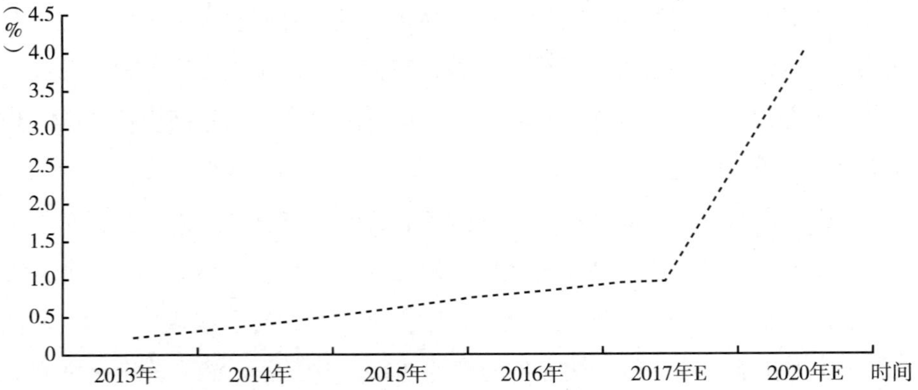

图 11　新能源汽车销量占比预测

注：E 表示估计、估算。
数据来源：中国汽车工业协会，http：//www. caam. org. cn/。

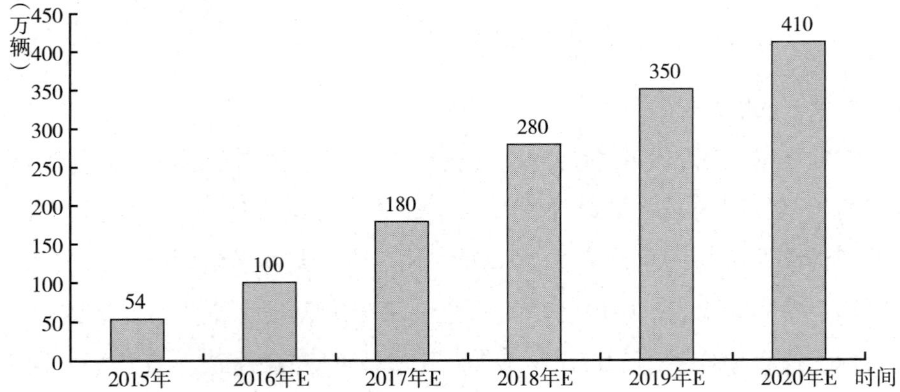

图 12　全球新能源汽车销量增长预测

注：E 表示估计、估算。
数据来源：中国汽车工业协会，http：//www. caam. org. cn/。

能量密度上升意味着电动汽车行驶里程和价格将很快能够满足消费者的期望，插电式混合动力汽车将被电池电动汽车所取代。燃料电池汽车因其长途驾驶性能，有可能成为纯电动汽车的补充。①

---

① 毕马威：《2018 新能源汽车的技术发展趋势》，2018 年 1 月。

应该实事求是地看到，内燃机在相当的时间当中，特别是对于大客运、大货运、大船运、大农业等领域，还具有广泛的市场要求，依然会以独立驱动或以混合动力的形式存在。所以，内燃机将以提升燃油效率、降低排放为主线，提升关键技术。从现在发展的趋势上看，内燃机与电动化相结合将在一段时间内成为新能源汽车动力技术应用的一个新方向。

表 3　各种新能源汽车动力综合性能对比

	清洁柴油	生物燃料	煤制醇醚	燃气	混合动力	纯电动力	燃料电池
车辆性能	较好	中	中	差	好	中	中
能量密度	好	中	中	差	较好	差	差
能量易储存性	好	中	中	差	中	差	差
排放质量	差	中	中	中	较好	好	好
能量转换效率	中	差	差	差	好	较好	好
资源丰富性	差	差	中	中	中	较好	好
购车成本	好	较好	较好	较好	中	中	差
燃料成本	中	好	较好	较好	较好	好	差
加油/电便利性	好	好	中	差	好	较好	差

数据来源：中国汽车工业协会，http：//www. caam. org. cn/。

表 4　各种新能源汽车技术和燃料一览

	类型	技术	能量/燃料来源
新能源汽车	新型燃油汽车	清洁柴油车	石油
		新配方汽油(RFG)	石油
		石油液化气(LPG)	石油
	燃气汽车	液化天然气(LNG)	天然气
		压缩天然气(CNG)	天然气
	生物燃料	生物乙醇	粮食/非粮食农作物
		生物柴油	动植物油脂
	煤制醇醚燃料	煤制甲醇	煤炭
		煤制二甲醚	煤炭
	电动汽车	混合电动车(HEV)	石油/电力
		纯电动车(PEV)	电力
		燃料电池车(FCEV)	氢/电力
		太阳能电池车	太阳能

数据来源：中国汽车工业协会，http：//www. caam. org. cn/。

表 5　各种新能源汽车不同类型的电池比较

	铅酸电池	镍氢电池	锂电池	超级电容器
工作电压	2.1V	1.2V	3.2V	灵活
能量密度(Wh/Kg)	35	80	150～200	5
功率密度(W/Kg)	110	230	500	>500
光放电寿命(次)	400	700	1000	50 万
充电速度	中	较快	中	快
成本	好	中	中	中
安全性	较好	较好	中	好
环保性	差	中	中	好

数据来源：中国汽车工业协会，http：//www.caam.org.cn/。

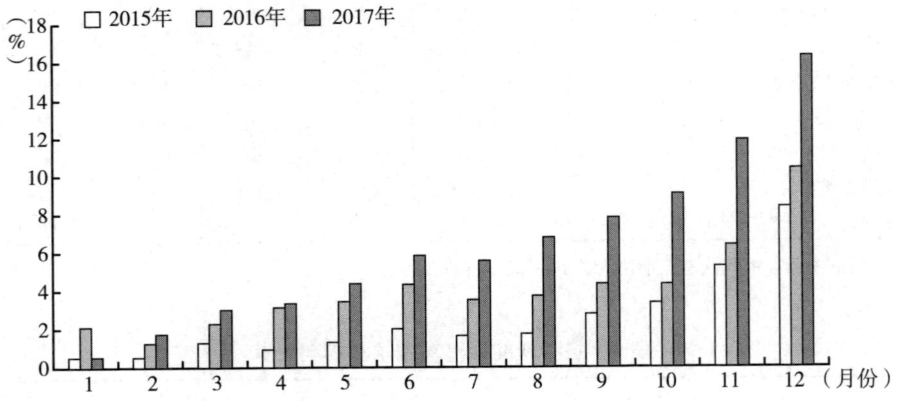

图 13　2015～2017 年中国新能源汽车各月销量增长情况

数据来源：中国汽车工业协会，http：//www.caam.org.cn/。

3. 保障设施匹配

新能源汽车产业将在真实、准确的市场需求的带动下进入高速增长期。充电设施建设的有效性将大大增加，充电设施行业的春天即将到来。同步发展的汽车数字技术也将加快应用，无人驾驶等技术的普及将对公共治理模式提出考验。与此同时，新能源二手车流通、动力电池回收将逐步成为热点。早期入市的新能源汽车开始更新换代，动力电池也开始出现批量退役现象，这些车辆和电池的处理工作将被提上日程，否则未来将形成规模巨大的闲置资源，成为产业发展的“堰塞湖”。

4. 产业模式融合

汽车形态和生产方式将深度变革。新能源汽车改变了汽车的核心动力结构，降低了汽车的生产门槛。个性化、集成化、定制化将成为新能源汽车未来的生产模式，这将带动汽车行业从过去的规模化流水线作业方式向智能制造体系演进。

产业格局和生态体系将深刻调整。数字经济时代已经来临，互联网等新兴科技企业正大举进入新能源汽车行业，产业边界日趋模糊，或许他们是“醉翁之意不在酒（车）”，而在于产业融合。新能源汽车正成为一种类似于手机的智能终端载体，这将重构产业生态体系的供应链和价值链。

5. 中国成为中坚力量

虽然中国已经成为全球最大的汽车消费市场，但不可否认，欧美国家依然是传统汽车消费的主要力量。新能源动力是汽车产业迭代发展的历史机遇，中国企业具备一定的后发优势。中国多元化的消费大市场和能源安全战略的需要必将把中国推到新能源汽车发展的舞台中心，使中国成为新能源汽车市场的中坚力量。对于这一趋势，从中国高铁的发展经验就能看出端倪。研究新能源汽车，必须要研究中国市场。

（四）中国新能源汽车的发展

中国新能源汽车的发展已到产业化前夜。中国从汽车大国迈向汽车强国，发展新能源汽车是必由之路。新能源汽车的发展，尤其是电动汽车的发展，成功地绕开了传统汽车的核心部件被外国企业掌控这一壁垒，让中国汽车企业第一次有机会在同一起跑线与世界传统汽车巨头竞争。

1. 中国新能源汽车产业的发展状况①

第一，市场规模领先。2017 年中国继续保持全球最大的汽车市场地位，

① 2017 年 1 月 14 日，工业和信息化部部长苗圩在“中国电动汽车百人会论坛”发表演讲《撸起袖子一起加油干　促进新能源汽车产业健康发展》，本文中“中国新能源汽车产业的发展状况”的内容基本上是根据苗圩部长的发言整理。参见 http：//www. miit. gov. cn/n1146290/n1146397/c5466635/content. html。

其中新能源汽车保有量超过160万辆（占全球一半份额）；新能源汽车产销量已占据全国整体汽车市场的2.7%，并持续保持增长态势（见图13）；2017年新能源汽车产量和销量均接近80万辆，分别达到79.4万辆和77.7万辆，同比分别增长53.8%和53.3%；全球新能源汽车市场50%的增速主要归功于中国市场的飞速发展。

第二，体系基本完备。电池方面，中国是全球最大的动力电池生产国，主流电池所需要的锂资源储量位居世界第三；电机和电控方面，中国在机电工业制造和设计方面有一定优势，制造永磁同步电机所需要的稀土材料，中国的储量占全球总储量的一半；充电设施方面，已经开始推进在商圈、小区、高速公路、机关单位的建设，北京、上海、广州、深圳等一线城市的规模化充电服务网络即将建成；产业链协作方面，已经贯通了基础材料、关键零部件、制造装备等关键环节，建立了结构完整、自主可控的产业体系；中国汽车企业加强了国际战略合作，新能源汽车企业在世界崭露头角，尤其是新能源客车技术水平在世界处于领先水平。

2. 中国新能源汽车发展面临的挑战

第一，中国新能源汽车产业发展体系仍处于初级阶段。虽然产销量增长较快，但与国际先进水平相比，中国在核心技术研发、整车生产水平、充电配套设施等方面仍有一定差距。汽车产业是一个国家工业水平的写照，是关联配套技术的综合成果，这需要深厚的产业底蕴沉淀。不是挂上一个“新”字，发展问题就可以自然解决，创新是发展机会，但创新依然离不开基础条件的打造。发展新能源，中国是迭代超越，几步并做一步走，这是新时代所赋予我们的责任和挑战。

第二，中国新能源汽车产业的治理能力还不够成熟。例如，结构性产能过剩和违规骗补问题已经让政府的支持政策从价值上打了折扣，浪费了社会资源。在国家新兴产业政策的鼓励下，各地陆续上马新建了一大批新能源汽车和动力电池项目，有低水平重复建设的情况。目前，在新能源汽车产业结构方面已出现客车和货车过剩的迹象，与此同时，电池方面高端不足、低端生产过剩的情况有加剧的苗头。

三 新能源汽车发展之策：战略和政策

新能源汽车产业因为与能源格局的特殊关系，有着重大的国家安全战略意义。从产业政策来讲，新能源汽车发展初期会面临市场失灵的风险，为了引导产业健康快速发展、培育竞争优势，政府部门有必要从顶层设计上采取行之有效的对策。在普及的后半段，为了防止“政府失灵”，政府应该积极发挥市场的自我调节作用，主动逐步减少干预。

（一）国内外新能源汽车产业支持政策对比

国内外促进新能源汽车发展的顶层战略设计主要都是从四个维度考量，即：能源格局、节能环保、技术方向以及产业竞争力；产业支持政策主要聚焦于四个方面，即：政府专项采购、技术研发支持、引导消费扩大升级和基础设施建设。

第一，最初的战略出发点不同。美国目前主要围绕“摆脱对石油的严重依赖，推进再工业化”展开；欧洲是全球新能源发展的起源地和低碳经济的领头羊，发展电动汽车起于欧盟的绿色发展战略；日本发展新能源汽车是出于“能源安全与保持产业竞争优势的双重需求”；中国的战略出发点包括转型升级中的弯道超车、能源安全和环境保护。国外新能源汽车发展最早大多起于能源和环境政策，而中国的新能源汽车扶持政策最早起于科技创新政策和产业政策。①

第二，当前的技术发展路线不同。国外基本上是一枝独秀，一般是重点发展一种类型的新能源汽车，例如美国侧重于发展燃料电池汽车，欧洲侧重于生物能源汽车，日本侧重于混合动力汽车。中国的市场格局是多头并举，即电动、混合动力、燃料电池同时发展。这与各国的技术发展惯性

① 抄佩佩、高金燕、杨洋、胡钦高、钟志华：《新能源汽车国家发展战略研究》，《中国工程科学》2016 年第 4 期。

有很大的关系。

第三，综合施策的系统性不同。美国新能源汽车的扶持政策工具较多，涉及研发、生产、消费、服务等多个层面，例如财政补助、税费减免、企业平均燃油经济标准积分激励、低息贷款、停车优惠、充电优惠、车险折扣等，推广普及政策相对灵活多样。日本主要是基于能效和排放情况，给新能源汽车提供多种税费减免政策和财政补助资金，同时还兼顾新能源汽车相关基础设施的建设以及零部件的研发生产。中国在 2018 年开始实施“双积分政策”①，当前主要是为产品销售提供财政现金补贴，尚未建立起以油耗或者碳排放为基础的绿色汽车税收体系，缺乏税收激励与约束机制的有效结合。

（二）中国新能源汽车发展的战略与政策思考

中国的能源需求量和碳排放量越来越大，调整能源结构，推进新能源汽车发展，中国刻不容缓。2017 年，中国石油对外依存度达到 67.4%，较上年上升了 3%②；中国碳排放量（10357 吨）比美国（5414 吨）多出近一倍，占全球总量的 28%，是世界上碳排放量最多的国家③。当今世界正处于大发展大调整大变革时期，数字技术缩短了创新周期，绝不能以时间尚早为由减缓新能源汽车的发展速度。

第一，战略聚焦。以国家能源安全战略为出发点，从更长远的框架、更宏大的视角确定新能源汽车产业发展的中长期发展战略；以改善能源结构为切入点，缓解节能环保压力，提高能源使用效率；以提升产业竞争力为着力点，以发展新能源汽车产业为契机，实现弯道超车；以完善基础设施为链接点，推进“智慧城市、智慧交通、智慧汽车”的新型城市化建设。

---

① 2017 年 9 月 27 日，工业和信息化部、财政部、商务部、海关总署、质检总局联合公布了《乘用车企业平均燃料消耗量与新能源汽车积分并行管理办法》。

② 中国石油经济技术研究院：《2017 年国内外油气行业发展报告》，2018 年 1 月 16 日。

③ 数据来自 2017 年 11 月 13 日“全球碳项目”（Global Carbon Project）在波恩气候大会上发布的《全球碳预算报告》。

第二，路线明确。不能“乱花渐欲迷人眼”，要确定一种清晰明确的技术路线，并积极引导生产和消费的方向。依据当前国际新能源汽车的发展趋势，为了避免资源浪费、技术研发分散和重复性建设，技术路线应着眼于纯电动为主、插电式混合动力为辅的发展方向，在核心技术领域实现迭代发展，鼓励以电动汽车技术为核心的技术交叉融合创新。

第三，重点突破。在核心部件、核心技术、核心区域、核心企业等方面集中优势资源，实现重点突破。政策支持不要“撒胡椒粉”，应采取政府主导、市场化运作的方式，实施聚焦化战略，打造龙头企业和领先技术，率先在某些领域占领制高点，确立国际性行业标准，提高全球市场竞争力。

第四，系统施策。全方位营造新能源汽车综合创新发展生态体系，发挥政策的协同效应，综合采取财政补贴、金融支持、舆论引导、绿色税制、费用优惠等多种扶持政策，促进新能源汽车的产业化，从而优化汽车供给结构，促进消费转型升级。

全球新能源汽车发展已步入快车道，这来自动力技术和数字技术的共同推动，更是能源安全和市场竞争联合作用的结果。如果说“能源与汽车”的波动关系就是一部交通发展史，那么“新能源与新能源汽车”的协调发展无疑将开启时代的新篇章。

B.14

能源互联网、物联网、区块链革命

余家豪*

摘　要： 本文探讨了新数字技术对能源行业的影响。首先探究了能源互联网这一概念，阐述了其最新发展状况；其次研究了如何应用物联网改变能源行业的商业模式，进而介绍了区块链如何增强能源领域的互联性；随后探讨了新型数字技术在能源行业中的应用，即气候和能源需求、疏散化、大数据和创新；最后得出结论。

关键词： 能源行业　数字技术　能源互联网　物联网　区块链

能源和环境问题促使社会思考能源系统改革问题。能源互联网、物联网、区块链等新兴技术正在重塑许多传统行业的景观，以及大众市民的日常生活方式。对于能源行业来说，新兴技术深入渗透到生产、输送、配送和消费各个过程，从而形成一个智能能源系统，并与能源大数据相结合，促进能源系统更加灵活、个性化和高效。业界为了更好地利用先进的信息通信技术处理能源问题，已经开发了一些相关的智能能源应用方法。

一　能源互联网

能源互联网的核心思想是强调能源生产和消费全过程的开放性、互动性、平等性、共享性和个性化。在能源互联网环境中，能源不再仅仅是一种

* 余家豪，博士，哈佛肯尼迪学院能源地缘政治项目研究员。

商品，它正在成为一种技术工具、一种支持平台，甚至一种广义资源，它可以改变个人的生活方式和企业的业务运作过程。因此，能源系统的创新从根本上是管理理念和服务模式的创新。[①] 美国和加拿大在 2003 年大停电后，提出了建设能源互联网的想法。[②] 2008 年，美国国家自然科学基金会资助的美国未来可再生能源交付和管理系统（FREEDM）项目提出要构建能源互联网。在德国，联邦经济事务和能源部亦于 2008 年启动了能源互联网项目，旨在建立能源互联网，并已经开展了 6 个示范项目。日本在 2011 年首次提出数字网格的概念，目标是通过将同步大型电网分解为若干个异步分电网，减少大面积连锁故障并实现可再生能源的高渗透率。中国近年提出了整合能源网络的泛能源网概念，希望通过将能源生产、储存、运输、应用和信息组合，实现能源投入和产出的实时协作。[③] 此外，国家电网公司在 2015 年提出了全球能源互联网（GEI）的概念，这是全球互联强大的智能电网，以超高压（UHV）电网为骨干，专注于清洁能源的传输。[④]

杰里米·里夫金（Jeremy Rifkin）在 2011 年发表的《第三次工业革命：横向力量如何促进能源、经济与世界转型》一书中，首次系统地讨论了能源互联网。[⑤] 他相信，能源互联网是一种将可再生能源、分布式发电厂、氢能、存储技术和电动汽车与互联网技术相结合的新能源利用系统。2015 年 7 月，中国国务院发布了《关于积极推进“互联网 +”行动的指导意见》。“互联网 +”是指互联网的创新成果与经济社会特定领域的深度融合。智能能源是“互联网 +”的 11 个领域之一。智能能源通常意味着通过融合先进

---

① Accenture, “The New Energy Consumer Handbook”, https://acnprod. accenture. com/t20160105T033227_ _ w_ _ /us - en/_ acnmedia/Accenture/next - gen/insight - unlocking - value - of - digital - consumer/PDF/Accenture - New - EnergyConsumer - Handbook - 2013. pdf, 2016.

② “Economist T. Building the Energy Internet”, http://www. economist. com/node/24769882004.

③ ENN. Pan Energy Net, http://www. enn. cn/wps/portal/ennzh/fnw/! ut/p/b1/04 _ SjzQ0NzcyNzQytjTRj9CPykssy0xPLMnMz0vMAfGjzOLNgpzcHZ0MHQ3cXXydDByD3d3MLYOcgDoM9HOjHBUBBM5EBQ!! /? pageid = fnw2016.

④ Z. Liu, *Global Energy Internet*, Beijing: China Electric Power Press, 2015.

⑤ J. Rifkin, *The Third Industrial Revolution: How Lateral Power Is Transforming Energy, the Economy, and the World*, New York: St. Martin’s Griffin, 2011.

的信息通信技术，实现能源系统的智能化发展。智能能源的最终目标是实现能源生产和消费的革命，使电力系统变得更加智能、安全、稳定和可靠，最终可以实现能源结构优化、节能减排和提高能效。智能能源的内容包括智能化生产、分布式能源网络、新能源消费模式以及基于智能电网的通信设施和商业模式。从某种意义上说，智能能源是能源互联网的普遍形式，能源互联网是智能能源的具体实施路径。

能源互联网中的关键概念包括以下几个范畴，它们对于识别商业价值和分析能源互联网生态系统的业务创新非常重要。

产消者

“产消者”（生产与消费者）一词最早由阿尔文·托夫勒（Alvin Toffler）于1980年提出，其原始定义是模糊了“消费者”与“生产者”之间的区别的人。从那时起，消费者的意义已经在许多领域得到扩展和应用。在能源领域，分布式发电和储能的快速发展和广泛应用使传统的能源消费者不仅能够实现能源消费，而且能够实现独立能源生产。在能源互联网生态系统中，能源用户不再是独立的被动消费者，他们将拥有双重身份，这意味着他们将同时成为生产者和消费者，即产消者。在一些国家，如德国和中国，基于融资租赁和众筹的分布式风电和太阳能发电已成为能源互联网的一种新型业务模式。消费者正在参与越来越多的能源投资和生产。

微电网

微电网是一种小型配电系统，通过分布式发电机和分布式存储装置等多种分布式能源为消费者提供能源。它是智能电网环境下主电网的有效补充。微电网通常包括一些可再生能源发电以及分布式发电机和存储装置。微电网中的发电机主要分布在靠近低压负荷的地区。因此，与传统的大型主电网相比，微电网具有很多优点，比如发电方式多样、系统运行可靠、供电形式灵活、排放水平较低等。

虚拟电厂（VPP）

虚拟电厂是能源系统的创新运营概念。它意味着通过先进的控制、计量、通信等技术，集合分布式发电机、存储系统、电动汽车在同一个系统里，也就是通过软件协调多个分布式能源，这有利于资源配置。通过 VPP 概念，每个分布式发电系统都是集成可控组，进入市场并向系统运营商提供服务。能源互联网这种新的商业模式继承了分散分布式能源的许多优点，并能够提升虚拟电厂的竞争力，包括提升虚拟电厂需求响应力、在个别单元发生故障时保证更强大的输出。

智能电网

智能电网是 21 世纪初提出的能源系统中的一个重要概念。智能电网将信息通信技术与传统电网相结合的能量流和信息流整合在一起。智能电网中的智能电表和其他先进计量基础设施，可实时收集大量用户的能源使用数据。基于大数据分析，智能电网更加稳定、智能、经济且能够自我修复。能源互联网是多种能源网络的多层结合，而电力是实现不同的能源网络有机互联的枢纽，所以能源互联网是智能电网的延续，是一个基于智能电网平台的扩展能源生态系统。因此，能源互联网也被称为基于网络的智能电网或智能电网。

二 能源物联网

能源互联网中的一个重点是利用物联网充分开启能源工业领域的巨大效益。能源互联网是在能源交易中通过收集海量数据，协助买卖双方寻找对方，或者解决配对所面临的困难，令买卖双方更精确、即时地进行资源匹配。这一过程需要一个物联网。物联网并不是一项新技术，它是根据已有技术开发出新的应用，是一个网络连接系统中的系统。能源物联网平台的目的在于提供接连每一端的软件，这需要带智能传感器的产品。一个好的物联网平台能提供配对能源产品所需要的功能，让生产方专注于他们的核心产业。随着电网市场的放开，能源物联网市场加快了能源市场的整合，包括可再生能源开发、储能、分配各环节。①

① A. R. Al-Ali, "Internet of Things Role in the Renewable Energy Resources", *Energy Procedia*, Vol. 100, 2016.

由数字化推动的商业模式变革正在逐步挑战传统公司，数字化将推动能源互联网和其他新技术，并对经济模式产生根本性影响，例如引进“循环经济”的概念。数字化所带来的物联网将在使这一概念产生作用方面发挥至关重要的作用。物联网所强调的数据交换和机器学习算法等方法，能根据资源供应状况和各方优先需要优化交易过程。当今社会人口迅速增长，同时面对气候变化和污染问题，资源优化利用资源变得越来越重要。[①]“循环经济”强调优化各种资源的可更新性、可重用性和可回收性，利用循环经济使用有价值的金属、可再生能源和可制成堆肥的物料，换句话说，“循环经济”基本上是通过链接基础设施和经济利益，优化能源和自然资源生态系统。这一概念与当今的线性经济形式（接受、制造、使用、处置）形成了对比，也比传统经济模式更有用。这一概念需要整合大量的供求信息，并在供气之间取得平衡，因而不能单独依靠某一方来运作。[②]

在能源领域内，“循环经济”将由一个能源为主的物联网所驱动。低碳经济势在必行，能源物联网的重点是以可再生能源为主的分布式发电，并通过各种存储设备（电网、电表和电动汽车）以及智能电网提升成本效益，包括能源生产成本、外部成本、发电时间和地点、辅助服务和存储的价值、机会成本等。能源物联网中的一个应用是集中式电力系统。这种系统具有大规模可再生能源、存储设备和备用电源，并且与分布式发电、电动汽车、智能家电等分散式电力系统相连。能源物联网将确保所有网中设备可以相互通信和互动，从而实现优化的发电和需求容量管理。

能源生产模式在20世纪没有太大改变。目前大部分能源仍然是集中生产，由几个主要燃料源提供动力，并由电网分配用于家庭和企业。这种模式已被证明是可靠的，每个用户都已经标准化，但同时令广泛的创新变得困

---

① Martin Geissdoerfer, Paulo Savaget, Nancy M. P. Bocken, Erik Jan Hultink, “The Circular Economy—A New Sustainability Paradigm?”, *Journal of Cleaner Production*, Vol. 143, 2017, pp. 757 – 768.

② Martin Geissdoerfer, Paulo Savaget, Nancy M. P. Bocken, Erik Jan Hultink, “The Circular Economy—A New Sustainability Paradigm?”, *Journal of Cleaner Production*, Vol. 143, 2017, pp. 757 – 768.

难。公用企业有责任用具有成本效益的方式平衡能源生产和需求。对于全球大部分地区而言，能源是高度可靠和相对便宜的，但不一定很有效率。这正是物联网可以产生巨大影响的地方，也就是影响能源生成、分配、消耗和存储的方式，目前社会充满打破能源行业规则的机会。

三　能源与区块链

区块链的应用将加速能源物联网的发展。如何互联互通是智能技术 10 年来的主要障碍，区块链是可能解决这一障碍的关键，因为它能通过创建更具包容性的数据生态系统，在设备之间自由交换更高质量的数据。区块链是点对点交易平台的一项特殊技术，它使用分散存储来记录所有的交易数据。第一块区块链是在金融领域发展起来的，作为加密货币“比特币”的基础。最近出现了越来越多的新应用程序，这些应用程序增加了技术的核心功能——分散存储交易数据，通过整合机制允许实际交易在分散的基础上进行。这些被称为“智能合约”的机制是基于单独定义的规则（例如数量、质量、价格的规范）进行操作的，这些规则能够实现分布式提供商及其潜在客户的自主匹配。①

区块链技术改变了能源交易方式，其基本交易模式从集中式结构（银行、交易所、交易平台、能源公司）转向分散系统（最终客户、能源消费者）。在大多数行业中，现在需要的第三方中介机构在这样的系统中不再需要，至少根据区块链理论，考虑到交易可以由“点对点”直接启动和执行。这可以降低成本并加快流程。结果整个系统变得更加灵活，因为许多以前的手动工作任务现在通过智能合约自动执行。理论上，区块链系统不再需要中介或中央机构。区块链利用“群体”原则解决冲突，即基于所有有关各方的集体意见。但今天仍然很难将这些模型付诸实践。此外，区块链项目还必

① Esther Mengelkamp, Benedikt Notheisen, Carolin Beer, David Dauer, Christof Weinhardt, “A Blockchain-based Smart Grid: Towards Sustainable Local Energy Markets”, *Computer Science-Research and Development*, 2017, Vol. 33, pp. 1 - 2.

须遵守一些法律和监管要求。无论如何，区块链背后的实际技术尚未成熟，因此仍在开发中。[①]

在虚拟货币及其基础技术的基础上，整个公司的生态系统都围绕着比特币而兴起。该技术的其他金融用例目前正在由许多主要银行和初创公司开发与试用。其他行业只是刚刚开始区块链开发。一些初创公司正在通过区块链项目进入市场。在能源领域，少数试点项目正在试验该技术，其中一些项目由大型能源公司资助。例如，2016 年 4 月，在纽约，分散生成的能源首次通过区块链系统直接在邻居之间销售，其目标是建立一个完全分散的能源系统，其中能源供应合同直接在能源生产者和能源消费者之间进行（不涉及第三方中间人）并自动执行。

区块链技术强化了个人消费者和生产者的市场作用。它使消费者，包括不仅消费而且生产能源的家庭能够直接购买和销售能源，并拥有高度的自主权。目前，能源行业消费者和生产者的法律和监管框架已得到明确界定，并特别为消费者提供了多层次的保护。但是，从中长期来看，这个框架可能需要调整，以反映分散交易模式的要求。

区块链技术显示出许多承诺。除了用于执行能源供应交易外，它还可以提供计量、结算和清算流程的基础。其他可能的应用领域是所有权文件、资产状态（资产管理）、原产地保证、排放配额和可再生能源证书。正如我们所知，区块链技术具有彻底改变能源的潜力，首先从个别行业开始，但最终将转变整个能源市场。

在能源领域，区块链能推动清洁能源使用和分布式能源应用，比如它能令屋顶太阳能更方便、更便宜、更易于采用。区块链也可以让邻居之间交换清洁能源，而不再需要通过公用事业。它甚至可以为鼓励人们和企业节约能源的系统提供动力。区块链系统变相是奖励采取行动应对气候变化的人，对于改善生态和节约成本来说，已经有了额外的好处。区块链是一种分散式金

① Esther Mengelkamp，Benedikt Notheisen，Carolin Beer，David Dauer，Christof Weinhardt，“A Blockchain-based Smart Grid：Towards Sustainable Local Energy Markets”，*Computer Science-Research and Development*，2017，Vol. 33，pp. 1 –2.

融技术，在应用于能源领域时，它将使人们能够互相交换能量。就像网上支付平台允许与同行平台交换资金一样，区块链将使能源分配发生根本性转变。区块链还允许生产者通过发行自己的能源代币筹集资金。投资者可以消费这种能量，也可以在接近生产时转售。区块链最终的结果是形成一个多维平台，有可能创建一个更智能、更清洁的网络。

例如，区块链创业公司 Sun Exchange 使用区块链启动了一个全球市场，在这个市场中，会员可以通过比特币为发展中国家带来太阳能。通过它们的平台，几乎任何有 10 美元和能上互联网的人都可以购买名为“电池”的太阳能电池板组件，并将其租借出去，安装在发展中国家的学校、医院、社区和企业的空屋顶上。该系统还可以使项目安装的社区或组织的电力更清洁并且更便宜。对于允许人们通过分享自己的家或汽车而获得收入的应用程序，太阳能应用程序的想法与此相同。另一个例子是 Energi Mine。该公司开发了基于区块链的奖励系统，通过它们的 ETK 数字代币激励人们使用更少的能源。人们可以通过 ETK 代币获得各种节能行为，包括降低家庭能耗、选择公共交通、购买节能设备等。由于 ETK 代币具有市场价值，因此可以兑换为能源账单、电动车充电或者换成“常规”（非数字）货币。用户基本上可以通过减少碳足迹来赚钱。

以上的例子都是从个人智能设备转向完全连接的智能家庭的重要一步。数据的分散意味着更好的工作分配，以及更加安全的智能家居。区块链是促进智能设备采用的重要催化剂，并最终帮助家庭变得更智能、更高效率。只要这种智能家庭越普遍，区块链就将帮助社会更有效地管理能源资源，这并非强逼用户关注每一度电是如何运用的，但只要激励措施到位，就会有更多的用户响应加入，长久下去，也会有更多的能源公司响应加入。无论是改变供暖还是供电，能源公司都能通过用户家中的智能技术优化电网需求。区块链的应用过程能实时进行大量微调，亦会改变多方财务情况。能源公司将从电网运营商那里获得收益，运营商也能使用更高效的管理方式，同时将额外收益转给用户。这将推动社会生产、使用和分配能源的方式发生根本变化，促进用户之间开放交换，通过分散的账本记录所有交易。总而言之，区块链为新的能源共享经济带来了可能性。

四　新能源技术的若干思考

（一）应对能源与气候需求

根据联合国可持续能源全民运动倡议发布的报告，超过10亿人生活缺电，尤其在人口快速增长的发展中国家。电力供应是社会的基本需求，而且在国家经济发展上也是必要的。如果不断增长的人口消耗的电力的大约一半是由化石燃料产生，将会对环境产生很大的负面影响，届时世界将面临气候风险。运输部门已经呈现出类似的趋势，当前与交通有关的排放量比1990年高约60%，这主要是由于发展中国家车辆数量的急剧增加。全球电力需求也在增长，专家预计到2040年全球发电量将增加80%。这不仅是发展中国家被压抑的需求问题，计算机、手机和其他设备在工业化国家的普及也推动了对电力的需求。显然，解决这一难题的方法是以尽可能不受气候影响的方式，通过可再生能源发电。但是，这一激进的转变又带来了巨大的技术挑战，需要一种全新的方式管理我们的能源系统。

物联网正在改变社会消耗能源的方式，从下而上应对人口增长带来的能源需求问题。物联网能让用户更了解他们实时消耗能源的情况，并根据所收集的数据提供个性化的建议，在削减家庭能源使用量的同时可以大幅度降低能耗，真正的未来在于集成系统-智能电网。截至目前，正常电网中的能量流是一种方式，能源从电厂流向家庭和企业。有了智能电网，家庭和企业用户能更有效地控制自己的能源，销售他们制造的能源，甚至通过智能手机进行控制，从而改善能效。新的生产者和消费者网络创造了新的交易模式，提高了可再生能源的竞争力。例如，在德国，最近获得的合同是第一批大型海上风电场，完全由电力市场价格出资，没有任何公共资金。效率提升全归功于数字化，有竞争力的可再生能源能够帮助应对气候变化。

（二）能源网络去中心化

随着能源系统变得更加复杂，更多分散组件（如太阳能电池板）被集合到系统中，旧的中央电网面对的问题也越来越多。例如，德国电网被认为是工业化国家的榜样，其可用性接近100%。然而，能源向可再生能源的转变已经大大影响了它。近年来，网络运营商不得不采取措施大幅增加稳定电网的次数。欧洲电网运营商TenneT表示，2017年必须花费近10亿欧元的紧急干预措施来稳定其电力网络，主要原因是可再生能源发电量增加导致电网波动。消费者最终通过支付电费负担这些干预。

为了管理更复杂的能源系统，电网需要加强智能化。未来的智能电网将通过数字技术连接各个生产者和消费者，形成能源互联网，确保可靠、稳定的电力供应。能源供应的分散意味着曾经固定的系统和边界（例如公用事业和消费者之间的“墙”）正在崩溃。无论是在家中、办公室还是路上，物联网都将降低来自不同地方的能源消耗管理的复杂性，并提供一站式服务。这意味着智能手机、平板电脑和笔记本电脑等设备可以连接并访问其他的智能设备，如空调或洗衣机，以提高可用性。物联网将带来来自遥控住户的各种好处，如改善家庭安全以提高便利性、降低账单和更直观的设备。

（三）能源与大数据

分散的能源系统正在产生大量的数据，要了解这种情况如何变化，将增加所需的联网设备数量。2003年，大约有5亿台设备连接到互联网。联网设备的数量增长迅速，普遍预计这一速度将继续保持。Gartner预测，联网设备的数量将从2017年的84亿台在数年内增加到204亿台。爱立信有不同的计算方式，但预计增长速度将达到类似规模。该公司预计，到2020年，联网设备的数量将从2017年的170多亿台增加到超过250亿台，并在2022年达到290亿台。整体数据量也在迅速增长。根据市场研究公司IDC的数据，到2025年，全球数据区可能增长到163十万亿亿字节，大约是2016年16.1十万亿亿字节的10倍。

由于物联网能够收集大量数据，因此能准确分析能源设备和基础设施的性能。例如，通用电气公司正在开发基于物联网原理的传感器网络，以持续监测风机，减少停机时间。这些预测分析有助于及早发现即将发生的问题，避免意外停机或故障。思科公司亦提供了一个很好的例子，一场破坏性的冰雹导致数英里的电力线路中断，造成成千上万的客户断电，面对这类情况，一个最佳的连接系统更快地协作决策、沟通和让员工应对。最后，电力恢复远远超出了客户的期望。

（四）能源物联网推动创新

当苹果在 2007 年将 iPhone 推向全球时，移动应用市场就是行人。今天，它的价值超过 250 亿美元，潜力无穷。物联网与其大致相同，市场甚至更大。市场预计物联网将推动更多创新，并可能为提供能源服务创造新的商业模式，例如新形式的需求管理可能会导致创造性地替代传统的能源消费模式。它还可以推动生活方式创新，将智能家居的想法变为现实。随着创新，物联网将带来更多价值。根据 MarketsandMarkets 的数据，到 2020 年，物联网有望将能源贸易从 2015 年的 75.9 亿美元增长到 223.4 亿美元。预计基于物联网的技术解决方案和相关服务将在未来几年为能源行业带来巨大的价值。

比如，欧洲施乐研究中心已经开发出一种管理洛杉矶交通流量的系统，在停车收费表中进行动态定价。该公司在洛杉矶全市部署了 7000 个传感器，以检测停车计时器是否被占用，然后动态调整定价，以确保 20% 的停车位始终可用。AT&T 也正在与通用汽车公司和宝马等制造商合作，为汽车增加 LTE 连接。在此过程中，它创建了全新的连接服务，包括实时交通信息、前排座椅的实时诊断，甚至后座用户的“信息娱乐”。凭借移动设备的互联性，车辆和道路系统将有效帮助专业人士缩短出行时间，使他们能够更快地工作或在创纪录的时间内定期跑腿。这些案例反映出能源运营商可以优化新建和现有设施的投资，并将更多的分布式能源整合到电网中，通过将设备、操作和系统相互关联，物联网可以显著缓解问题，同时提高效率和生产力。

五　小结

能源领域的互联网、物联网与区块链应用还处于早期阶段。从理论上讲，这些技术将大大影响未来的能源供应模式，其发展将取决于未来的技术创新以及个别国家的立法和监管方式。然而，假设这些技术将促进各行业形成新型商业模式，其发展是可靠的，互联网、物联网与区块链将推动“共享经济”。这一趋势意味着交易将直接在生产者和用户之间进行，平台支持许多生产者与潜在客户之间的交易配对。传统的集中式商业模式，例如酒店连锁店、汽车租赁、出租车公司，都受到来自 Airbnb 和 Uber 这样的供应商的压力，基本交易的安排和支付都是通过中央平台进行。

在能源领域，互联网、物联网与区块链除了会降低整个系统的交易成本、提高流程效率和各方效益之外，亦会促进多方之间的直接互动，确保优惠的能源价格。

互联网、物联网与区块链技术是否能在能源领域取得成功，最终将取决于以下几个方面：客户可以使用哪些应用程序？整个系统能否高效工作？整个系统可以提供哪些附加价值？

B.15 亚洲天然气定价中心如何诞生

黄　庆*

摘　要： 中国正面临建立亚洲天然气定价中心的机遇，建立亚洲天然气定价中心有助于降低天然气进口的“亚洲溢价”，确保天然气供应的稳定性和安全性，同时也对促进天然气期货和天然气人民币体系的建设有着重要意义。欧美市场的天然气定价中心建设对中国有着借鉴意义，但中国又需要根据自身情况审时度势，创新适合中国国情的定价中心模式，同时也需要完善在金融、法律、信息、技术、监管等方面的配套。

关键词： 天然气交易中心　液化天然气　亚洲　中国　现货和期货市场

亚洲天然气市场气价长期远高于欧美市场，“亚洲溢价”是深深困扰亚洲各国的主要问题，各国正在积极筹建天然气交易中心。随着2017年中国天然气“气荒”的蔓延，构建中国乃至亚洲的天然气定价中心的迫切度日益增强。

亚洲天然气定价中心的建立有利于消除高油价情况下的亚洲天然气进口溢价，有利于区域间的资源协调和合作，更有利于保障天然气供应的安全性和稳定性。

亚洲天然气定价中心的建立可以有多种方式，以多个亚洲国家联合形成

* 黄庆，山东气库电子信息科技有限公司总经理兼首席信息官，具有12年以上中国燃气市场信息、价格和咨询经验，曾主导并参与多个国内外燃气行业研究和战略规划项目。

定价中心、以单个消费大国形成定价中心、以第三方交易平台形成定价中心等方式都值得探索。

中国存在成为亚洲天然气定价中心的机会，但需要把握机遇、形成战略、落实规划。

一　欧美天然气定价中心的发展历程

欧美天然气交易中心早在20世纪80、90年代就已经诞生。美国政府在20世纪70年代末开展了市场化改革研究，最终1989年美国纽约交易所成立了亨利中心（Henry Hub）实体天然气交易中心，1991年开始使用天然气期货合同。20世纪80年代末90年代初英国开始着手进行市场化改革，1996年英国成立了国家平衡点（NBP）虚拟天然气交易中心，这也是欧洲首个天然气交易中心。欧洲大陆其他国家的发展相对滞后，直至20世纪90年代末21世纪初才开始颁布各项法案，推动市场化改革。

英国和美国从开始天然气的市场化改革到建立市场化的交易体系和中心，分别花了11年和13年的时间。在打破垄断的市场化过程中，欧美国家通过立法、设置统一的监管机构、垄断企业改革、引入竞争、加大立法范围、成立交易中心等多个步骤，实现了交易中心高度的活跃度和交易量。最终，欧美国家摆脱了以替代能源定价天然气的机制，形成了天然气定价中心。[①] 但是，在欧洲各个国家成立天然气交易中心的过程中，并非所有国家都是一帆风顺的，目前来看，英国的NBP、荷兰的TTF（荷兰天然气交易中心）是最具流动性的，并成为欧洲的天然气定价基准。其他一些欧洲国家的交易中心的交易量和流动性较差，主要是因为其缺乏有效的监管、缺乏竞争等，因此并不具备定价中心的基准作用。

不管是美国还是欧洲，在天然气改革的过程中都付出了长时间的试探过

---

① 施训鹏：《欧洲天然气交易枢纽发展经验及其对中国的启示》，《天然气工业》2017年第8期，第108～117页。

程和改革进程，最终才取得了天然气定价中心的成功。从欧美的经验中不难总结出，一个成熟的天然气定价中心的建立需要诸多的条件，包括公平使用的基础设施、严格的法律法规、有效的监管机制、多元化的供应、竞争性的市场、数据信息的透明度等。

欧美天然气市场相继经历了市场化改革的历程，最终摆脱了替代能源制定天然气价格的机制，实现了由市场决定天然气供应商与终端用户的交易价格。欧美国家在实现了市场化自由交易的同时，更有效地促进了天然气市场的投资，保障了天然气供应的安全性。

二　亚洲天然气定价中心诞生的意义和价值

构建亚洲天然气定价中心有着深远的意义和价值，这不仅有助于形成亚洲的 HUB 价格基准、降低“亚洲溢价”，同时也能为亚洲天然气的供应安全带来保障。

亚洲是全球天然气进口的主要地区，但是天然气的进口价格长期与替代能源油价［日本原油清关价格（JCC）和 Brent 原油价格］、挂钩，最近几年也出现了与欧美 HUB 定价中心价格（Henry Hub、NBP 等价格指数）相关的价格协议，这也导致了亚洲天然气的价格长期高于欧美地区。如何消除“亚洲溢价”，是亚洲各国共同探讨和研究的方向。①

成立亚洲天然气定价中心能够反映亚洲天然气市场的真实承受价格，摆脱油价和欧美 HUB 定价中心价格的牵制，从而消除“亚洲溢价”，最终与亚洲用户的承受力和亚洲交易的成交价格相关联。

同时，当天然气交易合同从与油价挂钩的定价机制转向参考天然气交易中心的基准价格时，套期保值交易会不断增多，天然气期货也将应运而生。

另外，天然气定价中心能够更好地反映天然气的供需情况，及时发现资

① IEA, *Developing a Natural Gas Trading Hub in Asia: Obstacles and Opportunities*, Paris: IEA, 2013.

源的变化，更经济高效地分配天然气资源，从而最大化地避免局部供应短缺、气荒等现象，并有效及时地应对突发情况。

因此，建立亚洲天然气定价中心和基准价格对于亚洲各国而言有着重要的价值和意义，对处于消费增长期的中国尤为重要。

三　亚洲天然气定价中心的诞生路径展望

亚洲市场化定价的趋势日益显现，建立天然气交易中心乃至定价中心的条件也日渐成熟。目前，新加坡、日本、中国都已经创立天然气交易中心，但是距离形成定价中心还相去甚远。

亚洲天然气定价中心存在很强的建设必要性，但是如何建成仍旧处于摸索和尝试阶段，形成的路径预计有如下几种可能。

第一，亚洲某个主要国家单独形成定价中心，以该国的价格影响周边多国的天然气价格。

表 1　亚洲主要国家天然气交易中心建设进展

国家	进展	优势	劣势
中国	上海石油天然气交易中心(SHPGX)	基础设施丰富,进口码头增加	法律、监管、金融、信息等
	重庆石油天然气交易中心(CPAGE)	第三大天然气消费国	体制尚未完全发达
	上海期货交易所(SHFE)	国内现货交易活跃	政府管理机制尚未明确
日本	日本场外交易公司(JOE)	进口设施多,且向第三方开放,最大的LNG进口国	管道设施不足
新加坡	新加坡交易所(SGX)	东南亚石化贸易中心,中立的地缘政治,法律、规则国际化	进口、管道基础设施少,交割库不足

资料来源：笔者根据自身多年经验整理而成。

如表 1 所示，目前新加坡、日本和中国都有意争夺亚洲天然气的定价权，但是各国在发展的过程中又存在各自的优势和劣势。

中国目前已经先后成立上海石油天然气交易中心（SHPGX）和重庆石油天然气交易中心（CPAGE），同时还可以借力上海期货交易所（SHFE），探索天然气现货和期货交易和定价的模式，但是目前尚处于初始研究和探索阶段，SHPGX 可以体现出天然气的部分交易量，但是还无法完全反映出真实的天然气市场价格。中国作为全球第三大天然气消费国，同时地大物博，具有大量的基础设施和进口码头增加空间，国内的液化天然气（LNG）现货贸易也十分活跃，这造就了其明显的天然气定价基准的先天优势。然而，中国的天然气市场化改革刚刚起步，政策管理机制还有待进一步完善和落地，加上天然气法律、法规、金融、信息等尚未完全发达，因此还需要在这些配套设施和法律法规等方面进一步加强建设。但是，中国成为亚洲天然气交易中心的优势是十分明显的。

日本场外交易公司（JOE）已经推出远期交割液化天然气交易，但是交易量甚微。日本是全球最大的液化天然气进口国，拥有大量的进口接收设施和库容，并且这些设施向第三方开放，但是日本由于范围较小、管道设施不足，很难形成交易中心需要的交易量和活跃度。然而，亚洲目前的天然气进口长协价主要与日本原油清关价格“JCC”挂钩，因此市场对日本的价格指数存在一定的信赖度。

新加坡交易所（SGX）推出了价格指数 SLING，推动了亚洲天然气的现货交易。这个指数反映了东南亚 LNG 的现货成交价格，SGX 可以说是目前亚洲天然气交易中心中唯一一个真正意义的区域间交易中心，但是其与定价中心仍相去甚远。新加坡是东南亚成熟的石化交易市场和中心，依靠其独特的地理位置优势、中立的政治地缘优势，以及成熟发达的金融、法规环境，得到了全球石化大宗品市场的高度认同。但是，天然气定价中心需要具备的基础设施和交割库容等问题是新加坡市场的劣势，有待加强。因此，新加坡一些企业也对投资东南亚其他国家的基础设施和进口码头存在意愿，以形成多点联合的局面，稳固定价中心建立的基础。

第二，形成亚洲联盟，多国交易中心互联互通，从而形成定价中心。

日本、新加坡、中国已经建立了各国的交易中心，而且亚洲其他国家也有建立各自交易中心的意愿。

如果单纯地用一个国家的定价基准，可能也会存在一定的壁垒。因此，有专家学者建议先建立各国的交易中心研究小组，进而建立一个跨国的、区域性的交易中心，最后联合推出价格指数。

当然，这种跨国的区域性交易枢纽在欧盟也在尝试和探索阶段，因为大家一致认为，跨区域的交易中心能更进一步地提高交易效率。①

亚洲部分国家目前也正在形成讨论小组，研究形成区域性、跨国交易枢纽的可能性。

四 中国如何形成亚洲天然气定价中心

（一）中国形成天然气定价中心的优势和机会

中国是亚洲地区第三大 LNG 进口国，同时也是全球第三大天然气消费国，未来 5 年中国的天然气消费量将保持年均复合率 9% 左右的增长速度。同时，中国天然气基础设施也在紧锣密鼓地上马和投建，为形成天然气定价中心创造了得天独厚的硬件优势。

如图 1 所示，中国的国内天然气贸易分成管道气和 LNG。LNG 市场已经形成了 2000 万吨的市场，并保持着 40% 以上的年均增速，交易市场已经十分活跃，存在反映市场价格的条件。管道气市场仍然在打破垄断的过程中，但是随着上海、重庆石油天然气交易中心的建立，未来管道气市场化改革过程中形成定价中心的可能性也很大。当然，监管、法规、金融、信息等配套需要进一步完善和提升。

中国形成亚洲天然气定价中心的基本条件相对优越，且存在其他国家无法比拟的先天优势。因此，中国正在积极探索和尝试组建天然气交易中心，

① A. Neumann & A. Cullmann, "What's the Story with Natural Gas Markets in Europe?", Empirical evidence from spot trade data, Proceedings of the 9th International Conference on the European Energy Market (EEM), 10 – 12 May 2012, Florence, Italy.

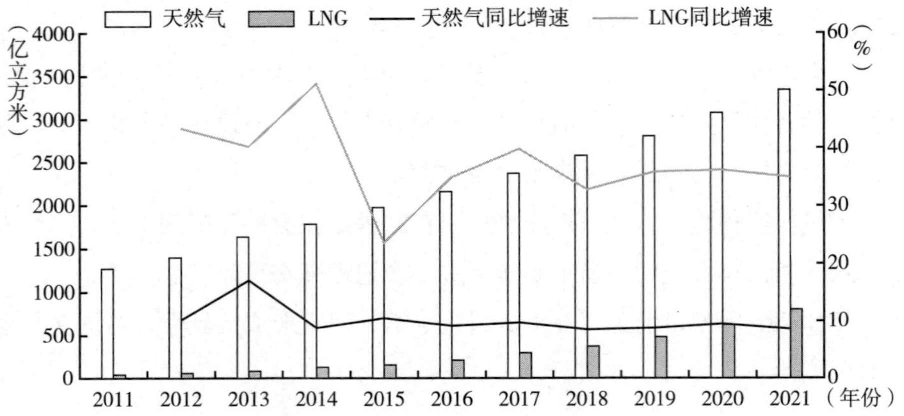

图 1　2011～2021 年中国天然气与 LNG 消费增长趋势

资料来源：气库 Gas Tank。

并逐步形成交易反映价格的机制，进而进一步完成天然气期货和天然气人民币体系的建设机制。

（二）中国形成天然气定价中心的作用和价值

中国形成天然气定价中心对中国价值重大，意义深远。

天然气对改善中国的大气环境有着举足轻重的作用。中国是一个多煤少气的国家，中国天然气的消费很大程度上依赖进口，预计未来 5 年对外依存度将逐步提升到 45%～50%。中国天然气的进口价格目前主要与油价（JCC 或 Brent 油价）挂钩，偶有与美国 Henry Hub 价格挂钩。中国只有形成自由化市场交易价格，才能有效地降低进口成本，从而让市场价格反推进口价格，消除“亚洲溢价”，更好地促进天然气的应用和增长。

中国 2017 年冬季发生了严重的气荒，而定价中心可以有效地发现和防止这类情况的发生。因为定价中心能够及时发现价格变化、供需变化，从而发出预警，以最快的速度进行资源的调配和补充。虽然 2017 年一些媒体也反馈了气荒信息，但是信息的片面性和滞后性无法全面、及时反映气荒问题和给出应对机制。因此，只有定价中心的高信息透明度才能及时发现和解决天然气供应安全的问题。

同时，中国是亚洲天然气进口增长最大的国家，进口增长空间巨大，而全球市场目前处于供大于求的状态，因此中国进口企业的话语权较大。此时对天然气行业进行立法监管，进一步推进市场化改革，同时配合完善金融国际化体系，推进定价中心建设，存在用人民币采购国际进口资源的可能，从而推进天然气人民币进程。①

中国国内贸易的活跃度和流动性较大，只要市场打破垄断、推进基础设施互联互通，那么中国交易中心的活跃度将迅速提高，未来天然气期货也将应运而生，定价中心的地位将得以体现。

（三）中国形成天然气定价中心的必要条件

形成天然气定价中心的机遇十分重要。目前中国处于进口增长和国内需求增长的快车道，而国际市场又处于供大于求的低迷期，因此中国天然气存在形成定价中心的良好机遇。

中国形成天然气定价中心虽然存在良好机遇，且中国明显存在市场自由化的有利机会，但仍有诸多条件需要进一步完善和配套。

第一，立法并实施有力监管。不管是欧洲还是美国，在进行市场化改革和定价中心建立的过程中都进行了大量法律法规的出台，以强制性打破垄断，推动市场化改革，提高市场的自由竞争环境，从而实现交易平台的流动性和交易量。当然，立法是需要制定和修订的一个过程，因此也不用担心法律法规一开始的不完整性，随着交易中心和定价中心的推进，可以建立发现问题、反馈问题、修改法规的机制和机构。

市场化并不意味着政府不再监管市场。根据中国的国情，政府监管天然气市场是必要的且重要的，但是平衡好监管和市场化的关系也尤为重要。合规透明的市场监管对建立市场信心尤其重要，在没有严格的担保和监管的情况下，国外企业和部分国内企业是不愿进入新平台进行交易的，监管不力或

① 黄晓勇：《推进天然气人民币战略的路径探析》，《中国社会科学院研究生院学报》2017年第1期。

市场滥用行为非常容易伤害市场信心，从而导致定价中心的公立性难以建成。

一个秩序良好、高度竞争的天然气市场的形成和发展离不开有力的政府支持和透明的政策架构，一个成功的定价中心一定是基于高度的监管及政府支持的产物。

第二，进行市场化改革。建立定价中心的前提就是市场自由化，这样才能带动更多主体参与竞争，进而带动市场的流动性。在立法和监管明确的前提下，市场化改革的推进会加速。而建立起高度市场化、市场流动性极强的交易中心和定价中心，才真正标志着市场化改革的完成。

第三，建立管道枢纽中心，形成管输管理系统。市场化改革过程中一个重要的环节是基础设施的公平开放使用，尤其是天然气管网的互联互通，在天然气管道互联互通的基础上，进一步形成管输管理系统，有效地监管管道的运营情况。而这个管道枢纽中心不同于交易中心，它可以是政府相关监管机构运营监管，以确保明确的独立性和公正性，当然也可以是政府设立一个有权威性的监管机构加以监管，并与垄断主体进行博弈。

第四，建立专家小组或机构。一个第三方综合组织和机构对改革过程也有着极为重要的作用，可以为市场化改革形成一个专项小组，由政府、咨询机构、行业专家、监管机构共同组成，以确保改革进程，也可以建立问题发现、快速响应、快速解决机制和组织结构。而这样的机构有助于排除目前复杂的流程和机制，加速市场化改革的进程。

第五，加强信息透明度。信息透明度的意义十分重大，不仅可以加强企业对资源交易的判断，也有利于建立交易者的信心和对交易平台的信任，而信任是交易活跃度增加的基础。

第六，完善金融体系。国际化的金融体系建设是中国目前发展天然气定价中心的弱势环节。与新加坡、日本比较而言，中国不管是天然气交易中心、期货中心还是金融体系都尚不完全健全，需要在配套设施方面投入更大的力度。

第七，建立公正的价格报道机构。天然气的价格机构在定价中心的建设中十分重要。对于天然气这种关系民生的能源产品而言，中国政府必然希望是一家国有或半国有或民营的信息机构主体进行价格的发布。虽然欧美有成熟的信息机构，比如 ICIS（安迅思）和 Platts（普氏能源资讯），但是中国希望是自有主体进行价格的采集和发布。那么，寻找一家既存在独立性，又存在价格生成和设计能力，以及发布能力的信息机构变得尤为重要，同时需要进行严格的审计，以获取国际社会和行业的认同。英国 NBP 指数一开始就是由一家民营的信息机构 Heren 进行发布的，后来被 ICIS 收购。不管是对投资方还是对交易方，第三方可信任的信息机构显得尤为重要。

如图 2 所示，天然气市场化改革和定价中心的建立存在诸多条件，而这些条件的建设有利于中国取得天然气基准价格的地位，从而带动充分的市场竞争、保证供应安全、降低天然气价格、推动天然气消费增长、提高能效等。

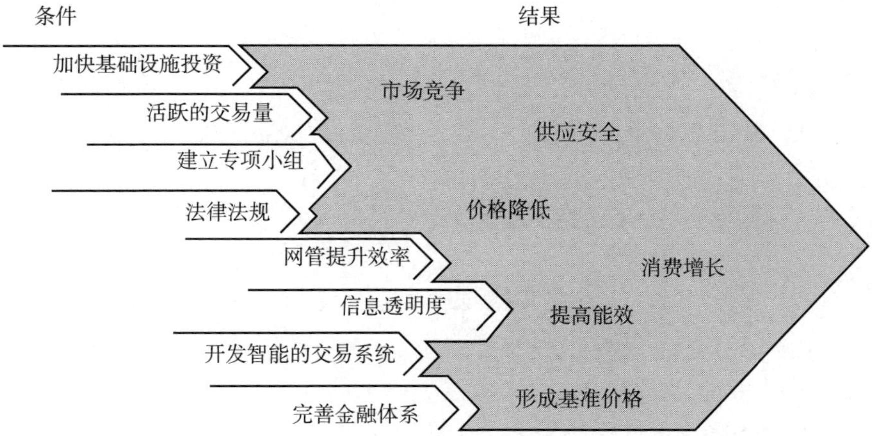

图 2　天然气市场化改革的条件和达成的结果

资料来源：笔者根据多年的研究经验整理而成。

（四）中国形成亚洲天然气定价中心的建议

中国要建成亚洲天然气定价中心除了需要具备以上条件外，还需要从战略高度整体规划市场化改革和落地实施规划。

另外，由于中国地大物博，中国天然气有别于国外市场，主要由天然气和液化天然气两个市场组成，因此应该分开看待，单独建立定价模式。

如图3所示，天然气市场和液化天然气市场是两个独立的市场，应该分开看待，并建立各自的价格机制和定价中心体系。

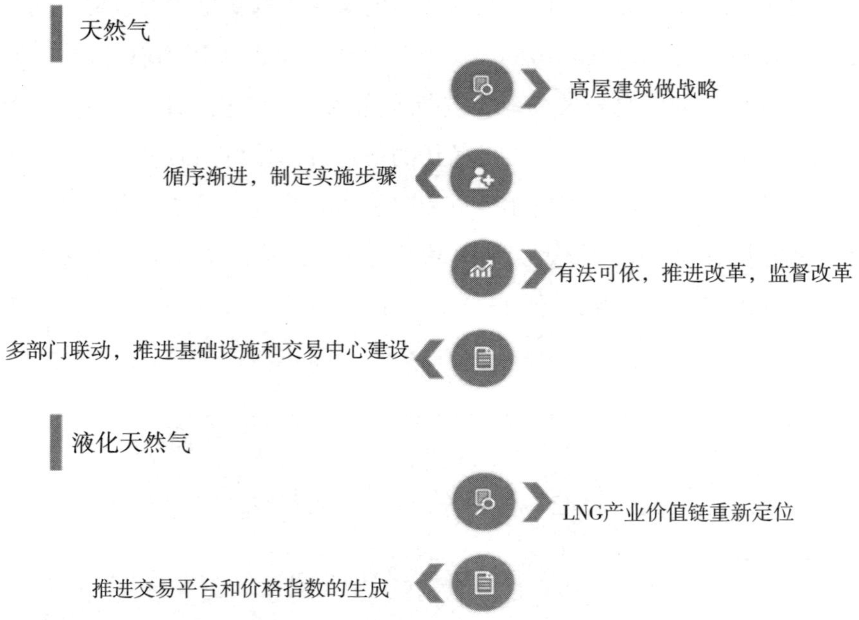

图3　天然气和液化天然气定价中心的建设建议

资料来源：笔者根据多年工作经验整理而成。

天然气市场在前文中已经做了大量的阐述，但中国政府目前对天然气市场化改革进程的重视度依然有待加强，除了战略制定的高度以外，更应该简化部门流程，形成一个部门重点推进和量化指标循序推进的形式，以行政和市场双重手段共同推进这个艰巨而具有意义的进程。中国天然气市场化改革的机遇前所未有，且存在成功的极大概率和先天条件，这对中国争取进口天然气的话语权、争取亚洲天然气的定价权均有着极为重要的意义和价值。中国的液化天然气市场已经是一个市场化程度相对较高的市场，但是上游资源依旧垄断。相对于管道气市场的中间管网垄断而言，液化天然气市场的运输市场是十分市场化的，且流动性非常强。因此，液化天然气市场更容易形成价格指数和中心。但是，这需要智能化的交易平台和吸引企业交易的商业模式，只有推动交易平台的流动性和交易量，才能形成价格指数，进而确定为价格基准。值得注意的是，液化天然气交易平台可以鼓励民营主体建设，也可以是半民营半国有的主体进行建设。另外，液化天然气作为一个单独的产业链，应该引起政府的重视，从产业价值链的角度重新梳理定位，给予政策扶持，从而更快速地建立起液化天然气定价中心。

五 结论

（1）亚洲天然气定价中心的建设具有极大的意义，中国成为亚洲天然气定价中心的机会较大。

（2）中国既要借鉴国外经验，又要根据国情制定出适合中国的天然气定价中心建设路径和模式。

（3）中国在天然气定价中心的建设上具备时机优势、基础设施优势和市场优势，但在金融、信息、技术、法规等方面有待进一步配套完善。

（4）中国应当把天然气定价中心建设提升至战略高度，并组建部门予以战略制定和规划实施。

（5）中国应该同样重视管道天然气市场和液化天然气市场的建设，这有别于国外市场，液化天然气市场存在更强的基础条件建设定价中心。

附　　录

Appendix

B.16
能源大事记

贾　潇*

2017 年世界能源大事记

时间	事件	社会影响
今年以来	英国、德国、荷兰、挪威、法国等欧洲国家陆续宣布禁售燃油车时间表	这一举措顺应了减少碳排放和全球气候变暖的大背景,欧洲各大汽车生产厂商也宣布了在不同的时间段停产纯内燃机车。全球最大的汽车市场中国也制定了双积分政策,宣布相关退出政策。由于汽车消费占汽油消费比重较大,各国禁售燃油汽车将会对汽油消费形成强烈的冲击。
2 月	在澳大利亚北部发现了超级巨型页岩气田,其地质储量达到496 万亿立方英尺,约合110 亿吨油当量	尽管目前澳大利亚还没有进行大规模的页岩气开采,但澳大利亚已成为全球第二大 LNG 出口国,其天然气产业有巨大的发展前景。
2 月 16 日	孟加拉国政府出台首部液化石油气政策——《液化石油气运营许可政策 2017》	该政策规定,经许可的运营商可以生产、储备、供应、运输、进出口 LPG,可建设 LPG 终端、加气站、燃气转换站、罐装站等,并规定了相关条件。

* 贾潇，中国社会科学院国际能源安全研究中心职员。

续表

时间	事件	社会影响
2月18日	中国全面暂停进口朝鲜煤	为了执行联合国安理会第2321号决议,根据《中华人民共和国对外贸易法》和商务部、海关总署2016年第81号公告,本年度暂停进口朝鲜原产煤炭(包括海关已接受申报但尚未办理放行手续的煤炭)。
2月19日	中国石油签署了阿布扎比ADCO陆上油田开发项目相关购股协议	根据协议,阿布扎比政府、阿布扎比国家石油公司将授予中国石油阿布扎比ADCO陆上油田开发项目8%的权益,合同期40年。
2月底	中石油和中国华信获得阿联酋阿布扎比陆上最大的油气区块40年开发权益	这是中国油企首次参与投资阿布扎比陆上油气区块股权权益。随着国家"一带一路"战略的纵深推进,中国油企不断加快布局海外的步伐,今年上半年以来也有了较大的进展。
3月28日	世界煤炭转化大会在北京召开	这是继巴黎、华盛顿、北京、上海等历届会议成功举办之后,在新形势下召开的新一届全球煤制油煤化工行业盛会。
4月	中国原油进口量为每日近740万桶,高于美国当月的每日720万桶,首次超过美国,成为全球第一大原油进口国	中国已经是全球最大的能源消费国,此次在原油进口领域取代美国,意味着中国几乎是所有大宗商品的头号消费国,包括煤炭、铁矿石和大部分金属,这对市场构成了深远的影响,大宗商品市场的重心在持续从西方转向东方。
4月28日	特朗普签署总统行政命令,解除对美国大陆周边的墨西哥湾、大西洋、太平洋海域及阿拉斯加州附近的北冰洋海域油气开发活动的限制	此举为美国油气产业的发展提供了宽松乃至强力支持的政策环境,也意味着美国国内油气产量将提高,但由于对海上开采的需求疲弱,此举可能达不到预想效果。
5月25日	OPEC成员国与非OPEC产油国再次达成一致,同意延长减产	同意延长减产9个月至2018年3月,依然维持180万桶/日的减产水平,此次延长减产的力度和时间均不及市场预期,油价不升反降,但从长远看,减产对油市的实质性影响还要由各方落实协议的实际情况而定。
6月2日	美国总统特朗普宣布美国退出《巴黎协定》这一全球性的气候协议	美国是全球第二大温室气体排放国,美国的退出对全球气候谈判是一个巨大的打击。全球气候谈判受阻。
6月19日	石油巨头埃克森美孚宣布可替代石油能源研究取得重大突破	虽然这一生物制油技术离完全商业化应用还需要数年时间,但这是美国能源部眼中"最有可能替代石油的能源之一"。

续表

时间	事件	社会影响
7月3日	由道达尔领衔的三方财团与伊朗政府签署合同,合作开发世界最大的天然气田南帕尔斯天然气田11期项目	2012年欧盟对伊朗实施制裁后,道达尔退出了伊朗石油市场。这次投资是解除对伊朗制裁以来国际石油巨头对伊朗最大规模的投资。
7月5日	贝克休斯、GE油气合并成功,新公司BHGE诞生,成为全球第二大油服公司	BHGE掀起了油气行业数字化风暴。紧随其后,哈里伯顿、威德福等油服公司也纷纷同微软、英特尔等IT企业结盟,探索石油技术未来之路。BHGE的诞生可能是石油业智能化革命的开始。
7月5日	《BP世界能源统计年鉴2017》(中文版)在北京发布	《年鉴》指出,2016年,全球的能源需求仅增长了1%,连续第三年保持疲软态势,与上年持平。
7月7日	二十国集团(G20)领导人峰会期间,美国之外的19个成员国共同提出《促进增长的气候和能源行动计划》	《计划》从落实短期及中长期气候目标、兑现1000亿美元气候融资承诺,以及推动气候融资和淘汰化石燃料补贴等方面,列出促进各国清洁能源转型的具体措施。
7月9日	第22届世界石油大会在博斯普鲁斯海峡之滨的伊斯坦布尔会议中心拉开帷幕	来自50多个国家的能源部部长、500多家企业领导者以及5000多名行业代表围绕"架起通向能源未来的桥梁"主题,就低油价背景下上游的挑战、炼化行业日益增长的重要性、崛起的天然气工业、气候变化战略、如何吸引和留住人才等重要问题进行了深入商讨。
8月	美国墨西哥湾沿岸的Bossier和Haynesville储层发现大量石油天然气储量	据估计,该地区原油储量达到5.4亿吨,凝析油储量达到2.7亿吨,天然气储量更是高达76亿吨油当量。据悉,这一巨型油气田是目前美国未动用的最大连续天然气储量,其开发前景可谓良好。
8月25日	10年以来最强的"怪兽级"飓风"哈维"重创美国"能源心脏"德克萨斯州	这次飓风侵袭导致美国15%以上的炼油产能关停,同时由此带来的洪水冲击到了最重要的化工原料之——乙烯,造成投保损失逾百亿美元。
9月	英国首相宣布英国将在2025年前彻底淘汰现有煤电	2010年以来,有6个国家、地方政府和城市已经彻底淘汰煤电,另外还有17个国家和地区承诺最迟在2030年淘汰煤电,包括6个欧盟成员国。这是在用实际行动履行《巴黎协定》。
9月8日	华信能源有限公司实现收购俄罗斯石油公司14.16%的股份,合同金额预计约91亿美元	这笔交易是自2015年壳牌石油收购英国天然气集团(BG)以来,全球石油行业最大的一笔上游交易。同时,这也是中国石油行业有史以来的第二大海外油气收购,仅次于2012年中海油以151亿美元收购尼克森公司。这笔交易也是中国企业对俄投资史上最大的一笔。

续表

时间	事件	社会影响
10月5日	沙特国王萨勒曼对俄罗斯访问期间与俄罗斯总统普京讨论了国际油市和双边合作事宜，并与俄罗斯国有石油公司签署了备忘录，双方将在采掘技术、研发和员工交换项目方面展开合作	这表明两个能源大国之间的关系正在从以往在政治、能源方面竞争为主的局面，转向共同合作以应对当前低油价及页岩油气的挑战。
11月	中石油、中石化、国能投三家公司同美国签订的能源协议超过1200亿美元	特朗普访华并与中国签订能源协议，在中美能源合作史上前所未有。这也足见美国能源新战略对世界能源格局的重大影响。
11月6日	联合国气候变化大会在波恩召开	各国就果断行动以应对气候变化的重要性达成共识，商讨《巴黎协定》实施细则取得突破性进展，包括中国在内的与会多国均承诺将积极应对气候变化。
12月4日	乌兹别克斯坦卡拉库利气田项目一期顺利投产	标志着今年5月"一带一路"国际合作高峰论坛之后中乌首个合作项目开花结果。
12月8日	中俄能源合作重大项目——亚马尔液化天然气项目正式投产	亚马尔项目是"一带一路"倡议提出后实施的首个海外特大型项目，也是中国在俄最大投资项目。中国石油天然气集团公司上中下游全产业链参与了项目运作，正在成为国际LNG产业发展的重要参与者。这个项目是目前全球在北极地区开展的最大液化天然气工程。
12月底	国际油价达到了67.02美元/桶年度最高位	在低迷许久之后，国际油价终于在2017年逐步复苏，布伦特油价突破了60美元/桶大关，随后稳定在这一水平之上已有2个月之久，没有什么事情比油价上涨更重要了，毕竟油价上涨能为广大石油企业带来最直接的效益增长。

2017年中国能源大事记

时间	事件	社会影响
1月5日	国家电投发布自主反应堆保护系统平台	这意味着该系统不仅可以用于国内，同时可以用于美国的核电站项目，是中国重大装备制造领域的又一重大成果。
1月24日	华润电力新能源运营管控模式进入集中运维新阶段	标志着华润电力新能源运营管控模式顺利进入集中运维新阶段。
2月25日	大唐托克托发电公司总装机达到672万千瓦，建成了世界最大的火力发电厂	托克托发电公司作为点对网直供北京，确保首都安全用电的主力电厂，年发电量约占北京地区社会总用电量的30%，对促进首都北京经济发展和社会进步、改善北京地区的大气环境质量发挥了重要作用。

续表

时间	事件	社会影响
3月1日	三峡电站累计发电突破万亿千瓦时大关	成为中国第一座发电量突破万亿千瓦时的水电站，是三峡电站运行管理史上一个重要里程碑。
4月	山西省价格监督检查与反垄断局对山西省电力行业协会及25家火电企业下发《行政处罚事先告知书》，拟罚款共计逾1.3亿元	首例直供电垄断案被开罚单，是中国执法机构将反垄断基本原则和具体规则适用于电力国企的新实践，也释放了改革深入推进的有力信号：维护市场公平竞争，政府监管决不缺位。
4月10日	中缅原油管道工程宣告正式投入运行	随着中缅原油管道工程正式投运，中缅两国能源合作迈进了新阶段，这一项目也成为"孟中印缅经济走廊"和中国与东盟国家开展互联互通基础设施建设的重要标志。
5月	安徽省煤系天然气大发现，预计地质储量17亿吨	安徽省煤田地质局宣布在两淮地区取得煤系天然气重要发现，煤系天然气预测地质资源量为1.9万亿立方米，折合约17.1亿吨油当量，预计可采储量2.3亿吨油当量。
5月18日	中国南海可燃冰试采成功	中国南海神狐海域可燃冰试采实现连续8天的稳定产气，实现了历史性突破。截止到6月21日，可燃冰已连续试采6周，这使中国成为全球第一个实现在海域可燃冰试开采中获得连续稳定产气的国家，对促进中国能源安全保障有里程碑式意义。
5月21日	中共中央、国务院印发了《关于深化石油天然气体制改革的若干意见》	明确了深化石油天然气体制改革的指导思想、基本原则、总体思路和主要任务。
5月30日	年度中国电力优质工程评选结果揭晓，共有62项工程获此殊荣。该奖项是中国电力建设行业工程质量的最高荣誉	年度中国电力优质工程讲评选结果揭晓，中国能建获奖项目占比超66%，国际工程业务覆盖全球80多个国家及地区，有力推动中国装备和中国标准"走出去"。
6月8日	电力规划设计总院与国际能源署(IEA)签订合作协议书，协助IEA开展实施《国家能源局－国际能源署三年合作方案》联络和支持工作	电力规划设计总院引领"能源智囊国家智库"逐步与国际组织机构建立广泛合作关系，不断提升中国能源咨询机构的国际影响力，为政府科学决策、能源电力行业健康发展、能源国际合作做出积极贡献。
6月17日	中国华电在俄第一个投资建设运营的绿地项目——华电捷宁斯卡娅450兆瓦燃气—蒸汽联合循环供热电站顺利通过72小时满负荷试运行，正式投入商业运营	是目前中国在俄罗斯最大的电力能源类投资项目。捷宁项目建成投产是中国华电响应国家"一带一路"倡议、持续推进"走出去"战略的重大举措，对于不断深化中俄两国的能源和电力合作具有重要的里程碑式意义。

续表

时间	事件	社会影响
6月17日	青海省在全国“首次”连续7天、168小时全部使用清洁能源供电,所有用电均来自水力、太阳能以及风力发电产生的绿色能源	这将优化中东部地区的能源结构、促进大气污染防治和雾霾治理。
6月29日	华润电力守正电子招标平台通过国家三星认证	守正电子招标平台顺利通过国家三星标准认证,成为中国质量认证中心(CQC)通过该认证的首家平台。本次检测认证的机构是从国家认监委公布批准的机构名单中选取,三星标准亦是电子招标交易平台检测认证的最高标准。
7月1日	国家能源局组织召开绿色电力证书(简称“绿证”)自愿认购启动仪式	此次“绿证”的落地实施为可再生能源发展初步建立了依靠市场的机制,缓解了可再生能源补贴压力。
7月3日	华能巴基斯坦萨希瓦尔电站竣工投产	这标志着中巴经济走廊框架内首个早期收获重大能源项目暨中国企业在海外投资建设的最大规模燃煤电站全面建成并投产发电。这也是华能响应“一带一路”倡议,在海外建设的第一个大型高效清洁煤电项目。
7月28日	国家能源局印发了《关于可再生能源发展“十三五”规划实施的指导意见》	旨在有效解决可再生能源发展中出现的弃水弃风弃光和补贴资金不足等问题,实现可再生能源产业持续健康有序发展。
8月	南网成功经受台风“三连击”密集考验	短短10天内,“天鸽”“帕卡”“玛娃”3个台风前赴后继奔向广东,南方电网公司实现103小时全面抢修恢复受强台风“天鸽”影响的355万用户供电;28小时全面恢复受台风“帕卡”影响的57万用户供电;13小时全面恢复受台风“玛娃”影响的12万用户供电。3次抗风复电所显示的南网速度,成功经受住了台风的密集考验。
8月3日	三峡集团白鹤滩水电站主体工程全面建设	白鹤滩水电站是国家能源战略布局“西电东送”的骨干电源点,建成后多年平均发电量将达624.43亿千瓦时,相当于北京市2015年全年用电量的2/3,总装机规模达1600万千瓦,是仅次于三峡工程的世界第二大水电站。
8月23日	山西省国土资源厅发布消息,山西榆社-武乡深层煤层气资源调查项目日前取得重大突破	预计其煤层气、页岩气资源总量达到5455.51亿立方米,约合4.3亿吨油当量。这一良好的资源基础有望使其建成大型天然气田。

续表

时间	事件	社会影响
8月28日	中国国电集团公司与神华集团有限责任公司合并重组为国家能源投资集团有限责任公司	重组后的国家能源集团将拥有4个世界之最，分别是世界最大的煤炭生产公司、世界最大的火力发电生产公司、世界最大的可再生能源发电生产公司和世界最大的煤制油、煤化工公司，是名副其实的能源巨无霸。
8月31日	国家电投光伏发电总装机超1000万千瓦	国家电投光伏产业已覆盖全国27个省区市，并走出国门落户日本，是全球最大的光伏电站运营商。
9月	国网提前完成新一轮农网改造升级“两年攻坚战”	全面完成了“井井通电”、小城镇（中心村）电网改造升级、村村通动力电三大任务，为农村经济繁荣发展注入了新动力，有力地支撑了农民脱贫致富。
9月	中国正在制定停止生产销售传统能源汽车时间表	中国的传统汽车工业面临着前所未有的挑战，同时新能源汽车工业逐步从“新”走向“大”的发展征程。
9月6日	住房和城乡建设部、国家发展和改革委员会、财政部、国家能源局联合印发了《关于推进北方采暖地区城镇清洁供暖的指导意见》	提出雾霾较为严重的京津冀及周边地区“2+26”城市重点推进“煤改气”“煤改电”及可再生能源供暖工作，减少散煤供暖，加快推进“禁煤区”建设。
10月	中环股份子公司与保利协鑫子公司共同投资组建了内蒙古中环协鑫光伏材料有限公司（简称“中环协鑫”）	单晶、多晶巨头之间跨时代的合作正式拉开帷幕。
10月	新疆准噶尔盆地玛湖地区发现10亿吨级砾岩油田	这一油田也是目前全球最大的砾岩油田。
10月31日	国家能源局发布消息，前三季度退出煤炭产能1.5亿	超额完成年度目标任务，行业利润同比增长7.2倍，达2262亿元。
10月31日	国家发改委和国家能源局联合发布了《关于开展分布式发电市场化交易试点的通知》（发改能源〔2017〕1901号）	在“放开两头，管住中间”的思路下，分布式能源作为增量市场主体参与电力市场竞争，堪称中国电力市场化进程的里程碑，分布式能源也将进入新的成长周期。
11月	今年前10个月，中国新增光伏装机高达44.8GW	对于光伏行业而言，2017年可谓利好不断。分布式光伏异军突起，户用光伏突飞猛进，领跑者计划超出预期，光伏组件等相关产业链成本继续下降，中国新增光伏装机高达44.8GW，再一次创造历史新高。
11月8日	大唐集团董事长、党组书记陈进行与美国通用集团副董事长庄睿思共同签署了《“一揽子”项目合作协议》	是美国总统特朗普首次访华的重要经贸成果之一，签署了两国政府和企业间多项合作文件。本次签约进一步深化了双方早前达成的战略合作伙伴关系，双方将充分发挥各自在行业中的领先优势，支持中国能源行业向高效、清洁、创新和数字化的方向转型。

续表

时间	事件	社会影响
11月12日	中石油对外宣布，中俄原油管道二线工程全线贯通	该管线具备了进油条件，预计2018年1月1日正式投产，届时中国进口俄罗斯原油将由现在每年1500万吨增加到3000万吨。由中石油全力构筑旨在保障国家能源安全的四大油气战略通道进一步巩固和完善。
11月17日	中国国电龙源电力集团股份有限公司在南非开发的德阿风电项目顺利竣工并投产发电	这是中国在非洲第一个集投资、建设和运营于一体的风电项目。
11月21日	苏洼龙水电站成功实现大江截流	成为党的十九大召开以来第一个实现大江截流的大型水电项目，是"十三五"中央支持西藏经济社会发展的重大项目，是西南水电开发国家重点工程。
11月28日	中国今冬天然气消费量同比大增18.7%，由于供暖的需要，中国天然气消费量出现激增，一场严重的"气荒"在中国北方蔓延	这一事件也让全社会充分意识到，天然气行业未来大有可为，目前无数能源企业都在加速对天然气的布局。
11月30日	国网浙江省电力有限公司"互联网+智慧能源"双创示范基地正式启用	双创示范基地是国网浙江电力深入贯彻国家"大众创业、万众创新"重大战略的决策部署。
12月	国网建设的含"四交四直"8项特高压工程在内的11条大气污染防治重点输电通道全部工程均已竣工	国网大气污染防治行动计划输电通道全面竣工，国家能源局发布《大气污染防治行动计划》电网实施方案全部落实完成。
12月11日	中石油首批矿权内部流转项目敲定	大庆、辽河、玉门油田获得了来自长庆、四川、青海的油气区块矿权，中石化河南油田也获得了鄂尔多斯盆地油气区块矿权。有效解决了油田老化、产储量下降等问题。
12月15日	华能澜沧江水电股份有限公司（以下称"华能水电"）在上海证券交易所开始挂牌交易	作为自2006年以来发电央企第一单主业A股IPO，华能水电自此成为国内第二大水电上市公司。
12月19日	全国碳排放权交易体系启动工作电视电话会议在北京召开	国家发改委宣布，以发电行业为突破口，全国碳排放权交易体系正式启动。
12月底	南网投资1312亿元加快农网改造升级	全面完成7665个小城镇、中心村电网改造升级，满足了农村电气化发展的用电需求，有效促进了农村经济发展，满足了人民追求美好生活的电力需要。

B.17
后　记

《世界能源发展报告》2018年版，在中国社会科学院研究生院国际能源安全研究中心黄晓勇主任和课题组全体成员的努力下，同时也是在中国社会科学院科研局和社会科学文献出版社的大力支持和帮助下，终于如期呈现在各位朋友面前。如果能对各位朋友了解世界能源市场发展趋势和各能源板块的变化特点等有所参考和裨益，则是主编与全体作者之福了。

延续本课题组一贯的做法，2018年版《世界能源发展报告》的主题、写作大纲和各章节结构，是由作为主编的黄晓勇主任等专家经过多次论证后确定的，这也是该报告6年来一直做到主题明确、篇章紧凑、内容高质量的有效保障。2017年版《世界能源发展报告》更是获得了皮书评价院92.7的高分，并荣获第九届“优秀皮书奖”三等奖，这是对主编和各位作者精益求精、严谨求实的研究态度的极大认可和鼓励！

2018年版《世界能源发展报告》的总报告，由黄晓勇教授领衔，任朝旺副教授、梁灵俊博士和刘媛媛博士等组成的总报告组撰写。该部分对2017年世界石油、天然气、煤炭、可再生能源和电力的整体发展状况进行了回顾，围绕着世界能源领域的重点事件和重点区域分析了相关的影响因素，并对2018年的世界能源走势进行了预测；同时还对中国能源发展现状进行了分析，并在此基础上提出了相应的发展战略。

报告的“市场篇”中，王永中研究员、周伊敏助理研究员对世界石油市场进行了回顾和展望，指出反弹和平衡将成为未来市场变化的核心；姜勇研究员认为世界天然气市场已经逐渐脱离石油市场而呈现独立发展趋势，其中价格与供需之间的关系演化，是世界天然气交易市场的关键；丛威、李龙飞研究员则从全球能源互联网的角度，对中国电力发展和全球电力市场一体化的课题进行了梳理；李贺博士从消费、投资的角度分析了世界可再生能源市场现状并对未来发展进行了预判；宋梅教授从供给、价格和煤炭的清洁高效利用方面，继续专注于世界煤炭市场发展的分析。

在报告的“热点篇”中，钟飞腾研究员对国际天然气贸易区域、全球市场关联、交易机制等领域的现状和改革走向进行了深入分析；李圣刚博士则对全球能源贸易金融体系的现状和政策进行了把握；张岩研究员重点对一带一路沿线国家能源合作进行了回顾和展望；李贺博士针对日本的核电发展和未来走向进行了充分的探索。

本报告的“前沿探讨”篇，由白桦研究员和张茂荣研究员分别对以页岩气为代表的非常规天然气和可燃冰的开发利用问题进行了有意义地信息汇总和分析。

2018 年版《世界能源发展报告》增添了“业界创新探索”篇，其中张然博士主要对新能源汽车、余家豪研究员对能源互联网及物联网和区块链革命、黄庆研究员对亚洲天然气定价中心等能源相关业界普遍关心的课题等，进行了十分有价值的分析和展望。

报告的写作和出版工作还得到了多位青年有志者的全力支持：贾潇完成了 2017 年度世界能源大事记，李阳承担了整部报告的英语篇名和摘要的翻译、校对工作，臧少虎承担了能源安全研究中心和报告出版的行政服务工作。

“德不广不能使人来”，正是一种以个人之微力贡献于民族复兴、人民福祉的信念，团结了众多卓有成就的学者、相关行业精英和青年有志者，共同为《世界能源发展报告》的成书和出版，付出了宝贵和艰辛的劳动！他们的每一位都值得敬佩！

同时由衷感谢对本报告和能源安全研究中心的研究工作给予莫大支持的中国社会科学院科研局局长马援博士、副局长赵芮博士，社会科学出版社总编辑杨群研究员、分社社长祝得彬先生、编辑王晓卿女士，以及前中海油研究院首席研究员陈卫东教授、中能国际石油化工有限公司姚同欣董事长、中石油经济技术研究院王海燕高级经济师、国际清洁论坛（澳门）秘书长周杰博士、环球网总编朱研女士、中诚信研究院副院长刘先云博士等，感谢大家一直以来对《世界能源发展报告》和能源安全研究中心的提携和指导！

时光荏苒，自2013年始至今，选题、组稿、编辑、校对时的紧张，手捧印刷精美的成果时的兴奋，重读篇章时难免涌起的些许遗憾和新过程开始时的无限憧憬，已经成为过去6年中每一天的深刻记忆，在这样的每一天中也同样感受到了能源安全研究中心的进步。“靡不有初，鲜克有终”，愿以初心和努力迎接未来的每一天。

再次衷心感谢所有支持本报告和能源安全研究中心的各位老师、同仁和朋友们！今后也请多多关照！

中国社会科学院研究生院

国际能源安全研究中心秘书处

2018年6月21日

Abstract

The general report summarizes the development of world energy of 2017 by energy types, analyzes the economic conditions, policies, and geopolitics that affect the direction of the market, and forecasts the trend of the energy industry in 2018. The general report also put forward China's development strategy in related fields in the light of China's actual situation.

The "Chapter of Market Studies" similarly as previous publications continues to analyze the markets of the world's oil, natural gas, coal, and their clean use. The chapter too studies markets of renewable energy, electricity, and the world's energy internet in 2017 and researches the supply, demand and price trends of various industries and regions in both quantitative and qualitative manners.

The "Chapter of Hot Issues" comprehensively reviews several hot topics in the global energy industry of 2017, including global changes in the natural gas trade, construction of global natural gas trading center, status and future of nuclear power utilization in Japan.

The "Chapter of Frontier Issues" summarizes the reserves, development and utilization of unconventional natural gas such as shale gas, coalbed methane, and biological gas, and makes a trend judgment.

The "Chapter of Energy Industry Innovation" discusses topics related namely new energy vehicles, energy internet, and natural gas trading centers, and analyzes their impacts on energy production, consumption, and trade methods.

Keywords: World Energy; Supply; Demand; Price

Contents

I General Report

B. 1 World Energy Development Status, Future Trends and China's Energy Development Strategy *General Report Team* / 001

Abstract: This article focusing on the key time and key areas in the world energy field, analyzes relevant influencing factors and reviews the overall development of the world's oil, natural gas, coal, renewable energy and electricity in 2017. Then the article forecasts the world energy trends in 2018. Finally, the article analyzes the current status of energy development in China and puts forward corresponding development strategies based on its analysis.

Keywords: World Energy Market; Fossil; Energy; Renewable Energy; China's Energy Development Strategies

Ⅱ Chapter of Market Studies

B. 2 World Oil Market Review and Outlook: Rebound and Balance *Zhou Yimin*, *Wang Yongzhong* / 085

Abstract: In 2017, the world oil market has obviously recovered. Overall, oil prices in 2017 showed a trend of falling first and then rising. The price rose to the highest since 2015 by the end of the year. The average level of prices has increased by about 24% compared with the previous year. In the economic growth, China's oil demand has increased by 600, 000 barrels per day, an increase of twice the amount of last year, accounting for about 40% of the world's oil demand. China has become an important force driving demand growth.

The acceleration of global economic growth in 2018 will lead to the acceleration of global oil demand growth, but the market supply flexibility is relatively large. If the output reduction agreement is terminated in advance and the US oil supply accelerates, the market supply and demand situation may return to its pre-production decline: the price of oil will fall, and crude oil prices may fall to 50 to 60 US dollars. If the well implementation of output reduction can continue, it is expected to maintain the tightening of the market supply and demand brought about by the joint production reduction in 2017. The oil price is then expected to rise to 60 to 70 US dollars. With the increased geopolitical risks and oil price volatility, oil prices further may reach 70 to 90 US dollars.

Keywords: World Oil Market; Oil Supply; Oil Demand; Oil Price

B. 3　World Natural Gas Market: Price and Supply and Demand

Jiang Yong / 106

Abstract: In the new world natural gas market environment, the supply and demand relationship and trading rules of the natural gas market are undergoing complex changes. In-depth analysis of the basic conditions and development trends of the natural gas market in the world, including the world's natural gas resource reserves and production, the current consumption situation in the natural gas market and the development trend of demand, the current status and price trend of the natural gas market price system, and the marketing competition of the natural gas market, etc will help in understanding the new order of the world natural gas market and promoting the integration of the natural gas market in the world.

Keywords: Natural Gas Market; Natural Gas Price; Natural Gas Supply and Demand Relationship; Natural Gas Reserves; Natural Gas Production

B. 4 China's Electric Power Development: Global Energy Internet Challenges and Prospects *Cong Wei, Li Longfei* / 132

Abstract: Based on the analysis of the status and pattern of global power development, this paper summarizes the major challenges facing energy development. With the deep investigation to the existing electricity market, the paper discusses the conditions and basis for the construction of the global electricity market and proposes the construction of the global interconnected power grid. The paper too describes the electricity market in terms of development directions, paths, and prospects. The paper concludes that the conditions for building the global energy internet and the global electricity market are already in place.

Keywords: Global Electricity Market; Global Energy Internet; Sustainable Energy Development

B. 5 World Renewable Energy Market: Consumption, Investment and Trends *Li He* / 151

Abstract: Based on an analysis of the world's total renewable energy consumption, the share of major countries' renewable energy consumption, and the world's renewable energy consumption market, this paper concludes that the total renewable energy consumption in the world will maintain steady growth. From the perspective of the characteristics and distribution of the solar, wind, geothermal and biomass soft consumer markets, wind energy consumption dominates the renewable energy consumer market. From the comparison of the total installed capacity of photovoltaic, madness, and geothermal power, the total installed capacity of renewable energy has continued to rise. From the perspective of renewable energy investment and consumer market growth forecast, the Asia-Pacific region will be centered in the future.

Keywords: Renewable Energy Consumption; Renewable Energy Investment; Renewable Energy Market

B. 6 World Coal Market: Supply, Price and Clean and Efficient Utilization *Song Mei* / 172

Abstract: Low-carbon, green, clean and efficient are the mainstreams of energy development in the world and affected by environmental constraints, new energy and renewable energy development, and economic fluctuations. In 2016, the share of coal in global primary energy consumption was 28. 11% , which was the lowest level since 2004. The share of coal in China's energy consumption fell from 63. 66% in 2015 to 60. 31% in 2017, the lowest ever. Considering the alternative role of other energy sources such as nuclear power, wind power and solar energy, it is expected that by 2035, the proportion of coal in China's energy consumption will still be 50% . Therefore, the clean and efficient use of coal is an inevitable choice for the green and low-carbon development of the coal industry.

This article first analyzes the status and trends of domestic and international coal markets. Secondly, it focuses onthe advanced coal-fired power generation technologies represented by supercritical power generation in China and the current status of coal chemical technology represented by coal liquefaction. And eventually the paper puts forward the development directions of China's clean and highly efficient use of coal in ways.

Keywords: Coal Demand; Coal Supply; Coal Price; Coal Clean and Highly Efficient Use

Ⅲ Chapter of Hot Issues

B. 7 International Gas Trading Regions, Global Market Linkages, Status and Reform of Trading Mechanism

Zhong Feiteng / 194

Abstract: The global natural gas trade is entering a crucial stage of transformation. Due to the adjustment of supply and demand relation, and the intensification of geopolitical competition, the traditionally divided regional gas markets of Europe, Asia and North America, are rapidly moving to convergence. In 2016, global natural gas trade grew by 4. 8% compared with in 2015, and natural gas consumption increased by 3% in 2017, twice the average growth rate of the past five years. For the world gas trade in 2017, the first model is the geopolitical competition paradigm, and the game among the U. S. , Europe and Russia over the natural gas trade continues to intensify. The second picture is that the United States becomes a net exporter of natural gas based on the Trump administration's energy New Deal. The large-scale U. S. exports of LNG affect the relationship between supply and demand in Europe and the Asia-pacific region, especially the regional price convergence. The third model is China's speeding gas imports, largely because of China's accelerating transition to cleaner energy. In the next 30 years, China will dominate Asia's gas imports. Thus, China ought to weaken oil-based price of long-term contract price, and toward to a flexible and Asia-based new price mechanism.

Keywords: Natural Gas Trade; Geopolitical Competition; Trump Administration's Energy Policy; China's Energy Transformation; Asia Natural Gas Pricing

B. 8 Global Energy Trade-related Financial System: Status and Policy Suggestions *Li Shenggang* / 221

Abstract: The global energy trade has two distinct characteristics. First is in the financialization of energy trade, and the second is the energy pricing mechanism with petroleum dollar. The global energy system is interacting with the global financial system. The integration of energy trade and the financial system has enabled the energy industry and financial industry to have more room for development and innovation, but it also makes the global financial governance structure and the global energy structure more vulnerable to external shocks.

At present, China's energy trade is more prominent in current international trade in terms of its overall quantity or proportion, but because of the backwardness of the relevant financial system, China's discourse power in the global energy trade is low. And China is in a better time to participate in the construction of a global energy trade-related financial system. On the one hand, as China's international strength continues to increase, it needs to issue its own voice in the global governance structure; on the other hand, China should improve its own relevant capacity building, and then actively participate in the formulation of international rules and improve the level of international cooperation, such as promoting energy cooperation through "the Belt and Road Initiative" and "Internationalization of the RMB."

Keywords: Energy Trade; Financial System; Multilateral Cooperation; Internationalization of the RMB

B. 9 Review and Prospect of China's Energy Cooperation with Countries along "the Belt and Road" *Zhang Yan* / 239

Abstract: China foreign energy cooperation has entered a new era after BRI in 2017. More than the traditional energy trading cooperation with BRI countries, China began a policy reforming this year which convert trading and investment cooperation to technical and governing cooperation.

Keywords: BRI; Energy Cooperation; Governing Cooperation

B. 10 Japan's Nuclear Power Development Status and Trends

Li He / 253

Abstract: Based on the analysis of the current situation on the Japanese nuclear power development, it is summarized the recent Japanese government's focus on nuclear power policy. From the perspective of energy policy, energy security, economic development and environmental protection, it is pointed out that Japan will increase the proportion of nuclear power in Japan's power supply structure in the future.

Keywords: Japan Nuclear Power; Nuclear Power Policy; Nuclear Power Trend

Ⅳ Chapter of Frontier Issues

B. 11 Global Development and Utilization of Unconventional Gas and Its Experience

Bai Hua / 268

Abstract: Since 2000, the successful cases of unconventional gas development, especially in the United States, have greatly encouraged all countries to pay more attention to unconventional resources and enlarge investment. The United States has turned from imports to exports and became the world's largest natural gas producer due to the development of unconventional gas. Canada's unconventional gas development and utilization are also among the best. Australia and China are in their infancies and primary stage, respectively. There are great differences between China and US in the development of unconventional gas. The future development needs to learn from its advanced technology and experience.

Keywords: Shale Gas; Coalbed Methane; Unconventional Gas

B. 12 Combustion Ice Mining Challenge and Impact

Zhang Maorong / 281

Abstract: Gas hydrates are recognized as the new large-scale fossil energy that are yet to be developed on the earth. They are the strategic commanding height of global energy development in the future. This article systematically unscrambled the reserves and distribution of gas hydrates in the world, reviewed the development of the research and trial production of gas hydrates in major countries, proposed the challenges facing the commercial exploitation of gas hydrates, and discussed the impacts of the large-scale development of gas hydrates on the global energy pattern in the future.

Keywords: Gas hydrates; The New Fossil Energy; Trial Mining

V Chapter of Energy Industry Innovation

B. 13 New Energy Vehicle Development: Stepping into the Fast Lane

Zhang Ran / 295

Abstract: The global energy supply-demand is undergoing profound changes. The shares of clean and renewable energy in energy consumption have been rising and the share of oil has been declining. Meanwhile, new energy cars, represented by electric cars and hybrid cars, are gaining ground. Transportation is an important source of carbon emissions and energy consumption. The interaction between new energy and new energy vehicles will have a great influence on the future energy patterns. Currently, many manufacturers around the world are laying out electric car; countries in Europe and the United States have also introduced a timetable to ban fuel trucks in recent years. The world, especially China, needs to respond to how to forecast the technological trends of new energy cars and how to accelerate the development system of new energy cars with strategic thinking from the perspective of energy security, in order to face the new challenges of dynamic and digital technologies.

Keywords: New Energy Automobile; Energy Structure; Technology; China

B. 14 Energy Internet, Internet of Things and Blockchain Revolution

Yu Jiahao / 318

Abstract: This chapter explores the impact of new digital technology on the energy industry. It first looks into the concept of energy internet, laying out its latest development. It then turns to how the application of internet of things could change the business model in the energy industry. The next section explains how blockchain could enhance interconnectivity in the energy sector. This chapter then examine the implications of applying new digital technology in the energy industry, namely climate and energy demand, decentralisation, big data and innovation. The final section comes with a conclusion.

Keywords: Energy Industry; Digital Technology; Energy Internet; Internet of Things; Blockchain

B. 15 How Asian Gas Pricing Centers Are Born?

Huang Qing / 330

Abstract: China has an opportunity to establish a natural gas pricing center in Asia, The establishment of Asian gas pricing center will help reduce natural gas imports Asia premium, ensure the natural gas supply is stable and safe, and it is significant to promote the construction of natural gas futures and natural gas Chinese Yuan. China can take European and American market natural gas pricing center onstruction experience as a significant reference, but China should innovative pricing center according to its own circumstance and situation, at the same time, China need to improve supporting facilities in finance, law, information, technology, regulation, etc.

Keywords: Natural Gas Trading Hub; LNG; Asian; China; Spot & Futures Market

Ⅵ Appendix

B. 16 Energy Events *Jia Xiao* / 342

B. 17 Postscript / 350

皮书起源

“皮书”起源于十七、十八世纪的英国，主要指官方或社会组织正式发表的重要文件或报告，多以“白皮书”命名。在中国，“皮书”这一概念被社会广泛接受，并被成功运作、发展成为一种全新的出版形态，则源于中国社会科学院社会科学文献出版社。

皮书定义

皮书是对中国与世界发展状况和热点问题进行年度监测，以专业的角度、专家的视野和实证研究方法，针对某一领域或区域现状与发展态势展开分析和预测，具备原创性、实证性、专业性、连续性、前沿性、时效性等特点的公开出版物，由一系列权威研究报告组成。

皮书作者

皮书系列的作者以中国社会科学院、著名高校、地方社会科学院的研究人员为主，多为国内一流研究机构的权威专家学者，他们的看法和观点代表了学界对中国与世界的现实和未来最高水平的解读与分析。

皮书荣誉

皮书系列已成为社会科学文献出版社的著名图书品牌和中国社会科学院的知名学术品牌。2016 年，皮书系列正式列入“十三五”国家重点出版规划项目；2013~2018 年，重点皮书列入中国社会科学院承担的国家哲学社会科学创新工程项目；2018 年，59 种院外皮书使用“中国社会科学院创新工程学术出版项目”标识。